效率与生产率分析教程

——理论、应用与编程

张宁　杜克锐　著

山东大学出版社
SHANDONG UNIVERSITY PRESS
·济南·

作者的话

效率是经济学中最为核心的内容，因为经济学的目标就是解决资源最有效配置问题。随着我国经济进入高质量发展阶段，效率和生产率的重要性日益凸显。但由于技术限制，学者主要参考外文原著来学习。本书是国内第一本系统分析效率和生产率的教材，在系统讲解理论的同时，还给出了大量应用实例和编程代码，具体方法涵盖数据包络分析法（DEA）、随机前沿分析法（SFA）、参数线性规划法（PLP）和计量经济学方法等。希望本教材在推动中国效率和生产率分析教学研究上发挥作用。

图书在版编目（CIP）数据

效率与生产率分析教程：理论、应用与编程 / 张宁，杜克锐著. —济南 ：山东大学出版社，2022.2 (2023.4 重印)
ISBN 978-7-5607-7391-9

Ⅰ. ①效… Ⅱ. ①张… ②杜… Ⅲ. ①劳动效率—高等学校—教材②劳动生产率—高等学校—教材Ⅳ. ①F241②F014.2

中国版本图书馆 CIP 数据核字(2022)第 031002 号

责任编辑　宋亚卿
封面设计　王秋忆

出版发行　山东大学出版社
社　　址　山东省济南市山大南路 20 号
邮政编码　250100
发行热线　(0531)88363008
经　　销　新华书店
印　　刷　济南百禾彩印有限公司
规　　格　720 毫米×1000 毫米　1/16
　　　　　19.75 印张　357 千字
版　　次　2022 年 2 月第 1 版
印　　次　2023 年 4 月第 2 次印刷
定　　价　58.00 元

作者简介

张 宁 山东大学教授、博士生导师，蓝绿发展研究院院长，前沿交叉科学研究院副院长，国家优秀青年基金获得者，珠江学者，国家社科基金重大项目首席专家，国家自然科学基金重点项目负责人，国家重点研发计划课题负责人。主要研究方向为资源环境经济、可持续发展管理等。入选“科睿唯安”全球高被引科学家，斯坦福大学排名的全球前 2%顶尖科学家，2021 年全球排名前 10%经济学家，现担任 SSCI 期刊 *Social Science Journal* 副主编；ABS 三星级期刊 *Technological Forecasting and Social Change* 编委，《中国人口·资源与环境》学术编辑，以第一作者或通讯作者在 *Science*、*Nature* 子刊、*Cell* 子刊、*Lancet* 子刊、《经济研究》和 ABS 四星等国内外期刊上发表论文 100 余篇，20 多篇论文入选 ESI 热点和高被引论文。获得霍英东青年教师奖、国家优秀自费留学生等奖励。

杜克锐 厦门大学中国能源政策研究院副教授、博士生导师。主要研究领域为能源和环境经济学，效率和生产率分析。在《经济研究》、*Energy Journal*、*China Economic Review*、*Stata Journal* 等期刊上发表论文多篇。获 2018 年山东省社会科学优秀成果二等奖。

学者推荐语

效率和生产率是经济学最为核心的内容。全要素生产率披着一层神秘的面纱，是让人一碰就为之着迷的东西。张宁教授长期聚焦效率和生产率分析，成果卓著。他和杜克锐副教授编写的这本教材对效率和生产率进行了深入浅出的系统介绍。这是第一本专门针对效率和生产率分析的中文教材。本书理论和应用共举，图文并茂，精彩生动地向读者展示了效率和生产率分析的内容，体现了作者深厚的学术功底。与现有教材相比，本教材的一个鲜明特色是，在系统地讲解效率和生产率分析的国际前沿方法的同时提供了编程代码。我认为，这本教材必将在推动中国效率和生产率分析教学研究上发挥重要作用。

陈诗一　安徽大学常务副校长、党委副书记，复旦大学特聘教授，教育部“长江学者”特聘教授，国家杰出青年

该书较全面地介绍了效率与生产率分析的理论框架及常用测算方法，涉及距离函数、数据包络分析、随机前沿分析等方法和模型，应用领域涵盖能源与环境效率测度、影子价格估计、绿色全要素生产率计算等。这些主题是近十年来效率与生产率研究关注的热点方向。该书的一大特色是在介绍前沿模型的同时提供了编程方法，部分重要的模型直接给出了其 Stata 程序，这一点对于效率与生产率的初学者很有帮助。该书适合作为高年级本科生和研究生相关课程的教材。相信本教材的出版对于我国效率与生产率分析的教学与科研会大有裨益。

周 鹏　中国石油大学(华东)经济与管理学院院长，教授、博导，国家杰出青年基金获得者

张宁教授和杜克锐副教授长期致力于效率与生产率的理论和实证研究，在该领域取得了丰硕成果，极大地推动了效率与生产率研究的发展。在效率与生产率领域，学习和研究的难点在于对研究前沿的准确把握、对理论模型的系统掌握、对实证方法的熟练应用、对程序代码的编写改进。这本教材很好地解决了上述难点，与同类教材相比具有鲜明的前沿性、系统性、学术性和实用性。本书对于年轻的学者和学生更快地进入效率与生产率领域学习，更好地进行效率与生产率领域的研究，具有很好的参考价值。

王 兵　广东省阳江市委常委、统战部部长，原暨南大学副校长，教授、博导，“珠江学者”特聘教授

非常高兴看到张宁教授团队出版该书，他很早以前就和我聊起准备出版一本中文版效率与生产率分析方面的书籍，现在终于出版了。本书是国内第一本系统讲解效率和生产率分析的教材，采用的测度方法不仅包括常用的数据包络分析法，还包括随机前沿分析法、参数线性规划法和联立方程模型估计法等。该书不仅在理论上进行了讲解，还给出了应用教程，最可贵的地方是提供了编程代码，读者完全可以自学掌握，强烈推荐经济学专业的研究生和效率分析的科研工作者阅读此书。

宋马林　安徽财经大学研究生院院长，国家“万人计划”领军人才

作为经济学的核心内容，效率分析一直是经济学研究中的重点和难点，困难的原因是其具有较难的理论性和较高的技术性。本书作为国内第一本系统阐述效率和生产率的教材，无疑是非常及时的。该书不仅系统梳理了效率和生产率分析的基本理论，同时给出了应用场景和编程思路，可以说是国内效率与生产率分析学科的福音。

涂正革　华中师范大学经济与工商管理学院院长，教授、博导，国家“万人计划”领军人才

效率与公平是经济学研究的两大主线。如何理解效率和生产率的本质内涵，如何进行科学的定量测度以及如何解释不同经济决策体效率差异背后的原因，是经济学研究人员、经济政策制定者始终关注的焦点问题。随着中国经济

不断迈向高质量发展阶段，国内经济学者从不断跟跑开始迈向领跑国际学术前沿，本书的出版即是明证。张宁教授长期从事效率和生产率理论与方法的创新研究，杜克锐副教授则是蜚声网络的代码大咖。两位教授强强联合，使得本教材既有前沿理论介绍，又有细致的应用实施，对于高级研究者和初学者都有极好的指引和参考价值，充分体现了作为本领域研究者对于“效率”和“前沿”的深入理解和有效践行。期盼本教材能有效推动中国效率和生产率的教学研究，吸引更多青年学者和学生进入这一研究领域。

魏 楚　中国人民大学应用经济学院副院长，教授、博导，国家优秀青年基金获得者

据我所知，国内很多经济管理领域的学者、研究生都在从事与效率和生产率相关的研究工作，他们急需专门的教材对有关理论、模型、方法及软件实现进行系统介绍。张宁教授和杜克锐副教授将其教学、科研的多年积累整理成本书，很好地契合了广大教师和学生的需求。本书既对效率与生产率的基础理论进行了介绍，也纳入了近些年的前沿进展；同时，还以能源效率、绿色生产率等为例，深入浅出地展现了数据包络分析法、随机前沿分析法、参数线性规划法等多类方法的应用，有助于读者更好地理解模型方法背后的现实含义。本书的“编程篇”是很多初学者的福音，可以帮助其快速地在各类软件上进行操作使用。相信该教材会有广泛的应用前景。

王群伟　南京航空航天大学经济与管理学院副院长，教授、博导，国家优秀青年基金获得者，国家“万人计划”青年拔尖人才

张宁教授团队长期以来一直致力于效率和生产率研究，尤其是在数据包络分析方法的应用上取得了一系列开创性成果。在“以论文论英雄”的年代，愿意投入大量时间和精力编写一本优秀的教材是一件很不容易的事情，但具有巨大的正外部性。现有的效率与生产率教材主要以理论讲解为主，缺乏理论与实践的结合。张宁教授的这本教材弥补了现有书籍的这一缺陷。本教材分为理论篇、应用篇和编程篇三大板块，为广大学生和研究人员系统性学习效率和生产率方法提供了便利。希望该书的出版能够吸引更多人加入到效率与生产率的研究中来。

龚斌磊　浙江大学青山商学高等研究院副院长，教育部“青年长江学者”

Global economy has been more and more complicated with its new challenges in the future. Especially, in the field of sustainable development policies and sustainable management strategies, the inclusive decision with many constraints became more common. This new book by Prof. Zhang, Ning and Du, Kerui, is special for this multi-inputs/outputs for the inclusive decision. Prof. Zhang, Ning has been devoted his research to energy and environment so long time with me. China has become the global leader in the business field, yet I think, its persuasive power for the econometric model is far behind from the advanced countries. Nonetheless, this book tries to open the new frontier for China's young scholar to open the new challenges by the diverse methodological field. I really hope that this book could be used as the stepping stone for all promising young scholar in China.

崔龙录　韩国仁荷大学讲席教授，东亚环境研究院院长，韩国前总统经济顾问

前 言

效率和生产率是经济学中最核心的内容，经济学的第一课就是讲如何用最少的资源获得最大的产出，即解决资源最有效配置问题。在供给侧称之为成本最小化或利润最大化，在消费侧叫作效用最大。在学术研究中，效率和生产率分析也具有非常重要的地位。2011 年，*American Economic Review* 在其创刊 100 周年之际，特别邀请肯尼斯·约瑟夫·阿罗（Kenneth J. Arrow）、B.道格拉斯·伯恩黑姆（B. Douglas Bernheim）、马丁·S.费尔德斯坦（Martin S. Feldstein）、丹尼尔·L.麦克法登（Daniel L. McFadden）、詹姆士·M.波特巴（James M. Poterba）和罗伯特·M.索罗（Robert M. Solow）六位资深经济学家组成"TOP 20 评审会"，拣选出了本刊创刊 100 周年以来最具影响力的 20 篇论文，其中有 5 篇就是与效率和生产率相关的。

随着我国经济从高速增长阶段转向高质量发展阶段，效率和生产率的重要性日益凸显。劳动生产率和全要素生产率也被纳入政府工作报告和党的十九大文件中，已从晦涩的学术概念逐步转变为政府工作目标。同时，我国提出的碳达峰和碳中和的"30·60"目标在很大程度上依赖于能源效率的提高和碳排放效率的完成。当前，中国经济仍处于快速转型时期，政策不断推陈出新。改革能否取得成功关键在于是否能提高经济效率。基于效率和生产率的相关分析，对于中国经济政策的科学评估和优化具有重要的现实意义。对中国的效率和生产率问题进行深入的研究将是十分有益的探索。

写本书的初衷是虽然有关效率和生产率的研究非常重要，但目前国内还没有专门针对效率和生产率分析的中文教材，学习者只能去参考英文原著，但英文原著过于理论化，且设置了很高的学习门槛，而网络上的相关教材过于碎片化，缺乏系统性。本教材注重理论和实践相结合，在解释理论的同时，还给出了

Stata 软件的估计命令，同时还教读者如何撰写代码，理解上述模型的编程过程，从而使他们以后能够自己独立撰写新模型和新程序。本教材分为理论篇、应用篇和编程篇三部分。理论篇包括第 1 章到第 6 章，主要讲解效率和生产率常用模型的理论基础，包括参数方法和非参数方法两部分内容。参数方法主要包括参数线性规划法(parametric linear programming，PLP)、随机前沿分析法(stochastic frontier analysis，SFA)、三阶段最小二乘法(three-stage least square，3SLS)和似不相关回归法(seemingly unrelated regression，SUR)等计量经济学方法。非参数方法主要讲解数据包络分析(data envelopment analysis，DEA)方法的理论。应用篇则以实际例子来演示理论篇中讲解的模型。我们在书中提供了丰富的数据、计算代码和软件操作演示。编程篇则是从编程的角度，从基础开始，一步一步地介绍如何在 Stata 中开发效率与生产率模型的计算程序，以期为读者提供详细的编程指南。读者可通过网址 https://gitee.com/kerrydu/efficiencybook 下载与本书相关的程序代码和数据等资料。

本书是国内第一本同时从理论和应用角度，系统讲解效率和生产率模型的教材，可以作为经济学、管理学和环境类经济学、管理学高年级本科生和研究生的教材，也可以作为效率和生产率研究人员的参考书。本书的研究工作受到了国家自然科学基金委(项目编号：72033005、71822402、72074184)的持续资助。山东大学威海前沿交叉科学研究院研究生赵玉、公茂余和厦门大学管理学院研究生王珞嘉为书稿的撰写收集了大量的资料和数据，还提供了代码的编写和测试，在此向他们表示感谢。另外，山东大学出版社编辑宋亚卿也对本书的出版付出了大量心血，对书稿进行了非常专业和仔细的校正工作。在此，也对她表示诚挚的感谢。

尽管作者对书稿进行了多次修改，但书中肯定还有许多不足和疏漏之处，恳请读者朋友批评指正。

张 宁　杜克锐

2021 年 10 月 27 日

目 录

理论篇

应用篇

编 程 篇

理论篇

第1章　效率与生产率的基本概念及测度方法

经济增长是经济发展的主体和核心，主要通过两个方面来实现：一是要素投入的增加，二是效率的提高。前者仅可以推动经济总量的增长，而后者不仅表现为经济总量的累积，同时还伴随着经济质量的提升。因此，效率分析是经济学研究中的核心，经济学的第一课就是讲如何用最少的资源获得最大的产出，即解决资源最有效配置问题。在供给侧称之为成本最小化或利润最大化，在消费侧叫作效用最大化。

随着我国经济从高速增长阶段转向高质量发展阶段，效率和生产率的重要性日益凸显。劳动生产率（LP）和全要素生产率（TFP）也被纳入政府工作报告和党的十九大文件中，已从晦涩的学术概念逐步转变为政府工作目标。同时，我国提出的碳达峰和碳中和的"30・60"目标在很大程度上依赖于能源效率的提高和碳排放效率的完成。理解这些基本概念对于学习效率和生产率具有重要意义。

1.1　效率与生产率的基本概念

1.1.1　生产率

"生产率"一词已被广泛地应用于我们的经济和社会生活中，在学术文献、政府文件，甚至法律法规中均能看到它的存在，这说明生产率这一概念已经被社会各界广泛地接受与认可。生产率描述的是要素投入与产出数量之间的相对关系，是用来表示产出与投入比率的经济学术语。生产率从要素的构成上可以简单地分为单要素生产率、多要素生产率和全要素生产率。

单要素生产率的定义为产出与某一要素投入的比值，比如劳动生产率等于总产量与劳动人数之比，资本生产率等于总产量与资本总额之比，能源生产率等于总产量与能源使用量之比。多要素生产率的定义为产出与多种要素组合投入的比值。全要素生产率可以简单定义为总产出与总投入的比值，可以用公式表示为

$$TFP_t = \frac{总投入_t}{总产出_t} \tag{1.1}$$

相应地，全要素生产率的变化可以表示为

$$TFP_{st} = \frac{总产出_t}{总产出_s} \Big/ \frac{总投入_t}{总投入_s} \tag{1.2}$$

1.1.2 技术效率

效率是指在给定投入和技术等条件下，最有效地使用资源以满足设定的期望和需要的评价方式。效率可以分为技术效率和配置效率。技术效率最早是由 Farrell (1957) 提出的，用来描述在既定的技术水平和要素价格下，投入要素或产出数量可优化空间的大小。一般地，技术效率可以从投入和产出两种视角来表述：从投入视角可以将技术效率定义为既定产出时目标投入与实际投入之比，而从产出视角可以将技术效率定义为既定投入时实际产出与目标产出之比。

如图 1.1 所示，假设生产组合为一种投入 x 与一种产出 y，同时假定规模报酬不变(constant returns to scale，CRS)，其中 G 点为实际生产点，射线 OP 为最优的投入和产出组合。

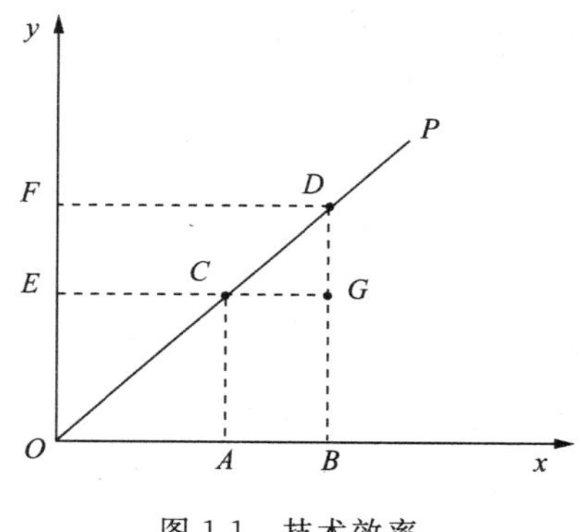

图 1.1 技术效率

从图 1.1 中我们可以直观地看出：相较于 G 点，C 点与其产出相同但是投

入更少；D 点与其投入相同，但是产出更多。因此，G 点是一个无效率点。从投入视角看，G 点的技术效率可表示为 $TE_i = EC/EG$；从产出视角看，G 点的技术效率可表示为 $TE_o = BG/BD$。依照比例的特征，技术效率 TE 的值介于 0～1之间。TE 的值越大代表实际产出与最优产出的距离越近，表明技术效率越高；反之越小。换句话说，技术效率是一个相对的概念，描述的是实际产出与生产前沿之间距离的相对大小。

1.1.3 规模效率

在上一小节的介绍中我们假定规模报酬不变，而在实际生产中，规模报酬往往是变化的。基于此，可将技术效率分解为纯技术效率和规模效率两部分。纯技术效率表示实际产出与规模报酬可变（variable returns to scale，VRS）条件下生产前沿的距离。简单地讲，纯技术效率就是规模报酬可变条件下生产前沿的技术效率。规模效率是指在其他条件不变时，规模报酬不变条件下的生产前沿与规模报酬可变条件下的生产前沿之间的距离大小。那么，规模效率可以表示为

$$SE = \frac{TE_c}{TE_v} \tag{1.3}$$

其中，TE_c 和 TE_v 分别表示同一实际产出点在规模报酬不变和规模报酬可变条件下的生产前沿的技术效率，即技术效率和纯技术效率。如图 1.2 所示，给定一个规模报酬可变的生产前沿，对于实际产出点 B 来说，其规模报酬不变的生产前沿为 OE，此时技术效率 $TE_c = \frac{AB}{AD}$；当其生产前沿为规模报酬可变时，其纯技术效率 $TE_v = \frac{AB}{AC}$。因此，其规模效率 $SE = \frac{TE_c}{TE_v} = \frac{\frac{AB}{AD}}{\frac{AB}{AC}} = \frac{AC}{AD}$。

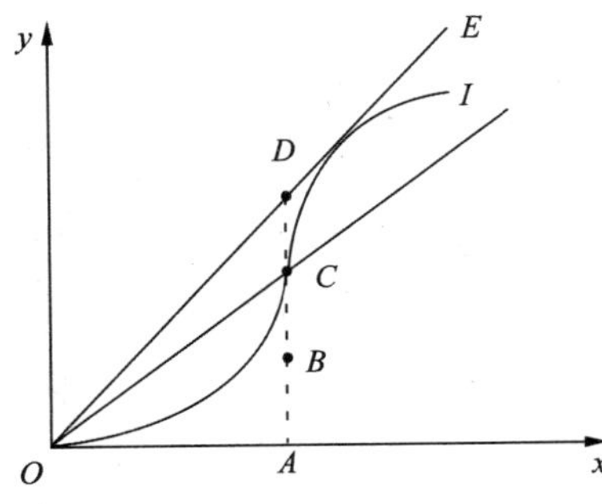

图 1.2 规模效率

1.1.4 配置效率

配置效率描述的是在既定的技术水平和要素价格条件下,通过调整要素的投入比例,以实现要素投入的最小化或产出的最大化。与技术效率一样,配置效率同样可以从产出和投入这两种视角进行描述。

假设有 x_1 和 x_2 两种投入要素,QQ' 表示等产量线,用以描述既定产出水平下两种投入要素的不同组合,P 点为实际生产点。由图 1.3 可以看出,Q 点和 Q' 点均是技术有效点,不过在 Q' 点生产时,与 Q 点之间不仅只是投入要素数量的差异,而且最重要的是可以实现成本的最小化。基于投入视角,配置效率可以理解为在既定的产出下,通过调整各种要素的比例数量,进而实现成本最小化的目标。配置效率可以表示为 $AE=OR/OQ$,R 点表示理论上的同一产出下所对应的两种要素组合的最小投入,而 Q 点为原点 O 和生产点 P 的连线与等产量线 QQ' 的交点。技术效率可以表示为 $TE=OQ/OP$,总体效率可以表示为 $OE=OR/OP=TE\times AE$,即总体效率等于技术效率与配置效率的乘积。

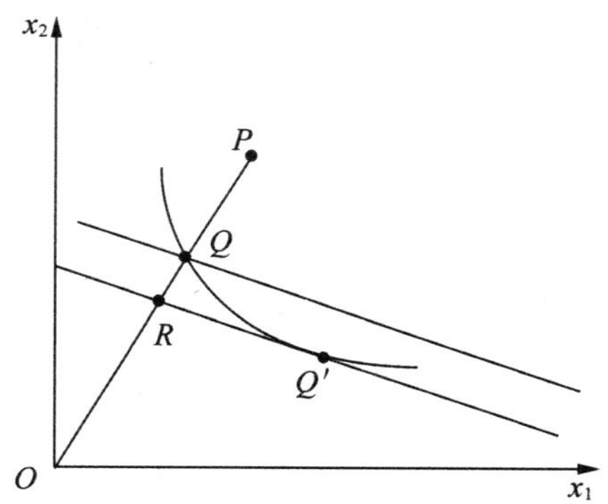

图 1.3 投入视角下的配置效率

图 1.4 描述了产出视角下的配置效率,在既定的投入下,通过调整各种要素的比例数量,进而实现成本最小化的目标。同理,配置效率可以表示为 $AE=OB/OC$,技术效率可以表示为 $TE=OA/OB$,总体效率可以表示为 $OE=OA/OC=TE\times AE$。

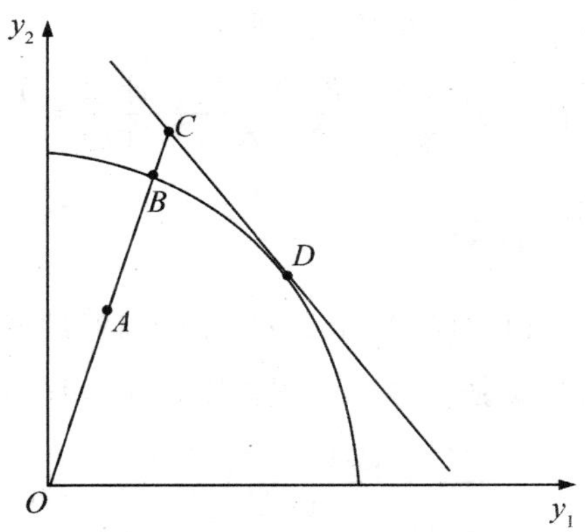

图 1.4 产出视角下的配置效率

1.1.5 能源效率

要素效率是指当其他条件不变时，某种要素的实际投入与目标投入之间的距离。如图 1.5 所示，C 点为实际生产点，曲线 AB 为等产量线，x_1 和 x_2 为两种要素投入。若要计算要素 x_2 的效率，即在保持要素 x_1 不变的情况下，沿着 CD 方向寻找最优的要素投入点 B，此时要素 x_2 的效率可以表示为 BD/CD，即目标投入与实际投入之比。

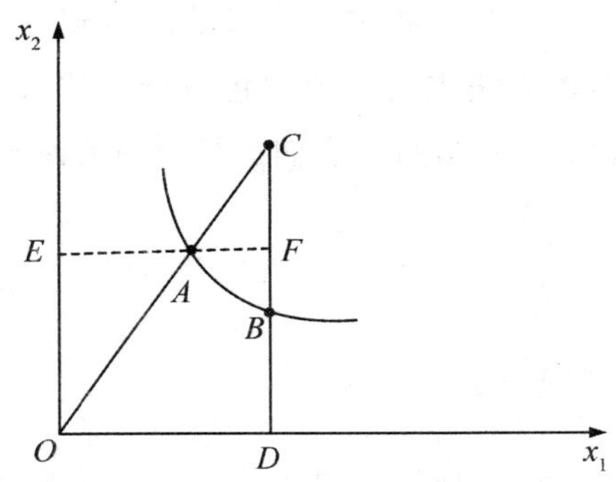

图 1.5 要素效率

能源效率是要素效率中非常重要的部分，它可以为国家或某省份完成节能目标提供重要参考。要研究它，首先就需要了解它的基本概念，正如 Zhang and Choi (2013) 发表在 *The Social Science Journal* 上的论文中提到的，能源效率

等于能源投入的目标值与实际值之比，即

$$能源效率=\frac{能源投入的目标值}{能源投入的实际值}=\frac{BD}{BC} \tag{1.4}$$

1.1.6 碳排放绩效指数

依据 Zhou et al.（2012）和 Zhang et al.（2013）的研究，全要素碳排放绩效指数被定义为潜在目标碳强度与实际碳强度之比，用公式可表示为

$$TCPI=\frac{(C-\beta_C^* C)/(Y+\beta_Y^* Y)}{C/Y}=\frac{1-\beta_C^*}{1+\beta_Y^*} \tag{1.5}$$

其中，C 为碳排放量；Y 为期望产出（如 GDP）；碳强度即为单位 GDP 的碳排放量 C/Y；β_C^* 和 β_Y^* 可以通过非径向方向距离函数求解，具体步骤参照“第 5 章 数据包络分析法”。

显然，$TCPI$ 在 0～1 之间，$TCPI$ 的值越高，说明碳排放绩效越好。若 $TCPI=1$，则观测结果表明，观测值在前沿面上，碳排放绩效最佳。

1.2 效率与生产率的测度方法

效率与生产率的测度方法可以简单地分为两大类：一类是参数方法，另一类是非参数方法。其中，参数方法主要有参数线性规划法、随机前沿分析法和计量经济学方法；非参数方法主要是数据包络分析法。在这里，我们仅对这些方法进行简要的概括，后续章节将对它们进行详细的说明。

1.2.1 参数方法

1.2.1.1 参数线性规划法

作为运筹学的一个分支，该方法现在已经被广泛地应用到经济社会的各个领域。尤其是在各种应用软件日益成熟的今天，在效率与生产率的测度中，线性规划方法凭借其独特的优势发挥着越来越重要的作用。线性规划问题首先需要确定决策变量和目标函数，然后根据需求确定约束条件，进而求解。线性规划可以通过估计投入导向的距离函数、产出导向的距离函数、方向距离函数和共同边界方向距离函数等来实现对效率与生产率的测度。

1.2.1.2 随机前沿分析法

一般地，生产效率可以理解为实际产出与理论最大产出的比值，但在现实生产中还会遭遇随机因素的冲击，如新冠肺炎疫情的冲击将直接影响企业的实际产出，并且这种冲击是企业无法控制的。因此，我们需要将这种随机冲击纳入实际产出中，此时，实际产出 q 可表示为

$$q = TE \cdot f(\boldsymbol{x}, \beta)\exp(v) \tag{1.6}$$

其中，v 表示随机冲击，一般假设 v 服从均值为 0 的正态分布；而 $f(\boldsymbol{x}, \beta)\exp(v)$ 这一部分就是随机前沿，也就是在传统生产前沿的基础上加入随机冲击因素而构造的新的生产前沿。随机冲击的存在，可能导致原来的实际产出 $TE \cdot f(\boldsymbol{x}, \beta)$ 位于生产前沿之上。将公式(1.6)进行对数化可得

$$\ln(q) = \ln f(\boldsymbol{x}, \beta) + v - u \tag{1.7}$$

其中，$u = -\ln(TE)$，由于 TE 介于 0～1 之间，因此 $-\ln(TE) > 0$。由此可见，u 使得实际产出始终位于随机前沿 $f(\boldsymbol{x}, \beta)\exp(v)$ 之下，故一般称其为无效率项。同时，根据 $u = -\ln(TE)$，可得技术效率为

$$TE = \exp(-u) \tag{1.8}$$

在此基础上，随机前沿模型可以基于生产函数、方向距离函数等实现对效率与生产率的测度。

1.2.1.3 计量经济学方法

成本函数作为测算效率与生产率的一种途径，与使用生产函数相比，可以更好地控制内生性问题。由于成本函数是要素价格的函数，因此，当原材料等某些投入要素的价格不可获取时，普通成本函数将不再适用。此时，往往需要借助限制性成本函数来完成模型的估计。但不论是成本函数还是限制性成本函数，都没有考虑到外界限制会对厂商造成配置扭曲，从而导致无法实现成本最小化的目标。此时，若依据边际替代关系计算要素影子价格，将会极大地低估成本。因此，需要借助于广义成本函数来完成。当然，成本函数除了可以估计效率与生产率，还可以测度要素的替代弹性、行业的市场力大小等等。

1.2.2 非参数方法

测算效率与生产率的非参数方法模型主要有 CRS-DEA 模型、VRS-DEA

模型和 Malmquist-TFP 指数等。

1.2.2.1 CRS-DEA 模型（CCR 模型）

数据包络分析最早使用的模型是由 Charnes et al.（1978）提出的 CCR 模型，这一模型主要用来测算技术效率。假设有 K 个决策单元，每一个决策单元有一种投入 $\boldsymbol{x}$ 和一种产出 $\boldsymbol{y}$，生产过程是规模报酬不变的，则基于产出导向的技术效率可以通过下式求解：

$$D_O(\boldsymbol{x},\boldsymbol{y})^{-1}=\max\theta$$
$$\text{s.t.}\begin{cases}\sum_{k=1}^{K}\lambda_k\boldsymbol{y}_k\geqslant\theta\boldsymbol{y}\\\sum_{k=1}^{K}\lambda_k\boldsymbol{x}_k\leqslant\boldsymbol{x}\\\boldsymbol{\lambda}\geqslant\boldsymbol{0}\end{cases}\tag{1.9}$$

其中，$\boldsymbol{x}_k$ 和 $\boldsymbol{y}_k$ 分别为第 k 个决策单元的投入和产出；θ 是技术效率值的倒数，$\theta\geqslant1$；$\boldsymbol{\lambda}$ 为强度变量。

在投入不变的情况下，可以通过线性规划对公式（1.9）进行求解，得到某一个决策单元的 θ 值，进而得到技术效率 $TE=1/\theta$。将公式（1.9）进行 K 次求解，可以得到所有决策单元的 θ 值。

1.2.2.2 VRS-DEA 模型（BCC 模型）

在 CCR 模型的基础上，Banker et al.（1984）放松了规模报酬不变的假设，加入规模报酬可变的约束，提出了著名的 BCC 模型。假设有 K 个决策单元，每一个决策单元有一种投入 $\boldsymbol{x}$ 和一种产出 $\boldsymbol{y}$，则基于产出导向的技术效率可以通过下式求解：

$$D_O(\boldsymbol{x},\boldsymbol{y})^{-1}=\max\theta$$
$$\text{s.t.}\begin{cases}\sum_{k=1}^{K}\lambda_k\boldsymbol{y}_k\geqslant\theta\boldsymbol{y}\\\sum_{k=1}^{K}\lambda_k\boldsymbol{x}_k\leqslant\boldsymbol{x}\\\sum_{k=1}^{K}\lambda_k=1;\lambda_k\geqslant0\end{cases}\tag{1.10}$$

不难看出，BCC 模型是在 CCR 模型的基础上，增加了一个凸性的约束条件，即 $\sum_{k=1}^{K}\lambda_k=1$。正如“1.1.3 规模效率”中提到的，由 CCR 模型得到的效率可以分解为纯技术效率(BCC 效率)和规模效率两个部分。

1.2.2.3 Malmquist-TFP 指数

非参数 DEA 模型通常可以和曼奎斯特(Malmquist)指数相结合计算全要素生产率的变化。首先依照线性规划方法计算出 Malmquist 指数所需的距离函数，进而得到全要素生产率的变化以及驱动因素。与上述模型不同的是，计算 Malmquist-TFP 指数时，需要引入时间变量。假设有 K 个决策单元，在 t 个时期用 N 种投入 $\boldsymbol{x}$ 生产 P 种产出 $\boldsymbol{y}$，则以 t 期为基期的生产率指数为

$$M^t=\frac{D^t(\boldsymbol{x}^{t+1},\boldsymbol{y}^{t+1})}{D^t(\boldsymbol{x}^t,\boldsymbol{y}^t)} \tag{1.11}$$

而以 $t+1$ 期为基期的生产率指数则被定义为

$$M^{t+1}=\frac{D^{t+1}(\boldsymbol{x}^{t+1},\boldsymbol{y}^{t+1})}{D^{t+1}(\boldsymbol{x}^t,\boldsymbol{y}^t)} \tag{1.12}$$

以此为基础，Färe et al. (1994)以几何平均的形式重新定义了 Malmquist-TFP 指数，即

$$M_t^{t+1}=\left[\frac{D^{t+1}(\boldsymbol{x}^{t+1},\boldsymbol{y}^{t+1})}{D^{t+1}(\boldsymbol{x}^t,\boldsymbol{y}^t)}\times\frac{D^t(\boldsymbol{x}^{t+1},\boldsymbol{y}^{t+1})}{D^t(\boldsymbol{x}^t,\boldsymbol{y}^t)}\right]^{0.5} \tag{1.13}$$

Malmquist-TFP 指数又可以分解为效率变化指数 $MEFFCH_t^{t+1}=\frac{D^{t+1}(\boldsymbol{x}^{t+1},\boldsymbol{y}^{t+1})}{D^t(\boldsymbol{x}^t,\boldsymbol{y}^t)}$ 和技术变化指数 $MTECH_t^{t+1}=\left[\frac{D^t(\boldsymbol{x}^{t+1},\boldsymbol{y}^{t+1})}{D^{t+1}(\boldsymbol{x}^{t+1},\boldsymbol{y}^{t+1})}\times\frac{D^t(\boldsymbol{x}^t,\boldsymbol{y}^t)}{D^{t+1}(\boldsymbol{x}^t,\boldsymbol{y}^t)}\right]^{0.5}$ 两个部分。

1.3 参数方法和非参数方法的优缺点

效率与生产率的测度方法主要可以分为参数方法和非参数方法两种类型。参数方法和非参数方法各有优缺点，同时又相互补充。因此，在实际使用中，应根据具体问题灵活选择最适合的方法测度效率与生产率。同时，两类方法在长期的实践和应用中还在不断地发展与创新。

参数方法在生产率测度中的应用很广泛，既有其自身独特的优势，也有其不可避免的缺陷。采用参数方法测度效率与生产率时，需要借鉴经济学中具体的生产函数形式，该函数具有多阶可导的性质，这使得参数方法的估计具有较

强的经济学理论支撑。测算结果具有明确的经济学含义，便于理解与分析，可避免成为无源之水。相比于非参数方法，参数方法对指标的选择不太敏感，因此其测度结果具有良好的稳定性。参数方法还可以提供具体的参数估计，可以得到参数的显著性水平。

采用参数方法测算效率与生产率也存在一些缺点。首先，参数估计对函数的形式和分布具有明确的假设，而现实中这些假设很难得到满足。这不仅会使参数方法的估计结果产生较大的偏误，还会使参数方法的适用范围受到限制。同时，参数方法主要通过普通最小二乘法(OLS)等方法进行估计，对样本数量有较高的要求，这同样会影响它的适用范围。

同样地，非参数方法在测算效率与生产率方面的优缺点也比较明显。其优点是没有过多的假设，最大限度地避免了由假设不满足而产生的估计偏误，相比于参数方法更为灵活，适用范围更广。非参数方法的计算更为简单，更容易学习和理解，且易于创新，因此，其相较于参数方法发展速度更快，发展空间也更大。非参数方法可以直接评价不同量纲的指标，不需要对这些指标进行相应的处理，使得测度更为方便，且对样本量的要求相对于参数方法较少。最重要的一点在于，非参数方法可以直接评价多投入、多产出的情况，这是参数方法无法做到的。

非参数方法也存在一些不可避免的缺点。非参数方法缺少相应的经济学理论支撑，缺乏经济学含义，对一些问题的处理不容易通过经济学原理进行解释。非参数方法不能提供统计推断，使得测度结果缺乏可信性。由于非参数方法会独立考虑偶然因素对产出等的影响，使得这一因素被包含在无效率值中，这就使得其测度的效率水平低于实际水平。此外，非参数方法对指标的选择非常敏感，不同的指标选择可能会对测度结果产生较大的影响，这同样会影响结果的可信性。

为了便于读者理解，表1.1对参数方法与非参数方法的优缺点进行了总结。

表1.1　参数方法与非参数方法的对比

方法	优点	缺点
参数方法	(1)有经济学理论和内涵； (2)多阶可导； (3)提供参数估计	假设多：函数形式假设、分布假设等
非参数方法	(1)无须假设； (2)计算简单； (3)应用性广	(1)缺乏经济学理论； (2)无法提供参数估计

参考文献

[1] Farrell M J. 1957. The measurement of productivity efficiency. Journal of the Royal Statistical Society, Series A 120 (Part 3): 253-290.

[2] Zhang N, Choi Y. 2013. Environmental energy efficiency of China's regional economies: A non-oriented slacks-based measure analysis. The Social Science Journal, 50: 225-234.

[3] Zhou P, Ang B W, Wang H. 2012. Energy and CO_2 emission performance in electricity generation: A non-radial directional distance function approach. European Journal of Operational Research, 221: 625-635.

[4] Zhang N, Zhou P, Choi Y. 2013. Energy efficiency, CO_2 emission performance and technology gaps in fossil fuel electricity generation in Korea: A meta-frontier non-radial directional distance function analysis. Energy Policy, 56: 653-662.

[5] Charnes A, Cooper W W, Rhodes E. 1978. Measuring the efficiency of decision making units. European Journal of Operational Research, 2(6): 429-444.

[6] Banker R D, Charnes A, Cooper W W. 1984. Some models for estimating technical and scale inefficiencies in data envelopment analysis. Management Science, 30(9): 1078-1092.

[7] Färe R, Grosskopf S, Norris M, et al. 1994. Productivity growth, technical progress, and efficiency change in industrialized countries. The American Economic Review, 84(1): 66-83.

第2章 参数线性规划法

上一章提到，研究效率与生产率的方法大致分为两类：参数方法和非参数方法。参数方法主要包括参数线性规划法、随机前沿分析法和计量经济学方法，而非参数方法主要是数据包络分析法。它们都有各自的优点和缺点。本章首先对参数线性规划模型进行详细的介绍，该模型包括三种函数形式：产出距离函数（output distance function，ODF）、投入距离函数（input distance function，IDF）和方向距离函数（directional distance function，DDF）。此外，考虑不同组群之间技术的异质性，本章将介绍一种更为高阶的参数共同前沿分析方法——共同前沿方向距离函数（meta-directional distance function，MDDF）。

2.1 产出距离函数

产出距离函数（ODF）结合参数线性规划求解最早是由 Färe et al. (1993) 在 *The Review of Economics and Statistics* 上提出的。主要的分析工具是 Shephard (1970) 提出的产出距离函数，该函数在产出集 $P(\boldsymbol{x})$ 上的定义为

$$D_O(\boldsymbol{x},\boldsymbol{u})=\min\{\theta:(\boldsymbol{u}/\theta)\in P(\boldsymbol{x})\} \tag{2.1}$$

它之所以是产出距离函数而不是投入距离函数，是因为 θ 作用在产出 $\boldsymbol{u}$ 上。当 θ 被赋予一个 0～1 之间的数值时，会导致整体的产出 $\boldsymbol{u}/\theta$ 不断变大，最终落在生产前沿 $P(\boldsymbol{x})$ 上。如果产出 $\boldsymbol{u}$ 在生产前沿 $P(\boldsymbol{x})$ 上，则 $D_O(\boldsymbol{x},\boldsymbol{u})=1$；如果产出 $\boldsymbol{u}$ 在生产前沿 $P(\boldsymbol{x})$ 的内部，则 $D_O(\boldsymbol{x},\boldsymbol{u})<1$。所以，$D_O(\boldsymbol{x},\boldsymbol{u})\in[0,1]$。在图 2.1 中，$B$ 点的距离值 $D_O(\boldsymbol{x},\boldsymbol{u})=OB/OA$。

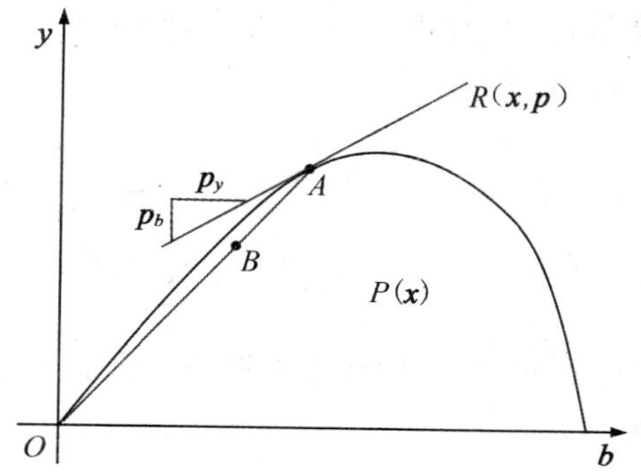

图 2.1 环境生产技术和影子价格

就研究目的而言，产出距离函数相比于传统生产函数的技术表示方法有以下几个优势。第一，可以表示多个产出的联合生产；第二，满足非期望产出的弱可处置性；第三，可以度量非期望产出的影子价格（边际减排成本）。

我们首先定义产出价格为 $\boldsymbol{p}=(\boldsymbol{p}_y,\boldsymbol{p}_b)$ 并且 $\boldsymbol{p}\neq \boldsymbol{0}$，其中，$\boldsymbol{p}_y$ 是期望产出 $\boldsymbol{y}$ 的价格，$\boldsymbol{p}_b$ 为非期望产出 $\boldsymbol{b}$ 的影子价格。收益函数可以根据产出距离函数定义为

$$R(\boldsymbol{x},\boldsymbol{p})=\max_{u}\{\boldsymbol{p}_y\boldsymbol{y}+\boldsymbol{p}_b\boldsymbol{b}:D_O(\boldsymbol{x},\boldsymbol{u})\leqslant 1\} \tag{2.2}$$

若产出集 $P(\boldsymbol{x})$ 是凸集，则可以证明公式(2.2)的对偶模型成立，即

$$D_O(\boldsymbol{x},\boldsymbol{u})=\max_{p}\{\boldsymbol{p}_y\boldsymbol{y}+\boldsymbol{p}_b\boldsymbol{b}:R(\boldsymbol{x},\boldsymbol{p})\leqslant 1\} \tag{2.3}$$

其中，$\boldsymbol{p}_y\boldsymbol{y}+\boldsymbol{p}_b\boldsymbol{b}$ 是产出价格和产出数量的乘积。收益函数可以通过相对于产出最大化的产出距离函数导出，产出距离函数可以通过产出价格的最大化从收益函数中获得。根据 Färe et al. (1993)的推导与证明，非期望产出 $\boldsymbol{b}$ 的影子价格公式为

$$\boldsymbol{p}_b=\boldsymbol{p}_y\frac{\partial D_O(\boldsymbol{x},\boldsymbol{u})/\partial \boldsymbol{b}}{\partial D_O(\boldsymbol{x},\boldsymbol{u})/\partial \boldsymbol{y}} \tag{2.4}$$

公式(2.4)可以理解为：非期望产出 $\boldsymbol{b}$ 的影子价格即放弃期望产出 $\boldsymbol{y}$ 以额外减少一单位非期望产出 $\boldsymbol{b}$ 所需的机会成本。它是期望产出 $\boldsymbol{y}$ 与非期望产出 $\boldsymbol{b}$ 之间的一种替代关系，也可以通过图 2.1 中斜率的角度进行直观理解。

那么，产出距离函数如何求解呢？首先我们要假设它的函数形式，一般情况下，会将产出距离函数假设为超越对数的函数形式(translog function)。这种函数形式具有非常高的灵活性。最重要的是，它没有将产出强制设为强可处置

性。假设有 K 个决策单元、N 种投入、$P+Q$ 种产出，其中期望产出有 P 种、非期望产出有 Q 种，则函数形式如下：

$$\ln D_O(\boldsymbol{x},\boldsymbol{u})=\alpha_0+\sum_{n=1}^{N}\alpha_n\ln x_n+\sum_{m=1}^{P+Q}\beta_m\ln u_m+\frac{1}{2}\sum_{n=1}^{N}\sum_{n'=1}^{N}\alpha_{nn'}(\ln x_n)(\ln x_{n'})$$

$$+\frac{1}{2}\sum_{m=1}^{P+Q}\sum_{m'=1}^{P+Q}\beta_{mm'}(\ln u_m)(\ln u_{m'})+\sum_{n=1}^{N}\sum_{m=1}^{P+Q}\delta_{nm}(\ln x_n)(\ln u_m) \quad (2.5)$$

为了对公式(2.5)进行求解，采用线性规划的方法来估计产出距离函数中的参数，其中目标函数如下：

$$\max\sum_{k=1}^{K}[\ln D_O(\boldsymbol{x}^k,\boldsymbol{u}^k)-\ln 1] \quad (2.6)$$

约束条件为：

(i) $\ln D_O(\boldsymbol{x}^k,\boldsymbol{u}^k)\leqslant 0, k=1,2,\cdots,K$；

(ii) $\dfrac{\partial\ln D_O(\boldsymbol{x}^k,\boldsymbol{u}^k)}{\partial\ln u_m^k}\geqslant 0, m=1,2,\cdots,P, k=1,2,\cdots,K$；

(iii) $\dfrac{\partial\ln D_O(\boldsymbol{x}^k,\boldsymbol{u}^k)}{\partial\ln u_m^k}\leqslant 0, m=P+1,P+2,\cdots,P+Q, k=1,2,\cdots,K$；

(iv) $\sum_{m=1}^{M}\beta_m=1, \sum_{m=1}^{M}\delta_{nm}=0, m=1,2,\cdots,P+Q, n=1,2,\cdots,N$；

(v) $\sum_{m=1}^{M}\sum_{m'=1}^{M}\beta_{mm'}=0$；

(vi) $\beta_{mm'}=\beta_{m'm}, \alpha_{nn'}=\alpha_{n'n}, m=1,2,\cdots,P+Q, m'=1,2,\cdots,P+Q, n=1, 2,\cdots,N, n'=1,2,\cdots,N$。

其中，目标函数是“最小化”观测值与技术前沿距离的总和。由于距离函数的取值不大于1，所以距离函数的自然对数不大于0。约束条件(i)意味着将单个观测值限制在技术前沿之下。约束条件(ii)可以直观地理解为期望产出越多，观测值到技术前沿的距离越近；反之，则距离越远。约束条件(iii)意味着非期望产出越多，观测值到技术前沿的距离越远。约束条件(ii)和(iii)均满足单调性。约束条件(iv)和(v)满足产出的一次齐次性。约束条件(vi)满足矩阵的对称性。

为了便于理解，我们举一个例子：假设存在三种投入要素 (x_1,x_2,x_3)、一种期望产出 (y_1) 和一种非期望产出 (b_1)，此时产出距离函数的超越对数形式为

$$\ln D_O(\boldsymbol{x},\boldsymbol{y},\boldsymbol{b})=\alpha_0+\alpha_1\ln x_1+\alpha_2\ln x_2+\alpha_3\ln x_3+\beta_1\ln y_1+\gamma_1\ln b_1$$

$$+\frac{1}{2}[\alpha_{11}(\ln x_1)^2+\alpha_{12}(\ln x_1)(\ln x_2)+\alpha_{13}(\ln x_1)(\ln x_3)$$
$$+\alpha_{21}(\ln x_2)(\ln x_1)+\alpha_{22}(\ln x_2)^2+\alpha_{23}(\ln x_2)(\ln x_3)$$
$$+\alpha_{31}(\ln x_3)(\ln x_1)+\alpha_{32}(\ln x_3)(\ln x_2)+\alpha_{33}(\ln x_3)^2]$$
$$+\frac{1}{2}\beta_2(\ln y_1)^2+\frac{1}{2}\gamma_2(\ln b_1)^2+\mu(\ln y_1)(\ln b_1)$$
$$+\eta_{11}(\ln x_1)(\ln y_1)+\eta_{21}(\ln x_2)(\ln y_1)+\eta_{31}(\ln x_3)(\ln y_1)$$
$$+\delta_{11}(\ln x_1)(\ln b_1)+\delta_{21}(\ln x_2)(\ln b_1)+\delta_{31}(\ln x_3)(\ln b_1) \tag{2.7}$$

约束条件即可以表示为：

(i) $\ln D_O(\boldsymbol{x},\boldsymbol{y},\boldsymbol{b})\leqslant 0$；

(ii) $\beta_1+\beta_2\ln y_1+\mu\ln b_1+\eta_{11}\ln x_1+\eta_{21}\ln x_2+\eta_{31}\ln x_3\geqslant 0$；

(iii) $\gamma_1+\gamma_2\ln b_1+\mu\ln y_1+\delta_{11}\ln x_1+\delta_{21}\ln x_2+\delta_{31}\ln x_3\leqslant 0$；

(iv) $\beta_1+\gamma_1=1$，$\beta_2+\gamma_2+\mu=0$，$\eta_{11}+\delta_{11}=0$，$\eta_{21}+\delta_{21}=0$，$\eta_{31}+\delta_{31}=0$；

(v) $\alpha_{12}=\alpha_{21}$，$\alpha_{13}=\alpha_{31}$，$\alpha_{23}=\alpha_{32}$。

此外，还有一个值得注意的地方：利用产出距离函数求解影子价格时，公式(2.4)中的距离函数对产出求导是没有对数的，而产出距离函数的表达式存在自然对数，所以需要对其进行进一步的处理，即

$$\boldsymbol{p}_b=\boldsymbol{p}_y\frac{\partial D_O(\boldsymbol{x},\boldsymbol{u})/\partial \boldsymbol{b}}{\partial D_O(\boldsymbol{x},\boldsymbol{u})/\partial \boldsymbol{y}}=\boldsymbol{p}_y\frac{[\partial\ln D_O(\boldsymbol{x},\boldsymbol{u})/\partial\ln \boldsymbol{b}][D_O(\boldsymbol{x},\boldsymbol{u})/\boldsymbol{b}]}{[\partial\ln D_O(\boldsymbol{x},\boldsymbol{u})/\partial\ln \boldsymbol{y}][D_O(\boldsymbol{x},\boldsymbol{u})/\boldsymbol{y}]} \tag{2.8}$$

该方法被 Färe et al. (1993)提出之后，Coggins and Swinton (1996)在环境经济学顶级期刊 *Journal of Environmental Economics and Management* 上发表了第一篇关于该方法的实证文章。从图 2.1 中可以看出，由 B 点到 A 点的过程，是一个既增加期望产出又增加非期望产出的过程，它是以牺牲环境为代价的粗放式增长。一般来说，该模型适用于一些牺牲环境拉动经济发展的发展中国家。

2.2 投入距离函数

投入距离函数(IDF)结合参数线性规划求解是由 Hailu and Veeman (2000)在 *Journal of Environmental Economics and Management* 上提出的，与 ODF 的设置形式类似，约束条件略有不同。为了对距离函数求解，需要对

IDF 进行函数形式的设定。一般地，我们都习惯性地将 IDF 和 ODF 设定为超越对数的函数形式。假设有 T 期 K 个决策单元、N 种投入、$P+Q$ 种产出，其中期望产出有 P 种、非期望产出有 Q 种，则方程如下：

$$\ln D(\boldsymbol{x},\boldsymbol{u})=\alpha_0+\sum_{n=1}^{N}\alpha_n\ln x_n+\sum_{m=1}^{P+Q}\beta_m\ln u_m+\frac{1}{2}\sum_{n=1}^{N}\sum_{n'=1}^{N}\alpha_{nn'}\ln x_n\ln x_{n'}+\frac{1}{2}\sum_{m=1}^{P+Q}\sum_{m'=1}^{P+Q}\beta_{mm'}\ln u_m\ln u_{m'}+\sum_{n=1}^{N}\sum_{m=1}^{P+Q}\gamma_{nm}\ln x_n\ln u_m \tag{2.9}$$

其中，N 是投入要素的种类；$P+Q$ 是产出的种类，产出包括 P 种期望产出和 Q 种非期望产出。

下面结合线性规划的方法对公式(2.9)的系数进行估计。线性规划的目标就是选择一组参数估计值，使得距离函数对数值的偏差和最小化。同时，还需要满足单调性、齐次性和对称性的约束条件。因此，优化问题就可以采用如下形式：

$$\min\sum_{k=1}^{K}\ln D(\boldsymbol{x}^k,\boldsymbol{u}^k) \tag{2.10}$$

约束条件为：

(i) $\ln D(\boldsymbol{x}^k,\boldsymbol{u}^k)\geqslant 0,k=1,2,\cdots,K$；

(ii) $\dfrac{\partial\ln D(\boldsymbol{x}^k,\boldsymbol{u}^k)}{\partial x_n}\geqslant 0,k=1,2,\cdots,K,n=1,2,\cdots,N$；

(iii) $\dfrac{\partial\ln D(\boldsymbol{x}^k,\boldsymbol{u}^k)}{\partial u_m}\leqslant 0,k=1,2,\cdots,K,m=1,2,\cdots,P$；

(iv) $\dfrac{\partial\ln D(\boldsymbol{x}^k,\boldsymbol{u}^k)}{\partial u_m}\geqslant 0,k=1,2,\cdots,K,m=P+1,P+2,\cdots,P+Q$；

(v) $\sum_{n=1}^{N}\alpha_n=1$；

(vi) $\sum_{n=1}^{N}\alpha_{nn'}=0,n'=1,2,\cdots,N$；

(vii) $\sum_{n=1}^{N}\gamma_{nm}=0,m=1,2,\cdots,P+Q$；

(viii) $\alpha_{nn'}=\alpha_{n'n},n,n'=1,2,\cdots,N$；

(ix) $\beta_{mm'}=\beta_{m'm},m,m'=1,2,\cdots,P+Q$。

约束条件(i)要求在观测到的投入和产出组合下，估计出的 IDF 的函数值要不小于 1。换句话说，该约束可以确保估计函数将观测到的投入和产出组合识别为技术前沿内的观测值。约束条件(ii)～(iv)是为了保证距离函数投入和产出的单调性。$D(\boldsymbol{u},\boldsymbol{x})$ 被认为是一个无效率的部分，投入和非期望产出越多，IDF 的函数值越大；期望产出越多，IDF 的函数值越小。约束条件(v)～(vii)满足方程投入要素的线性齐次性。约束条件(viii)和(ix)满足对称性。

估计出 IDF 的参数之后，可以将参数代入公式(2.4)中求解非期望产出的影子价格。

该理论方法被提出后，Lee and Zhang (2012)在 *Energy Economics* 上利用 IDF 发表了第一篇实证文章，并在此基础上计算了投入要素的替代弹性，公式如下：

$$M_{ij}=-\frac{\mathrm{dln}[D_i(\boldsymbol{x},\boldsymbol{u})/D_j(\boldsymbol{x},\boldsymbol{u})]}{\mathrm{dln}(x_i/x_j)} \tag{2.11}$$

也正因为如此，IDF 在要素替代弹性的测度、资源配置等方面的应用才较为广泛。

2.3 方向距离函数

方向距离函数(DDF)结合参数线性规划求解是由 Färe et al. (2005)在 *Journal of Econometrics* 上提出的。在之前利用 ODF 计算技术效率时存在一个致命的缺陷，如图 2.1 所示，无论是期望产出还是非期望产出，都处于一个增加的状态，仅仅适用于粗放式增长时期。而目前环境问题越来越受到关注，环境和经济的协调发展成为时代发展的必然趋势，我们所期望的不仅是要生产尽可能多的好产出，还要确保出现尽可能少的坏产出，而 DDF 的提出，解决了这一问题。

假设有 K 个决策单元都使用 N 种投入要素 $\boldsymbol{x}=(x_1,x_2,\cdots,x_N)\in\mathbf{R}_N^+$，生产 P 种期望产出 $\boldsymbol{y}=(y_1,y_2,\cdots,y_P)\in\mathbf{R}_P^+$ 和 Q 种非期望产出 $\boldsymbol{b}=(b_1,b_2,\cdots,b_Q)\in\mathbf{R}_Q^+$，则多产出的环境生产技术为(林伯强和刘泓汛，2015)：

$$P(\boldsymbol{x})=\{(\boldsymbol{x},\boldsymbol{y},\boldsymbol{b}):\boldsymbol{x}\text{ 可以生产}(\boldsymbol{y},\boldsymbol{b})\} \tag{2.12}$$

其中，$P(\boldsymbol{x})$ 被认为满足生产理论公理(陈诗一，2010)。此外，环境生产技术还满足弱可处置性和零结合性假设(王兵等，2008)，其数学表达形式如下：

(i) 若$(\boldsymbol{x},\boldsymbol{y},\boldsymbol{b})\in P(\boldsymbol{x})$，$0\leqslant\theta\leqslant 1$，则$(\boldsymbol{x},\theta\boldsymbol{y},\theta\boldsymbol{b})\in P(\boldsymbol{x})$；

(ii) 若$(\boldsymbol{x},\boldsymbol{y},\boldsymbol{b})\in P(\boldsymbol{x})$，$\boldsymbol{b}=\mathbf{0}$，则 $\boldsymbol{y}=\mathbf{0}$。

弱可处置性假设(i)表示，减少非期望产出(如二氧化碳)需要以减少期望产出(如 GDP)为机会成本。零结合性假设(ii)则表明,若不停止对期望产出的生产,非期望产出将不可避免。在上述假设的约束下,方向距离函数的函数形式则可表示为

$$\vec{D}(\boldsymbol{x},\boldsymbol{y},\boldsymbol{b};\boldsymbol{g}_y,-\boldsymbol{g}_b)=\max\{\theta:(\boldsymbol{y}+\theta\boldsymbol{g}_y,\boldsymbol{b}-\theta\boldsymbol{g}_b)\in P(\boldsymbol{x})\} \quad (2.13)$$

其中,$\boldsymbol{g}=(\boldsymbol{g}_y,-\boldsymbol{g}_b)$ 为期望产出和非期望产出的缩放方向向量(见图 2.2),θ 为无效率值。

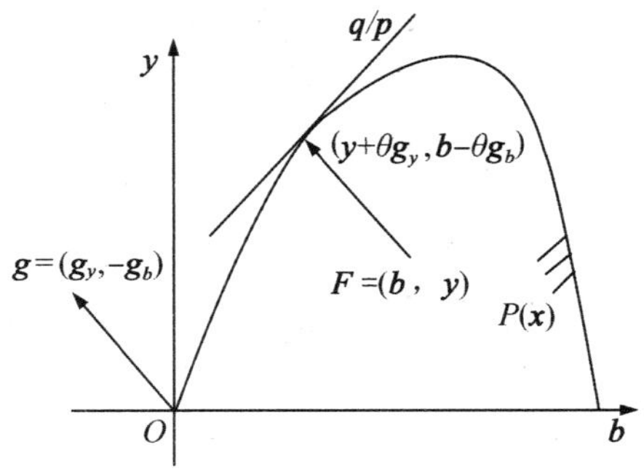

图 2.2 方向距离函数

由于方向距离函数是在环境生产技术的基础上建立起来的,因此,它具有环境生产技术的特征,具体表示如下:

(i) 当且仅当$(\boldsymbol{x},\boldsymbol{y},\boldsymbol{b})\in P(\boldsymbol{x})$,则$\vec{D}(\boldsymbol{x},\boldsymbol{y},\boldsymbol{b};\boldsymbol{g}_y,-\boldsymbol{g}_b)\geqslant 0$;

(ii) 若 $(\boldsymbol{x},\boldsymbol{y}',\boldsymbol{b})\leqslant(\boldsymbol{x},\boldsymbol{y},\boldsymbol{b})\in P(\boldsymbol{x})$,则 $\vec{D}(\boldsymbol{x},\boldsymbol{y}',\boldsymbol{b};\boldsymbol{g}_y,-\boldsymbol{g}_b)\geqslant\vec{D}(\boldsymbol{x},\boldsymbol{y},\boldsymbol{b};\boldsymbol{g}_y,-\boldsymbol{g}_b)$;

(iii) 若 $(\boldsymbol{x},\boldsymbol{y},\boldsymbol{b}')\geqslant(\boldsymbol{x},\boldsymbol{y},\boldsymbol{b})\in P(\boldsymbol{x})$,则 $\vec{D}(\boldsymbol{x},\boldsymbol{y},\boldsymbol{b}';\boldsymbol{g}_y,-\boldsymbol{g}_b)\geqslant\vec{D}(\boldsymbol{x},\boldsymbol{y},\boldsymbol{b};\boldsymbol{g}_y,-\boldsymbol{g}_b)$;

(iv) 若$(\boldsymbol{x},\boldsymbol{y},\boldsymbol{b})\in P(\boldsymbol{x})$,$0\leqslant\theta\leqslant 1$,则$\vec{D}(\boldsymbol{x},\theta\boldsymbol{y},\theta\boldsymbol{b};\boldsymbol{g}_y,-\boldsymbol{g}_b)\geqslant 0$。

特征(i)说明了方向距离函数的非负性。特征(ii)表示在方向距离函数中期望产出具有单调非增的特性。特征(iii)认为在保持投入与期望产出不变的情况下,若增加非期望产出,则无效率值不会减少。特征(iv)则说明了期望产出和非期望产出满足弱可处置性的假设。

除此之外,方向距离函数也满足转换性,即

$$\vec{D}(\boldsymbol{x},\boldsymbol{y}+a\boldsymbol{g}_y,\boldsymbol{b}-a\boldsymbol{g}_b;\boldsymbol{g}_y,-\boldsymbol{g}_b)=\vec{D}(\boldsymbol{x},\boldsymbol{y},\boldsymbol{b};\boldsymbol{g}_y,-\boldsymbol{g}_b)-a \quad (2.14)$$

其中,a 是一个标量。公式(2.14)的含义为:若期望产出和非期望产出分别同时

增加 $a\boldsymbol{g}_y$ 和减少 $a\boldsymbol{g}_b$，则方向距离函数的数值会减少 a。

方向距离函数是谢泼德距离函数的推广。该方法有一个优点，那就是允许考虑产出中的非比例变化，即允许一个产出增加，另一个产出减少。比如，当副产品是污染产出时，利用该方法就更有吸引力，因为决策者通常对减少污染更感兴趣。

在这里，我们将 DDF 设定为二次型的函数形式。之所以不利用超越对数的函数形式，是因为二次型更容易满足 DDF 的转换性。

假设存在 N 种投入要素、P 种期望产出和 Q 种非期望产出，则函数形式如下：

$$\begin{aligned} D(\boldsymbol{x},\boldsymbol{y},\boldsymbol{b}) = {} & \alpha_0 + \sum_n \alpha_n x_n + 0.5\sum_{nn'} \alpha_{nn'} x_n x_{n'} + \sum_p \beta_p y_p \\ & + 0.5\sum_{pp'} \beta_{pp'} y_p y_{p'} + \sum_q \gamma_q b_q + 0.5\sum_{qq'} \gamma_{qq'} b_q b_{q'} \\ & + \sum_p \sum_q u_{pq} y_p b_q + \sum_n \sum_q u_{nq} x_n b_q + \sum_n \sum_p u_{np} x_n y_p \end{aligned} \tag{2.15}$$

DDF 的转换性则可以表示为

$$\begin{aligned} D(\boldsymbol{x},\boldsymbol{y}+a,\boldsymbol{b}-a) = {} & \alpha_0 + \sum_n \alpha_n x_n + 0.5\sum_{nn'} \alpha_{nn'} x_n x_{n'} + \sum_p \beta_p (y_p + a) \\ & + 0.5\sum_{pp'} \beta_{pp'} (y_p + a)(y_{p'} + a) + \sum_q \gamma_q (b_q - a) \\ & + 0.5\sum_{qq'} \gamma_{qq'} (b_q - a)(b_{q'} - a) \\ & + \sum_p \sum_q u_{pq} (y_p + a)(b_q - a) \\ & + \sum_n \sum_q u_{nq} x_n (b_q - a) \\ & + \sum_n \sum_p u_{np} x_n (y_p + a) \\ = {} & D(\boldsymbol{x},\boldsymbol{y},\boldsymbol{b}) - a \end{aligned} \tag{2.16}$$

为了满足 DDF 的转换性，需要加入以下限制条件：

$$\sum_p \beta_p - \sum_q \gamma_q = -1$$

$$\sum_q u_{nq} - \sum_p u_{np} = 0$$

$$0.5\sum_{pp'} \beta_{pp'} + 0.5\sum_{qq'} \gamma_{qq'} - \sum_{pq} u_{pq} = 0$$

$$\sum_{pp'} \beta_{pp'} - \sum_{pq} u_{pq} = 0$$

$$\sum_{pq} u_{pq} - \sum_{qq'} \gamma_{qq'} = 0$$

为了便于理解，令 $g_y = 1, g_b = -1$，且假设存在三种投入要素、一种期望产出和一种非期望产出，则函数形式如下：

$$\begin{aligned}\vec{D}_O(\boldsymbol{x},\boldsymbol{y},\boldsymbol{b};1,-1) = {} & \alpha_0 + \sum_{n=1}^{3} \alpha_n x_n + \beta_1 \boldsymbol{y} + \gamma_1 \boldsymbol{b} + \frac{1}{2}\sum_{n=1}^{3}\sum_{n'=1}^{3} \alpha_{nn'} x_n x_{n'} \\ & + \frac{1}{2}\beta_2 \boldsymbol{y}^2 + \frac{1}{2}\gamma_2 \boldsymbol{b}^2 + \sum_{n=1}^{3} v_n x_n \boldsymbol{b} + \mu \boldsymbol{yb} \\ & + \sum_{n=1}^{3} \delta_n x_n \boldsymbol{y} \end{aligned} \tag{2.17}$$

为了满足 DDF 的转换性，我们需要对公式(2.17)做如下限制(具体的推导过程参见章后附录)：

$$\beta_1 - \gamma_1 = -1;\quad \beta_2 = \gamma_2 = \mu;\quad \delta_n = v_n,\quad n = 1,2,3$$

此外，为了满足对称性，还需要加入以下限制条件：

$$\alpha_{nn'} = \alpha_{n'n},\quad n,n' = 1,2,3$$

为了获取 DDF 的参数，采用参数线性规划的方法对公式(2.17)进行最小化问题的求解，其中目标函数如下：

$$\min \sum_{k=1}^{K} [\vec{D}_O(\boldsymbol{x}^k,\boldsymbol{y}^k,\boldsymbol{b}^k;1,-1) - 0] \tag{2.18}$$

约束条件为：

(i) $\vec{D}_O(\boldsymbol{x}^k,\boldsymbol{y}^k,\boldsymbol{b}^k;1,-1) \geqslant 0, k = 1,2,\cdots,K$；

(ii) $\dfrac{\partial \vec{D}_O(\boldsymbol{x}^k,\boldsymbol{y}^k,\boldsymbol{b}^k;1,-1)}{\partial \boldsymbol{b}} \geqslant 0, k = 1,2,\cdots,K$；

(iii) $\dfrac{\partial \vec{D}_O(\boldsymbol{x}^k,\boldsymbol{y}^k,\boldsymbol{b}^k;1,-1)}{\partial \boldsymbol{y}} \leqslant 0, k = 1,2,\cdots,K$；

(iv) $\beta_1 - \gamma_1 = -1, \beta_2 = \gamma_2 = \mu, \delta_n = v_n, n = 1,2,3$；

(v) $\alpha_{nn'} = \alpha_{n'n}, n, n' = 1,2,3$。

该线性规划的目标是最小化估计距离函数与其边界或有效零值的偏差之和。换句话说，公式(2.18)的线性规划目标是选择使观测值尽可能高效的参数。约束条件(i)确保了每个观测值的可行性；约束条件(ii)和(iii)保证了产出的单调性；约束条件(iv)和(v)分别是为了满足 DDF 的转换性和对称性。

该方法是一个既增加期望产出又减少非期望产出的过程，主要适用于经济与环境的协调发展(如当前中国的发展状况)，这与 ODF 有着显著的区别。该方法被提出后，在测算影子价格方面进行了大量的应用，如陈诗一(2010)在《世界经济》上以参数方法和非参数方法度量了中国分行业的二氧化碳的影子价格；魏楚(2014)在《世界经济》上以参数方向距离函数估算了中国城市的二氧化碳边际减排成本；Zhang et al. (2019)在 *Technological Forecasting and Social Change* 上以碳交易市场为背景测算了各省二氧化碳的影子价格。

2.4 共同前沿方向距离函数

该方法是由 Du et al. (2016)在 *Resource and Energy Economics* 上提出的，它考虑了不同组群之间技术异质性的问题，并且为了克服参数线性规划没有统计推断的缺点，采用了 Bootstrap 方法。

方向距离函数的一些特性在 2.3 节已经说明。在此，我们直接假设观测值可以划分为 h 个组，每个组内有 K_h 个观测值。为了与 2.3 节保持一致，我们也假设 $g_y=1$, $g_b=-1$，存在三种投入要素、一种期望产出和一种非期望产出，则每一个组群的 DDF 参数估计可以表示如下：

$$\min\sum_{k=1}^{K_h}[\overrightarrow{D}_O^h(\boldsymbol{x}^k,\boldsymbol{y}^k,\boldsymbol{b}^k;1,-1)-0] \tag{2.19}$$

约束条件为：

(i) $\overrightarrow{D}_O^h(\boldsymbol{x}^k,\boldsymbol{y}^k,\boldsymbol{b}^k;1,-1)\geqslant 0, k=1,2,\cdots,K_h$；

(ii) $\dfrac{\partial\overrightarrow{D}_O^h(\boldsymbol{x}^k,\boldsymbol{y}^k,\boldsymbol{b}^k;1,-1)}{\partial\boldsymbol{b}}\geqslant 0, k=1,2,\cdots,K_h$；

(iii) $\dfrac{\partial\overrightarrow{D}_O^h(\boldsymbol{x}^k,\boldsymbol{y}^k,\boldsymbol{b}^k;1,-1)}{\partial\boldsymbol{y}}\leqslant 0, k=1,2,\cdots,K_h$；

(iv) $\dfrac{\partial\overrightarrow{D}_O^h(\boldsymbol{x}^k,\boldsymbol{y}^k,\boldsymbol{b}^k;1,-1)}{\partial x_n}\geqslant 0, n=1,2,3, k=1,2,\cdots,K_h$；

(v) $\overrightarrow{D}_O^h(\boldsymbol{x}^k,\boldsymbol{y}^k,0;1,-1)<0, k=1,2,\cdots,K_h$；

(vi) $\beta_1-\gamma_1=-1, \beta_2=\gamma_2=\mu, \delta_n=v_n, n=1,2,3$；

(vii) $\alpha_{nn'}=\alpha_{n'n}, n, n'=1,2,3$。

该约束条件与公式(2.18)的约束条件有略微的不同，多了约束条件(iv)和(v)，进而使得模型更为严谨。约束条件(iv)意味着满足投入要素的单调性。约束条件(v)是为了满足零结合性假设，意味着对于任意 $\boldsymbol{y}>\boldsymbol{0}$，产出束 $(\boldsymbol{y},\boldsymbol{0})$ 在技术上是不可行的。

在估计出组群前沿面之后，我们就可以通过包络组群前沿面来构建共同前沿。但考虑到直接进行共同前沿面的估计可能会存在无法将组群前沿面完全包络的情况，因此采用一种通过最小化 MDDF 与组群方向距离函数(group-directional distance function，GDDF)的偏差绝对值之和的方法来估计 MDFF 的参数，优化问题可以表示如下：

$$\min\sum_{k=1}^{K}\left|\vec{D}_O(\boldsymbol{x}^k,\boldsymbol{y}^k,\boldsymbol{b}^k;1,-1)-\vec{D}^h(\boldsymbol{x}^k,\boldsymbol{y}^k,\boldsymbol{b}^k;1,-1)\right| \tag{2.20}$$

约束条件为：

$$\vec{D}_O(\boldsymbol{x}^k,\boldsymbol{y}^k,\boldsymbol{b}^k;1,-1)\geqslant\vec{D}^h(\boldsymbol{x}^k,\boldsymbol{y}^k,\boldsymbol{b}^k;1,-1),k=1,2,\cdots,K$$

由于公式(2.20)受到不等式的限制，所有涉及的偏差都是正的，所以绝对偏差和实际偏差是相等的。此外，目标函数中的特定组的方向距离函数 $\vec{D}^h(\boldsymbol{x}^k,\boldsymbol{y}^k,\boldsymbol{b}^k;1,-1)$ 可以不需要再次考虑，因为它们在公式(2.17)中已经被估计出。此外，MDDF 还应该符合公式(2.19)中的约束条件。因此，估计 MDDF 参数的线性规划问题可以表示如下：

$$\min\sum_{k=1}^{K}\left|\vec{D}_O(\boldsymbol{x}^k,\boldsymbol{y}^k,\boldsymbol{b}^k;1,-1)-\vec{D}^h(\boldsymbol{x}^k,\boldsymbol{y}^k,\boldsymbol{b}^k;1,-1)\right| \tag{2.21}$$

约束条件为：

(i) $\vec{D}_O(\boldsymbol{x}^k,\boldsymbol{y}^k,\boldsymbol{b}^k;1,-1)\geqslant\vec{D}^s(\boldsymbol{x}^k,\boldsymbol{y}^k,\boldsymbol{b}^k;1,-1),k=1,2,\cdots,K$；

(ii) $\dfrac{\partial\vec{D}_O(\boldsymbol{x}^k,\boldsymbol{y}^k,\boldsymbol{b}^k;1,-1)}{\partial\boldsymbol{b}}\geqslant 0,k=1,2,\cdots,K$；

(iii) $\dfrac{\partial\vec{D}_O(\boldsymbol{x}^k,\boldsymbol{y}^k,\boldsymbol{b}^k;1,-1)}{\partial\boldsymbol{y}}\leqslant 0,k=1,2,\cdots,K$；

(iv) $\dfrac{\partial\vec{D}_O(\boldsymbol{x}^k,\boldsymbol{y}^k,\boldsymbol{b}^k;1,-1)}{\partial x_n}\geqslant 0,n=1,2,3,k=1,2,\cdots,K$；

(v) $\vec{D}^s(\boldsymbol{x}^k,\boldsymbol{y}^k,\boldsymbol{0};1,-1)<0,k=1,2,\cdots,K$；

(vi) $\beta_1-\gamma_1=-1,\beta_2=\gamma_2=\mu,\delta_n=v_n,n=1,2,3$；

(vii) $\alpha_{nn'}=\alpha_{n'n},n,n'=1,2,3$。

从公式(2.21)中可以看出，它与 GDDF 的唯一区别在于约束条件(i)：GDDF 的约束条件(i)意味着 DDF 要大于 0，而 MDDF 的约束条件(i)则需要满足大于或等于观测值对应组的 GDDF 值。图 2.3 展示了共同前沿与组群前沿之间的关系。为了便于理解，举一个简单的例子：如果一名同学能够在班级考到第一名，此时他不一定能够在所属级部考到第一名；相反，如果他能够在所属级部考到第一名，那么他一定是班级的第一名。

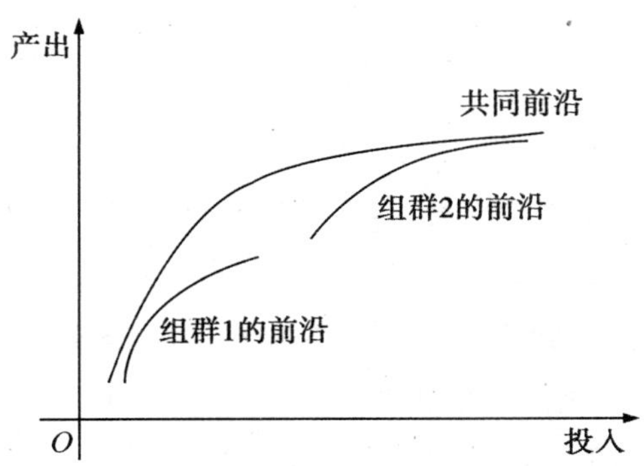

图 2.3 方向距离函数下的共同前沿与组群前沿

与之类似，Zhang and Jiang（2019）在 *Technological Forecasting and Social Change* 上提出了共同前沿的投入距离函数（MIDF）这一创新性方法。该方法在 IDF 的基础上考虑了组群之间技术的异质性，并加入了时间趋势变量，测算了中国燃煤电厂的绿色全要素生产率和二氧化硫的影子价格。

为了测算绿色全要素生产率和影子价格，通常要将 IDF 设定为超越对数的函数形式。假设我们的观测值可以划分为 h 个组，每个组内有 K_h 个观测值，每一个观测值都是利用 N 种投入生产 $P+Q$ 种产出，则

$$\begin{aligned}\ln D_k^h(\boldsymbol{x}_k,\boldsymbol{u}_k,t)=&\ \alpha_0+\sum_{n=1}^{N}\alpha_n\ln x_n+\sum_{m=1}^{P+Q}\beta_m\ln u_m+\frac{1}{2}\sum_{n=1}^{N}\sum_{n'=1}^{N}\alpha_{nn'}\ln x_n\ln x_{n'}\\&+\frac{1}{2}\sum_{m=1}^{P+Q}\sum_{m'=1}^{P+Q}\beta_{mm'}\ln u_m\ln u_{m'}+\sum_{n=1}^{N}\sum_{m=1}^{P+Q}\gamma_{nm}\ln x_n\ln u_m\\&+\alpha_t t+\frac{1}{2}\alpha_{tt}t^2+\sum_{n=1}^{N}\alpha_{nt}t\ln x_n+\sum_{m=1}^{P+Q}\beta_{mt}t\ln u_m\end{aligned}\tag{2.22}$$

第一步：与 MDDF 的处理方式一致，进行组内线性规划求解，即

$$\min\sum_{k=1}^{K_h}\left|\ln D_k^h(\boldsymbol{x}_k,\boldsymbol{u}_k,t)-\ln 1\right|\tag{2.23}$$

约束条件为：

(i) $\ln D_k^h(\boldsymbol{x}_k,\boldsymbol{u}_k,t)\geqslant 0$；

(ii) $\dfrac{\partial\ln D_k^h(\boldsymbol{x}_k,\boldsymbol{u}_k,t)}{\partial\ln x_n}\geqslant 0,n=1,2,\cdots,N$；

(iii) $\dfrac{\partial\ln D_k^h(\boldsymbol{x}_k,\boldsymbol{u}_k,t)}{\partial\ln u_m}\leqslant 0,m=1,2,\cdots,P$；

(iv) $\dfrac{\partial \ln D_k^h(\boldsymbol{x}_k, \boldsymbol{u}_k, t)}{\partial \ln u_m} \geqslant 0, m = P+1, P+2, \cdots, P+Q$；

(v) $\sum_{n=1}^{N} \alpha_n = 1, n = 1, \cdots, N$；

(vi) $\sum_{n=1}^{N} \alpha_{nn'} = \sum_{n=1}^{N} \gamma_{nm} = \sum_{n=1}^{N} \alpha_{nt} = 0, n = 1, 2, \cdots, N, m = 1, 2, \cdots, P+Q$；

(vii) $\alpha_{nn'} = \alpha_{n'n}, \beta_{mm'} = \beta_{m'm}, n = 1, 2, \cdots, N, m = 1, 2, \cdots, P+Q$。

约束条件(i)意味着效率值大于或等于 1。约束条件(ii)、(iii)和(iv)定义了距离函数与投入、产出之间的单调性。约束条件(v)和(vi)是针对 x_n 中的线性齐次性而施加的。约束条件(vii)保证了对称性。

第二步:在第一步的基础上估计 MIDF,类似于公式(2.21),得

$$\min \sum_{k=1}^{K} \left| \ln D_k^s(\boldsymbol{x}_k, \boldsymbol{u}_k, t) - \ln D_k^h(\boldsymbol{x}_k, \boldsymbol{u}_k, t) \right| \tag{2.24}$$

约束条件为:

(i) $\ln D_k^s(\boldsymbol{x}_k, \boldsymbol{u}_k, t) \geqslant \ln D_k^h(\boldsymbol{x}_k, \boldsymbol{u}_k, t)$；

(ii) $\dfrac{\partial \ln D_k^s(\boldsymbol{x}_k, \boldsymbol{u}_k, t)}{\partial \ln x_n} \geqslant 0, n = 1, 2, \cdots, N$；

(iii) $\dfrac{\partial \ln D_k^s(\boldsymbol{x}_k, \boldsymbol{u}_k, t)}{\partial \ln u_m} \leqslant 0, m = 1, 2, \cdots, P$；

(iv) $\dfrac{\partial \ln D_k^s(\boldsymbol{x}_k, \boldsymbol{u}_k, t)}{\partial \ln u_m} \geqslant 0, m = P+1, P+2, \cdots, P+Q$；

(v) $\sum_{n=1}^{N} \alpha_n = 1, n = 1, 2, \cdots, N$；

(vi) $\sum_{n=1}^{N} \alpha_{nn'} = \sum_{n=1}^{N} \gamma_{nm} = \sum_{n=1}^{N} \alpha_{nt} = 0, n = 1, 2, \cdots, N, m = P+1, P+2, \cdots, P+Q$；

(vii) $\alpha_{nn'} = \alpha_{n'n}, \beta_{mm'} = \beta_{m'm}, n = 1, \cdots, N, m = P+1, P+2, \cdots, P+Q$；

公式(2.24)表明,组群前沿面应该尽可能地被共同前沿面包围,约束条件(i)表明共同前沿面应该在组群前沿面之下。图 2.4 显示了共同前沿和组群前沿之间的关系。

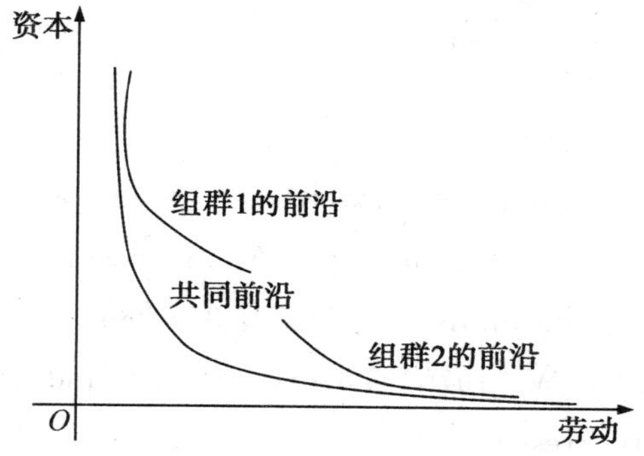

图 2.4 投入距离函数下的共同前沿与组群前沿

附录:转换性推导

令 $(\boldsymbol{g}_y, -\boldsymbol{g}_b)=(1,-1)$,则

$$\vec{D}(\boldsymbol{x},\boldsymbol{y},\boldsymbol{b};1,-1)=\alpha_0+\sum_{n=1}^{3}\alpha_n x_n+\beta_1\boldsymbol{y}+\gamma_1\boldsymbol{b}+\frac{1}{2}\sum_{n=1}^{3}\sum_{n'=1}^{3}\alpha_{nn'}x_n x_{n'}+\frac{1}{2}\beta_2\boldsymbol{y}^2+\frac{1}{2}\gamma_2\boldsymbol{b}^2+\sum_{n=1}^{3}v_n x_n\boldsymbol{b}+\mu\boldsymbol{yb}+\sum_{n=1}^{3}\delta_n x_n\boldsymbol{y} \tag{A.1}$$

$$\begin{aligned}\vec{D}(\boldsymbol{x},\boldsymbol{y}+a,\boldsymbol{b}-a;1,-1)=&\alpha_0+\sum_{n=1}^{3}\alpha_n x_n+\beta_1(y+a)+\gamma_1(b-a)\\&+\frac{1}{2}\sum_{n=1}^{3}\sum_{n'=1}^{3}\alpha_{nn'}x_n x_{n'}+\frac{1}{2}\beta_2(\boldsymbol{y}+a)^2\\&+\frac{1}{2}\gamma_2(\boldsymbol{b}-a)^2+\sum_{n=1}^{3}v_n x_n(\boldsymbol{b}-a)\\&+\mu(\boldsymbol{y}+a)(\boldsymbol{b}-a)+\sum_{n=1}^{3}\delta_n x_n(\boldsymbol{y}+a)\end{aligned} \tag{A.2}$$

根据转换性,可得

$$\vec{D}(\boldsymbol{x},\boldsymbol{y}+a,\boldsymbol{b}-a;1,-1)=\vec{D}(\boldsymbol{x},\boldsymbol{y},\boldsymbol{b};1,-1)-a \tag{A.3}$$

把公式(A.1)和(A.2)代入公式(A.3)并展开,即可得

$$\begin{cases}\beta_1-\gamma_1=-1\\ \delta_n=v_n, n=1,2,3\\ \beta_2=\gamma_2=\mu\end{cases} \tag{A.4}$$

参考文献

[1] Färe R, Grosskopf S, Lovell C A K, et al. 1993. Derivation of shadow prices for undesirable outputs: A distance function approach. The Review of Economics and Statistics, 75(2): 374-380.

[2] Shephard R W. 1970. Theory of cost and production function. Princeton University Press.

[3] Coggins J S, Swinton J R. 1996. The price of pollution: A dual approach to valuing SO_2 allowances. Journal of Environmental Economics and Management, 30(1): 58-72.

[4] Hailu A, Veeman T S. 2000. Environmentally sensitive productivity analysis of the Canadian pulp and paper industry, 1959-1994: An input distance function approach. Journal of Environmental Economics and Management, 40(3): 251-274.

[5] Lee M, Zhang N. 2012. Technical efficiency, shadow price of carbon dioxide emissions, and substitutability for energy in the Chinese manufacturing industries. Energy Economics, 34(5): 1492-1497.

[6] Färe R, Grosskopf S, Noh D, et al. 2005. Characteristics of a polluting technology: Theory and practice. Journal of Econometrics, 126(2): 469-492.

[7] 林伯强，刘泓汛. 2015. 对外贸易是否有利于提高能源环境效率——以中国工业行业为例. 经济研究，9：127-141.

[8] 陈诗一. 2010. 节能减排与中国工业的双赢发展:2009—2049. 经济研究，3：129-143.

[9] 王兵，吴延瑞，颜鹏飞. 2008. 环境管制与全要素生产率增长:APEC的实证研究. 经济研究，5：19-32.

[10] 陈诗一. 2010. 工业二氧化碳的影子价格:参数化和非参数化方法. 世界经济，8：93-111.

[11]魏楚. 2014. 中国城市 CO_2 边际减排成本及其影响因素. 世界经济，37(7)：115-141.

[12] Zhang W, Zhang N, Yu Y. 2019. Carbon mitigation effects and potential cost savings from carbon emissions trading in China's regional industry. Technological Forecasting and Social Change, 141: 1-11.

[13] Du L, Hanley A, Zhang N. 2016. Environmental technical efficiency, technology gap and shadow price of coal-fuelled power plants in China: A parametric meta-frontier analysis. Resource and Energy Economics, 43: 14-32.

[14] Zhang N, Jiang X. 2019. The effect of environmental policy on Chinese firm's green productivity and shadow price: A metafrontier input distance function approach. Technological Forecasting and Social Change, 144(C): 129-136.

第3章 随机前沿分析法

3.1 随机前沿分析法简介

随机前沿分析法(stochastic frontier analysis, SFA)是 Aigner et al. (1977)和 Meeisen and van den Broeck (1977)提出的,目前在经济学、管理学、金融学等领域应用广泛。

一般而言,我们认为任何一个个体的实际产出都不得超出生产可能性集(production possibility set,PPS),而实际产出与生产前沿的偏离程度则被认为是技术的无效率。相反地,技术效率则被定义为实际产出与潜在产出的比值,即

$$TE=\frac{y}{f(\boldsymbol{x})}\leqslant 1 \tag{3.1}$$

其中,TE 为技术效率,y 为实际产出,$f(\boldsymbol{x})$ 为潜在产出或产出边界。公式(3.1)还可以转换为

$$y_i=f(\boldsymbol{x}_i)\times TE_i \tag{3.2}$$

其中,TE_i 为第 i 个个体或公司的技术效率或产出效率。若 $TE_i=1$,则认为该个体或公司已经达到最优产出;若 $TE_i<1$,则存在技术的无效率,该个体或公司在生产过程中存在效率损失。

上述过程是传统的“确定性”产出边界,前沿面没有考虑到外界随机因素的影响。随机因素的存在,会使得技术效率的测算存在偏误,因此,需要在公式(3.2)的基础上加一个随机干扰项,目的是吸收个体或公司本身无法控制的外界随机因素,从而使得 TE_i 的测算值更加符合现实情况。改进后的模型为

$$y_i=f(\boldsymbol{x}_i)\times TE_i\times \exp(v_i) \tag{3.3}$$

其中，v_i 是随机扰动项，服从正态分布，$v_i \sim N(0,\sigma_v^2)$ 。我们可以将公式(3.3)进一步转换为

$$y_i = [f(\boldsymbol{x}_i) \times \exp(v_i)] \times TE_i \tag{3.4}$$

一般认为，[•] 这一部分就是随机前沿，也就是在传统生产前沿的基础上加入随机冲击因素而构造的新的生产前沿，如图 3.1 所示。随机冲击可能使原来的实际产出 $f(\boldsymbol{x}_i) \times \exp(v_i)$ 位于生产前沿之上，也可能使其位于生产前沿之下。将公式(3.4)取对数，可得

$$\ln y_i = \ln[f(\boldsymbol{x}_i)] + v_i - u_i \tag{3.5}$$

其中，$u_i = -\ln TE_i$。因为 $TE_i \in [0,1]$，所以 $-\ln TE_i \geqslant 0$。由此可见，u_i 使得实际产出 $\ln y_i$ 始终位于随机前沿之下，故一般称其为技术的无效率项。进一步地，可以得到技术效率为(涂正革和肖耿，2005)：

$$TE_i = \exp(-u_i) \tag{3.6}$$

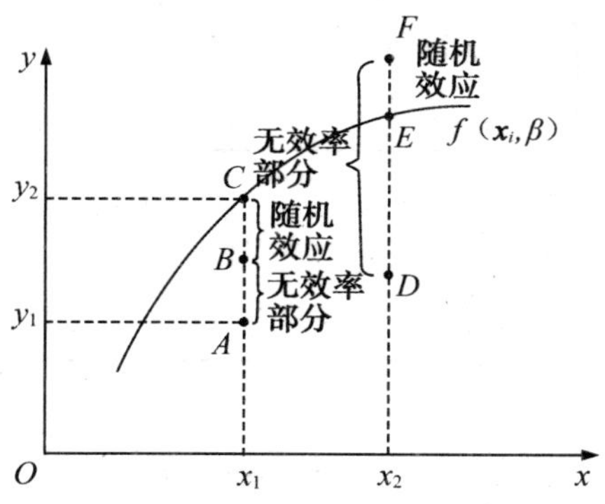

图 3.1　随机前沿分析

3.2　能源效率的测算

采用 SFA 从生产效率的角度去测算要素效率是较为常用的。我们以能源效率为例，对 SFA 测算要素效率的方法进行一个简要的介绍。

Zhou et al. (2012) 为了从生产效率的角度衡量能源效率，定义了谢泼德能源距离函数（Shephard energy distance function）。假设使用资本(K)、劳动(L)和能源(E)生产国内生产总值(Y)。首先假设生产技术为

$$T = \{(K,L,E,Y):(K,L,E)\text{ 可以生产 }Y\} \tag{3.7}$$

则谢泼德能源距离函数为

$$D_E(K,L,E,Y)=\sup\{\alpha:(K,L,\frac{E}{\alpha},Y)\in T\} \tag{3.8}$$

其中，α 为调整因子。此时，$\frac{E}{\alpha}$ 反映了该国家或地区潜在的能源使用情况。我们将能源效率指数（ EEI ）定义为潜在能源使用与实际能源使用的比率，即

$$EEI=\frac{E/\alpha}{E}=\frac{1}{\alpha}=\frac{1}{D_E(K,L,E,Y)} \tag{3.9}$$

EEI 的定义意味着，如果一个国家或者地区的能源使用位于前沿面之上，则其值等于 1；否则，EEI 的值将小于 1。更高的 EEI 值意味着更好的能源效率绩效。图 3.2 提供了 EEI 的示意图。

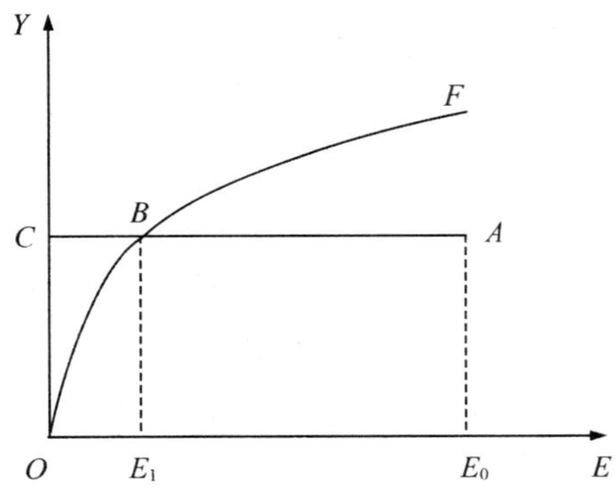

图 3.2　能源效率指数

在图 3.2 中，OF 曲线指的是当 K 和 L 固定时，E 和 Y 的生产曲线。假设要估计点 A 的 EEI 值，我们需要将其当前的能源使用水平从 E_0 降低到 E_1，以达到等量的生产水平。因此，谢泼德能源距离函数等于 CA/CB，它的倒数即 EEI 值。

在从理论上对能源效率指数进行推导之后，还需要从实际的角度进行计算或估计。本章采用 SFA 的方法进行测度，将谢泼德能源距离函数设置为柯布-道格拉斯生产函数（C-D 生产函数）形式，关系表示如下：

$$\ln D_E(K_i,L_i,E_i,Y_i)=\beta_0+\beta_K\ln K_i+\beta_L\ln L_i+\beta_E\ln E_i+\beta_Y\ln Y_i+v_i \tag{3.10}$$

其中，v_i 是一个随机变量。

由于谢泼德能源距离函数在投入要素和产出要素上具有一次齐次性，针对能源投入要素，我们有

$$D_E(K_i,L_i,E_i,Y_i)=E_i D_E(K_i,L_i,1,Y_i) \tag{3.11}$$

对公式(3.11)取对数，得

$$\ln D_E(K_i, L_i, E_i, Y_i) = \ln E_i + \beta_0 + \beta_K \ln K_i + \beta_L \ln L_i + \beta_E \ln 1 + \beta_Y \ln Y_i + v_i \tag{3.12}$$

结合公式(3.10)和(3.12)，我们可以得到

$$\beta_E = 1 \tag{3.13}$$

对公式(3.12)进行移项，可得

$$-\ln E_i = \beta_0 + \beta_K \ln K_i + \beta_L \ln L_i + \beta_E \ln 1 + \beta_Y \ln Y_i + v_i - u_i \tag{3.14}$$

其中，$u_i = \ln D_E(K_i, L_i, E_i, Y_i)$，它是一个非负的能源无效率值。进一步地，可以得到每一个国家或地区的能源效率指数：

$$EEI_i = \exp(-\widehat{u_i}) \tag{3.15}$$

当然，谢泼德能源距离函数除了可以设置为C-D生产函数形式以外，还可以设置为其他的函数形式，如超越对数的函数形式。此时，谢泼德能源距离函数与投入和产出的关系可以表示为

$$\begin{aligned}\ln D_E(K_i, L_i, E_i, Y_i) = {} & \beta_0 + \beta_K \ln K_i + \beta_L \ln L_i + \beta_E \ln E_i + \beta_Y \ln Y_i \\ & + \beta_{KK} \ln K_i \ln K_i + \beta_{KL} \ln K_i \ln L_i + \beta_{KE} \ln K_i \ln E_i \\ & + \beta_{KY} \ln K_i \ln Y_i + \beta_{LL} \ln L_i \ln L_i + \beta_{LE} \ln L_i \ln E_i \\ & + \beta_{LY} \ln L_i \ln Y_i + \beta_{EE} \ln E_i \ln E_i + \beta_{EY} \ln E_i \ln Y_i \\ & + \beta_{YY} \ln Y_i \ln Y_i + v_i\end{aligned} \tag{3.16}$$

根据一次齐次性的性质，我们可以得到

$$\beta_{KE} \ln K_i + \beta_{LE} \ln L_i + \beta_{EE} \ln E_i + \beta_{EY} \ln Y_i = 1 - \beta_E \tag{3.17}$$

整合上述公式，可以得到

$$\begin{aligned}-\ln E_i = {} & \beta_0 + \beta_K \ln K_i + \beta_L \ln L_i + \beta_Y \ln Y_i + \beta_{KK} \ln K_i \ln K_i \\ & + \beta_{KL} \ln K_i \ln L_i + \beta_{KY} \ln K_i \ln Y_i + \beta_{LL} \ln L_i \ln L_i \\ & + \beta_{LY} \ln L_i \ln Y_i + \beta_{YY} \ln Y_i \ln Y_i + v_i - u_i\end{aligned} \tag{3.18}$$

其中，$u_i = \ln D_E(K_i, L_i, E_i, Y_i)$。

3.3 影子价格的测算

Färe et al. (2012) 提出了一种SFA结合DDF来求解影子价格的方法。假设每一个决策单元(DMU)都使用 N 种投入要素，生产 P 种期望产出和 Q 种非期望产出，则多产出的环境生产技术为

$$P(\boldsymbol{x})=\{(\boldsymbol{x},\boldsymbol{y},\boldsymbol{b}):\boldsymbol{x}\text{ 可以生产}(\boldsymbol{y},\boldsymbol{b})\} \tag{3.19}$$

方向距离函数的函数形式则可表示为

$$\vec{D}(\boldsymbol{x},\boldsymbol{y},\boldsymbol{b};\boldsymbol{g}_y,-\boldsymbol{g}_b)=\max\{\theta:(\boldsymbol{y}+\theta\boldsymbol{g}_y,\boldsymbol{b}-\theta\boldsymbol{g}_b)\in P(\boldsymbol{x})\} \tag{3.20}$$

在这里，DDF 满足一个非常重要的性质——转换性，即

$$\vec{D}(\boldsymbol{x},\boldsymbol{y}+a\boldsymbol{g}_y,\boldsymbol{b}-a\boldsymbol{g}_b;\boldsymbol{g}_y,-\boldsymbol{g}_b)=\boldsymbol{D}(\boldsymbol{x},\boldsymbol{y},\boldsymbol{b};\boldsymbol{g}_y,-\boldsymbol{g}_b)-a \tag{3.21}$$

其中，a 是一个标量。公式(3.21)的含义为：若期望产出和非期望产出同时分别增加 $a\boldsymbol{g}_y$ 和减少 $a\boldsymbol{g}_b$，则方向距离函数的数值会减少 a。

首先，我们将 $\vec{D}(\boldsymbol{x},\boldsymbol{y},\boldsymbol{b};1,1)$ 通过二次型的函数形式进行参数化，即

$$\begin{aligned}\vec{D}_O(\boldsymbol{x},\boldsymbol{y},\boldsymbol{b};1,1)=&\alpha_0+\sum_{n=1}^{3}\alpha_n x_n+\frac{1}{2}\sum_{n=1}^{3}\sum_{n'=1}^{3}\alpha_{nn'}x_n x_{n'}+\beta_1 y_1\\&+\frac{1}{2}\beta_{11}y_1^2+\sum_{j=1}^{2}\gamma_j b_j+\frac{1}{2}\sum_{j=1}^{2}\sum_{j'=1}^{2}\gamma_{ij'}b_j b_{j'}\\&+\sum_{n=1}^{3}\delta_{n1}x_n y_1+\sum_{n=1}^{3}\sum_{j=1}^{2}\eta_{nj}x_n b_j+\sum_{j=1}^{2}\mu_{1j}y_1 b_j\end{aligned} \tag{3.22}$$

在此基础上，我们加入随机误差项 $v\sim N(0,\sigma_v^2)$，使用随机前沿的方法来估计方程。利用转换性，我们有

$$\begin{aligned}\vec{D}_O(\boldsymbol{x},\boldsymbol{y},\boldsymbol{b};1,1)-\alpha=&\alpha_0+\sum_{n=1}^{3}\alpha_n x_n+\frac{1}{2}\sum_{n=1}^{3}\sum_{n'=1}^{3}\alpha_{nn'}x_n x_{n'}+\beta_1(y_1+\alpha)\\&+\frac{1}{2}\beta_{11}(y_1+\alpha)^2+\sum_{j=1}^{2}\gamma_j(b_j-\alpha)\\&+\frac{1}{2}\sum_{j=1}^{2}\sum_{j'=1}^{2}\gamma_{ij'}(b_j-\alpha)(b_{j'}-\alpha)\\&+\sum_{n=1}^{3}\delta_{n1}x_n(y_1+\alpha)+\sum_{n=1}^{3}\sum_{j=1}^{2}\eta_{nj}x_n(b_j-\alpha)\\&+\sum_{j=1}^{2}\mu_{1j}(y_1+\alpha)(b_j-\alpha)+v\end{aligned} \tag{3.23}$$

通常，我们不能直接对 $\vec{D}(\boldsymbol{x},\boldsymbol{y},\boldsymbol{b};1,1)$ 进行估计，但是它又非常有必要。我们将公式(3.23)的两边同时减去 $\vec{D}(\boldsymbol{x},\boldsymbol{y},\boldsymbol{b};1,1)=\mu$，就可以得到

$$\begin{aligned}-\alpha=&\alpha_0+\sum_{n=1}^{3}\alpha_n x_n+\frac{1}{2}\sum_{n=1}^{3}\sum_{n'=1}^{3}\alpha_{nn'}x_n x_{n'}+\beta_1(y_1+\alpha)+\frac{1}{2}\beta_{11}(y_1+\alpha)^2\\&+\sum_{j=1}^{2}\gamma_j(b_j-\alpha)+\frac{1}{2}\sum_{j=1}^{2}\sum_{j'=1}^{2}\gamma_{jj'}(b_j-\alpha)(b_{j'}-\alpha)\\&+\sum_{n=1}^{3}\delta_{n1}x_n(y_1+\alpha)+\sum_{n=1}^{3}\sum_{j=1}^{2}\eta_{nj}x_n(b_j-\alpha)\end{aligned}$$

$$+\sum_{j=1}^{2}\mu_{1j}(y_1+\alpha)(b_j-\alpha)+v-\mu \tag{3.24}$$

其中，μ 是无效率部分，$\varepsilon=v-\mu$。为了获得无效率值，我们需要假设 μ 的分布。此外，Färe et al.（2012）在其论文中，将 α 赋值为非期望产出的值。通过极大似然估计（MLE）方法对公式（3.24）进行估计，得到估计系数之后，我们就可以将系数代入影子价格的公式中。根据 Zhang et al.（2021）的研究，可以利用以下公式进行影子价格的测算：

$$q_i=-p_i\frac{\partial\overrightarrow{D}_i(\boldsymbol{x},\boldsymbol{y},\boldsymbol{b};\boldsymbol{g})/\partial b_i}{\partial\overrightarrow{D}_i(\boldsymbol{x},\boldsymbol{y},\boldsymbol{b};\boldsymbol{g})/\partial y_i} \tag{3.25}$$

其中，q_i 为非期望产出的影子价格，p_i 为期望产出的价格。

为了便于理解，我们举一个简单的例子。我们选取三种投入要素、一种期望产出和一种非期望产出进行研究，则 DDF 的二次型函数形式为

$$\begin{aligned}\overrightarrow{D}(\boldsymbol{x},\boldsymbol{y},\boldsymbol{b};\boldsymbol{g})=&\alpha_0+\sum_{n=1}^{3}\alpha_n x_n+\beta_1 y_1+\gamma_1 b_1+\frac{1}{2}\sum_{n=1}^{3}\sum_{n=1'}^{3}\alpha_{nn'}x_n x_{n'}\\&+\frac{1}{2}\beta_{11}y_1^2+\frac{1}{2}\gamma_{11}b_1^2+\sum_{n=1}^{3}\delta_{n1}x_n y_1+\sum_{n=1}^{3}\eta_{n1}x_n b_1\\&+\mu_{11}y_1 b_1+v-u\end{aligned} \tag{3.26}$$

利用转换性，可以得到

$$\begin{aligned}-b_1=&\alpha_0+\sum_{n=1}^{3}\alpha_n x_n+\beta_1(y_1+b_1)+\frac{1}{2}\sum_{n=1}^{3}\sum_{n=1'}^{3}\alpha_{nn'}x_n x_{n'}\\&+\frac{1}{2}\beta_{11}(y_1+b_1)^2+\sum_{n=1}^{3}\delta_{n1}x_n(y_1+b_1)+v-u\end{aligned} \tag{3.27}$$

利用 MLE 方法对公式（3.27）进行估计，得到估计系数后，代入公式（3.25）中，可以得到非期望产出影子价格的具体形式为

$$q_i=-p_i\frac{\gamma_1+\gamma_{11}b_1+\sum_{n=1}^{3}\eta_{n1}x_n+\mu_{11}y_1}{\beta_1+\beta_{11}y_1+\sum_{n=1}^{3}\delta_{n1}x_n+\mu_{11}b_1} \tag{3.28}$$

3.4 Meta-SFA 理论

3.4.1 “两步法”Meta-SFA

Huang et al. (2014) 针对 Battese et al. (2004) 和 O'Donnell et al. (2008) 提出的混合方法的不足，提出采用“两步法”(two-step stochastic frontier approach) 计算在共同前沿(meta-frontier)生产函数下的技术效率。设定如下：假设一个国家或一个行业有 j 个不同的生产组、t 个时期、i 个决策单元或公司，则 SFA 的一般形式为

$$Y_{jit}=f_t^j(\boldsymbol{X}_{jit})\,\mathrm{e}^{V_{jit}-U_{jit}} \tag{3.29}$$

其中，Y_{jit} 和 $\boldsymbol{X}_{jit}$ 分别表示 t 时期 j 组的第 i 个公司的产出和投入量。$f_t^j(\cdot)$ 是生产前沿，它可能随着不同的组、不同的时期发生变化。遵循标准的 SFA 模型，随机误差项 V_{jit} 代表统计噪声，可以更简单地理解为外部环境冲击；U_{jit} 为非负的随机误差，代表技术的无效率。一般地，我们假设 V_{jit} 服从正态分布，U_{jit} 可以服从半正态分布、截尾正态分布、指数分布等。

一个公司的技术效率可以定义为

$$TE_{it}^j=\frac{Y_{jit}}{f_t^j(\boldsymbol{X}_{jit})\,\mathrm{e}^{V_{jit}}}=\mathrm{e}^{-U_{jit}} \tag{3.30}$$

技术效率是与组内公司特定的外生变量相联系的。

我们将 t 时期所有组群的共同前沿生产函数定义为 $f_t^M(\boldsymbol{X}_{jit})$，那么 $f_t^M(\boldsymbol{X}_{jit})$ 通过定义就可以包络所有组群的前沿(group's frontiers) $f_t^j(\boldsymbol{X}_{jit})$，其关系可以表示为

$$f_t^j(\boldsymbol{X}_{jit})=f_t^M(\boldsymbol{X}_{jit})\,\mathrm{e}^{-U_{jit}^M} \tag{3.31}$$

其中，$U_{jit}^M\geqslant 0$。又由于 $f_t^j(\cdot)\leqslant f_t^M(\cdot)$，则第 j 个组群的生产前沿与共同前沿的比率为技术差距比率(technology gap ratio, TGR)，可用公式表示为

$$TGR_{it}^j=\frac{f_t^j(\boldsymbol{X}_{jit})}{f_t^M(\boldsymbol{X}_{jit})}=\mathrm{e}^{-U_{jit}^M}\leqslant 1 \tag{3.32}$$

技术差距比率是与特定的组群、公司、时间相关的。技术差距比率的存在被解释为是由于选择了一种特定的技术，而这种技术取决于经济与非经济的生产环境。图 3.3 展示了共同前沿的生产前沿。

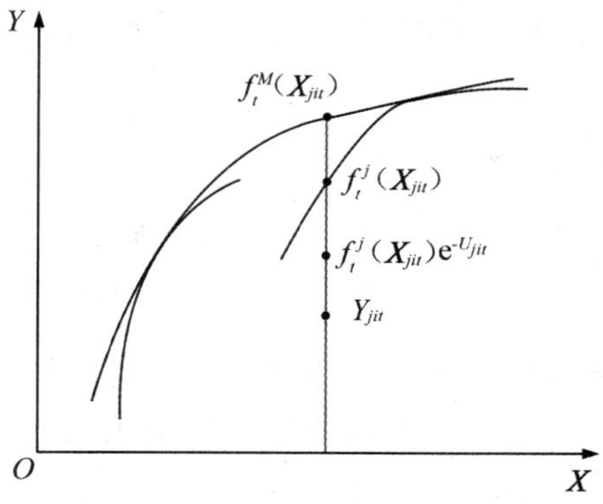

图 3.3 共同前沿的生产前沿

给定一个投入水平 $\boldsymbol{X}_{jit}$，一个公司的观测值为 Y_{jit}。它与 $f_t^M(\boldsymbol{X}_{jit})$ 的差距由三部分组成：TGR，$TGR_{it}^j=\dfrac{f_t^j(\boldsymbol{X}_{jit})}{f_t^M(\boldsymbol{X}_{jit})}$；公司的技术效率，$TE_{it}^j=\dfrac{Y_{jit}}{f_t^j(\boldsymbol{X}_{jit})\,e^{V_{jit}}}$；随机干扰项，$\dfrac{Y_{jit}}{f_t^j(\boldsymbol{X}_{jit})\,e^{-U_{jit}}}=e^{V_{jit}}$。即

$$\frac{Y_{jit}}{f_t^M(\boldsymbol{X}_{jit})}=TGR_{it}^j\times TE_{it}^j\times e^{V_{jit}} \tag{3.33}$$

在这里需要强调的是，尽管 $TGR_{it}^j\leqslant 1$，$TE_{it}^j\leqslant 1$，但是 $f_t^M(\boldsymbol{X}_{jit})$ 并不能包含所有的观测值。这也是 SFA 与 DEA 非常重要的区分。通过考虑随机干扰项这一部分，我们可以将公式(3.33)替换为

$$MTE_{jit}=\frac{Y_{jit}}{f_t^M(\boldsymbol{X}_{jit})\,e^{V_{jit}}}=TGR_{it}^j\times TE_{it}^j \tag{3.34}$$

其中，MTE_{jit} 为在共同前沿生产技术水平下公司的技术效率。

一般情况下，上述共同前沿模型的测度包括两个步骤。第一步，利用 MLE 方法估计每一个特定的组群，则

$$\ln Y_{jit}=\ln f_t^j(\boldsymbol{X}_{jit})+V_{jit}-U_{jit} \tag{3.35}$$

其中，合成误差 $\varepsilon_{jit}=V_{jit}-U_{jit}$，分布假设为 $V_{jit}\sim N(0,\sigma_v^{j2})$，$U_{jit}\sim N(\mu^j(\boldsymbol{Z}_{jit}),\sigma_u^{j2}(\boldsymbol{Z}_{jit}))$。令 $\widehat{f_t^j}(\boldsymbol{X}_{jit})$ 为由 MLE 方法估计出的特定组群边界，那么第 j 组的技术效率可以表示为

$$\widehat{TE_{it}^j}=\widehat{E}(e^{-U_{jit}}\mid\widehat{\varepsilon}_{jit}) \tag{3.36}$$

其中，$\widehat{\varepsilon}_{jit}=\ln Y_{jit}-\ln\widehat{f_t^j}(\boldsymbol{X}_{jit})$。

第二步，在估计出每一个组的前沿 $\widehat{f_t^j}(\boldsymbol{X}_{jit})$ 之后，该组群的估计误差可以表示为

$$\ln \widehat{f_t^j}(\boldsymbol{X}_{jit}) - \ln f_t^j(\boldsymbol{X}_{jit}) = \varepsilon_{jit} - \widehat{\varepsilon_{jit}} \tag{3.37}$$

我们定义估计误差 $V_{jit}^M = \varepsilon_{jit} - \widehat{\varepsilon_{jit}}$，则 $\ln f_t^j(\boldsymbol{X}_{jit}) = \ln f_t^M(\boldsymbol{X}_{jit}) - U_{jit}^M$ 可以重新表示为

$$\ln \widehat{f_t^j}(\boldsymbol{X}_{jit}) = \ln f_t^M(\boldsymbol{X}_{jit}) - U_{jit}^M + V_{jit}^M \tag{3.38}$$

公式(3.38)中，非负的技术差距 $U_{jit}^M \geqslant 0$ 被假设服从截断正态分布，即 $U_{jit}^M \sim N(\mu^M(\boldsymbol{Z}_{jit}), \sigma_u^{M2}(\boldsymbol{Z}_{jit}))$，且独立于 V_{jit}^M。由于 $\ln \widehat{f_t^j}(\boldsymbol{X}_{jit})$ 是由 MLE 方法估计出的，则我们假设 V_{jit}^M 是均值为 0 的渐进正态分布是合理的，但它不是独立同分布的，因为不同的组群包含不同的残差项。但一般还是将其假设为独立同分布的状况，因为它导出的估计量仍然是一致的、渐进正态的，但标准误是无效的，必须对其进行修正来说明存在异方差。

根据公式(3.38)即可估计出 TGR：

$$\widehat{TGR_{it}^j} = \widehat{E}(\mathrm{e}^{-U_{jit}^M} \mid \widehat{\varepsilon_{jit}^M}) \leqslant 1 \tag{3.39}$$

其中，$\widehat{\varepsilon_{jit}^M} = \ln \widehat{f_t^j}(\boldsymbol{X}_{jit}) - \ln \widehat{f_t^M}(\boldsymbol{X}_{jit})$。进一步地，估计出的 TGR 是生产环境 $\boldsymbol{Z}_{ji}$ 的方程。

总的来说，Meta-SFA 主要包括两个 SFA 回归，即

$$\begin{cases} \ln Y_{jit} = \ln f_t^j(\boldsymbol{X}_{jit}) + V_{jit} - U_{jit} \\ \ln \widehat{f_t^j}(\boldsymbol{X}_{jit}) = \ln f_t^M(\boldsymbol{X}_{jit}) - U_{jit}^M + V_{jit}^M \end{cases} \tag{3.40}$$

其中，$\ln \widehat{f_t^j}(\boldsymbol{X}_{jit})$ 是由公式(3.35)估计出的。然后将这些估计量代入公式(3.38)。相应的 MTE 就等于 TGR 和 TE 的乘积，即

$$\widehat{MTE_{it}^j} = \widehat{TGR_{it}^j} \times \widehat{TE_{it}^j} \tag{3.41}$$

3.4.2 混合方法

Battese et al. (2004) 和 O'Donnell et al. (2008) 提出了一种混合方法，该方法也是分两步进行的。第一步与“两步法”Meta-SFA 相同，但在第二步时，共同前沿函数 $f_t^M(\cdot)$ 是通过线性规划的方法获得的，即

$$\min \sum_{j=1}^{J} \sum_{i=1}^{N_j} \sum_{t=1}^{T} \left| \ln f_t^M(\boldsymbol{X}_{jit}) - \ln \widehat{f_t^j}(\boldsymbol{X}_{jit}) \right| \tag{3.42}$$

其约束条件为 $\ln f_t^M(\boldsymbol{X}_{jit}) \geqslant \ln \widehat{f_t^j}(\boldsymbol{X}_{jit})$。

他们利用线性规划的方法求解最主要的缺点在于，线性规划不能给出有意义的统计解释。

根据 $\ln f_t^j(\boldsymbol{X}_{jit}) = \ln f_t^M(\boldsymbol{X}_{jit}) - U_{jit}^M$ 的转换关系，可以将公式(3.42)转换为

$$\min \sum_{j=1}^{J} \sum_{i=1}^{N_j} \sum_{t=1}^{T} |U_{jit}^M| \tag{3.43}$$

其约束条件为 $U_{jit}^M \geqslant 0$。

该方法存在一个非常重大的缺陷，那就是 $\ln f_t^j(\boldsymbol{X}_{jit}) \neq \ln \widehat{f_t^j}(\boldsymbol{X}_{jit})$，使得我们利用线性规划进行求解时，无法确定 U_{jit}^M 的偏差程度。

3.4.3 混合 SFA 模型

Battese and Rao (2002)将所有的观测值汇集起来，计算共同前沿下的技术效率，即

$$\ln Y_{jit} = \ln f_t^M(\boldsymbol{X}_{jit}) - U_{jit}^* + V_{jit}^* \tag{3.44}$$

其中，V_{jit}^* 是随机扰动项，$U_{jit}^* \geqslant 0$ 代表决策单元在共同前沿下的技术无效率。但是这里的随机扰动项与组群内前沿的随机扰动项是不同的。例如，$\ln Y_{jit}$ 在公式(3.35)中产生的分布为 $(V_{jit} - U_{jit})$，而在公式(3.44)中产生的分布为 $(-U_{jit}^* + V_{jit}^*)$。进一步地，可将 MTE 定义为

$$MTE_{jit} = \frac{Y_{jit}}{f_t^M(\boldsymbol{X}_{jit})\, e^{V_{jit}^*}} \tag{3.45}$$

然后将公式(3.45)进一步分解，得

$$MTE_{jit} = \frac{f_t^j(\boldsymbol{X}_{jit})}{f_t^M(\boldsymbol{X}_{jit})} \times e^{-U_{jit}} \times \frac{e^{V_{jit}}}{e^{V_{jit}^*}} = TGR_{it}^j \times TE_{it}^j \times \frac{e^{V_{jit}}}{e^{V_{jit}^*}} \tag{3.46}$$

因此，Battese and Rao (2002)对 MTE 的分解是不准确的，通过简单地汇集不同组的所有数据来估计共同前沿是不合理的，因为缺乏一致的数据生成过程，并且缺乏对 MTE 的唯一分解。

3.5 Meta-SFA 的实证应用

在 Huang et al. (2014) 提出“两步法”Meta-SFA 模型后，Huang et al. (2015)利用该模型结合方向距离函数对中欧和东欧国家的银行效率进行了实

证研究。

假设有 N 种投入、P 种期望产出、Q 种非期望产出、H 个组群，那么第 h 个组群的生产技术为

$$T^h=\{(\boldsymbol{x},\boldsymbol{y},\boldsymbol{b}):\boldsymbol{x}\text{ 可以生产}(\boldsymbol{y},\boldsymbol{b})\} \tag{3.47}$$

在此基础上，我们定义第 k 个组群的 DDF 为

$$\overrightarrow{D}_T^h(\boldsymbol{x},\boldsymbol{y},\boldsymbol{b};\boldsymbol{g})=\sup\{\beta:(\boldsymbol{x}-\beta\boldsymbol{g}_x,\boldsymbol{y}+\beta\boldsymbol{g}_y,\boldsymbol{b}-\beta\boldsymbol{g}_b)\in T^k\} \tag{3.48}$$

DDF 可以表示为灵活的二次型的函数形式，允许非中性的技术变化。最重要的是，DDF 具有转换性，即

$$\overrightarrow{D}_T^h(\boldsymbol{x}-\xi\boldsymbol{g}_x,y+\xi\boldsymbol{g}_y,b-\xi\boldsymbol{g}_b;\boldsymbol{g})=\overrightarrow{D}_T^h(\boldsymbol{x},\boldsymbol{y},\boldsymbol{b};\boldsymbol{g})-\xi \tag{3.49}$$

这个性质意味着，若把向量 $(\boldsymbol{x},\boldsymbol{y},\boldsymbol{b})$ 平移至 $(\boldsymbol{x}-\xi\boldsymbol{g}_x,\boldsymbol{y}+\xi\boldsymbol{g}_y,\boldsymbol{b}-\xi\boldsymbol{g}_b)$，那么 DDF 的值会减少标量 ξ。这一性质主要用于将 DDF 变换成可估计的回归方程。具体可参考 Du et al.(2016)。Huang et al.(2015) 在其文章中，选择了 $\xi=x_1$，将二次型的 DDF 转换为

$$-x_1=\overrightarrow{D}_T^{h*}(\boldsymbol{x}-x_1,\boldsymbol{y}+x_1,\boldsymbol{b}-x_1;1,1,1)+v-\boldsymbol{u} \tag{3.50}$$

公式(3.50)展开如下：

$$\begin{aligned}
-x_1&=\overrightarrow{D}_T^{h*}(\boldsymbol{x}-x_1,\boldsymbol{y}+x_1,\boldsymbol{b}-x_1;1,1,1,t,\theta)+v-\boldsymbol{u}\\
&=\alpha_0+\sum_{n=2}^{N}\alpha_n(x_n-x_1)+\sum_{p=1}^{P}\beta_p(y_p+x_p)\\
&\quad+\sum_{q=1}^{Q}\lambda_q(b_q-x_q)+\frac{1}{2}\sum_{n=2}^{N}\sum_{n'=2}^{N}\alpha_{nn'}(x_n-x_1)(x_{n'}-x_1)\\
&\quad+\frac{1}{2}\sum_{p=1}^{P}\sum_{p'=1}^{P}\beta_{pp'}(y_p+x_1)(y_{p'}+x_1)\\
&\quad+\frac{1}{2}\sum_{q=1}^{Q}\sum_{q'=1}^{Q}\lambda_{qq'}(b_q-x_1)(b_{q'}-x_1)\\
&\quad+\sum_{n=2}^{N}\sum_{p=1}^{P}\gamma_{pn}(y_p+x_1)(x_n-x_1)\\
&\quad+\sum_{n=2}^{N}\sum_{q=1}^{Q}a_{qn}(b_q-x_1)(x_n-x_1)\\
&\quad+\sum_{p=1}^{P}\sum_{q=1}^{Q}c_{qp}(b_q-x_1)(y_p+x_1)+\delta_1 t+\frac{1}{2}\delta_2 t^2\\
&\quad+\sum_{n=2}^{N}\psi_n t(x_n-x_1)+\sum_{p=1}^{P}\mu_p t(y_p+x_1)+\sum_{q=1}^{Q}c_q t(b_q-x_1)+\varepsilon
\end{aligned} \tag{3.51}$$

其中，$u=\overrightarrow{D}_T^h(\boldsymbol{x},\boldsymbol{y},\boldsymbol{b};1,1,1)$ 被视为非负的随机扰动变量，反映的是决策单元的技术无效率；v 服从正态分布。当然，公式(3.51)也满足对称性，如 $\alpha_{nn'}=\alpha_{n'n}$，$\beta_{pp'}=\beta_{p'p}$，$\lambda_{qq'}=\lambda_{q'q}$。

根据公式(3.47)，我们可以将共同前沿技术定义为

$$T^m=\{(\boldsymbol{x},\boldsymbol{y},\boldsymbol{b}):\boldsymbol{x}\text{ 可以生产}(\boldsymbol{y},\boldsymbol{b})\} \tag{3.52}$$

那么，共同前沿方向距离函数(MDDF)则可以表示为

$$\overrightarrow{D}^m(\boldsymbol{x},\boldsymbol{y},\boldsymbol{b};\boldsymbol{g})=\sup\{\beta^m:(\boldsymbol{x}-\beta^m\boldsymbol{g}_x,\boldsymbol{y}+\beta^m\boldsymbol{g}_y,\boldsymbol{b}-\beta^m\boldsymbol{g}_b)\in T^m\} \tag{3.53}$$

根据 3.4 节的说明，我们很容易理解技术距离差异（TGD）可以直接表示为

$$\overrightarrow{D}^m(\boldsymbol{x},\boldsymbol{y},\boldsymbol{b};\boldsymbol{g})=\overrightarrow{D}_T^h(\boldsymbol{x},\boldsymbol{y},\boldsymbol{b};\boldsymbol{g})+TGD \tag{3.54}$$

其中，TGD 为组内前沿与共同前沿的差距。TGD 的值越大，h 组群的决策单元采用的技术就越不先进，反之亦然。

利用公式(3.49)，可以将公式(3.54)转换为

$$\overrightarrow{D}^{h*}(\boldsymbol{x}-x_1,\boldsymbol{y}+x_1,\boldsymbol{b}-x_1;\boldsymbol{g})=\overrightarrow{D}^{m*}(\boldsymbol{x}-x_1,\boldsymbol{y}+x_1,\boldsymbol{b}-x_1;\boldsymbol{g})-TGD \tag{3.55}$$

尽管真实的 $\overrightarrow{D}^{h*}(\cdot)$ 是未知的，但是我们可以利用 ML 对公式(3.51)进行估计，得到它的拟合值 $\widehat{\overrightarrow{D}}^{h*}(\cdot)$，此时可以得到真实值与拟合值之间的关系为

$$\overrightarrow{D}^{h*}(\boldsymbol{x}-x_1,\boldsymbol{y}+x_1,\boldsymbol{b}-x_1;\boldsymbol{g})=\widehat{\overrightarrow{D}}^{m*}(\boldsymbol{x}-x_1,\boldsymbol{y}+x_1,\boldsymbol{b}-x_1;\boldsymbol{g})+\widetilde{V}^m \tag{3.56}$$

其中，$\widetilde{V}^m=\widehat{\varepsilon}-\varepsilon$ 为随机扰动项。我们将公式(3.56)代入公式(3.55)，可得

$$\widehat{\overrightarrow{D}}^{h*}(\boldsymbol{x}-x_1,\boldsymbol{y}+x_1,\boldsymbol{b}-x_1;g)=\overrightarrow{D}^{m*}(\boldsymbol{x}-x_1,\boldsymbol{y}+x_1,\boldsymbol{b}-x_1;\boldsymbol{g})+V^m-U^m \tag{3.57}$$

其中，$V^m=-\widetilde{V}^m$，U^m 为 TGD。

图 3.4 展示了 MDDF 的示意图。

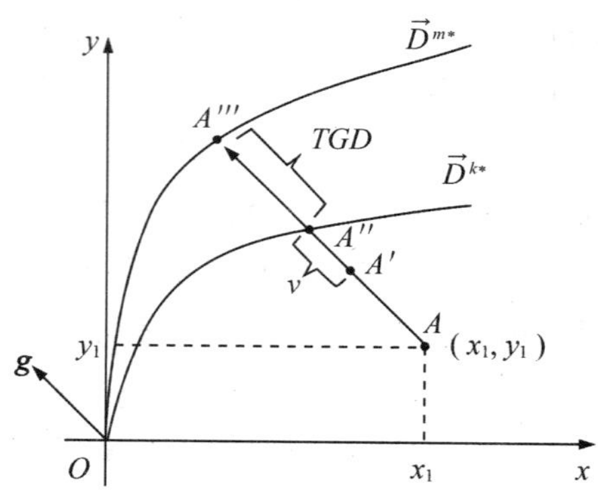

图 3.4　MDDF 的示意图

在给定投入和产出水平 (x_1, y_1) 时，观测点 A 到共同前沿的投影 A''' 由三部分组成：TGD，$TGD = \overrightarrow{D}^{m*}(\cdot) - \overrightarrow{D}^{h*}(\cdot)$；决策单元的技术无效率值 A 至 A' 部分，$E(u \mid \varepsilon)$；随机干扰 v，在 A' 和 A'' 之间。这一关系可以由如下公式表示：

$$A''' - A = TGD + u + v \tag{3.58}$$

随机前沿分析结合 MDDF 的估计过程可以总结为三个步骤：

第一步：估计公式(3.51)，得到组内 DDF 的拟合值 $\widehat{\overrightarrow{D}^{h*}}(\cdot)$ 和决策单元的技术无效率项 $\overrightarrow{D}_T^h(\boldsymbol{x}, \boldsymbol{y}, \boldsymbol{b}; \boldsymbol{g})$。

第二步：利用 MLE 估计公式(3.57)得到 MDDF 的参数估计，进而获得 TGD。

第三步：将这两个无效率项通过公式(3.54)进行加总，进而比较不同组群之间的差异。

继 Huang et al. (2015)之后，结合 Zhou et al. (2012)提出的能源效率的定义，Zhang and Zhou (2020)利用双边随机共同前沿模型(double stochastic meta-frontier model)测算了中国城市的能源效率。

假设有三种投入、一种期望产出和一种非期望产出，则生产技术为

$$T = \{(K, L, E, Y, B): (K, L, E) \text{ 可以生产} (Y, B)\} \tag{3.59}$$

Zhang and Zhou (2020)的研究目的在于测算中国城市的能源效率。首先，根据 Zhou et al. (2012)对能源效率的定义，我们建立投入导向的谢泼德能源距离函数，即

$$D_E(K,L,E,Y,B)=\sup\left\{a:K,L,\frac{E}{a},Y,B\right\} \tag{3.60}$$

一般地,我们把全要素能源效率定义为潜在能源投入与实际能源投入之比,即

$$EEI=\frac{E^*}{E}=\frac{E/a}{E}=\frac{1}{a}=\frac{1}{D_E(K,L,E,Y,B)} \tag{3.61}$$

根据能源距离函数的一次齐次性,我们可以得到以下公式:

$$D_E(K,L,E,Y,B)=ED_E(K,L,1,Y,B) \tag{3.62}$$

$$\ln D_E(K,L,E,Y,B)=\ln E+\ln D_E(K,L,1,Y,B) \tag{3.63}$$

IDF 采用超越对数的函数形式,可得

$$\begin{aligned}\ln D_E(K,L,E,Y,B)=&\ln E+a_0+a_k\ln k+a_l\ln l+a_y\ln y+a_b\ln b\\&+\frac{1}{2}a_{kk}\ln k\ln k+a_{kl}\ln k\ln l+a_{ky}\ln k\ln y\\&+a_{kb}\ln k\ln b+\frac{1}{2}a_{ll}\ln l\ln l+a_{ly}\ln l\ln y\\&+a_{lb}\ln l\ln b+\frac{1}{2}a_{yy}\ln y\ln y+a_{yb}\ln y\ln b\\&+a_{bb}\ln b\ln b\end{aligned} \tag{3.64}$$

我们定义 $u=\ln D_E(K,L,E,Y,B)$,则公式(3.64)可以转化为

$$\begin{aligned}-\ln E=&a_0+a_k\ln k+a_l\ln l+a_y\ln y+a_b\ln b+\frac{1}{2}a_{kk}\ln k\ln k+a_{kl}\ln k\ln l\\&+a_{ky}\ln k\ln y+a_{kb}\ln k\ln b+\frac{1}{2}a_{ll}\ln l\ln l+a_{ly}\ln l\ln y+a_{lb}\ln l\ln b\\&+\frac{1}{2}a_{yy}\ln y\ln y+a_{yb}\ln y\ln b+a_{bb}\ln b\ln b+v-u\end{aligned} \tag{3.65}$$

在这里,v 和 u 是不相关的,其中,u 为能源无效值,是一个非负随机变量;v 是随机扰动项,服从正态分布。

利用双边随机共同前沿模型的估计过程需要分为两步:

第一步:估计组内前沿面。首先,根据不同的分组标准将决策单元分为不同的组,每个组群都有独特的生产技术,且是异质的。我们根据公式(3.60)将每一个组的生产技术重新定义为

$$T^g=\{(K,L,E,Y,B):(K,L,E)\text{ 可以生产}(Y,B)\} \tag{3.66}$$

则组内的能源效率指数可以表示为

$$EEI^{g} = \frac{1}{D_E^{g}(K,L,E,Y,B)} \tag{3.67}$$

第 h 个组的能源距离函数可以表示为

$$\begin{aligned} -\ln E^{h} = {} & a_0 + a_k \ln k + a_l \ln l + a_y \ln y + a_b \ln b + \frac{1}{2} a_{kk} \ln k \ln k + a_{kl} \ln k \ln l \\ & + a_{ky} \ln k \ln y + a_{kb} \ln k \ln b + \frac{1}{2} a_{ll} \ln l \ln l + a_{ly} \ln l \ln y \\ & + a_{lb} \ln l \ln b + \frac{1}{2} a_{yy} \ln y \ln y + a_{yb} \ln y \ln b + a_{bb} \ln b \ln b + v - u \end{aligned} \tag{3.68}$$

利用 SFA 对该方程进行估计，可得到组内能源效率指数 $EEI^{h} = E(\exp(-u))$，进而可以得到能源估计值和能源实际值之间的差异，即

$$\ln E^{h}(K,L,E,Y,B) = \ln \widehat{E^{h}}(K,L,E,Y,B) + \tilde{v} \tag{3.69}$$

第二步：构建共同前沿的生产技术为

$$T^{m} = \{(K,L,E,Y,B):(K,L,E)\text{ 可以生产}(Y,B)\} \tag{3.70}$$

根据 Huang et al.（2014）和 Huang et al.（2015），我们可以得到 TGD 为

$$\ln \frac{D_E^{m}}{D_E^{h}} = \ln TGD \tag{3.71}$$

此时，共同前沿的能源效率就可以与组内前沿的能源效率联系起来，即

$$EEI^{m} = \frac{1}{D_E^{m}(K,L,E,Y,B)} = \frac{1}{TGD \times D_E^{h}} = \frac{1}{TGD} \times EEI^{h} \tag{3.72}$$

结合公式(3.69)和公式(3.71)，可以得到该方法第二步的主要回归方程，即

$$-\ln \widehat{E^{h}}(K,L,E,Y,B) = -\ln E^{m}(K,L,E,Y,B) + v^{m} - u^{m} \tag{3.73}$$

其中，$v^{m} = -\tilde{v}$，$u^{m} = -\ln TGD$，$TGD = E(\exp(-u^{m}))$。本节将 TGR（$TGR = 1/TGD$）定义为 TGD 的倒数，则共同前沿的能源效率指数可以表示为

$$EEI^{m} = TGR \times EEI^{h} \tag{3.74}$$

从统计上来说，根据公式(3.74)，TGR 越大，共同前沿能源效率的值就越大。从理论上讲，TGR 从能源效率的角度定义了该组群和共同前沿之间的技术差距。TGR 越大，组内前沿越接近共同前沿，它们的能源效率越相近；如果两者之间的距离较大，则组内前沿远离共同前沿，共同前沿的能源效率较低。

图 3.5 展示了共同前沿能源效率测算的示意图。

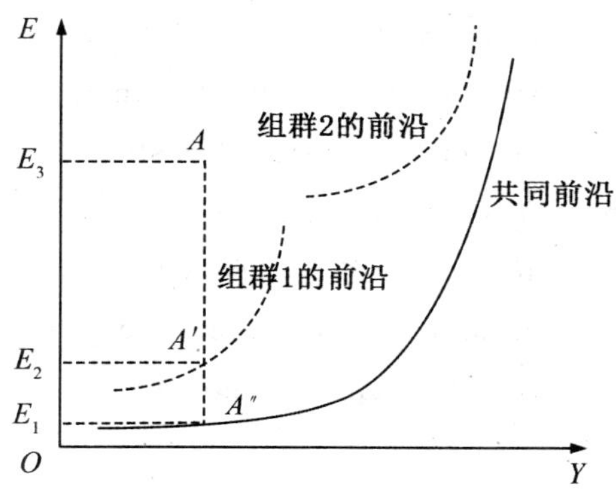

图 3.5 共同前沿的能源效率

对于观测点 A，在其他投入要素不变的前提下，组内的能源效率为 OE_2/OE_3，共同前沿的能源效率为 OE_1/OE_3。此外，TGR 为两者之比，即

$$TGR = \frac{OE_1/OE_3}{OE_2/OE_3} = \frac{OE_1}{OE_2}$$

参考文献

［1］ Aigner D，Lovell C，Schmidt P. 1977. Formulation and estimation of stochastic frontier production function models. Journal of Econometrics，6(1)：21-37.

［2］ Meeisen W，van den Broeck J. 1977. Efficiency estimation from cobb-douglas production functions with composed error. International Economic Review，18(2)：435-444.

［3］ 涂正革，肖耿. 2005. 中国的工业生产力革命——用随机前沿生产模型对中国大中型工业企业全要素生产率增长的分解及分析. 经济研究，3：4-15.

［4］ Zhou P，Ang B W，Zhou D Q. 2012. Measuring economy-wide energy efficiency performance：A parametric frontier approach. Applied Energy，90(1)：196-200.

［5］ Färe R，Grosskopf S，Pasurka C A，et al. 2012. Substitutability among undesirable outputs. Applied Economics，44(1)：39-47.

［6］ Zhang N，Huang X，Liu Y. 2021. The cost of low-carbon transition for China's coal-fired power plants：A quantile frontier approach.

Technological Forecasting and Social Change, 169(C): 120809.

[7] Huang C J, Huang T, Liu N. 2014. A new approach to estimating the metafrontier production function based on a stochastic frontier framework. Journal of Productivity Analysis, 42: 241-254.

[8] Battese G E, Rao D S P, O'Donnell C J. 2004. A metafrontier production function for estimation of technical efficiencies and technology gaps for firms operating under different technologies. Journal of Productivity Analysis, 21(1): 91-103.

[9] O'Donnell C J, Rao D S P, Battese G E. 2008. Metafrontier frameworks for the study of firm-level efficiencies and technology ratios. Empirical Economics, 34(2): 231-255.

[10] Battese G E, Rao D S P. 2002. Technology gap, efficiency, and a stochastic metafrontier function. International Journal of Business and Economics, 1(2):87-93.

[11] Huang T H, Chiang D L, Tsai C M. 2015. Applying the new metafrontier directional distance function to compare banking efficiencies in central and eastern European countries. Economic Modelling, 44: 188-199.

[12] Du L, Hanley A, Zhang N. 2016. Environmental technical efficiency, technology gap and shadow price of coal-fuelled power plants in China: A parametric meta-frontier analysis. Resource and Energy Economics, 43: 14-32.

[13] Zhang N, Zhou M. 2020. The inequality of city-level energy efficiency for China. Journal of Environmental Management, 1: 1-16.

第 4 章　计量经济学方法

生产函数作为测算效率和全要素生产率的主要方法，一直被学术界广泛应用，但其存在内生性和滞后性等问题。而成本函数作为要素价格的函数，可以在很大程度上缓解生产函数的内生性问题，同时成本函数与生产函数互为对偶关系，也可以应用生产函数的诸多理论，因此成本函数也是效率与生产率分析的一大利器。本章主要介绍采用成本函数测算生产率的变化。由于测算时有时会存在部分要素价格数据不易获取的情况，因此引入限制性成本函数来解决这一问题。若存在市场配置扭曲，广义成本函数就成为解决问题的关键。同时，本章还介绍了如何度量要素替代弹性、市场力等。

4.1　成本函数在效率与生产率中的应用

Gollop and Roberts (1983)通过成本函数测算了美国发电厂生产率的增长程度。假设成本函数为

$$C = C(p_L, p_K, p_{F_{ls}}, p_{F_{hs}}, R, Q, T) \tag{4.1}$$

其中，C 表示企业成本；p_L、p_K、$p_{F_{ls}}$、$p_{F_{hs}}$ 分别表示劳动力、资本、低硫燃料和高硫燃料的价格；R 表示环境规制强度；Q 表示发电量；T 为时间项，用来捕捉技术水平变化。

环境规制强度 R（R 介于 0～1 之间）可采用下式度量：

$$R_t \equiv \frac{1}{2}\left(\frac{E_t^* - S_t}{E_t^*}\right)\left(\frac{E_t^* - E_t}{E_t^* - S_t} + \frac{E_{t-1}^* - E_{t-1}}{E_{t-1}^* - S_{t-1}}\right) \tag{4.2}$$

其中，S_t、E_t 和 E_t^* 分别表示政府规定的排放率、企业实际排放率和企业无约束时的排放率。S_t 通过政府对每个工厂的排放规定以该工厂热值占公司总热值的比重为权重加总到公司层面而得到，E_t 通过计算该企业各个工厂的硫排放

之和且需经公式换算才可获取，E_t^* 通过企业购买的所有高硫燃料中的硫含量以及热值计算得出。

通过对成本函数进行对数微分，可以得到上述成本函数中各部分对总成本增长的贡献：

$$\frac{\mathrm{dln}\ C}{\mathrm{d}T}=\sum_i v_i \frac{\mathrm{dln}\ p_i}{\mathrm{d}T}+v_R\frac{\mathrm{d}R}{\mathrm{d}T}+v_Q\frac{\mathrm{dln}\ Q}{\mathrm{d}T}-v_T \tag{4.3}$$

其中，由谢泼德引理可得

$$v_i\equiv\frac{\partial\ln C}{\partial\ln p_i}=\frac{p_i x_i}{C};\quad v_R\equiv\frac{\partial\ln C}{\partial R};\quad v_Q\equiv\frac{\partial\ln C}{\partial\ln Q};\quad -v_T\equiv\frac{\partial\ln C}{\partial T} \tag{4.4}$$

依据 Gollop and Jorgenson (1980)，可得到生产率的增长为

$$v_G\equiv-\left(\frac{\mathrm{dln}\ C}{\mathrm{d}T}-\frac{\mathrm{dln}\ Q}{\mathrm{d}T}\right)+\sum_i v_i\frac{\mathrm{dln}\ p_i}{\mathrm{d}T} \tag{4.5}$$

将公式(4.3)代入公式(4.5)，可得

$$v_G=-v_R\frac{\mathrm{d}R}{\mathrm{d}T}+(1-v_Q)\frac{\mathrm{dln}\ Q}{\mathrm{d}T}+v_T \tag{4.6}$$

由公式(4.6)可知，生产率被分解为三个部分，其中，$-v_R\frac{\mathrm{d}R}{\mathrm{d}T}$ 为环境规制对生产率的直接影响；$(1-v_Q)\frac{\mathrm{dln}\ Q}{\mathrm{d}T}$ 代表规模效应，它是规模经济（$\frac{\partial\ln C}{\partial\ln Q}$）与产出增长（$\frac{\mathrm{dln}\ Q}{\mathrm{d}T}$）的函数；$v_T$ 为技术变化对生产率的贡献。

为实现生产率的测算，需要对公式(4.6)中的相关参数进行估计，选取相对更加灵活的超越对数的函数形式，即

$$\begin{aligned}C=\ &\exp[\beta_0+\sum_i\beta_i\ln p_i+\beta_Q\ln Q+\beta_R R+\beta_T T+\frac{1}{2}\sum_i\sum_j\gamma_{ij}\ln p_i\ln p_j\\&+\sum_i\gamma_{iQ}\ln p_i\ln Q+\sum_i\gamma_{iR}\ln p_i\ln R+\sum_i\gamma_{iT}\ln p_i\ln T\\&+\frac{1}{2}\gamma_{QQ}(\ln Q)^2+\gamma_{QR}\ln QR+\gamma_{QT}\ln QT+\frac{1}{2}\gamma_{RR}R^2+\gamma_{RT}RT\\&+\frac{1}{2}\gamma_{TT}T^2],\quad i,j=L,K,F_{ls},F_{hs}\end{aligned} \tag{4.7}$$

同时，作为成本函数，需要满足关于要素价格的线性齐次性，因此需要加入以下约束条件，即

$$\sum_i \beta_i = 1; \quad \sum_i \gamma_{ij} = \sum_j \gamma_{jQ} = \sum_j \gamma_{jR} = \sum_j \gamma_{jT} = 0, \quad i,j = L,K,F_{ls},F_{hs} \tag{4.8}$$

依据谢泼德引理,可以得到各个要素的成本份额方程,联立上述成本函数和其成本份额方程,采用极大似然迭代法对联立方程进行估计。由于成本份额加总为1,因此可以删除其中一个成本份额方程,且不会影响最终的估计结果。此外,产量 Q 具有内生性,会使得估计结果有偏,需通过工具变量法克服这一问题。

在对上述成本函数估计的基础上,还需要基于估计参数对成本函数进行一系列涉及经济含义的假设检验。例如,通过假设检验验证环境规制是否对生产率有直接的影响,原假设如公式(4.9)所示。若原假设成立,则说明环境规制不会对生产率产生直接的影响。

$$\beta_R = \gamma_{LR} = \gamma_{KR} = \gamma_{F_{ls}R} = \gamma_{F_{hs}R} = \gamma_{QR} = \gamma_{RR} = \gamma_{RT} = 0 \tag{4.9}$$

通过假设检验来分别验证生产是否表现为规模报酬不变以及技术变化是否对生产率产生影响,原假设如公式(4.10)和公式(4.11)所示:

$$\beta_Q = 1; \quad \gamma_{LQ} = \gamma_{KQ} = \gamma_{F_{ls}Q} = \gamma_{F_{hs}Q} = \gamma_{QQ} = \gamma_{QR} = \gamma_{QT} = 0 \tag{4.10}$$

$$\beta_T = \gamma_{LT} = \gamma_{KT} = \gamma_{F_{ls}T} = \gamma_{F_{hs}T} = \gamma_{QT} = \gamma_{RT} = \gamma_{TT} = 0 \tag{4.11}$$

以上所有假设检验均通过极大似然比检验实现。

最后,通过公式(4.12)可以得到生产率的增长率,即

$$\bar{v}_G \equiv -\bar{v}_R\,[R(T) - R(T-1)] + (1-\bar{v}_Q)\,[\ln Q(T) - \ln Q(T-1)] + \bar{v}_T \tag{4.12}$$

其中,$\bar{v}_R \equiv \frac{1}{2}[v_R(T) - v_R(T-1)]$,$\bar{v}_Q \equiv \frac{1}{2}[v_Q(T) - v_Q(T-1)]$,$\bar{v}_T \equiv \frac{1}{2}[v_T(T) - v_T(T-1)]$。

4.2 限制性成本函数在效率与生产率中的应用

由于部分要素价格信息是不可获取的,因而无法直接使用传统的成本函数对生产率的变化进行估计,此时就需要通过限制性成本函数来解决这一问题。我们往往需要假定在短期内,要素使用量可以反映成本最小化的水平(Lau,1976),进而将要素使用量加入成本函数中构造限制性成本函数。

4.2.1 需求和替代弹性

Halvorsen and Smith (1986)通过限制性成本函数测算了加拿大金属矿业各要素之间的替代弹性。

设定生产函数如下：

$$Q = Q(\boldsymbol{X}, \boldsymbol{N}, T) \tag{4.13}$$

其中，$\boldsymbol{X}$ 为投入向量，包括劳动、资本和能源；$\boldsymbol{N}$ 为矿产资源；T 为时间项；Q 为最终产出。

总成本函数如下：

$$TC = TC(Q, \boldsymbol{P_X}, \boldsymbol{P_N}, T) \tag{4.14}$$

其中，TC 为总成本，$\boldsymbol{P_X}$ 和 $\boldsymbol{P_N}$ 分别为投入和矿产资源的价格。

由于自然资源价格的不可获取性，为了构建限制性成本函数，我们就需要假设在短期内要素使用量可以反映成本最小化的水平。此时，限制性成本函数设定如下：

$$CR = CR(Q, \boldsymbol{P_X}, \boldsymbol{P_N}, T) \tag{4.15}$$

为实现对限制性成本函数的估计，选取超越对数的函数形式，则

$$\begin{aligned} \ln CR = & \alpha_0 + \alpha_Q \ln Q + \sum_i \alpha_i \ln P_i + \alpha_N \ln N + \alpha_T T + \frac{1}{2}\gamma_{QQ}(\ln Q)^2 \\ & + \frac{1}{2}\sum_i \sum_j \gamma_{ij} \ln P_i \ln P_j + \frac{1}{2}\gamma_{NN}(\ln N)^2 + \frac{1}{2}\gamma_{TT} T^2 \\ & + \sum_i \gamma_{iQ} \ln P_i \ln Q + \sum_i \gamma_{iN} \ln P_i \ln N + \sum_i \gamma_{iT} \ln p_i T + \gamma_{QN} \ln Q \ln N \\ & + \gamma_{QT}(\ln Q) T + \gamma_{NT}(\ln N) T, \quad i, j = K, L, E \end{aligned} \tag{4.16}$$

其中，当 $i \neq j$ 时，$\gamma_{ij} = \gamma_{ji}$。

此外，作为成本函数需满足要素价格的线性齐次性，即

$$\sum_i \alpha_i = 1; \quad \sum_i \gamma_{ij} = \sum_j \gamma_{iT} = \sum_i \gamma_{iN} = \sum_i \gamma_{iT} = \sum_i \gamma_{iQ} = 0, \quad i, j = K, L, E \tag{4.17}$$

依据谢泼德引理，可得成本份额方程为

$$\begin{aligned} \frac{\partial \ln CR}{\partial \ln P_i} = \frac{\partial CR}{\partial P_i}\frac{P_i}{CR} = \frac{P_i X_i}{CR} \equiv M_i = & \alpha_i + \sum_j \gamma_{ij} \ln P_j + \gamma_{iQ} \ln Q + \gamma_{iN} \ln N \\ & + \gamma_{iT} T, \quad i, j = K, L, E \end{aligned} \tag{4.18}$$

考虑到需要估计的参数数量众多，为获取额外的有效自由度，可对限制性

成本函数和其成本份额方程进行联立求解。同时,由于 Q 和 N 具有内生性,通过 3SLS 进行估计可以解决这一问题。考虑到成本份额方程加总为 1,可以删除其中一个成本份额方程,估计结果将不会受影响。

对上述限制性成本函数进行估计之后,还需进行相关假设检验。首先检验生产函数是否满足 $\frac{1}{\theta}$ 次齐次性,即

$$\alpha_Q=\theta(1-\alpha_N);\quad \gamma_{kQ}=-\theta\gamma_{kN},\quad k=K,L,E,N,Q,T \tag{4.19}$$

若以线性齐次性为条件,则 $\theta=1$。

检验可再生投入相对于自然资源的强可分离性,即

$$\gamma_{iN}=0,\quad i=K,L,E \tag{4.20}$$

检验各投入要素之间的强可分离性,即

$$\gamma_{KE}=\gamma_{KL}=\gamma_{LE}=0 \tag{4.21}$$

检验希克斯技术中性,即

$$\gamma_{kT}=0,\quad k=K,L,E \tag{4.22}$$

检验技术中性是否对规模产生影响,即

$$\gamma_{QT}=\gamma_{NT}=0 \tag{4.23}$$

在接受约束(4.22)和(4.23)的条件下,可通过施加附加约束 $\alpha_T=\gamma_{TT}=0$ 来检验是否存在技术变化。

通过总成本函数可以得到各要素间的替代弹性,即

$$\sigma_{km}=\frac{CT\cdot CT_{km}}{CT_k\cdot CT_m},\quad k,m=K,L,E,N \tag{4.24}$$

其中,σ_{km} 为替代弹性,CT 为总成本函数,$CT_{km}=\frac{\partial^2 CT}{\partial P_k\partial P_m}$。

参照 Allen(1938),可以得到需求弹性和替代弹性之间的关系:

$$E_{km}=\sigma_{km}MT_m \tag{4.25}$$

其中,E_{km} 为需求弹性;MT_m 是投入 m 在总成本中的份额,即 $MT_m=\frac{P_mX_m}{CT}$。

依据总成本和限制性成本之间的关系,可以得到要素间的替代弹性,即

$$\sigma_{ij}=\frac{(1-M_N)(M_iM_j+\gamma_{ij})}{M_iM_j}-\frac{(1-M_N)(M_jM_{jN}+\gamma_{jN})(M_iM_N+\gamma_{iN})}{(M_N^2-M_N+\gamma_{NN})M_iM_j} \tag{4.26}$$

$$\sigma_{iN}=-\frac{(1-M_N)(M_iM_N+\gamma_{iN})}{(M_N^2-M_N+\gamma_{NN})M_i},\quad i=K,L,E \tag{4.27}$$

其中，依据霍特林引理得，$M_N \equiv \dfrac{\partial \ln CR}{\partial \ln N} = -\dfrac{P_N N}{CR}$。

进一步地，利用公式(4.25)，可以得到各要素自身需求弹性和交叉需求弹性，即

$$E_{ii} = \frac{M_i^2 - M_i + \gamma_{ii}}{M_i} - \frac{(M_i M_N + \gamma_{iN})^2}{(M_N^2 - M_N + \gamma_{NN}) M_i} \tag{4.28}$$

$$E_{NN} = \frac{M_N}{M_N^2 - M_N + \gamma_{NN}} \tag{4.29}$$

$$E_{ij} = \frac{M_i M_j + \gamma_{ii}}{M_i} - \frac{(M_j M_N + \gamma_{jN})(M_i M_N + \gamma_{iN})}{(M_N^2 - M_N + \gamma_{NN}) M_i} \tag{4.30}$$

$$E_{iN} = \frac{M_N (M_i M_N + \gamma_{iN})}{(M_N^2 - M_N + \gamma_{NN}) M_i} \tag{4.31}$$

$$E_{Ni} = -\frac{M_i M_N + \gamma_{iN}}{M_N^2 - M_N + \gamma_{NN}} \tag{4.32}$$

考虑到环境规制会产生一定的减排成本，Lee (2008)在 Halvorsen and Smith (1986)的基础上利用限制性成本函数分析了韩国钢铁行业减排资本(abatement capital)和原材料两种价格不可获取的投入的需求和替代弹性，并计算了减排资本和原材料的影子价格。

考虑到两种产出的问题，设定如下函数：

$$T(Q, W, \boldsymbol{X}, \boldsymbol{M}, t) = 0 \tag{4.33}$$

其中，Q 为净产出；W 为排放量；$\boldsymbol{X}$ 表示资本、劳动和能源三种投入；$\boldsymbol{M}$ 为原材料；t 为时间项，用以捕捉技术水平变化。

为了减少生产 Q 而产生的污染，公司使用了减排资本 A。排放量可看作投入、减排资本和原材料的函数，其函数关系如下：

$$W = W(A, \boldsymbol{X}, \boldsymbol{M}, t) \tag{4.34}$$

结合公式(4.33)和公式(4.34)，关于 Q 的生产函数为

$$Q = Q(\boldsymbol{X}, \boldsymbol{M}, A, t) \tag{4.35}$$

由于减排资本 A 和原材料 M 的价格数据是不可获取的，故引入限制性成本函数：

$$RC = RC(\boldsymbol{P_X}, \boldsymbol{Q}, \boldsymbol{M}, A, t) \tag{4.36}$$

为了实现对公式(4.36)的估计，需赋予其具体的函数形式，我们选取超越对数的函数形式，得

$$\ln RC = \alpha_0 + \alpha_Q \ln Q + \sum_i \alpha_i \ln P_i + \alpha_M \ln M + \alpha_A A + \alpha_t \ln t$$
$$+ \frac{1}{2}\gamma_{QQ}(\ln Q)^2 + \frac{1}{2}\gamma_{MM}(\ln M)^2 + \frac{1}{2}\gamma_{AA}A^2$$
$$+ \frac{1}{2}\gamma_{tt}t^2 + \frac{1}{2}\sum_i\sum_j \gamma_{ij}\ln P_i \ln P_j + \sum_i \gamma_{iQ}\ln P_i \ln Q$$
$$+ \sum_i \gamma_{iM}\ln P_i \ln M + \sum_i \gamma_{iA}\ln P_i \ln A + \sum_i \gamma_{it}(\ln P_i)t$$
$$+ \gamma_{QM}\ln Q \ln M + \gamma_{QA}\ln Q \ln A + \gamma_{Qt}(\ln Q)t + \gamma_{MA}\ln M \ln A$$
$$+ \gamma_{Mt}(\ln M)t + \gamma_{At}(\ln A)t, \quad i,j = K,L,E \tag{4.37}$$

由于参数过多，为了获取额外的有效自由度，基于谢泼德引理，可推导出各要素的成本份额方程，即

$$S_i = \alpha_i + \sum_j \gamma_{ij}\ln P_j + \gamma_{iQ}\ln Q + \gamma_{iM}\ln M + \gamma_{iA}\ln A + \gamma_{it}t, i,j = K,L,E \tag{4.38}$$

同时，限制性成本函数还满足要素价格的线性齐次性，即

$$\sum_i \alpha_i = 1, \quad \sum_i \gamma_{ij} = \sum_j \gamma_{ij} = \sum_i\sum_j \gamma_{ij} = \sum_i \gamma_{iQ} = \sum_i \gamma_{iM} = \sum_i \gamma_{iA} = \sum_i \gamma_{it} = 0, \quad i,j = K,L,E \tag{4.39}$$

考虑到 Q、M 和 A 的内生性问题，以钢铁行业的价格指数的对数以及要素价格和时间的函数作为工具变量，通过联立限制性成本函数及其成本份额方程，采用 3SLS 对其进行估计。同时，由于成本份额方程加总为 1，因此可以删除其中一个成本份额方程，且不会影响最终结果。

在进行参数估计之后，需对生产函数的线性齐次性、技术变化等进行一系列假设检验，且所有假设检验均可通过沃尔德(Wald)检验来实现。

基于测算结果，可以得到各要素之间的需求弹性，即

$$E_{ij} = \frac{P_j \cdot TC_{ij}}{TC_i}, \quad i,j = K,L,E,M,A \tag{4.40}$$

其中，$TC_i = \dfrac{\partial TC}{\partial P_i}$，$TC_{ij} = \dfrac{\partial^2 TC}{\partial P_i \partial P_j}$，总成本 TC 等于限制性成本 RC 加上减排资本和原材料投入的成本。

利用总成本与限制性成本导数之间的关系，可从限制性成本函数中推导得出要素自身的需求弹性和交叉需求弹性，如下所示：

$$E_{ii}=\frac{\gamma_{ii}-S_i+S_i^2}{S_i}-\left\{\frac{(\gamma_{iM}+S_iS_M)\left[H_{AA}(\gamma_{iM}+S_iS_M)-H_{MA}(\gamma_{iM}+S_iS_A)\right]}{H\cdot S_i}+\frac{(\gamma_{iM}+S_iS_A)\left[H_{MM}(\gamma_{iA}+S_iS_A)-H_{MA}(\gamma_{iM}+S_iS_A)\right]}{H\cdot S_i}\right\},\quad i=K,L,E \tag{4.41}$$

$$E_{ij}=\frac{\gamma_{ij}+S_iS_j}{S_i}-\left\{\frac{(\gamma_{iM}+S_iS_M)\left[H_{AA}(\gamma_{jM}+S_jS_M)-H_{MA}(\gamma_{jM}+S_jS_A)\right]}{H\cdot S_i}+\frac{(\gamma_{iA}+S_iS_A)\left[H_{MM}(\gamma_{jA}+S_jS_A)-H_{MA}(\gamma_{jM}+S_jS_M)\right]}{H\cdot S_i}\right\},\quad i=K,L,E,\quad i\neq j \tag{4.42}$$

$$E_{ix}=\frac{S_x\left[H_{yy}(\gamma_{ix}+S_iS_x)-H_{xy}(\gamma_{iy}+S_iS_y)\right]}{H\cdot S_i},\quad i=K,L,E,\quad x,y=M,A,\quad x\neq y \tag{4.43}$$

$$E_{xi}=-\frac{H_{yy}(\gamma_{ix}+S_iS_x)-H_{xy}(\gamma_{iy}+S_iS_y)}{H},\quad i=K,L,E,\quad x,y=M,A,\quad x\neq y \tag{4.44}$$

$$E_{xx}=\frac{S_x\cdot H_{yy}}{H},\quad x,y=M,A \tag{4.45}$$

$$E_{xy}=\frac{S_y\cdot H_{xy}}{H},\quad x,y=M,A,\quad x\neq y \tag{4.46}$$

其中，$S_i=\frac{\partial\ln RC}{\partial\ln P_i}=\frac{P_iX_i}{RC},i=K,L,E$，$S_j=\frac{\partial\ln RC}{\partial\ln X_j}=-\frac{P_jX_j}{RC},j=M,A$。$H_{ii}=\gamma_{ii}-S_i+S_i^2$，$H_{ij}=\gamma_{ij}+S_iS_j$，$H=H_{ii}H_{jj}-H_{ij}^2,i,j=M,A,i\neq j$。

基于 Allen (1938)，可以用要素替代弹性，即

$$\sigma_{ij}=\frac{E_{ij}}{TS_j},\quad i,j=K,L,E,M,A,\quad i\neq j \tag{4.47}$$

其中，TS_j 为投入 j 的总成本份额，即 $TS_j=\frac{P_jX_j}{TC}=\frac{S_j}{1-S_M-S_A}$。

依据霍特林引理，通过限制性成本函数可得到减排资本 A 和原材料 M 的影子价格计算公式，即

$$\widehat{P}_A=-\frac{\partial RC}{\partial A}=-\frac{\partial\ln RC}{\partial\ln A}\frac{RC}{A}=-\left(\alpha_A+\gamma_{AA}\ln A+\sum_x\gamma_{xA}\ln P_x+\gamma_{QA}\ln Q+\gamma_{MA}\ln M+\gamma_{At}t\right)\frac{RC}{A} \tag{4.48}$$

其中，$\widehat{P}_A$ 为减排资本的影子价格。原材料的影子价格亦可以按上述公式计算，即 $\widehat{P}_M=-\frac{\partial RC}{\partial M}=-\frac{\partial \ln RC}{\partial \ln M}\frac{RC}{M}$。

4.2.2 生产率的测算与分解

限制性成本函数不仅可以用来测算要素间的需求和替代弹性，还可以用来研究各要素对生产率增长的影响。考虑到环境规制，Lee(2007)通过限制性成本函数估计了环境规制对韩国制造业企业的生产率增长的影响。

首先，需要构建一个包含环境规制的成本函数：

$$c=c(\boldsymbol{y},\boldsymbol{P}_x,\boldsymbol{P}_m,r,t) \tag{4.49}$$

其中，$\boldsymbol{y}$ 为产出；$\boldsymbol{P}_x$ 和 $\boldsymbol{P}_m$ 分别表示可再生投入要素的价格和原材料的价格；r 为环境规制强度；t 为时间项，用来捕捉技术水平的变化。环境规制 r 被定义为

$$r_t=\sum_{i=t}^{t+1}\frac{1}{2}\frac{pac_i}{q_t} \tag{4.50}$$

其中，pac_i 为减排成本，q_t 为产出数量。

由于原材料 m 的价格是不可获取的，因此无法直接估计总成本函数。为了解决这一问题，我们可使用限制性成本函数，并假定这些投入的数量在短期内等于最佳水平。给定原材料 m 的数量，通过求解成本最小化问题，可得限制性成本函数为

$$rc=rc(\boldsymbol{y},\boldsymbol{P}_x,m,r,t) \tag{4.51}$$

通过限制性成本函数对时间进行对数微分，可以识别生产率增长的来源：

$$s_g=\left[-s_r\cdot\frac{\mathrm{d}r}{\mathrm{d}t}\right]+\left[(1-s_y)\cdot\frac{\mathrm{dln}\ y}{\mathrm{d}t}-s_m\cdot\frac{\mathrm{dln}\ m}{\mathrm{d}t}\right]+s_t \tag{4.52}$$

其中，$s_r=\frac{\partial \ln rc}{\partial r}$，$s_y=\frac{\partial \ln rc}{\partial \ln y}$，$s_m=\frac{\partial \ln rc}{\partial \ln m}$，$s_t=\frac{-\partial \ln rc}{\partial t}$，$\left[-s_r\cdot\frac{\mathrm{d}r}{\mathrm{d}t}\right]$ 为环境规制对生产率增长的影响，$\left[(1-s_y)\cdot\frac{\mathrm{dln}\ y}{\mathrm{d}t}-s_m\cdot\frac{\mathrm{d}\ \ln m}{\mathrm{d}t}\right]$ 为规模效应，s_t 为技术变化效应。

基于公式(4.52)，$t-1\sim t$ 期的生产率被定义为

$$\begin{aligned}\bar{s}_g=&\{-\bar{s}_r[r(t)-r(t-1)]\}+\{(1-s_y)[\ln y(t)-\ln y(t-1)]\\&-\bar{s}_m[\ln m(t)-\ln m(t-1)]\}+\bar{s}_t\end{aligned} \tag{4.53}$$

其中，$\bar{s}_r$、$\bar{s}_y$、$\bar{s}_m$ 和$\bar{s}_t$ 分别为s_r、s_y、s_m 和s_t 在 $t-1\sim t$ 期的平均值。

为得到 s_r、s_y、s_m 和 s_t 的估计值，将限制性成本函数的形式设定为超越对数的函数形式，即

$$\begin{aligned}\ln rc =& \alpha_0 + \alpha_y \ln y + \sum_x \alpha_x \ln P_x + \alpha_m \ln m + \alpha_r r + \alpha_t t + \frac{1}{2}\gamma_{yy}(\ln y)^2 \\ &+ \frac{1}{2}\gamma_{mm}(\ln m)^2 + \frac{1}{2}\gamma_{rr} r^2 + \frac{1}{2}\gamma_{tt} t^2 + \frac{1}{2}\sum_x \sum_{x'} \gamma_{xx'} \ln P_x \ln P_{x'} \\ &+ \sum_x \gamma_{xy} \ln P_x \ln y + \sum_x \gamma_{xm} \ln P_x \ln m + \sum_x \gamma_{xr}(\ln P_x) r + \sum_x \gamma_{xt}(\ln P_x) t \\ &+ \gamma_{ym} \ln y \ln m + \gamma_{yr}(\ln y) r + \gamma_{yt}(\ln y) t + \gamma_{mr}(\ln m) r + \gamma_{mt}(\ln m) t \\ &+ \gamma_{rt} rt, \quad x, x' = k, l, e \end{aligned} \tag{4.54}$$

利用谢泼德引理，可以推导出各个投入要素的成本份额方程，即

$$\begin{aligned}\frac{\partial \ln rc}{\partial \ln P_x} = P_x \cdot \frac{x}{rc}(\equiv s_x) =& \alpha_x + \sum_{x'} \gamma_{xx'} \ln P_{x'} + \gamma_{xy} \ln y + \gamma_{xm} \ln m \\ &+ \gamma_{xr} r + \gamma_{xt} t, \quad x, x' = k, l, e\end{aligned} \tag{4.55}$$

同时，成本函数满足关于要素价格的线性齐次性，因此需要加入如下限制：

$$\sum_x \alpha_x = 1; \quad \sum_{x'} \gamma_{xx'} = \sum_x \gamma_{xy} = \sum_x \gamma_{xm} = \sum_x \gamma_{xr} = \sum_x \gamma_{xt} = 0$$

虽然所有系数都可以单独通过限制性成本函数进行估算，但为了获得额外的有效自由度，联立限制性成本函数和成本份额方程是一种理想的选择。以线性齐次性为约束，通过迭代法进行联合估计。由于成本份额方程加总为 1，因此可以删除其中一个成本份额方程，且不会影响最终的估计结果。

通过假设检验，检验各项投入对原材料的强可分离性。如果可重复性投入不能与原材料 m 分离，则限制性成本函数忽略原材料会使得最终的估计结果有偏，即

$$\alpha_m = \gamma_{mm} = \gamma_{km} = \gamma_{lm} = \gamma_{em} = \gamma_{ym} = \gamma_{mr} = \gamma_{mt} = 0 \tag{4.56}$$

检验环境规制是否对生产率增长产生直接影响，即

$$\alpha_r = \gamma_{rr} = \gamma_{kr} = \gamma_{lr} = \gamma_{er} = \gamma_{ymr} = \gamma_{mr} = \gamma_{rt} = 0 \tag{4.57}$$

检验生产函数的线性齐次性。若原假设被拒绝，则说明公式(4.52)中不存在规模效应，即

$$\alpha_y = 1 - \alpha_m; \quad \gamma_{xy} = -\gamma_{xm}; \quad x = k, l, e, m, y, r, t \tag{4.58}$$

检验希克斯技术中性，原假设设定如下：

$$\gamma_{kt} = \gamma_{lt} = \gamma_{et} = 0 \tag{4.59}$$

以约束(4.59)为条件，若要检验技术是否发生变化，则需要额外加入以下限

制条件：

$$\alpha_t = \gamma_{yt} = \gamma_{mt} = \gamma_{rt} = \gamma_{tt} = 0 \tag{4.60}$$

以上所有检验均通过 Wald 检验实现。

在 Lee (2007)的基础上，Du et al. (2021)通过 DEA 构建了中国火电厂的监管严格性指数，进一步将该指数纳入限制性成本函数中，以度量中国火电厂环境监管的影响，其中又包括生产率和替代弹性。

由于某些要素的价格信息是不易获取的，因此我们无法直接估计总成本函数。根据限制性成本函数理论（McFadden，1978；Halvorsen and Smith，1991)，需要构建限制性成本函数来解决这一问题。其中，将无法获取价格的要素称为准固定要素，假设要素数量等于其成本最小化的水平。限制性成本函数的表达式如下：

$$RC = RC(Y, P_L, P_E, K, R, T) \tag{4.61}$$

其中，RC 表示在既定的产出 Y 和资本投入 K 下，所使用的劳动与能源的最小成本；Y 表示发电量；P_L 和 P_E 分别表示劳动力和能源的价格；K 表示资本投入的数量；R 表示环境规制强度；T 表示时间项。对于环境规制强度的衡量，Du et al. (2021)采用了 DDF 来构建监管严格性指数，用以表征环境规制强度，具体步骤如下：

首先，构建一个多投入多产出的生产可能性集：

$$P(\boldsymbol{x}) = \{(\boldsymbol{y}, \boldsymbol{b}) : \boldsymbol{x} \text{ 可以生产} (\boldsymbol{y}, \boldsymbol{b})\} \tag{4.62}$$

为了比较强可处置性和弱可处置性下的污染物排放的环境监管成本(ERC)，需要引入方向性产出距离函数，即

$$D_O(\boldsymbol{x}, \boldsymbol{y}, \boldsymbol{b}; \boldsymbol{g}) = \sup\{\theta : (\boldsymbol{y}, \boldsymbol{b}) + \theta \boldsymbol{g} \in P(\boldsymbol{x})\} \tag{4.63}$$

其中，$\boldsymbol{g} = (\boldsymbol{y}, -\boldsymbol{b})$。

对于不受环境规制地区的企业，即 DDF 处于强可处置假设下，排放污染物不需要付出任何代价。因此，采用 DEA 方法的生产模型如下：

$$\vec{D}_O^t(\boldsymbol{x}_i^t, \boldsymbol{y}_i^t, \boldsymbol{b}_i^t; \boldsymbol{y}_i^t, -\boldsymbol{g}^t) = \max \theta_s$$

$$\text{s.t.} \begin{cases} \sum_{t=1}^{T} \sum_{i=1}^{I} z_i^t \boldsymbol{y}_i^t \geqslant (1+\theta_s) \boldsymbol{y}_i^t \\ \sum_{t=1}^{T} \sum_{i=1}^{I} z_i^t \boldsymbol{b}_i^t \leqslant (1-\theta_s) \boldsymbol{b}_i^t \\ \sum_{t=1}^{T} \sum_{i=1}^{I} z_i^t \boldsymbol{x}_i^t \leqslant \boldsymbol{x}_i^t, z_i^t \geqslant 0 \end{cases} \tag{4.64}$$

但在实际生产活动中，企业会面临环境监管，此时需要付出一定的污染控制成本，比如降低潜在产量。那么，企业的生产技术是处于弱可处置性的，其DEA方法表达如下：

$$\vec{D}_O^t(\boldsymbol{x}_i^t, \boldsymbol{y}_i^t, \boldsymbol{b}_i^t; \boldsymbol{y}_i^t, -\boldsymbol{g}^t) = \max \theta_s$$

$$\text{s.t.}\begin{cases} \sum_{t=1}^{T}\sum_{i=1}^{I} z_i^t \boldsymbol{y}_i^t \geqslant (1+\theta_w)\boldsymbol{y}_i^t \\ \sum_{t=1}^{T}\sum_{i=1}^{I} z_i^t \boldsymbol{b}_i^t = (1-\theta_w)\boldsymbol{b}_i^t \\ \sum_{t=1}^{T}\sum_{i=1}^{I} z_i^t \boldsymbol{x}_i^t \leqslant \boldsymbol{x}_i^t, z_i^t \geqslant 0 \end{cases} \tag{4.65}$$

若 θ_s 和 θ_w 之间没有变化，则说明控制污染没有造成产出损失。若这种变化是存在的，则说明污染治理会造成产出的损失。而两者的差值 $\theta_w - \theta_s$ 则可以定义为控制污染物排放而造成成本损失的代理变量。

基于公式(4.61)，以超越对数的函数形式对其具体化，则

$$\begin{aligned} \ln RC = {} & \beta_0 + \beta_Y \ln Y + \beta_L \ln P_L + \beta_E \ln P_E + \beta_K \ln K + \beta_R R + \beta_T T \\ & + \frac{1}{2}\beta_{YY}(\ln Y)^2 + \frac{1}{2}\beta_{LL}(\ln P_L)^2 + \frac{1}{2}\beta_{EE}(\ln P_E)^2 \\ & + \frac{1}{2}\beta_{KK}(\ln K)^2 + \frac{1}{2}\beta_{RR}R^2 + \frac{1}{2}\beta_{TT}T^2 + \beta_{LE}\ln P_L \ln P_E \\ & + \beta_{LY}\ln P_L \ln Y + \beta_{EY}\ln P_E \ln Y + \beta_{LK}\ln P_L \ln K + \beta_{KE}\ln P_E \ln K \\ & + \beta_{LR}\ln P_L R + \beta_{ER}\ln P_E R + \beta_{LT}\ln P_L T + \beta_{ET}\ln P_E T + \beta_{YK}\ln Y \ln K \\ & + \beta_{YR}\ln YR + \beta_{YT}\ln YT + \beta_{KR}\ln KR + \beta_{KT}\ln KT + \beta_{RT}RT \end{aligned} \tag{4.66}$$

依据成本函数对要素价格的线性齐次性，公式(4.66)需要加入以下限制条件：

$$\begin{cases} \beta_L + \beta_E = 1 \\ \beta_{LL} + \beta_{LE} = \beta_{EE} + \beta_{LE} = \beta_{LY} + \beta_{EY} = \beta_{LK} + \beta_{KE} \\ \qquad = \beta_{LR} + \beta_{ER} = \beta_{LT} + \beta_{ET} = 0 \end{cases} \tag{4.67}$$

为获取额外的有效自由度，引入谢泼德引理，可得到劳动和能源投入的成本份额方程（S_L 和 S_E）分别为

$$\frac{\partial \ln RC}{\partial \ln P_L} = P_L \cdot \frac{L}{RC} \equiv (S_L) = \beta_L + \beta_{LL}\ln P_L + \beta_{LE}\ln P_E + \beta_{LY}\ln Y + \beta_{LK}\ln K$$

$$+\beta_{LR}R+\beta_{LT}T \tag{4.68}$$

$$\frac{\partial \ln RC}{\partial \ln P_E}=P_E\cdot\frac{E}{RC}\equiv(S_E)=\beta_E+\beta_{EE}\ln P_E+\beta_{LE}\ln P_L+\beta_{EY}\ln Y+\beta_{EK}\ln K$$

$$+\beta_{ER}R+\beta_{ET}T \tag{4.69}$$

考虑到产出Y和资本K的内生性问题，以电力行业的价格指数的对数以及投入要素价格与时间的函数为工具变量，采用3SLS对限制性成本函数和成本份额方程进行联合估计，这为下一步生产率的测算和需求、替代弹性的估计奠定了基础。由于成本份额方程加总为1，因此可以将其中一个成本份额方程删除，且不会影响到最终结果。

在对上述限制性成本函数估计之后，需要进行假设检验。首先，检验劳动和能源要素相对于资本投入的强可分离性。若原假设被拒绝，则表明限制性成本函数应包括资本投入K，以避免有偏差的参数估计，即

$$\beta_{LK}+\beta_{KE}=0 \tag{4.70}$$

其次，检验环境规制是否会对生产率的增长产生直接影响。若原假设被拒绝，则说明环境规制对生产率的增长有直接影响，即

$$\beta_R+\beta_{LR}=\beta_{ER}+\beta_{YR}=\beta_{KR}+\beta_{RR}=\beta_{RT}=0 \tag{4.71}$$

检验资本深化是否会对生产率的增长产生影响。若原假设被拒绝，则说明资本深化会直接影响生产率的增长，即

$$\beta_K+\beta_{LK}=\beta_{EK}+\beta_{YK}=\beta_{KR}+\beta_{KK}=\beta_{KT}=0 \tag{4.72}$$

假设生产函数对Y和K是线性齐次的，若原假设被拒绝，则说明生产函数具有规模效应，即

$$\begin{cases}\beta_Y+\beta_K=1\\ \beta_{LY}+\beta_{LK}=\beta_{EY}+\beta_{KE}=\beta_{KY}+\beta_{KK}=\beta_{YY}+\beta_{KY}\\ \qquad=\beta_{YR}+\beta_{KR}=\beta_{YT}+\beta_{YT}=0\end{cases} \tag{4.73}$$

假设技术是希克斯中性的，则

$$\beta_{LT}=\beta_{ET}=0 \tag{4.74}$$

若要检验技术变化对生产率的影响，则需要在约束(4.74)的基础上，额外加入以下限制：

$$\beta_T=\beta_{YT}=\beta_{KT}=\beta_{RT}=\beta_{TT}=0 \tag{4.75}$$

以上所有假设检验均通过Wald检验实现。

通过限制性成本函数对时间T求导，可得

$$\frac{\mathrm{dln}\ RC}{\mathrm{d}T}=\frac{\partial \ln RC}{\partial \ln Y}\cdot\frac{\mathrm{dln}\ Y}{\mathrm{d}T}+\frac{\partial \ln RC}{\partial \ln P_L}\cdot\frac{\mathrm{dln}\ P_L}{\mathrm{d}T}+\frac{\partial \ln RC}{\partial \ln P_E}\cdot\frac{\mathrm{dln}\ P_E}{\mathrm{d}T}$$
$$+\frac{\partial \ln RC}{\partial \ln K}\cdot\frac{\mathrm{dln}\ K}{\mathrm{d}T}+\frac{\partial \ln RC}{\partial R}\cdot\frac{\mathrm{d}R}{\mathrm{d}T}+\frac{\partial \ln RC}{\partial T} \tag{4.76}$$

在 Lee (2007)的基础上，将生产率增长的来源分解为四个部分，即

$$PG=\left[\left(1-\frac{\partial \ln RC}{\partial \ln Y}\right)\frac{\mathrm{dln}\ Y}{\mathrm{dln}\ T}\right]+\left(-\frac{\partial \ln RC}{\partial \ln K}\cdot\frac{\mathrm{dln}\ K}{\mathrm{dln}\ T}\right)$$
$$+\left(-\frac{\partial \ln RC}{\partial R}\cdot\frac{\mathrm{dln}\ R}{\mathrm{dln}\ T}\right)+\left(-\frac{\partial \ln RC}{\partial \ln T}\right)$$
$$=SE+CDE+EER+TCE \tag{4.77}$$

其中，SE 为规模效应，CDE 为资本深化的直接影响，EER 为环境规制对生产率的影响，TCE 为技术变化效应。

基于此，生产率的增长率可以表示如下：

$$RPG_t^{t+1}=\left\{\left[1-\frac{1}{2}\left(\frac{\partial \ln RC^{t+1}}{\partial \ln Y^{t+1}}+\frac{\partial \ln RC^{t}}{\partial \ln Y^{t}}\right)\right]\cdot(\ln Y^{t+1}-\ln Y^{t})\right\}$$
$$+\left[-\frac{1}{2}\left(\frac{\partial \ln RC^{t+1}}{\partial \ln K^{t+1}}+\frac{\partial \ln RC^{t}}{\partial \ln K^{t}}\right)\cdot(\ln K^{t+1}-\ln K^{t})\right]$$
$$+\left[-\frac{1}{2}\left(\frac{\partial \ln RC^{t+1}}{\partial R^{t+1}}+\frac{\partial \ln RC^{t}}{\partial R^{t}}\right)\cdot(R^{t+1}-R^{t})\right]$$
$$+\left[-\frac{1}{2}\left(\frac{\partial \ln RC^{t+1}}{\partial T^{t+1}}+\frac{\partial \ln RC^{t}}{\partial T^{t}}\right)\right]$$
$$=SE_t^{t+1}+CDE_t^{t+1}+EER_t^{t+1}+TCE_t^{t+1} \tag{4.78}$$

基于 Allen (1938)，通过总成本函数可推导出各要素的替代弹性为

$$\delta_{ij}=\frac{TC\cdot TC_{ij}}{TC_i\cdot TC_j},\quad i,j=L,K,E \tag{4.79}$$

其中，$TC_i=\frac{\partial TC}{\partial P_i}$，$TC_{ij}=\frac{\partial^2 TC}{\partial P_i \partial P_j}$。

基于总成本和限制性成本之间的关系，可得到劳动、能源和资本之间的替代弹性为

$$\delta_{LE}=\frac{(1-S_K)(S_L S_E+\beta_{LE})}{S_L S_E}-\frac{(1-S_K)(S_L S_K+\beta_{LK})(S_K S_E+\beta_{KE})}{(S_K^2-S_K+\beta_{KK})S_L S_E} \tag{4.80}$$

$$\delta_{iK}=-\frac{(1-S_K)(S_i S_K+\beta_{iK})}{(S_K^2-S_K+\beta_{KK})S_i} \tag{4.81}$$

其中，$S_K \equiv \frac{\partial \ln RC}{\partial \ln K} = -\frac{P_K \cdot K}{RC}$。

依据替代弹性和需求弹性的关系(Allen, 1938)，可得

$$\varepsilon_{ij} = \frac{\delta_{ij} P_i i}{TC} = \frac{\delta_{ij} S_i}{1 - S_K} \tag{4.82}$$

结合公式(4.80)、公式(4.81)和公式(4.82)，可得各个要素的自身需求弹性和交叉需求弹性，即

$$\varepsilon_{ii} = \frac{S_i^2 - S_i + \beta_{ii}}{S_i} - \frac{(S_i S_K + \beta_{iK})^2}{(S_K^2 - S_K + \beta_{KK}) S_i} \tag{4.83}$$

$$\varepsilon_{KK} = \frac{S_K}{S_K^2 - S_K + \beta_{KK}} \tag{4.84}$$

$$\varepsilon_{ij} = \frac{(S_i S_j + \beta_{ij})}{S_i} - \frac{(S_i S_K + \beta_{iK})(S_j S_K + \beta_{jK})}{(S_K^2 - S_K + \beta_{KK}) S_i} \tag{4.85}$$

$$\varepsilon_{iK} = \frac{S_K (S_i S_K + \beta_{iK})}{(S_K^2 - S_K + \beta_{KK}) S_i} \tag{4.86}$$

$$\varepsilon_{Ki} = -\frac{S_i S_K + \beta_{iK}}{S_K^2 - S_K + \beta_{KK}} \tag{4.87}$$

基于上述各式，将限制性成本函数的估计参数和相应变量代入其中，即可得到各个要素需求弹性和替代弹性的数值。

4.2.3 市场力的测度

限制性成本函数除了可以在生产率、需求弹性和替代弹性中应用之外，还可以被应用至市场力大小的度量中。例如，Ellis and Halvorsen (2002)通过限制性成本函数测算了加拿大镍业公司的市场力大小。

首先，设定成本函数的形式为

$$C = C(Q, \mathbf{W}, \mathbf{V}) \tag{4.88}$$

其中，C 为总的市场成本，Q 为产量，$\mathbf{W}$ 为要素投入的价格，$\mathbf{V}$ 为转换向量。

由于市场并非完全竞争的，因此边际收益不再等于市场价格，即

$$MR^* = P + P_Q^* Q \tag{4.89}$$

其中，MR^* 为感知边际收益，P 为市场价格，P_Q^* 为感知效应。

由于边际市场成本等于感知边际收益，则公式(4.89)可转化为

$$P = C_Q - P_Q^* Q \tag{4.90}$$

镍业公司的生产函数被设置为如下形式：

$$Q(t)=Q[\boldsymbol{X}(t),N(t),Z(t),T(t)] \tag{4.91}$$

其中，Q 为产量；$\boldsymbol{X}$ 为可再生投入；N 为自然资源投入；Z 为过去总的开采量；T 为时间项，用以捕捉技术的变化。

由于自然资源的价格是不可获取的，因此需要使用限制性成本函数：

$$CR(t)=CR[Q(t),W(t),N(t),Z(t),T(t)] \tag{4.92}$$

假设收益函数为 $R[Q(t)]$，则公司财富最大化需要选择 $N(t)$ 和 $Q(t)$ 以实现目标，即

$$\int_0^{\tau} \mathrm{e}^{-rt}\{R[Q(t)]-CR[Q(t),W(t),N(t),Z(t),T(t)]\}\,\mathrm{d}t \tag{4.93}$$

其中，τ 为时间终点。

在公式(4.93)中，当期自然资源投入量等于 Z 对时间的导数，即

$$N(t)=\dot{Z}\geqslant 0,\quad Z(t)\leqslant S(0) \tag{4.94}$$

其中，$S(0)$ 是时间为 0 时的资源存量。

相应的汉密尔顿限制函数为

$$H=R[Q(t)]-CR[Q(t),W(t),N(t),Z(t),T(t)]-\mu(t)N(t) \tag{4.95}$$

其中，共态变量 $\mu(t)$ 可解释为原位资源存量的现值影子价格，或者说为 t 时期单位自然资源投入的用户成本。它的一阶条件包括动态最优条件和静态最优条件。

动态最优条件为

$$\dot{\mu}(t)=r\mu(t)-CR_Z[Q(t),W(t),N(t),Z(t),T(t)] \tag{4.96}$$

静态最优条件为

$$-CR_N[Q(t),W(t),N(t),Z(t),T(t)]-\mu(t)=0 \tag{4.97}$$

$$R_Q[Q(t)]-CR_Q[Q(t),W(t),N(t),Z(t),T(t)]=0 \tag{4.98}$$

进一步地，考虑到累积开采对产量的影响，此时用户成本将不再等于利率。对公式(4.96)进行积分，可得 t 时的用户成本为

$$\mu(t)=\mathrm{e}^{-r(s-t)}\mu(\tau)+\int_0^{\tau}\mathrm{e}^{-r(s-t)}\,CR_Z[Q(s),W(s),N(s),Z(s),T(s)]\mathrm{d}s \tag{4.99}$$

其中，第一部分为霍特林匮乏租金，表示在终点处提取最后一单位对利润的边际贡献的现值；第二部分为由当前提取的边际单位所引起的未来额外生产成本的现值。

在自然资源的静态最优条件中，$-CR_N$ 为自然资源投入的影子价格，μ 为其边际成本。因此，公式(4.97)意味着自然资源投入的最优数量是其影子价格等于边际成本的数量。这是解释最小化总成本的必要条件，而总成本就等于限制成本加上总的用户成本，即

$$FTC = CR(Q,W,N,Z,T) + \mu N \tag{4.100}$$

产出的静态最优条件由公式(4.98)给出，它要求边际收益等于限制性边际成本。虽然自然资源投入的用户成本没有出现在这一关系当中，但被隐含地包括在内，前提是需要使用最优的自然资源投入量。当 $N^*(Q,W,Z,T)$ 被定义为最优的自然资源投入量时，限制性边际成本就等于完全边际成本。即将公式(4.100)对产量 Q 求偏导，可得完全边际成本为

$$FMC = FTC_Q = CR_Q + CR_N N_Q^* + \mu N_Q^* \tag{4.101}$$

为实现对限制性成本函数的估计，设定其为超越对数的函数形式：

$$\begin{aligned}\ln CR =& \alpha_0 + \alpha_Q \ln Q + \sum_j \alpha_j \ln W_j + \alpha_N \ln N + \alpha_Z \ln Z + \alpha_T T \\ &+ \frac{1}{2}\sum_j \sum_k \gamma_{jk} \ln W_j \ln W_k + \frac{1}{2}\gamma_{QQ}(\ln Q)^2 + \frac{1}{2}\gamma_{NN}(\ln N)^2 \\ &+ \sum_j \gamma_{jQ} \ln W_j \ln Q + \sum_j \gamma_{jN} \ln W_j \ln N + \gamma_{NQ} \ln N \ln Q\end{aligned} \tag{4.102}$$

其中，若 $j \neq k$，则 $\gamma_{jk} \neq \gamma_{kj}$。

同时，成本函数对价格的线性齐次性是公式(4.102)的必要条件，限制性成本函数需满足如下限制：

$$\sum_j \alpha_j = 1; \quad \sum_j \gamma_{jk} = \sum_k \gamma_{kj} = \sum_j \gamma_{jN} = \sum_j \gamma_{jQ} = 0 \tag{4.103}$$

考虑到要估计大量的参数，可以通过估计成本份额方程来获取额外的有效自由度。依据谢泼德引理，可再生投入要素的成本份额方程为

$$M_j = \alpha_j + \sum_k \gamma_{jk} \ln W_k + \gamma_{jQ} \ln Q + \gamma_{jN} \ln N \tag{4.104}$$

其中，$M_j = \dfrac{W_j X_j}{CR}$。

通过限制性成本函数对产量 Q 求偏导，可以得到边际限制性成本函数为

$$CR_Q = \frac{\partial CR}{\partial Q} = \frac{\partial \ln CR}{\partial \ln Q} \times \frac{CR}{Q} = (\alpha_Q + \sum_j \gamma_{jQ} \ln W_j + \gamma_{QQ} \ln Q + \gamma_{NQ} \ln N)\frac{CR}{Q} \tag{4.105}$$

设感知反需求函数为

$$P^{*}(Q)=f(T)-g(T)Q \tag{4.106}$$

其中，$f(T)$ 和 $g(T)$ 均为时间 T 的多项式。将公式(4.106)对产量 Q 求偏导，可以得到价格对产量的感知效应，即市场力为

$$-P_{Q}^{*}Q=g(T)Q \tag{4.107}$$

通过限制性成本函数对自然资源求偏导，可以得到自然资源的用户成本为

$$\begin{aligned}\mu &=\frac{\partial CR}{\partial N}=\frac{\partial \ln CR}{\partial \ln N}\frac{CR}{N}\\ &=-\left(\alpha_{N}+\sum_{j}\gamma_{jN}\ln W_{j}+\gamma_{NQ}\ln Q+\gamma_{NN}\ln N\right)\frac{CR}{N}\end{aligned} \tag{4.108}$$

而供给关系的一般形式为

$$P=CR_{Q}-P_{Q}^{*}Q \tag{4.109}$$

但由于供给关系是根据交付的数量而不是生产的数量来指定的，所以在供给关系的标记项中使用 D 作为数量变量，即

$$P=CR_{Q}+g(T)D \tag{4.110}$$

一般地，标记项中出现的时间多项式的表达式为二阶，即

$$(\beta_{0}+\beta_{1}T+\beta_{2}T^{2})D \tag{4.111}$$

将公式(4.105)和公式(4.111)代入公式(4.110)中，得

$$\begin{aligned}P=&\left(\alpha_{Q}+\sum_{j}\gamma_{jQ}\ln W_{j}+\gamma_{QQ}\ln Q+\gamma_{NQ}\ln N\right)\frac{CR}{Q}\\ &+(\beta_{0}+\beta_{1}T+\beta_{2}T^{2})D\end{aligned} \tag{4.112}$$

最后，通过联合估计限制性成本函数(4.102)、成本份额方程(4.104)和供给关系方程(4.112)，可以得到市场力的大小。由于成本份额方程加总为 1，因此可以剔除某一个成本份额方程，且不会对最终结果产生影响。

在 Ellis and Halvorsen (2002)的基础上，Lee (2011)通过限制性成本函数对韩国制造业的市场力进行了研究。

首先，设定成本函数的表达式为

$$TC=TC(Y,W_{X},W_{M},W_{A},T) \tag{4.113}$$

其中，TC 为总成本，W_X 为资本、劳动和能源等投入要素的价格，W_M 为原材料的价格，Y 为产出，W_A 为减排资本的价格，T 为时间项。

由于原材料的价格 W_M 和减排资本 A 是不可获取的，因此使用限制性成本

函数,并假设减排资本 A 是准固定的,且原材料的数量 M 为其成本最小化的水平,则

$$RC = RC(Y, W_X, M, A, T) \tag{4.114}$$

同样地,为实现对限制性成本函数的估计,选取超越对数的函数形式,即

$$\begin{aligned}\ln RC = &\alpha_0 + \alpha_Y \ln Y + \sum_i \alpha_i \ln W_i + \alpha_M \ln M + \alpha_A \ln A + \alpha_T T \\ &+ \frac{1}{2}\gamma_{YY}(\ln Y)^2 + \frac{1}{2}\gamma_{MM}(\ln M)^2 + \frac{1}{2}\gamma_{AA}(\ln A)^2 \\ &+ \frac{1}{2}\sum_i\sum_j \gamma_{ij}\ln W_i \ln W_j + \frac{1}{2}\gamma_{TT}T^2 + \sum_i \gamma_{iY}\ln W_i \ln Y \\ &+ \sum_i \gamma_{iM}\ln W_i \ln M + \sum_i \gamma_{iA}\ln W_i \ln A + \sum_i \gamma_{iT}\ln W_i T \\ &+ \gamma_{YM}\ln Y \ln M + \gamma_{YA}\ln Y \ln A + \gamma_{YT}\ln YT + \gamma_{MA}\ln M \ln A \\ &+ \gamma_{MT}\ln MT + \gamma_{AT}\ln AT, \quad i, j = K, L, E\end{aligned} \tag{4.115}$$

感知边际收益的表达式与前述研究一致,即

$$MR^* = P + Y \cdot P_Y^* \tag{4.116}$$

其中,$P_Y^* = \frac{\partial P^*}{\partial Y}$ 。

感知边际收益等于边际限制成本,即

$$P = RC_Y - Y \cdot P_Y^* \tag{4.117}$$

其中,$RC_Y = \frac{\partial RC}{\partial Y}$,$-Y \cdot P_Y^*$ 可以表征市场力的水平。

令 $P^*(Y) = u(T) - v(T) \cdot Y$,对产量 Q 求偏导,得

$$P_Y^* = -v(T) \tag{4.118}$$

将其代入公式(4.117),得

$$P = RC_Y + v(T)Y \tag{4.119}$$

其中,$v(T) = \delta_0 + \delta_1 T + \delta_2 T^2$。

进一步地,得

$$\begin{aligned}P = &\left(\alpha_Y + \sum_i \gamma_{iY}\ln W_j + \gamma_{YY}\ln Y + \gamma_{YM}\ln M + \gamma_{YA}\ln A + \gamma_{YT}T\right)\frac{RC}{Y} \\ &+ (\delta_0 + \delta_1 T + \delta_2 T^2)Y\end{aligned} \tag{4.120}$$

由谢泼德引理,可以得到要素的成本份额方程为

$$S_i=\frac{\partial \ln RC}{\partial \ln W_i}=W_i\cdot\frac{X_i}{RC}=\alpha_i+\sum\nolimits_j\gamma_{ij}\ln W_j+\gamma_{iY}\ln Y+\gamma_{iM}\ln M+\gamma_{iR}\ln A+\gamma_{iT}T \tag{4.121}$$

考虑到产量 Y 和原材料 M 的内生性问题，以投入要素价格、环境规制强度和时间项的函数为工具变量，联立限制性成本函数(4.115)、供给关系方程(4.120)和成本份额方程(4.121)，使用 3SLS 进行参数估计。在对方程组进行估计之后，还需进行一系列的假设检验。

4.3 广义成本函数在效率与生产率中的应用

成本函数和限制性成本函数均没有考虑环境规制对企业造成的配置扭曲，为解决这一问题，我们引入广义成本函数。

Lee (2002) 通过广义成本函数分析了美国硫排放规制对企业生产率的影响，并将研究结果与新古典成本函数进行了对比分析。

如图 4.1 所示，在未受到环境规制时，企业可以实现成本最小化的目标，选择最优的要素组合，即 A 点。此时，要素 x 和 y 的边际技术替代率就等于市场价格之比。但在受到环境规制时，由于要素价格的扭曲，企业往往不能选择最优的要素组合进行生产活动。假设企业的实际生产点在 B 点，则会导致成本的增加并且切点斜率也会发生变化，这就意味着要素的影子价格不再等于市场价格。如果继续使用要素的市场价格，将会低估估计结果。因此，在成本函数中需要引入要素的影子价格 P_x^* 以构造广义成本函数，即

$$P_x^*=k_xP_x,\quad x=K,L,F_{ls},F_{hs} \tag{4.122}$$

其中，k_x 为扰动因子，具体定义如下：

$$k_x=\exp(\lambda_x+\lambda_{xT}T+\lambda_{xR}R),\quad x=K,L,F_{ls},F_{hs} \tag{4.123}$$

其中，T 为时间项，R 为环境规制强度。

基于此，构造广义成本函数为

$$GC=GC(k_xP_x,Q,R,T) \tag{4.124}$$

为实现对广义成本函数的估计，选取超越对数的函数形式，即

$$\ln GC=\alpha_0+\sum_i\alpha_iD_i+\alpha_Q\ln Q+\sum_x\alpha_x\ln(k_xP_x)+\alpha_RR+\alpha_TT+\frac{1}{2}\gamma_{QQ}(\ln Q)^2+\frac{1}{2}\gamma_{RR}R^2+\frac{1}{2}\gamma_{TT}T^2$$

$$+\frac{1}{2}\sum_{x}\sum_{y}\gamma_{xy}\ln(k_xP_x)\ln(k_yP_y)+\sum_{x}\gamma_{xQ}\ln(k_xP_x)\ln Q$$
$$+\sum_{x}\gamma_{xR}[\ln(k_xP_x)]R+\sum_{x}\gamma_{xT}[\ln(k_xP_x)]T$$
$$+\gamma_{QR}(\ln Q)R+\gamma_{QT}(\ln Q)T+\gamma_{RT}RT,\quad x,y=K,L,F_{ls},F_{hs} \tag{4.125}$$

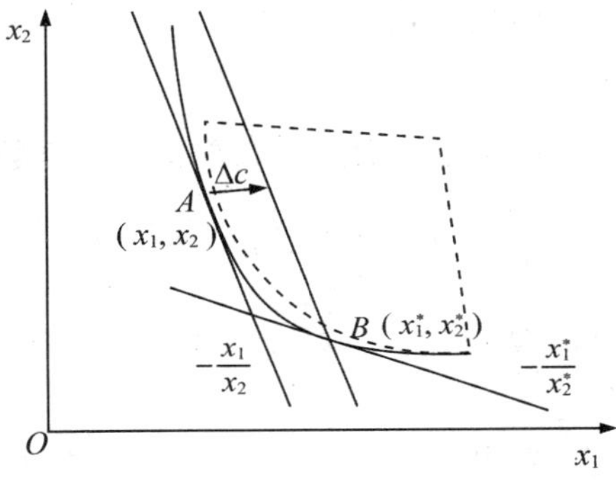

图 4.1 环境规制下的配置扭曲

同时，广义成本函数还满足其对价格的线性齐次性，即

$$\sum_{x}\alpha_x=1;\quad \sum_{x}\gamma_{xy}=\sum_{y}\gamma_{xy}=\sum_{x}\sum_{y}\gamma_{xy}=\sum_{y}\gamma_{xQ}=\sum_{y}\gamma_{xT}=0 \tag{4.126}$$

利用谢泼德引理，可推导出影子成本份额方程为

$$\frac{\partial\ln GC}{\partial\ln(k_xP_x)}=\frac{\partial GC}{\partial k_xP_x}\cdot\frac{k_xP_x}{GC}=\frac{k_xP_x\cdot x}{GC}\equiv M_x^s$$
$$=\alpha_x+\sum_{x}\gamma_{xy}\ln(k_xP_x)+\gamma_{xQ}\ln Q+\gamma_{xR}R+\gamma_{xT}T \tag{4.127}$$

由于 GC 和 M_x^s 的数据是无法获取的，因此需要对其进行转化。投入要素 x 的影子成本份额方程为

$$M_x^s=\frac{k_xP_x\cdot x}{GC} \tag{4.128}$$

因此，投入要素 x 的使用量可以由公式(4.129)表示：

$$x=\frac{GC\cdot M_x^s}{k_xP_x} \tag{4.129}$$

而总的实际成本可表示为各个要素与价格的乘积之和，即

$$TC=\sum_{x}P_x\cdot x=\sum_{x}P_x\frac{GC\cdot M_x^s}{k_xP_x}=GC\sum_{x}\frac{M_x^s}{k_x} \tag{4.130}$$

将公式(4.130)对数化,得

$$\ln TC = \ln GC + \ln \sum_x \frac{M_x^s}{k_x} \tag{4.131}$$

则实际成本份额方程为

$$M_x = \frac{P_x \cdot x}{TC} = \frac{\dfrac{M_x^s}{k_x}}{\sum_x \dfrac{M_x^s}{k_x}} \tag{4.132}$$

将公式(4.125)代入公式(4.131)中,可得实际成本函数为

$$\begin{aligned}
\ln TC = {} & \alpha_0 + \sum_i \alpha_i D_i + \alpha_Q \ln Q + \sum_x \alpha_x \ln(k_x P_x) + \alpha_R R + \alpha_T T \\
& + \frac{1}{2}\gamma_{QQ}(\ln Q)^2 + \frac{1}{2}\gamma_{RR}R^2 + \frac{1}{2}\gamma_{TT}T^2 \\
& + \frac{1}{2}\sum_x \sum_y \gamma_{xy} \ln(k_x P_x)\ln(k_y P_y) + \sum_x \gamma_{xQ} \ln(k_x P_x) \ln Q \\
& + \sum_x \gamma_{xR} [\ln(k_x P_x)] R + \sum_x \gamma_{xT} [\ln(k_x P_x)] T \\
& + \gamma_{QR}(\ln Q) R + \gamma_{QT}(\ln Q) T + \gamma_{RT} RT \\
& + \ln \left[\frac{\sum_x \left(\alpha_x + \sum_x \gamma_{xy} \ln(k_x P_x) + \gamma_{xQ} \ln Q + \gamma_{xR} R + \gamma_{xT} T\right)}{k_x} \right], \\
& x, y = K, L, F_{ls}, F_{hs}
\end{aligned} \tag{4.133}$$

进一步地,将公式(4.127)代入公式(4.132)中,得实际成本份额方程为

$$M_x = \frac{\left[\alpha_x + \sum_x \gamma_{xy} \ln(k_x P_x) + \gamma_{xQ} \ln Q + \gamma_{xR} R + \gamma_{xT} T\right] / k_x}{\sum_x \left[\alpha_x + \sum_x \gamma_{xy} \ln(k_x P_x) + \gamma_{xQ} \ln Q + \gamma_{xR} R + \gamma_{xT} T\right] / k_x} \tag{4.134}$$

此外,成本函数满足关于价格的线性齐次性,即

$$\sum_x \alpha_x = 1; \quad \sum_x \gamma_{xy} = \sum_y \gamma_{xy} = \sum_x \sum_y \gamma_{xy} = \sum_x \gamma_{xQ} = \sum_x \gamma_{xR} = \sum_x \gamma_{xT} = 0$$

由于实际成本函数和实际成本份额方程对 k_x 均具有零次齐次性,因此需要将其中的一个扰动因子进行标准化,即设定为单位1(如 $k_L = 1$)。基于上述限制,通过迭代法联立方程进行估计。由于实际成本份额方程加总为1,因此可以删除其中一个实际份额方程,且不会影响最终的估计结果。

在对广义成本函数进行估计之后,需对涉及的相关假设进行检验。首先假

设扰动因子不随时间变化，若原假设被拒绝，则说明若未将时间变量加入扰动因子中，会产生测量偏差，即

$$\lambda_{KT}=\lambda_{F_{ls}T}=\lambda_{F_{hs}T}=0 \tag{4.135}$$

检验环境规制是否会导致配置效率低下，即

$$\lambda_{KR}=\lambda_{F_{ls}R}=\lambda_{F_{hs}R}=0 \tag{4.136}$$

将上述两个原假设进行联合检验，检验扰动因子是否随时间和环境规制而变动，即

$$\lambda_{KT}=\lambda_{F_{ls}T}=\lambda_{F_{hs}T}=\lambda_{KR}=\lambda_{F_{ls}R}=\lambda_{F_{hs}R}=0 \tag{4.137}$$

检验企业是否配置有效，如果原假设被拒绝，说明环境规制会造成配置无效，即

$$\lambda_{K}=\lambda_{F_{ls}}=\lambda_{F_{hs}}=\lambda_{KT}=\lambda_{F_{ls}T}=\lambda_{F_{hs}T}=\lambda_{F_{ls}R}=\lambda_{F_{hs}R}=0 \tag{4.138}$$

在接受扰动因子不变的前提下，可以通过如下限制检验配置效率：

$$\lambda_{K}=\lambda_{F_{ls}}=\lambda_{F_{hs}}=0 \tag{4.139}$$

给定扰动因子的一般形式，为避免重复计算硫管制的影响，管制强度变量可能会被排除在广义成本函数之外。为此，做如下检验：

$$\alpha_{R}=\gamma_{KR}=\gamma_{LR}=\gamma_{F_{ls}R}=\gamma_{F_{hs}R}=\gamma_{RR}=\gamma_{QR}=\gamma_{RT}=0 \tag{4.140}$$

进一步地，为了探究环境规制对企业生产率的影响，通过广义成本函数对时间项求导可得生产成本变化的来源，即

$$\frac{\mathrm{dln}\ GC}{\mathrm{d}T}=\sum_{x}M_{x}^{s}\frac{\mathrm{dln}(k_{x}P_{x})}{\mathrm{d}T}+M_{Q}^{s}\frac{\mathrm{dln}\ Q}{\mathrm{d}T}+M_{R}^{s}\frac{\mathrm{d}R}{\mathrm{d}T}+M_{T}^{s} \tag{4.141}$$

其中，$M_{x}^{s}=\dfrac{\partial\ln GC}{\partial\ln(k_{x}P_{x})}$，$M_{Q}^{s}=\dfrac{\partial\ln GC}{\partial\ln Q}$，$M_{R}^{s}=\dfrac{\partial\ln GC}{\partial\ln R}=\sum_{x}\dfrac{\partial\ln GC}{\partial\ln(k_{x}P_{x})}\cdot\dfrac{\mathrm{d}(k_{x}P_{x})}{\mathrm{d}R}+\dfrac{\mathrm{dln}\ GC}{\mathrm{dln}\ R}$，$M_{T}^{s}=\dfrac{\partial\ln GC}{\partial T}$。

M_{R}^{s} 代表了环境规制力度增加的边际成本。由于 k_{x} 为 R 的方程，因此对 M_{R}^{s} 的估计不仅反映了转换为昂贵的低硫煤的直接成本效应，而且还反映了配置扭曲的间接成本效应。为了验证环境规制不影响生产成本的假设，需要实施以下限制：

$$\alpha_{R}=\gamma_{KR}=\gamma_{LR}=\gamma_{F_{ls}R}=\gamma_{F_{hs}R}=\gamma_{RR}=\gamma_{QR}=\gamma_{RT}=\lambda_{KR}=\lambda_{F_{ls}R}=\lambda_{F_{hs}R}=0 \tag{4.142}$$

此外，环境规制对生产成本的影响可以通过比较拟合的总实际成本与将 R 设置为 0 的成本来衡量。

由于 R 是排放标准的函数，因此可以度量排放标准对成本的影响，即

$$M_S^s \equiv -\frac{\partial \ln GC}{\partial SE} = -\frac{\partial \ln GC}{\partial R} \cdot \frac{\partial R}{\partial SE} = M_R^s\left(\frac{1}{UE}\right)\left(\sum_{i=t-1}^{t}\frac{1}{2}\frac{UE_i - AE_i}{UE_i - SE_i}\right) \tag{4.143}$$

其中，SE 为国家实施计划规定的法律标准，AE 为实际排放率，UE 为无约束排放率。

进一步地，可得到硫排放的边际成本为

$$MC_A = TC \cdot M_R^s \cdot \left(\frac{1+F}{2UE}\right) \tag{4.144}$$

其中，$F = \dfrac{\left(\dfrac{UE - AE}{UE - SE}\right)_{T-1}}{\left(\dfrac{UE - AE}{UE - SE}\right)_T}$。

依据 Gollp and Roberts (1983)，广义成本函数的生产率增长可分解为

$$M_G^s = -\left[\left(\frac{\mathrm{dln}\, GC}{\mathrm{d}T} - \frac{\mathrm{dln}\, Q}{\mathrm{d}T}\right) - \sum_x M_x^s \frac{\mathrm{dln}(k_x P_x)}{\mathrm{d}T}\right] \tag{4.145}$$

将公式(4.141)代入公式(4.145)中，得

$$M_G^s = -M_R^s \frac{\mathrm{d}R}{\mathrm{d}T} + J(T) \tag{4.146}$$

其中，$J(T) = (1 - M_Q^s)\dfrac{\mathrm{dln}\, Q}{\mathrm{d}T} - M_G^s$。公式第一项即为环境规制对生产率的影响，第二项包含规模效应和技术变化效应。

基于此，即可得到 $T-1 \sim T$ 期生产率的平均增长率为

$$\overline{M_G^s} = -\overline{M_R^s}\,[R(T) - R(T-1)] + \overline{J(T)} \tag{4.147}$$

其中，$\overline{M_R^s} = \dfrac{1}{2}[M_R^s(T) + M_R^s(T-1)]$，$\overline{J(T)} = \left[1 - \dfrac{1}{2}M_Q^s(T) + M_Q^s(T-1)\right] \cdot \left[\ln Q(T) - \ln Q(T-1) - \dfrac{1}{2}M_T^s(T) + M_T^s(T-1)\right]$。

参考文献

[1] Gollop F M, Roberts M J. 1983. Environmental regulations and productivity growth: The case of fossil-fueled electric power generation. Journal of Political Economy, 91(4): 654-674.

[2] Gollop F M, Jorgenson D W. 1980. U.S. productivity growth by industry, 1947-1973//Kendrick J W, Vaccara B. New developments in productivity measurement.vol.41. Chicago: University of Chicago Press:17-28.

[3] Lau L J. 1976. A characterization of the normalized restricted profit function. Journal of Economic Theory, 12: 131-163.

[4] Halvorsen R, Smith T R. 1986. Substitution possibilities for unpriced natural resources: Restricted cost functions for the Canadian metal mining industry. The Review of Economics and Statistics, 68(3): 398-405.

[5] Allen R G D. 1938. Mathematical analysis for economists. London: ST Martin's Press:251-252.

[6] Lee M. 2008. Environmental regulation and production structure for the Korean iron and steel industry. Resource and Energy Economics, 30(1): 1-11.

[7] Lee M. 2007. The effect of environmental regulations: A restricted cost function for Korean manufacturing industries. Environment and Development Economics, 12(1): 91-104.

[8] Du M, Liu Y, Wang B, et al. 2021. The sources of regulated productivity in Chinese power plants: An estimation of the restricted cost function combined with DEA approach. Energy Economics, 100: 105318.

[9] McFadden D. 1978. Cost, revenue, and profit functions//Tinbergen J,Jorgenson D W,Waelberoeck J, McFadden D. Production economics: A dual approach to theory and Applications. vol. 1. New York: Elsevier North-Holland:60-109.

[10] Halvorsen R, Smith TR. 1991. A test of the theory of exhaustible

resources. The Quarterly Journal of Economics, 106(1): 123-140.

[11] Ellis G M, Halvorsen R. 2002. Estimation of market power in a nonrenewable resource industry. Journal of Political Economy, 110(4): 883-899.

[12] Lee M. 2011. Measurement of market power for the environmentally regulated Korean iron and steel manufacturing industry. Resource Policy, 36(3): 249-254.

[13]Lee M. 2002. The effect of sulfur regulations on the U.S. electric power industry: A generalized cost approach. Energy Economics, 24(5): 491-508.

第 5 章　数据包络分析法

5.1　DEA 简介

数据包络分析(data envelopment analysis, DEA)是一种利用非参数方法估计生产前沿面观测值效率的测算方法。一般我们把 DEA 中的观测值或者研究对象称为决策单元(decision making unit, DMU)。它可以根据多项投入指标和产出指标,利用线性规划的方法,对具有可比性的决策单元进行相对有效性的评价。

DEA 最初被用来进行技术效率(TE)的测算,经过一系列的演变被广泛应用于环境经济学等各个领域。1957 年,Farrell 提出了 productive efficiency 这一概念,这也是技术效率的雏形,但当时并没有给出具体的求解方法。直到 1978 年,Charnes et al.才提出了 DEA 的方法(CCR 模型),技术效率求解才得到了解决。

在 DEA 方法被提出之后,周泽昆和陈珽(1986)在《系统工程》期刊上发表了一篇名为《评价管理效率的一种新方法》的论文,这是我国第一篇关于 DEA 的论文。20 世纪 90 年代之后,DEA 得到了更广泛的应用。如图 5.1 所示,关于 DEA 论文的发表数量直线上升,足以看出 DEA 的重要地位。后续也出现了大量关于 DEA 的综述文章,如 Emrouznejad et al. (2008)和 Zhang and Choi (2014)等。

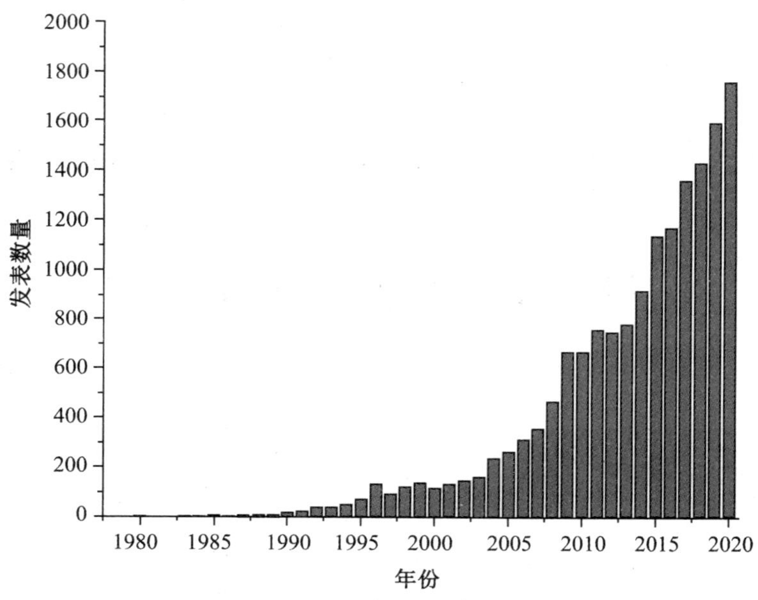

图 5.1　DEA 论文的发表数量

为了让本章更具有系统性，使得大家更清楚 DEA 的作用是什么，我们先来梳理一下 DEA 的逻辑线路图。如图 5.2 所示，1957 年，Farrell 首先提出了技术效率这一概念。什么是技术效率？简单来说就是决策单元与生产前沿面的距离。同时，还存在一个与技术效率平行的概念——技术变化。到 1970 年，Shephard 提出了距离函数这一概念来刻画技术效率，但也没有给出求解方法。直到 1978 年 DEA 的提出，才解决了技术效率测算的难题。而一般在测算效率的动态变化时，需要使用面板数据并借助 Malmquist 指数进行。基于此，Färe et al. (1994)通过 Malmquist 指数将全要素生产率的变化分解为若干驱动因素，并将成果发表在了 *American Economic Review* 上，把 DEA 的地位推向高峰。随后，Ray and Desli (1997，RD)认为 Färe et al. (1994)错误地定义了技术进步，并在 1997 年提出了 RD 模型进行修正，得到了学术界的一致认可。

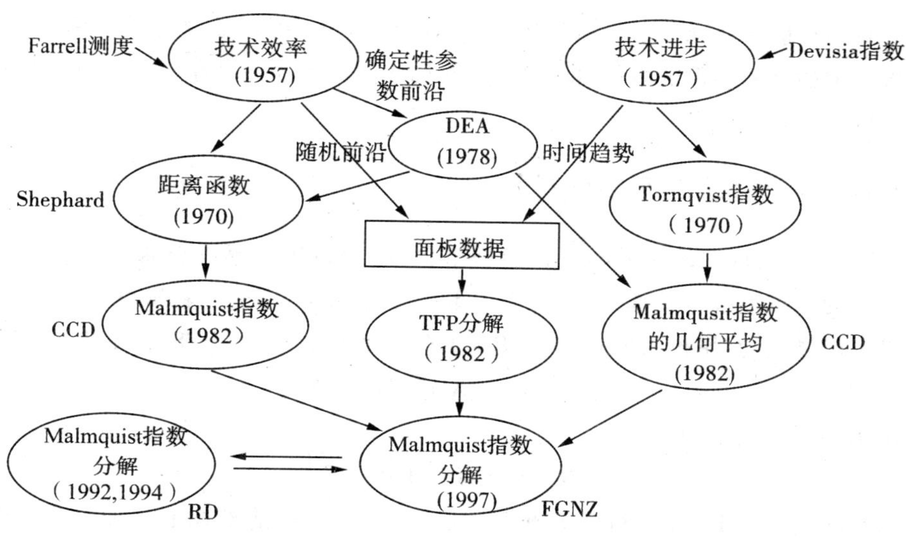

图 5.2　DEA 的逻辑路线图

接下来,我们要思考一个问题。为什么叫作 DEA 呢?这就要从前沿面的构建说起,什么是 DEA 的前沿面?就是用投入和产出的观测值构建生产技术。一般地,在构建前沿面时分为两种情况:规模报酬不变(CRS)和规模报酬可变(VRS)。如何构建规模报酬不变的前沿面呢?我们把原点与距离原点最外侧的决策单元用直线相连,这样构造出的前沿面即为规模报酬不变的前沿面。如何构建规模报酬可变的前沿面呢?观测值最外侧的点用直线相连构建的前沿面即为规模报酬可变的前沿面。规模报酬不变和规模报酬可变构建的前沿面如图 5.3 所示。

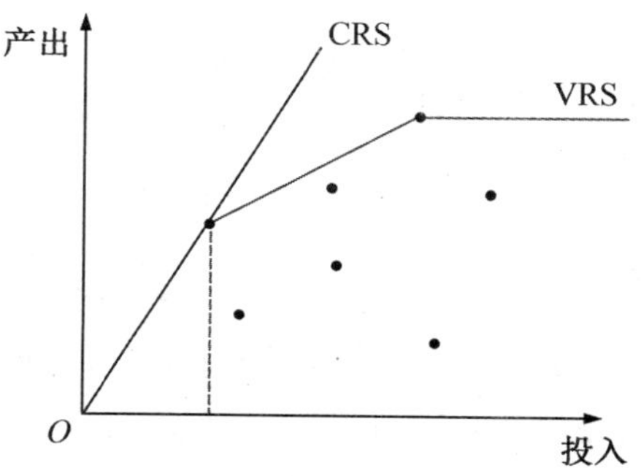

图 5.3　DEA 前沿面的构建

我们在前几章介绍了用参数方法(PLP、SFA 等)测算效率与生产率,而本章将介绍的是非参数的方法,即 DEA。它们之间的优缺点已在本书的第 1 章说明,具体请参照表 1.1。

5.1.1 传统径向 DEA 模型

DEA 是估计生产前沿的一种非参数估计方法,用以测度决策单元的技术效率。为了测度技术效率,我们首先要刻画生产技术,即生产可能性集(PPS)。假设生产过程为:用投入要素 $\boldsymbol{X} \in \mathbf{R}_{+}^{N}$ 生产产出 $\boldsymbol{Y} \in \mathbf{R}_{+}^{P}$。PPS 则可以表示为

$$T = \{(\boldsymbol{X},\boldsymbol{Y}):\boldsymbol{X}\ 可以生产\ \boldsymbol{Y}\} \tag{5.1}$$

产出集则可以表示为

$$P(\boldsymbol{X}) = \{\boldsymbol{Y}:(\boldsymbol{X},\boldsymbol{Y}) \in T\}$$

在我们利用 DEA 进行效率测算之前,需要将生产前沿在上述抽象公式中进行具体化,这就需要用投入和产出数据的凸组合构造生产前沿,即

$$T = \left\{(\boldsymbol{X},\boldsymbol{Y}):\sum_{k=1}^{K} \lambda_k \boldsymbol{X}_k \leqslant \boldsymbol{X}, \sum_{k=1}^{K} \lambda_k \boldsymbol{Y}_k \geqslant \boldsymbol{Y}, \lambda_k \geqslant 0, k = 1,2,\cdots,K\right\} \tag{5.2}$$

其中,$\boldsymbol{X}$ 为实际值;$\sum_{k=1}^{K} \lambda_k \boldsymbol{X}_k$ 为目标值;λ_k 为强度变量,用于通过凸组合连接投入和产出向量从而构建生产前沿。此时,公式(5.2)假设的技术为规模报酬不变(即 CCR 模型,Charnes et al., 1978),如果想要将技术设定为规模报酬可变(即 BBC 模型,Banker et al., 1984),则需要多添加一个限制条件:$\sum_{k=1}^{K} \lambda_k = 1$。

以产出导向为例,利用 DEA 估计谢泼德距离函数,公式如下:

$$D_O(\boldsymbol{X},\boldsymbol{Y})^{-1} = \max \theta$$

$$\text{s.t.}\begin{cases} \sum_{k=1}^{K} \lambda_k \boldsymbol{X}_k \leqslant \boldsymbol{X} \\ \sum_{k=1}^{K} \lambda_k \boldsymbol{Y}_k \geqslant \theta \boldsymbol{Y} \\ \lambda_k \geqslant 0, k = 1,2,\cdots,K \end{cases} \tag{5.3}$$

当 θ 不断变大时,则会导致 $\theta\boldsymbol{Y}$ 越来越接近目标值,最后 θ 取到最大值时 $\theta\boldsymbol{Y}$ 会达到生产前沿,与目标值相等。通俗地讲,在进行生产的过程中,产出生产得越多越好。该公式若利用图像,可以表示为图 5.4。

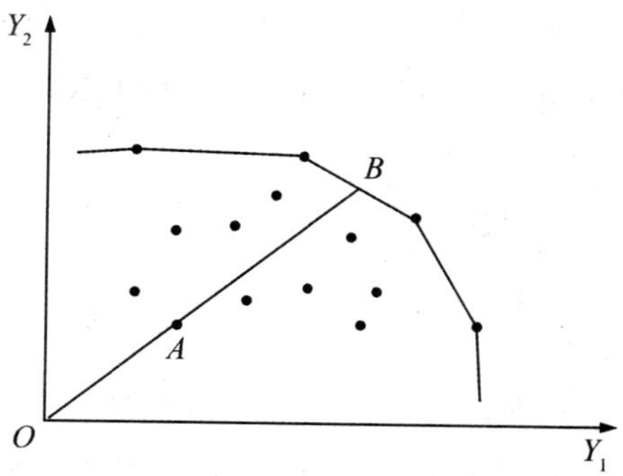

图 5.4　产出导向的 DEA 示意图

若初始观测值在 A 点，为了实现效率最大化的产出，我们将原点 O 与 A 点利用直线相连并进行延伸，与生产前沿相交于 B 点。此时，技术效率为 OA/OB。

接下来，我们以投入导向进行探究，利用 DEA 估计谢泼德距离函数，公式如下：

$$D_I(\boldsymbol{X},\boldsymbol{Y}) = \min \theta$$

$$\text{s.t.}\begin{cases}\sum_{k=1}^{K} \lambda_k \boldsymbol{X}_k \leqslant \theta \boldsymbol{X} \\ \sum_{k=1}^{K} \lambda_k \boldsymbol{Y}_k \geqslant \boldsymbol{Y} \\ \lambda_k \geqslant 0, k = 1, 2, \cdots, K\end{cases} \tag{5.4}$$

当 θ 不断变小时，则会导致 $\theta\boldsymbol{X}$ 越来越接近目标值，最后 θ 取到最小值时 $\theta\boldsymbol{X}$ 会达到生产前沿，与目标值相等。通俗地讲，在进行生产的过程中，投入的量越少越有效。该公式若利用图像，可以表示为图 5.5。

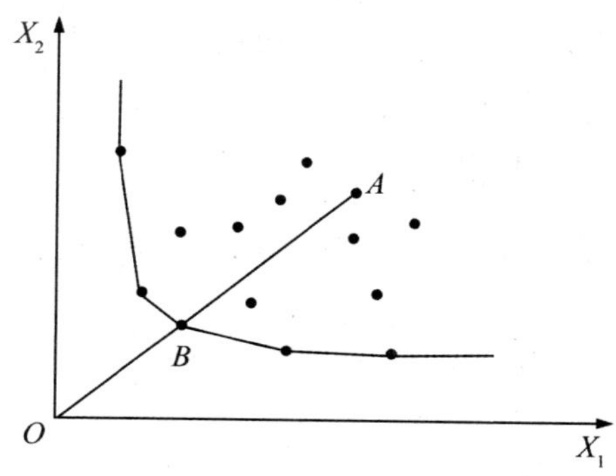

图 5.5　投入导向的 DEA 示意图

若初始观测值在 A 点，为了实现效率最大化的产出，我们将原点 O 与 A 点利用直线相连，与生产前沿相交于 B 点。此时，技术效率为 OB/OA，目的是将技术效率标准化，控制在 0～1 的区间内。

一般地，利用 Stata 软件中的命令dea 即可估算基本的 CCR 和 BCC 模型。

5.1.2 传统非径向 DEA 模型——RM 模型

由于径向效率模型只允许生产单元的产出和投入成比例地扩大或缩小，但事实上并不是所有的生产单元都是如此。因此，对于某些生产单元而言，就会存在产出或投入方面的松弛，进而导致径向模型高估实际效率值。此外，它只能提供一个效率值，不能分解各个要素的效率值。非径向模型的出现解决了这一问题。常用的非径向效率模型有 Russell measure (RM)技术效率模型 (Färe et al., 1994) 和 slacks-based measure(SBM)模型(Tone, 2001)。本节先来介绍 RM 技术效率模型。

基于产出导向的 RM 技术效率模型如下：

$$\widehat{RM}_k^O(\boldsymbol{y}_k, \boldsymbol{x}_k \mid \mathrm{CRS}) = \frac{1}{P}\max\sum_{p=1}^{P}\theta_p$$

$$\text{s.t.}\begin{cases}\sum_{k=1}^{K}\lambda_k y_{kp} \geqslant \theta_p y_{kp}, p = 1,2,\cdots,P \\ \sum_{k=1}^{K}\lambda_k x_{kn} \leqslant x_{kn}, n = 1,2,\cdots,N \\ \lambda_k \geqslant 0\end{cases} \tag{5.5}$$

其中，λ_k 为强度变量。由公式(5.5)可以看出，对于每一个产出要素，都存在不同的 θ_m 值。它克服了 CCR 模型和 BCC 模型中所有产出要素同比例地扩大的不合理之处。

基于投入导向的 RM 技术效率模型如下：

$$\widehat{RM}_k^I(\boldsymbol{y}_k, \boldsymbol{x}_k \mid \mathrm{CRS}) = \frac{1}{N}\min\sum_{n=1}^{N}\theta_n$$

$$\text{s.t.}\begin{cases}\sum_{k=1}^{K}\lambda_k y_{kp} \geqslant y_{kp}, p = 1,2,\cdots,P \\ \sum_{k=1}^{K}\lambda_k x_{kn} \leqslant \theta_n x_{kn}, n = 1,2,\cdots,N \\ \lambda_k \geqslant 0\end{cases} \tag{5.6}$$

从公式(5.5)和公式(5.6)中可以看出,当只有一种产出(投入)时,基于产出(投入)的非径向 RM 技术效率模型就等同于 CCR 模型。上述两个模型均是假定规模报酬不变,与前一小节一样,如果要假定规模报酬可变,则需要对强度变量施加约束条件 $\sum_{k=1}^{K} \lambda_k = 1$;如果假定规模报酬非递增(NIRS),则需要对强度变量施加约束条件 $\sum_{k=1}^{K} \lambda_k \leqslant 1$。不同规模报酬下的生产前沿如图 5.6 所示。

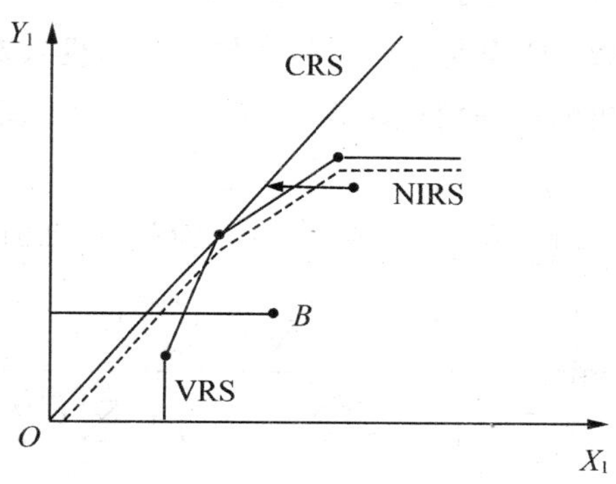

图 5.6 不同规模报酬下的生产前沿

综上,传统径向与非径向效率模型可以利用 Stata 软件中的命令teradial 和 tenonradial 求解。

5.1.3 传统非径向 DEA 模型——SBM 模型

Tone (2001)提出了 SBM 效率测量方法,该方法也是 DEA 效率测量方法中的非径向效率测度方法,其优点在于可以直接度量多余的投入量与不足的产出量来测算效率,投入与产出到生产前沿面的距离被称为松弛量(slacks)。SBM 测算的效率值小于或等于 CCR 测算的效率值,而且利用各个变量的松弛量,可以直接定义各要素的效率值。

SBM 模型一般分为两种:常规 SBM 模型和含非期望产出的 SBM 模型。常规 SBM 模型用于计算平均投入减少与平均产出增加的比率。它具有非导向性和非径向性的特点,即不强制地将投入与产出均匀地或等比例地改进,通过模型计算每个维度上最大可能的改进。而含非期望产出的 SBM 模型,就是在常规 SBM 模型中考虑非期望产出,是 Tone (2004)在他的工作论文中提出的模型,后被广泛使用,如 Zhang and Choi (2013)和 Zhang et al. (2015)等文章。

常规 SBM 模型如下:

$$\varphi^* = \min \frac{1 - \frac{1}{N}\sum_{i=1}^{N}\left(\frac{s_{i0}^-}{x_{i0}}\right)}{1 + \frac{1}{P}\sum_{r_1=1}^{P}\left(\frac{s_{r_1 0}^g}{y_{r_1 0}^g}\right)}$$

$$\text{s.t.}\begin{cases} \boldsymbol{x}_0 = \boldsymbol{X\lambda} + \boldsymbol{s}_0^- \\ \boldsymbol{y}_0^g = \boldsymbol{Y}^g\boldsymbol{\lambda} - \boldsymbol{s}_0^g \\ \boldsymbol{s}_0^- \geqslant \boldsymbol{0}, \boldsymbol{s}_0^g \geqslant \boldsymbol{0}, \boldsymbol{\lambda} \geqslant \boldsymbol{0} \end{cases} \tag{5.7}$$

其中，N 为投入的个数，P 为期望产出的个数，$\boldsymbol{s}_0^-$ 为投入要素的松弛值或潜在减少量，$\boldsymbol{s}_0^g$ 为期望产出的松弛值或潜在增加量。下标“0”是模型中正在估算其效率的 DMU。

含非期望产出的 SBM 模型(Tone，2004；陈诗一，2012)如下：

$$\varphi^* = \min \frac{1 - \frac{1}{N}\sum_{i=1}^{N}\left(\frac{s_{i0}^-}{x_{i0}}\right)}{1 + \frac{1}{P+Q}\left[\sum_{r1=1}^{P}\left(\frac{s_{r_1 0}^g}{y_{r_1 0}^g}\right) + \sum_{r2=1}^{Q}\left(\frac{s_{r_2 0}^b}{y_{r_2 0}^b}\right)\right]}$$

$$\text{s.t.}\begin{cases} \boldsymbol{x}_0 = \boldsymbol{X\lambda} + \boldsymbol{s}_0^- \\ \boldsymbol{y}_0^g = \boldsymbol{Y}^g\boldsymbol{\lambda} - \boldsymbol{s}_0^g \\ \boldsymbol{y}_0^b = \boldsymbol{Y}^b\boldsymbol{\lambda} + \boldsymbol{s}_0^b \\ \boldsymbol{s}_0^- \geqslant \boldsymbol{0}, \boldsymbol{s}_0^g \geqslant \boldsymbol{0}, \boldsymbol{s}_0^b \geqslant \boldsymbol{0}, \boldsymbol{\lambda} \geqslant \boldsymbol{0} \end{cases} \tag{5.8}$$

其中，Q 为非期望产出的个数，$\boldsymbol{s}_0^b$ 为非期望产出的松弛值或潜在减少量。

由于目前公式(5.8)不是一个线性函数，因此，可以利用查恩斯-库伯(Charns-Cooper)变换，将 SBM 模型转换成像 CCR 模型那样的线性规划形式。在公式(5.8)的基础之上，为了保证 φ^* 不变，我们将分子和分母同时乘以一个 t，并调整分母为 1，得

$$r^* = \min t - \frac{1}{N}\sum_{i=1}^{N}\left(\frac{t\, s_{i0}^-}{x_{i0}}\right)$$

$$\text{s.t.}\begin{cases} 1 = t + \frac{1}{P+Q}\left[\sum_{r_1=1}^{P}\left(\frac{t\, s_{r_1 0}^g}{y_{r_1 0}^g}\right) + \sum_{r_2=1}^{Q}\left(\frac{t\, s_{r_2 0}^b}{y_{r_2 0}^b}\right)\right] \\ \boldsymbol{x}_0 t = \boldsymbol{X\lambda} t + t\,\boldsymbol{s}_0^- \\ \boldsymbol{y}_0^g t = \boldsymbol{Y}^g\boldsymbol{\lambda} t - t\,\boldsymbol{s}_0^g \\ \boldsymbol{y}_0^b t = \boldsymbol{Y}^b\boldsymbol{\lambda} t + t\,\boldsymbol{s}_0^b \\ t\,\boldsymbol{s}_0^- \geqslant \boldsymbol{0}, t\,\boldsymbol{s}_0^g \geqslant \boldsymbol{0}, t\,\boldsymbol{s}_0^b \geqslant \boldsymbol{0}, t\boldsymbol{\lambda} \geqslant \boldsymbol{0}, t > 0 \end{cases} \tag{5.9}$$

经简化，得

$$r^{*}=\min t-\frac{1}{N}\sum_{i=1}^{N}\left(\frac{S_{i0}^{-}}{x_{i0}}\right)$$

$$\text{s.t.}\begin{cases}1=t+\dfrac{1}{P+Q}\left[\sum\limits_{r_1=1}^{P}\left(\dfrac{S_{r_1 0}^{g}}{y_{r_1 0}^{g}}\right)+\sum\limits_{r_2=1}^{Q}\left(\dfrac{S_{r_2 0}^{b}}{y_{r_2 0}^{b}}\right)\right]\\ \boldsymbol{x}_0 t=\boldsymbol{X\Lambda}+\boldsymbol{S}_0^{-}\\ \boldsymbol{y}_0^{g} t=\boldsymbol{Y}^{g}\boldsymbol{\Lambda}-\boldsymbol{S}_0^{g}\\ \boldsymbol{y}_0^{b} t=\boldsymbol{Y}^{b}\boldsymbol{\Lambda}+\boldsymbol{S}_0^{b}\\ \boldsymbol{S}_0^{-}\geqslant \boldsymbol{0},\boldsymbol{S}_0^{g}\geqslant \boldsymbol{0},\boldsymbol{S}_0^{b}\geqslant \boldsymbol{0},\boldsymbol{\Lambda}\geqslant \boldsymbol{0},t>0\end{cases}\tag{5.10}$$

基于模型(5.10)的线性最优解，模型(5.10)和模型(5.9)有如下关系：

$$\rho^{*}=r^{*},\quad \boldsymbol{\lambda}^{*}=\frac{\boldsymbol{\Lambda}^{*}}{t^{*}},\quad \boldsymbol{s}^{-*}=\frac{\boldsymbol{S}^{-*}}{t^{*}},\quad \boldsymbol{s}^{g*}=\frac{\boldsymbol{S}^{g*}}{t^{*}},\quad \boldsymbol{s}^{b*}=\frac{\boldsymbol{S}^{b*}}{t^{*}}\tag{5.11}$$

由于非径向 DEA 模型可以衡量某一个要素的效率，Zhang and Choi (2013)在 *Social Science Journal* 上发表文章，利用非导向的 SBM 模型测算能源效率，定义能源效率如下：

$$EE=\frac{TEI}{REI}=\frac{REI-ES}{REI}=1-\frac{ES}{REI}\tag{5.12}$$

其中，TEI 为能源投入的目标值，REI 为能源投入的实际值，ES 为能源投入的松弛值。为了更加形象地进行展示，能源效率的定义可以由图 5.7 表示。

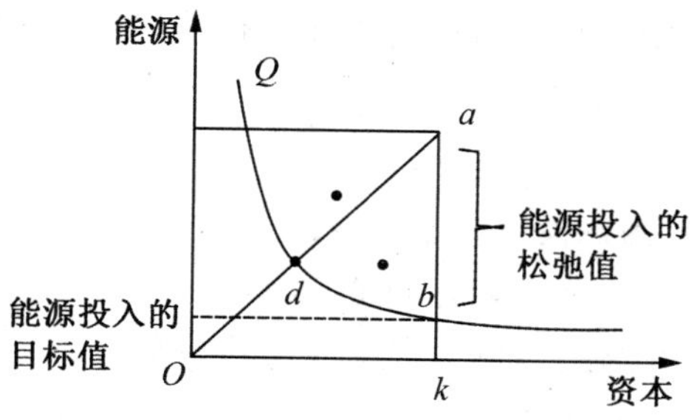

图 5.7 能源效率的定义

由图 5.7 可知，目前一个决策单元处于 a 点，我们在其他要素固定不变的情况下，能源投入达到的最小投入量在 b 点，此时能源效率就为 bk/ak。

一般地，在采用 Stata 进行软件求解时，通常利用sbmeff 命令进行效率的测算。

5.1.4 非参数技术效率统计检验

由于非参数方法测算的效率缺少统计检验而备受争论，Simar and Wilson (1998, 2000)和 Kneip et al. (2008)提出了 bootstrap 方法（自助法）对径向效率进行统计检验，并不断完善该方法。Bootstrap 方法的应用要依赖于特定的假设：如果是基于产出导向的技术效率，则主要的假设为该效率是否与产出组合独立；如果是基于投入导向的技术效率，则主要的假设为该效率是否与投入组合独立。如果独立，则平滑同质性 bootstrap（smoothed homogeneous bootstrap）技术可以应用；反之，则需要使用平滑异质性 bootstrap (heterogeneous bootstrap)技术来提供有效的统计推断。

一般地，独立性假设主要针对全域生产技术（global technology）。在全域生产技术下，对规模报酬的设定一般依赖于既有的经济学知识或者常识，但是当这些知识不具备或不充分时，可以使用计量经济学对规模报酬的设定进行检验。因此，如果全域生产技术并不是规模报酬不变，则在规模报酬不变条件下估计的技术效率就会与真实情况不一致，因此对规模报酬的检验非常有必要。Simar and Wilson (2002)提出了以下检验：

Test＃1

原假设：生产技术为规模报酬不变；

备择假设：生产技术为规模报酬可变。

如果原假设被拒绝（并非所有决策单元的技术均是规模报酬不变），那么需要进行下一个检验。

Test＃2

原假设：生产技术为规模报酬非递增；

备择假设：生产技术为规模报酬可变。

如果原假设被拒绝，则认为生产技术为规模报酬可变。

上述原理可由下列公式表示，对于 K 个决策单元，使用规模效率来进行上述检验。我们对需要检验的 Test＃1 和 Test＃2 分别进行定义：

[Test#1]:

$$\widehat{S}_{2n}^{O}=\frac{\sum_{k=1}^{K}\widehat{F}_{k}^{O}(\boldsymbol{y}_{k},\boldsymbol{x}_{k},\boldsymbol{y},\boldsymbol{x}\mid \mathrm{CRS})}{\sum_{k=1}^{K}\widehat{F}_{k}^{O}(\boldsymbol{y}_{k},\boldsymbol{x}_{k},\boldsymbol{y},\boldsymbol{x}\mid \mathrm{VRS})} \tag{5.13}$$

[Test#2]:

$$\widehat{S}_{2n}^{O'}=\frac{\sum_{k=1}^{K}\widehat{F}_{k}^{O}(\boldsymbol{y}_{k},\boldsymbol{x}_{k},\boldsymbol{y},\boldsymbol{x}\mid \mathrm{NIRS})}{\sum_{k=1}^{K}\widehat{F}_{k}^{O}(\boldsymbol{y}_{k},\boldsymbol{x}_{k},\boldsymbol{y},\boldsymbol{x}\mid \mathrm{VRS})} \tag{5.14}$$

如果所有的决策单元在规模报酬可变和规模报酬不变生产边界下的距离较大,即 Test#1 模型的值大于 1,则拒绝 Test#1 的原假设,进行下一步的检验。如果所有的决策单元在规模报酬可变和规模报酬非递增生产边界下的距离较大,即 Test#2 模型的值大于 1,则拒绝 Test#2 的原假设。同样地,对于单个生产点而言,如果 Test#1 模型的值大于 1,则说明生产点规模无效,拒绝原假设,进行下一步的检验。如果 Test#2 模型的值大于 1,则说明该生产点处于规模报酬递增的状态,否则说明该生产点处于规模报酬递减的状态。

一般地,用 Stata 软件进行统计检验时,有三个常用命令。(1) teradialbc 命令:目的是增加径向技术效率的统计推断,与前面测算技术效率的命令语法基本一致。(2)nptestind 命令:用来检验非参数模型的独立性,且仅适用于径向技术效率模型的检验。(3) nptestrts 命令:用来检验非参数模型的规模报酬,且仅适用于径向技术效率模型的检验。

5.1.5 传统 DEA 模型的对偶模型

在介绍本节内容之前,我们必须首先了解一个非常重要的问题。什么是对偶模型(dual mode)? 对偶模型本是一个数学或者统计学上的概念,后来被赋予了经济管理意义。

对偶问题是实质相同但从不同角度提出不同提法的一对问题。对偶现象是许多管理与工程中实际存在的一种普遍现象。例如,企业怎么充分利用现有的人力、物力去完成更多的任务和怎样用最少的人力、物力消耗去完成给定的任务,这就是互为对偶的一对问题。对偶理论是从数量关系上研究这些对偶问题的性质、关系及其应用的理论和方法。每一个线性规划问题,都存在一个与之相联系的对偶问题。

线性规划模型的对偶性，对线性规划模型的理论、求解有着很重要的意义。特别是在应用上，线性规划对偶问题的最优解，就是资源的影子价格，它使线性规划模型对经济分析有着重要的作用，用于指导经济管理工作。例如，生产函数与成本函数互为对偶模型。

首先，我们介绍 CCR 模型的对偶模型。公式(5.3)为 CCR 模型。基于该模型，我们可以写出它的对偶模型为

$$\min g_0 = \sum_{i=1}^{N} v_i x_{ij}$$

$$\text{s.t.}\begin{cases} -\sum_{r=1}^{P} u_r y_{rj} + \sum_{i=1}^{N} v_i x_{ij} \geqslant 0 \\ \sum_{r=1}^{P} u_r y_{rj} = 1 \\ u_r \geqslant 0, v_i \geqslant 0 \end{cases} \tag{5.15}$$

在公式(5.15)的基础上，乘以 $t = \dfrac{1}{\sum_{r=1}^{P} u_r y_{rj}}$，得

$$\min g_0 = \frac{\sum_{i=1}^{N} v_i x_{ij}}{\sum_{r=1}^{P} u_r y_{rj}}$$

$$\text{s.t.}\begin{cases} -\sum_{r=1}^{P} u_r y_{rj} + \sum_{i=1}^{N} v_i x_{ij} \geqslant 0 \\ u_r \geqslant 0, v_i \geqslant 0 \end{cases} \tag{5.16}$$

公式(5.16)可变形为

$$\max h_0 = \frac{\sum_{r=1}^{P} u_r y_{rj}}{\sum_{i=1}^{m} v_i x_{ij}}$$

$$\text{s.t.}\begin{cases} \dfrac{\sum_{r=1}^{P} u_r y_{rj}}{\sum_{i=1}^{N} v_i x_{ij}} \leqslant 1 \\ u_r \geqslant 0, v_i \geqslant 0 \end{cases} \tag{5.17}$$

此时，我们能非常明显地看出，CCR 模型的对偶模型是全要素生产率的表

达形式，即总产出与总投入之比。

其次，我们介绍常规 SBM 模型的对偶模型。公式(5.7)为常规 SBM 模型。基于该模型，我们可以写出它的对偶模型为

$$\max \xi$$
$$\text{s.t.}\begin{cases}\xi + \boldsymbol{v}\boldsymbol{x}_o - \boldsymbol{u}\boldsymbol{y}_o = 1 \\ -\boldsymbol{v}\boldsymbol{X} + \boldsymbol{u}\boldsymbol{Y} \leqslant 0 \\ \boldsymbol{v} \geqslant \dfrac{1}{N}[1/\boldsymbol{x}_o] \\ \boldsymbol{u} \geqslant \dfrac{\xi}{P}[1/\boldsymbol{y}_o]\end{cases} \tag{5.18}$$

其中，$[1/\boldsymbol{x}_o]$ 和 $[1/\boldsymbol{y}_o]$ 分别表示的是向量 $\left(\dfrac{1}{x_{1o}},\dfrac{1}{x_{2o}},\cdots,\dfrac{1}{x_{No}}\right)$ 和向量 $\left(\dfrac{1}{y_{1o}},\dfrac{1}{y_{2o}},\cdots,\dfrac{1}{y_{Po}}\right)$。

根据公式(5.18)，我们可以估计出 ξ。与此同时，我们也可以将公式(5.18)等价为如下形式：

$$\max\ (\boldsymbol{u}\boldsymbol{y}_o - \boldsymbol{v}\boldsymbol{x}_o)$$
$$\text{s.t.}\begin{cases}-\boldsymbol{v}\boldsymbol{X} + \boldsymbol{u}\boldsymbol{Y} \leqslant 0 \\ \boldsymbol{v} \geqslant \dfrac{1}{N}[1/\boldsymbol{x}_o] \\ \boldsymbol{u} \geqslant \dfrac{1 - \boldsymbol{v}\boldsymbol{x}_o + \boldsymbol{u}\boldsymbol{y}_o}{P}[1/\boldsymbol{y}_o]\end{cases} \tag{5.19}$$

对偶变量 $\boldsymbol{v}$ 和 $\boldsymbol{u}$ 被称为投入的虚拟成本和产出的虚拟价格。对偶模型旨在寻找最优的虚拟成本和虚拟价格，从而使得决策单元的利润 $\boldsymbol{u}\boldsymbol{y}_o - \boldsymbol{v}\boldsymbol{x}_o$ 最大化。SBM 模型的对偶模型其实就是利润最大化的问题。

在常规 SBM 模型的基础之上，Zhang et al. (2015)提出了包含非期望产出的 SBM 对偶模型来测算环境绩效和影子价格。在公式(5.19)的基础上，写出其对偶模型如下：

$$\theta^* = \max \theta$$

$$\text{s.t.}\begin{cases}\theta + \boldsymbol{v}\boldsymbol{x}_o - \boldsymbol{u}^g\boldsymbol{y}_o^g + \boldsymbol{u}^b\boldsymbol{y}_o^b = 1 \\ \boldsymbol{u}^g\boldsymbol{y}_o^g - \boldsymbol{v}\boldsymbol{x}_o - \boldsymbol{u}^b\boldsymbol{y}_o^b \leqslant 0 \\ \boldsymbol{v} \geqslant \dfrac{1}{N}[1/\boldsymbol{x}_o] \\ \boldsymbol{u}^g \geqslant \dfrac{\theta}{P+Q}[1/\boldsymbol{y}_o^g] \\ \boldsymbol{u}^b \geqslant \dfrac{\theta}{P+Q}[1/\boldsymbol{y}_o^b]\end{cases} \tag{5.20}$$

在模型(5.20)中，$\boldsymbol{v} \in \mathbf{R}^N$，$\boldsymbol{u}^g \in \mathbf{R}^P$ 和 $\boldsymbol{u}^b \in \mathbf{R}^Q$ 分别是投入、期望产出和非期望产出对偶变量的向量。投入、期望产出和非期望产出的对偶变量可以基于模型(5.20)利用线性规划的方法进行估计。同时，模型(5.20)还等价于下列公式形式：

$$\max(\boldsymbol{u}^g\boldsymbol{y}_o^g - \boldsymbol{v}\boldsymbol{x}_o - \boldsymbol{u}^b\boldsymbol{y}_o^b)$$

$$\text{s.t.}\begin{cases}\boldsymbol{u}^g\boldsymbol{y}_o^g - \boldsymbol{v}\boldsymbol{x}_o - \boldsymbol{u}^b\boldsymbol{y}_o^b \leqslant 0 \\ \boldsymbol{v} \geqslant \dfrac{1}{N}[1/\boldsymbol{x}_o] \\ \boldsymbol{u}^g \geqslant \dfrac{1+\boldsymbol{u}^g\boldsymbol{y}_o^g - \boldsymbol{v}\boldsymbol{x}_o - \boldsymbol{u}^b\boldsymbol{y}_o^b}{P+Q}[1/\boldsymbol{y}_o^g] \\ \boldsymbol{u}^b \geqslant \dfrac{1+\boldsymbol{u}^g\boldsymbol{y}_o^g - \boldsymbol{v}\boldsymbol{x}_o - \boldsymbol{u}^b\boldsymbol{y}_o^b}{P+Q}[1/\boldsymbol{y}_o^b]\end{cases} \tag{5.21}$$

模型(5.21)旨在使决策单元的虚拟利润 $\boldsymbol{u}^g\boldsymbol{y}_o^g - \boldsymbol{v}\boldsymbol{x}_o - \boldsymbol{u}^b\boldsymbol{y}_o^b$ 最大化。所以，很显然 SBM 对偶模型是一种利润最大化的模型。当 $\theta^* = 1$ 时，虚拟利润 $\boldsymbol{u}^g\boldsymbol{y}_o^g - \boldsymbol{v}\boldsymbol{x}_o - \boldsymbol{u}^b\boldsymbol{y}_o^b$ 为 0。

此外，对偶变量 $\boldsymbol{v}$ 和 $\boldsymbol{u}^b$ 可以解释为投入和非期望产出的影子价格，$\boldsymbol{u}^g$ 代表期望产出的边际虚拟收入。假设非期望产出影子价格的绝对值等于市场价格，则非期望产出相对于期望产出的相对影子价格可以通过下式来衡量：

$$\boldsymbol{u}^b = \boldsymbol{u}^g \times \frac{\boldsymbol{p}^b}{\boldsymbol{p}^g} \tag{5.22}$$

其中，$\boldsymbol{p}^b$ 为非期望产出价格，$\boldsymbol{p}^g$ 为期望产出价格。

换句话说，非期望产出的影子价格可以解释为边际减排成本，代表非期望产出和期望产出之间的边际转化率。企业无法零成本地减少污染物，它们会产生与减少期望产出相关的机会成本，即在减排过程中，该成本为期望产出需要减少的那一部分产出的成本。

一般地，在采用 Stata 软件进行求解时，通常利用sbmdual 命令计算影子价格。

5.1.6 全要素生产率与 Malmquist 指数

经济发展是国家的头等大事，改革开放以来，我国经济高速增长，在经济飞速发展的同时，对经济发展质量——全要素生产率(TFP)的关注也越来越多，2015 年的《政府工作报告》首次提出“提高全要素生产率”，这推动了中国经济由投入型增长转向效率型增长。从经济学角度看，TFP 包括人力、物力、财力在内的资源开发利用效率。其来源包括效率改善、技术进步和规模效应。

目前，主要有四种方法可以进行全要素生产率变动的测度：增长核算法、生产函数法、随机前沿分析法以及数据包络分析法(Malmquist 指数法)。由于 DEA 方法的独特优势——不需要对生产函数的结构做先验假设、不需要对参数进行估计、允许无效率行为的存在、能对全要素生产率的变动进行分解等，因此，它在全要素生产率变动的研究中应用广泛。

Malmquist 指数由瑞典经济学家 Sten Malmquist 于 1953 年首次提出，最初的 Malmquist 指数借助缩放因子之比来构造，缩放因子表示给定生产组合为了达到某一无差异曲面所需要的缩放倍数。

Caves et al. (1982)(CCD)将 Malmquist 指数引入到生产领域，使用距离函数之比来构造 Malmquist 指数，并将生产分析中的 Malmquist 指数命名为 Malmquist 生产率指数。CCD 模型的核心是距离函数(Shephard 在 1953 年首次提出，Farell 在 1957 年提出了相似的技术效率概念)，但是由于长时间没有找到距离函数的测量方法，导致 Malmquist 指数的运用也受到了严重制约，这种局面一直持续到 1978 年 CCR 模型的提出。Färe et al. (1994)将 DEA 方法引入 Malmquist-TFP 测算中，测算了经济合作与发展组织(OECD)主要成员国全要素生产率的变化规律，主要对比了日本和美国全要率生产率的变化，发现日本是基于追赶的全要素生产率增长，而美国是基于技术创新的全要素生产率增长，相关论文发表在 *American Economic Review* 上。

Färe et al. (1994)在 Malmquist-TFP 测算中做出了开创性贡献，首次将 DEA 方法用于生产率的测算。假设有 $k(k=1,2,\cdots,K)$ 个国家在 $t(t=1,2,\cdots,T)$ 个时期用 n 种投入生产 p 种产出。设定生产集为

$$P^t(\boldsymbol{x},\boldsymbol{y})=\{(\boldsymbol{x},\boldsymbol{y})\mid t\text{ 期},\boldsymbol{x}\text{ 可以生产 }\boldsymbol{y}\},\quad t=1,2,\cdots,T \tag{5.23}$$

则产出角度的距离函数为

$$D^t(\boldsymbol{x},\boldsymbol{y})=\inf\{\theta:(\boldsymbol{x},\boldsymbol{y}/\theta)\in P^t(\boldsymbol{x},\boldsymbol{y}),\theta>0\}$$
$$=\sup\{\theta:(\boldsymbol{x},\theta\boldsymbol{y})\in P^t(\boldsymbol{x},\boldsymbol{y})\}\tag{5.24}$$

假设 t 期为基期，则定义产出生产率指数为

$$M^t=\frac{D^t(\boldsymbol{x}^{t+1},\boldsymbol{y}^{t+1})}{D^t(\boldsymbol{x}^t,\boldsymbol{y}^t)}\tag{5.25}$$

假设 $t+1$ 期为基期，则定义产出生产率指数为

$$M^{t+1}=\frac{D^{t+1}(\boldsymbol{x}^{t+1},\boldsymbol{y}^{t+1})}{D^{t+1}(\boldsymbol{x}^t,\boldsymbol{y}^t)}\tag{5.26}$$

为了更形象地理解该定义，上述生产率指数可以由图 5.8 展示。

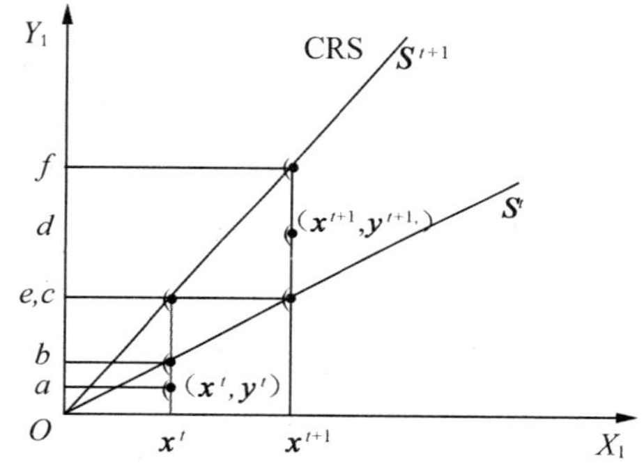

$\boldsymbol{S}^t$—t 时期前沿面； $\boldsymbol{S}^{t+1}$—$t+1$ 时期前沿面。

图 5.8 Malmquist 指数和产出距离函数

由公式(5.25)我们可以看出，产出距离函数都是以 t 期的技术为参考集，根据产出距离函数的定义，$D^t(\boldsymbol{x}^{t+1},\boldsymbol{y}^{t+1})$ 在图像中由 Od/Oc 表示，而 $D^t(\boldsymbol{x}^t,\boldsymbol{y}^t)$ 在图像中由 Oa/Ob 表示。因此，以 t 期为基期的生产率指数又可以改写为

$$M^t=\frac{D^t(\boldsymbol{x}^{t+1},\boldsymbol{y}^{t+1})}{D^t(\boldsymbol{x}^t,\boldsymbol{y}^t)}=\frac{Od/Oc}{Oa/Ob}\tag{5.27}$$

由公式(5.26)我们可以看出，产出距离函数都是以 $t+1$ 期的技术为参考集，根据产出距离函数的定义，$D^{t+1}(\boldsymbol{x}^{t+1},\boldsymbol{y}^{t+1})$ 在图像中由 Od/Of 表示，而 $D^{t+1}(\boldsymbol{x}^t,\boldsymbol{y}^t)$ 在图像中由 Oa/Oe 表示。因此，以 $t+1$ 期为基期的生产率指数又可以改写为

$$M^{t+1}=\frac{D^{t+1}(\boldsymbol{x}^{t+1},\boldsymbol{y}^{t+1})}{D^{t+1}(\boldsymbol{x}^t,\boldsymbol{y}^t)}=\frac{Od/Of}{Oa/Oe}\tag{5.28}$$

在以上分析的基础上，Färe et al. (1994，FGNZ)用两期指数的几何平均来

定义 Malmquist 生产率指数，即

$$M(\boldsymbol{x}^{t+1},\boldsymbol{y}^{t+1},\boldsymbol{x}^{t},\boldsymbol{y}^{t})=\left[\frac{D^{t+1}(\boldsymbol{x}^{t+1},\boldsymbol{y}^{t+1})}{D^{t+1}(\boldsymbol{x}^{t},\boldsymbol{y}^{t})}\times\frac{D^{t}(\boldsymbol{x}^{t+1},\boldsymbol{y}^{t+1})}{D^{t}(\boldsymbol{x}^{t},\boldsymbol{y}^{t})}\right]^{0.5} \tag{5.29}$$

该指数可以进行两因素分解，即

$$\begin{aligned}
&M(\boldsymbol{x}^{t+1},\boldsymbol{y}^{t+1},\boldsymbol{x}^{t},\boldsymbol{y}^{t})\\
&=\left[\frac{D^{t+1}(\boldsymbol{x}^{t+1},\boldsymbol{y}^{t+1})}{D^{t+1}(\boldsymbol{x}^{t},\boldsymbol{y}^{t})}\times\frac{D^{t}(\boldsymbol{x}^{t+1},\boldsymbol{y}^{t+1})}{D^{t}(\boldsymbol{x}^{t},\boldsymbol{y}^{t})}\right]^{0.5}\\
&=\frac{D^{t+1}(\boldsymbol{x}^{t+1},\boldsymbol{y}^{t+1})}{D^{t}(\boldsymbol{x}^{t},\boldsymbol{y}^{t})}\times\left[\frac{D^{t}(\boldsymbol{x}^{t+1},\boldsymbol{y}^{t+1})}{D^{t+1}(\boldsymbol{x}^{t+1},\boldsymbol{y}^{t+1})}\times\frac{D^{t}(\boldsymbol{x}^{t},\boldsymbol{y}^{t})}{D^{t+1}(\boldsymbol{x}^{t},\boldsymbol{y}^{t})}\right]^{0.5}
\end{aligned} \tag{5.30}$$

其中，

$$MEFFCH=\frac{D^{t+1}(\boldsymbol{x}^{t+1},\boldsymbol{y}^{t+1})}{D^{t}(\boldsymbol{x}^{t},\boldsymbol{y}^{t})} \tag{5.31}$$

$$MTECH=\left[\frac{D^{t}(\boldsymbol{x}^{t+1},\boldsymbol{y}^{t+1})}{D^{t+1}(\boldsymbol{x}^{t+1},\boldsymbol{y}^{t+1})}\times\frac{D^{t}(\boldsymbol{x}^{t},\boldsymbol{y}^{t})}{D^{t+1}(\boldsymbol{x}^{t},\boldsymbol{y}^{t})}\right]^{0.5} \tag{5.32}$$

效率变化反映的是 t 期观测值距离 t 期前沿面与 $t+1$ 期观测值距离 $t+1$ 期前沿面的一个相对距离的变化。技术进步反映的是 t 期前沿面与 $t+1$ 期前沿面的一个变动情况。根据图 5.8，生产率指数的分解可以改写为

$$M(\boldsymbol{x}^{t+1},\boldsymbol{y}^{t+1},\boldsymbol{x}^{t},\boldsymbol{y}^{t})=\frac{Od/Of}{Oa/Ob}\times\left(\frac{Od/Oc}{Od/Of}\times\frac{Oa/Ob}{Oa/Oc}\right)^{0.5} \tag{5.33}$$

为了计算第 a 个国家在 t 期和 $t+1$ 期的生产率，则需要解决以下线性规划问题：

（1）t 期技术、t 期的观测值：

$$[D^{t}(\boldsymbol{x}^{a,t},\boldsymbol{y}^{a,t})]^{-1}=\max\theta^{a}$$

$$\text{s.t.}\begin{cases}\theta^{a}\boldsymbol{y}_{p}^{a,t}\leqslant\sum\limits_{k=1}^{K}\lambda^{k,t}\boldsymbol{y}_{p}^{k,t},p=1,2,\cdots,P\\ \sum\limits_{k=1}^{K}\lambda^{k,t}\boldsymbol{x}_{n}^{k,t}\leqslant\boldsymbol{x}_{n}^{a,t},n=1,2,\cdots,N\\ \lambda^{k,t}\geqslant 0,k=1,2,\cdots,K\end{cases} \tag{5.34}$$

$t+1$ 期技术、$t+1$ 期的观测值与 t 期技术、t 期的观测值的处理方法类似，将上述模型中的上标 t 换为 $t+1$ 即可。

（2）t 期技术、$t+1$ 期的观测值：

$$[D^{t}(\boldsymbol{x}^{a,t+1},\boldsymbol{y}^{a,t+1})]^{-1}=\max\theta^{a}$$

$$\text{s.t.}\begin{cases}\theta^{a}\boldsymbol{y}_{p}^{a,t+1}\leqslant\sum_{k=1}^{K}\lambda^{k,t}\boldsymbol{y}_{p}^{k,t},p=1,2,\cdots,P\\ \sum_{k=1}^{K}\lambda^{k,t}\boldsymbol{x}_{n}^{k,t}\leqslant\boldsymbol{x}_{n}^{a,t+1},n=1,2,\cdots,N\\ \lambda^{k,t}\geqslant 0,k=1,2,\cdots,K\end{cases}\tag{5.35}$$

$t+1$ 期技术、t 期的观测值即在 t 期技术、$t+1$ 期的观测值的基础上，将上标 t 与 $t+1$ 进行互换即可。

当距离函数求得之后，Malmquist 生产率指数也就可以求解了。两因素分解中的效率变化又可以分解为纯效率变化和规模效率变化。该指数的三因素分解如下：

$$\begin{aligned}TFP&=M(\boldsymbol{x}^{t+1},\boldsymbol{y}^{t+1},\boldsymbol{x}^{t},\boldsymbol{y}^{t})=\left[\frac{D_{c}^{t+1}(\boldsymbol{x}^{t+1},\boldsymbol{y}^{t+1})}{D_{c}^{t+1}(\boldsymbol{x}^{t},\boldsymbol{y}^{t})}\times\frac{D_{c}^{t}(\boldsymbol{x}^{t+1},\boldsymbol{y}^{t+1})}{D_{c}^{t}(\boldsymbol{x}^{t},\boldsymbol{y}^{t})}\right]^{0.5}\\&=\frac{D_{c}^{t+1}(\boldsymbol{x}^{t+1},\boldsymbol{y}^{t+1})}{D_{c}^{t}(\boldsymbol{x}^{t},\boldsymbol{y}^{t})}\times\left[\frac{D_{c}^{t}(\boldsymbol{x}^{t+1},\boldsymbol{y}^{t+1})}{D_{c}^{t+1}(\boldsymbol{x}^{t+1},\boldsymbol{y}^{t+1})}\times\frac{D_{c}^{t}(\boldsymbol{x}^{t},\boldsymbol{y}^{t})}{D_{c}^{t+1}(\boldsymbol{x}^{t},\boldsymbol{y}^{t})}\right]^{0.5}\\&=\frac{D_{v}^{t+1}(\boldsymbol{x}^{t+1},\boldsymbol{y}^{t+1})}{D_{v}^{t}(\boldsymbol{x}^{t},\boldsymbol{y}^{t})}\times\left[\frac{D_{c}^{t}(\boldsymbol{x}^{t+1},\boldsymbol{y}^{t+1})}{D_{c}^{t+1}(\boldsymbol{x}^{t+1},\boldsymbol{y}^{t+1})}\times\frac{D_{c}^{t}(\boldsymbol{x}^{t},\boldsymbol{y}^{t})}{D_{c}^{t+1}(\boldsymbol{x}^{t},\boldsymbol{y}^{t})}\right]^{0.5}\\&\quad\times\frac{D_{c}^{t+1}(\boldsymbol{x}^{t+1},\boldsymbol{y}^{t+1})/D_{v}^{t+1}(\boldsymbol{x}^{t+1},\boldsymbol{y}^{t+1})}{D_{c}^{t}(\boldsymbol{x}^{t},\boldsymbol{y}^{t})/D_{v}^{t}(\boldsymbol{x}^{t},\boldsymbol{y}^{t})}\\&=TE\Delta_{\text{FGNZ}}\times T\Delta_{\text{FGNZ}}\times S\Delta_{\text{FGNZ}}\end{aligned}\tag{5.36}$$

其中，下标 c 表示规模报酬不变，v 表示规模报酬可变。$TE\Delta_{\text{FGNZ}}$、$T\Delta_{\text{FGNZ}}$ 和 $S\Delta_{\text{FGNZ}}$ 分别表示技术效率变动、技术进步和规模报酬变动。然而，Färe et al.(1994)的分解存在一个逻辑性错误，即技术效率变动和技术进步分别是采用规模报酬可变和规模报酬不变所计算的。这受到了 Ray and Desli (1997)的攻击，DEA 所测量的技术变动都是基于各生产前沿面的相对技术变动，而不是绝对技术变动。他们认为以上 Malmquist 指数分解的缺陷是：若生产前沿面是规模报酬不变的，则技术进步率的计算是正确的，此时不存在规模效率；若生产前沿面是规模报酬可变的，则技术进步率不能反映给定投入约束下最大产出是如何随技术变动的，解决的办法是引入固定基期，利用生产前沿规模报酬可变的假定，重新分解 Malmquist 生产率指数。

Malmquist 生产率指数的 RD 分解为

$$\begin{aligned}
TFP &= M(\boldsymbol{x}^{t+1}, \boldsymbol{y}^{t+1}, \boldsymbol{x}^{t}, \boldsymbol{y}^{t}) = \left[\frac{D_c^{t+1}(\boldsymbol{x}^{t+1}, \boldsymbol{y}^{t+1})}{D_c^{t+1}(\boldsymbol{x}^{t}, \boldsymbol{y}^{t})} \times \frac{D_c^{t}(\boldsymbol{x}^{t+1}, \boldsymbol{y}^{t+1})}{D_c^{t}(\boldsymbol{x}^{t}, \boldsymbol{y}^{t})}\right]^{0.5} \\
&= \frac{D_c^{t+1}(\boldsymbol{x}^{t+1}, \boldsymbol{y}^{t+1})}{D_c^{t}(\boldsymbol{x}^{t}, \boldsymbol{y}^{t})} \times \left[\frac{D_c^{t}(\boldsymbol{x}^{t+1}, \boldsymbol{y}^{t+1})}{D_c^{t+1}(\boldsymbol{x}^{t+1}, \boldsymbol{y}^{t+1})} \times \frac{D_c^{t}(\boldsymbol{x}^{t}, \boldsymbol{y}^{t})}{D_c^{t+1}(\boldsymbol{x}^{t}, \boldsymbol{y}^{t})}\right]^{0.5} \\
&= \frac{D_v^{t+1}(\boldsymbol{x}^{t+1}, \boldsymbol{y}^{t+1})}{D_v^{t}(\boldsymbol{x}^{t}, \boldsymbol{y}^{t})} \times \left[\frac{D_v^{t}(\boldsymbol{x}^{t+1}, \boldsymbol{y}^{t+1})}{D_v^{t+1}(\boldsymbol{x}^{t+1}, \boldsymbol{y}^{t+1})} \times \frac{D_v^{t}(\boldsymbol{x}^{t}, \boldsymbol{y}^{t})}{D_v^{t+1}(\boldsymbol{x}^{t}, \boldsymbol{y}^{t})}\right]^{0.5} \\
&\quad \times \left[\frac{D_c^{t}(\boldsymbol{x}^{t+1}, \boldsymbol{y}^{t+1}) / D_v^{t}(\boldsymbol{x}^{t+1}, \boldsymbol{y}^{t+1})}{D_c^{t}(\boldsymbol{x}^{t}, \boldsymbol{y}^{t}) / D_v^{t}(\boldsymbol{x}^{t}, \boldsymbol{y}^{t})}\right. \\
&\quad \left. \times \frac{D_c^{t+1}(\boldsymbol{x}^{t+1}, \boldsymbol{y}^{t+1}) / D_v^{t+1}(\boldsymbol{x}^{t+1}, \boldsymbol{y}^{t+1})}{D_c^{t+1}(\boldsymbol{x}^{t}, \boldsymbol{y}^{t}) / D_v^{t+1}(\boldsymbol{x}^{t}, \boldsymbol{y}^{t})}\right]^{0.5} \\
&= TE\Delta_{RD} \times T\Delta_{RD} \times S\Delta_{RD}
\end{aligned} \tag{5.37}$$

Ray and Desli(1997)认为 FGNZ 错误地定义了技术进步,FGNZ 方法假设现实技术是规模报酬可变的,在此基础上计算了技术效率变动和规模报酬变动。但是在计算技术进步时却放弃了现实技术的规模可变性,而是利用了假设的规模报酬不变。因此,FGNZ 分解中的技术进步并不是现实技术的进步,而是参照技术的进步。由此也导致二者对规模报酬变动的不同界定。

对 RD 模型的修正,Färe et al.(1997)并没有认可,他们认为自己的模型没有问题,Ray and Desli(1997)只是给出了另一种方法,并认为他们的解法会存在不可行解的问题,并写了 Reply 发表在 *American Economic Review* 上。广义 Malmquist 指数的概念由 Grifell and Lovell (1999)提出,这两个人对该指数进行了与 RD 相似的分解。

Lovell (2003)从理论角度肯定了 RD 模型的正确性。Grosskopf(2003)虽然仍对 FGNZ 模型做了辩解,但至此关于 Malmquist 指数分解的争论已经基本结束,RD 模型的正确性基本得到了确认。

5.1.7 Malmquist 生产率指数的发展

5.1.7.1 全域(Global) Malmquist 生产率指数

Pastor and Lovell (2005)认为,Malmquist 生产率指数存在三大缺陷:计算结果通常不一致、线性规划可能无法求解、求得的结果不具有乘法完备性。因此,他们构造了全域 Malmquist 生产率指数。当期的基准技术(a contemporaneous benchmark technology)定义如下:

$$T_c^t = \{(\boldsymbol{x}^t, \boldsymbol{y}^t) \mid \boldsymbol{x}^t \text{ 可以生产} \boldsymbol{y}^t\}, \quad t = 1, 2, \cdots, T \tag{5.38}$$

其中,下标 c 表示规模报酬不变。

全域的基准生产技术(a global benchmark technology)定义如下:

$$T_c^G = \text{conv}\{T_c^1 \cup \cdots \cup T_c^T\} \tag{5.39}$$

则当期的 Malmquist 生产率指数为

$$M_c^s(\boldsymbol{x}^t, \boldsymbol{y}^t, \boldsymbol{x}^{t+1}, \boldsymbol{y}^{t+1}) = \frac{D_c^s(\boldsymbol{x}^{t+1}, \boldsymbol{y}^{t+1})}{D_c^s(\boldsymbol{x}^t, \boldsymbol{y}^t)} \tag{5.40}$$

其中,产出距离函数 $D_c^s(\boldsymbol{x}^t, \boldsymbol{y}^t) = \min\{\theta > 0 \mid (\boldsymbol{x}, \boldsymbol{y}/\theta) \in T_c^s\}, s = t, t+1$。

同理,全域 Malmquist 生产率指数的定义为

$$M_c^G(\boldsymbol{x}^t, \boldsymbol{y}^t, \boldsymbol{x}^{t+1}, \boldsymbol{y}^{t+1}) = \frac{D_c^G(\boldsymbol{x}^{t+1}, \boldsymbol{y}^{t+1})}{D_c^G(\boldsymbol{x}^t, \boldsymbol{y}^t)} \tag{5.41}$$

其中,产出距离函数 $D_c^G(\boldsymbol{x}^t, \boldsymbol{y}^t) = \min\{\theta > 0 \mid (\boldsymbol{x}, \boldsymbol{y}/\theta) \in T_c^G\}$。

接下来,我们将 $M_c^G(\boldsymbol{x}^t, \boldsymbol{y}^t, \boldsymbol{x}^{t+1}, \boldsymbol{y}^{t+1})$ 进行分解,得

$$\begin{aligned}
& M_c^G(\boldsymbol{x}^t, \boldsymbol{y}^t, \boldsymbol{x}^{t+1}, y^{t+1}) \\
&= \frac{D_c^{t+1}(\boldsymbol{x}^{t+1}, \boldsymbol{y}^{t+1})}{D_c^t(\boldsymbol{x}^t, \boldsymbol{y}^t)} \times \left[\frac{D_c^G(\boldsymbol{x}^{t+1}, \boldsymbol{y}^{t+1})}{D_c^{t+1}(\boldsymbol{x}^{t+1}, \boldsymbol{y}^{t+1})} \times \frac{D_c^t(\boldsymbol{x}^t, \boldsymbol{y}^t)}{D_c^G(\boldsymbol{x}^t, \boldsymbol{y}^t)}\right] \\
&= \frac{TE_c^{t+1}(\boldsymbol{x}^{t+1}, \boldsymbol{y}^{t+1})}{TE_c^t(\boldsymbol{x}^t, \boldsymbol{y}^t)} \times \left[\frac{D_c^G(\boldsymbol{x}^{t+1}, \boldsymbol{y}^{t+1}) / D_c^{t+1}(\boldsymbol{x}^{t+1}, \boldsymbol{y}^{t+1})}{D_c^G(\boldsymbol{x}^t, \boldsymbol{y}^t) / D_c^t(\boldsymbol{x}^t, \boldsymbol{y}^t)}\right] \\
&= EC_c \times \left[\frac{BPG_c^G(\boldsymbol{x}^{t+1}, \boldsymbol{y}^{t+1})}{BPG_c^G(\boldsymbol{x}^t, \boldsymbol{y}^t)}\right] \\
&= EC_c \times BPC_c
\end{aligned} \tag{5.42}$$

这里的 EC_c 是通常的效率变化指标,它表示的是两期观测值与前沿面距离的相对变化;BPG_c^G 是 T_c^G 和 T_c^S 之间的最佳实践距离(best practice gap,BPG);BPC_c 是 BPG_c 的变化部分,也就是我们所说的技术变化,代表两期前沿面的变化幅度。若 $BPC_c \geqslant 1$,则表明 $t+1$ 期的基准技术相较于 t 期时,距离全域的基准生产技术更近了;若 $BPC_c < 1$,则表明 $t+1$ 期的基准技术相较于 t 期时,距离全域的基准生产技术变远了。

由于全域 Malmquist 生产率指数具有可传递性、可累乘性,不会因为基期选择不同而产生不同的结果且不会产生线性规划不可解的问题,因此备受学者青睐。

5.1.7.2 两期(Biennial) Malmquist 生产率指数

受全域 Malmquist 生产率指数的启发,Pastor et al. (2011)开发了两期

Malmquist 生产率指数，该指数比全域 Malmquist 生产率指数更加灵活，并且也可以解决不可行解的问题。全域 Malmquist 生产率指数的前沿面构建基于所有时期所有样本的观测值，当增加新的一年的数据时，整个前沿面就需要改变，因此计算比较复杂。两期 Malmquist 生产率指数则是基于两期的观测值构建前沿面，新增一期数据，只需要改变最后一期的前沿面即可。

对于每一个时期 t，考虑两种基准生产技术。t 期的基准生产技术的定义为

$$T_c^k = \left\{ (\boldsymbol{x}, \boldsymbol{y}) \mid \boldsymbol{x} \leqslant \sum_{k=1}^{K} \lambda_k^t \boldsymbol{x}_k^t, \boldsymbol{y} \geqslant \sum_{k=1}^{K} \lambda_k^t \boldsymbol{y}_k^t, \lambda_k^t \geqslant 0, k = 1, 2, \cdots, K \right\} \tag{5.43}$$

则 $t+1$ 期的基准生产技术以类似的方法定义，基准的 t 期两期生产技术的定义为

$$T_c^B = \operatorname{conv}\{T_c^t, T_c^{t+1}\} \tag{5.44}$$

基于此，定义产出方向的距离函数为

$$D_c^B(\boldsymbol{x}, \boldsymbol{y}) = \min\{\varphi > 0 \mid (\boldsymbol{x}, \boldsymbol{y}/\varphi) \in T_c^B\} \tag{5.45}$$

于是，两期 Malmquist 生产率指数的定义为

$$M_c^B(\boldsymbol{x}^t, \boldsymbol{y}^t, \boldsymbol{x}^{t+1}, \boldsymbol{y}^{t+1}) = \frac{D_c^B(\boldsymbol{x}^{t+1}, \boldsymbol{y}^{t+1})}{D_c^B(\boldsymbol{x}^t, \boldsymbol{y}^t)} \tag{5.46}$$

两期 Malmquist 生产率指数也可以分解为生产效率的变化和生产技术的变化，即

$$\begin{aligned} & M_c^B(\boldsymbol{x}^t, \boldsymbol{y}^t, \boldsymbol{x}^{t+1}, \boldsymbol{y}^{t+1}) \\ & = \frac{D_c^{t+1}(\boldsymbol{x}^{t+1}, \boldsymbol{y}^{t+1})}{D_c^t(\boldsymbol{x}^t, \boldsymbol{y}^t)} \times \left[\frac{D_c^B(\boldsymbol{x}^{t+1}, \boldsymbol{y}^{t+1})}{D_c^{t+1}(\boldsymbol{x}^{t+1}, \boldsymbol{y}^{t+1})} \times \frac{D_c^B(\boldsymbol{x}^t, \boldsymbol{y}^t)}{D_c^G(\boldsymbol{x}^t, \boldsymbol{y}^t)} \right] \\ & = \frac{TE_c^{t+1}(\boldsymbol{x}^{t+1}, \boldsymbol{y}^{t+1})}{TE_c^t(\boldsymbol{x}^t, \boldsymbol{y}^t)} \times \left[\frac{D_c^B(\boldsymbol{x}^{t+1}, \boldsymbol{y}^{t+1}) / D_c^{t+1}(\boldsymbol{x}^{t+1}, \boldsymbol{y}^{t+1})}{D_c^B(\boldsymbol{x}^t, \boldsymbol{y}^t) / D_c^t(\boldsymbol{x}^t, \boldsymbol{y}^t)} \right] \\ & = EC_c \times \left[\frac{BPG_c^B(\boldsymbol{x}^{t+1}, \boldsymbol{y}^{t+1})}{BPG_c^B(\boldsymbol{x}^t, \boldsymbol{y}^t)} \right] = EC_c \times BPC_c \end{aligned} \tag{5.47}$$

5.1.7.3 序列(Sequential) Malmquist 生产率指数

传统的 Malmquist 生产率指数是基于决策单元当期的观测值构造当期的最佳生产技术前沿面的，而序列 Malmquist 生产率指数则是以决策单元当期以及前期的观测值构造当期的最佳生产技术前沿面，因此序列 Malmquist 生产率指数能够实现“过去掌握的技术不会遗忘”的假定，从而避免在计算全要素生产

率指数时出现虚假的"技术退步"以及由此导致的技术效率"被动提高"等不合理现象。

序列 Malmquist 生产率指数是由 Shestalova (2003)提出的,他假设 t 期之前的技术都是可行的,这也是该指数的核心。生产可能性集会从一个时期扩展到另一个时期(或者保持不变),该技术只能随着时间的流逝而提高,生产率下降的原因是效率的降低。通常,前期技术的可行性将改变 t 期的产出集:

$$\overline{P}^t(\boldsymbol{x})=\{(\boldsymbol{x},\boldsymbol{y}):\boldsymbol{y}\leqslant\overline{\boldsymbol{Y}}^t\boldsymbol{\lambda},\boldsymbol{x}\geqslant\overline{\boldsymbol{X}}^t\boldsymbol{\lambda},\boldsymbol{\lambda}\geqslant\boldsymbol{0}\} \tag{5.48}$$

其中,$\boldsymbol{X}^t$ 和 $\boldsymbol{Y}^t$ 为所有决策单元时期 t 的投入和产出,$\boldsymbol{x}^t$ 和 $\boldsymbol{y}^t$ 为单个决策单元时期 t 的投入和产出,$\overline{\boldsymbol{X}}^t=(\boldsymbol{X}^1,\cdots,\boldsymbol{X}^{t-1},\boldsymbol{X}^t)=(\overline{\boldsymbol{X}}^{t-1},\boldsymbol{X}^t)$,$\overline{\boldsymbol{Y}}^t=(\boldsymbol{Y}^1,\cdots,\boldsymbol{Y}^{t-1},\boldsymbol{Y}^t)=(\overline{\boldsymbol{Y}}^{t-1},\boldsymbol{Y}^t)$。

在此基础上,定义序列 Malmquist 生产率指数的距离函数的线性程序为

$$\min\theta$$

$$\text{s.t.}\begin{cases}-\dfrac{\boldsymbol{y}}{\theta}+(\boldsymbol{Y}^1,\cdots,\boldsymbol{Y}^{t-1},\boldsymbol{Y}^t)\cdot\boldsymbol{\lambda}\geqslant 0\\ \boldsymbol{x}-(\boldsymbol{X}^1,\cdots,\boldsymbol{X}^{t-1},\boldsymbol{X}^t)\cdot\boldsymbol{\lambda}\geqslant 0\\ \boldsymbol{\lambda},\theta\geqslant 0\end{cases} \tag{5.49}$$

此时,序列 Malmquist 生产率指数依然可以分解为技术效率变动、技术进步和规模报酬变动。此时的技术进步率将克服"技术退步"的问题,始终保持大于或等于 1。生产效率的降低将来自技术效率的变动(纯技术效率变动和纯规模报酬变动)。

5.1.7.4 共同前沿(Meta-frontier) Malmquist 生产率指数

常规的 Malmquist 生产率指数可以用作根据事后结果比较国家或群体生产率增长率的工具。但是,有了数据集上的事前信息,计算结果可能会更加详尽,并可用于产生更详细的决策建议。在数据集上使用事前信息的原因是,不能将在给定生产技术下运行的生产者的生产率进行直接的比较。这是因为一个特定技术组中的生产者具有与其他组中不同的生产可能性集。因此,为了解决这种技术异质性带来的效率评价问题,共同前沿 Malmquist 生产率指数应运而生。

共同前沿的概念由 Hayami (1969)提出。Ruttan et al. (1978)将共同前沿

生产函数定义为最有效率的生产者的生产点的包围，使共同前沿生产函数的概念更加具体。基于 DEA 的共同前沿 Malmquist 生产率指数是基于全域技术构建的，由 Oh(2010)提出。

假设有 K 个决策单元一共进行了 T 期生产，全部决策单元可以分为 h 个组群，依次为 $K_1, K_2, \cdots, K_h$。每个决策单元都是用 N 种投入，得到 P 种产出，即 $\boldsymbol{x} \in \mathbf{R}_+^N$，$\boldsymbol{y} \in \mathbf{R}_+^p$，则生产前沿被定义为

$$P = \{(\boldsymbol{x}, \boldsymbol{y}) \mid \boldsymbol{x} \text{ 可以生产 } \boldsymbol{y}\} \tag{5.50}$$

共同前沿 DEA 框架的核心在于分别定义了组群前沿和共同前沿，因而能更好地刻画不同地区的技术异质性。K_h 组的当期基准技术被定义为

$$P_{K_h}^t = \{(\boldsymbol{x}^t, \boldsymbol{y}^t) \mid \boldsymbol{x}^t \text{ 能够生产} \boldsymbol{y}^t\}, \quad t = 1, 2, \cdots, T \tag{5.51}$$

K_h 组的跨期基准技术被定义为

$$P_{K_h}^I = \mathrm{conv}\{P_{K_h}^1 \cup \cdots \cup P_{K_h}^T\}, \quad h = 1, 2, \cdots, H \tag{5.52}$$

跨期基准技术是由 R_h 组的整个时间段的观测值构成的一个单一的生产集。因为我们将全部决策单元分为了 h 个组群，所以一共有 h 种不同的跨期基准技术，一种跨期技术的生产者(即从事同一组的生产者)不能变为获得另一种跨期技术的使用者。进一步地，全域生产前沿可以被定义为

$$P^G = \mathrm{conv}\{P_{K_1}^I \cup \cdots \cup P_{K_h}^I\} \tag{5.53}$$

全域生产可能性集的边界衡量了所有组群在所有生产期内的共同前沿。基于生产集合 $P_{K_h}^t$，K_h 组中的个体 i 的当期 Malmquist 生产率指数被定义为

$$M^t(\boldsymbol{x}^t, \boldsymbol{y}^t, \boldsymbol{x}^{t+1}, \boldsymbol{y}^{t+1}) = \frac{D^t(\boldsymbol{x}^{t+1}, \boldsymbol{y}^{t+1})}{D^t(\boldsymbol{x}^t, \boldsymbol{y}^t)} \tag{5.54}$$

其中，产出距离函数 $D^t(\boldsymbol{x}^t, \boldsymbol{y}^t) = \inf\{\varnothing > 0 \mid (\boldsymbol{x}^t, \boldsymbol{y}^t/\varnothing) \in P_{K_h}^t\}$。

在 $P_{K_h}^I$ 的基础上，K_h 组内的跨期 Malmquist 生产率指数被定义为

$$M^I(\boldsymbol{x}^t, \boldsymbol{y}^t, \boldsymbol{x}^{t+1}, \boldsymbol{y}^{t+1}) = \frac{D^I(\boldsymbol{x}^{t+1}, \boldsymbol{y}^{t+1})}{D^I(\boldsymbol{x}^t, \boldsymbol{y}^t)} \tag{5.55}$$

其中，产出距离函数 $D^I(\boldsymbol{x}^t, \boldsymbol{y}^t) = \inf\{\varnothing > 0 \mid (\boldsymbol{x}^t, \boldsymbol{y}^t/\varnothing) \in P_{K_h}^I\}$。

公式(5.55)可以进行如下的分解：

$$\begin{aligned}
& M^I(\boldsymbol{x}^t, \boldsymbol{y}^t, \boldsymbol{x}^{t+1}, \boldsymbol{y}^{t+1}) \\
&= \frac{D^{t+1}(\boldsymbol{x}^{t+1}, \boldsymbol{y}^{t+1})}{D^t(\boldsymbol{x}^t, \boldsymbol{y}^t)} \times \left[\frac{D^I(\boldsymbol{x}^{t+1}, \boldsymbol{y}^{t+1})}{D^{t+1}(\boldsymbol{x}^{t+1}, \boldsymbol{y}^{t+1})} \times \frac{D^t(\boldsymbol{x}^t, \boldsymbol{y}^t)}{D^I(\boldsymbol{x}^t, \boldsymbol{y}^t)}\right] \\
&= \frac{D^{t+1}(\boldsymbol{x}^{t+1}, \boldsymbol{y}^{t+1})}{D^t(\boldsymbol{x}^t, \boldsymbol{y}^t)} \times \left[\frac{D^I(\boldsymbol{x}^{t+1}, \boldsymbol{y}^{t+1})/D^{t+1}(\boldsymbol{x}^{t+1}, \boldsymbol{y}^{t+1})}{D^I(\boldsymbol{x}^t, \boldsymbol{y}^t)/D^t(\boldsymbol{x}^t, \boldsymbol{y}^t)}\right]
\end{aligned}$$

$$=\frac{TE^{t+1}}{TE^{t}}\times\frac{BPG^{t+1}}{BPG^{t}}=EC\times BPC \tag{5.56}$$

类似地，共同前沿 Malmquist 生产率指数被定义为

$$M^{G}(\boldsymbol{x}^{t},\boldsymbol{y}^{t},\boldsymbol{x}^{t+1},\boldsymbol{y}^{t+1})=\frac{D^{G}(\boldsymbol{x}^{t+1},\boldsymbol{y}^{t+1})}{D^{G}(\boldsymbol{x}^{t},\boldsymbol{y}^{t})} \tag{5.57}$$

其中，产出距离函数 $D^{G}(\boldsymbol{x}^{t},\boldsymbol{y}^{t})=\inf\{\varnothing>0\mid(\boldsymbol{x}^{t},\boldsymbol{y}^{t}/\varnothing)\in P^{G}\}$。

公式(5.57)可以进行如下的分解：

$$\begin{aligned}
&M^{G}(\boldsymbol{x}^{t},\boldsymbol{y}^{t},\boldsymbol{x}^{t+1},\boldsymbol{y}^{t+1})\\
&=\frac{D^{t+1}(\boldsymbol{x}^{t+1},\boldsymbol{y}^{t+1})}{D^{t}(\boldsymbol{x}^{t},\boldsymbol{y}^{t})}\times\left[\frac{D^{G}(\boldsymbol{x}^{t+1},\boldsymbol{y}^{t+1})}{D^{t+1}(\boldsymbol{x}^{t+1},\boldsymbol{y}^{t+1})}\times\frac{D^{t}(\boldsymbol{x}^{t},\boldsymbol{y}^{t})}{D^{G}(\boldsymbol{x}^{t},\boldsymbol{y}^{t})}\right]\\
&=\frac{D^{t+1}(\boldsymbol{x}^{t+1},\boldsymbol{y}^{t+1})}{D^{t}(\boldsymbol{x}^{t},\boldsymbol{y}^{t})}\times\left[\frac{D^{I}(\boldsymbol{x}^{t+1},\boldsymbol{y}^{t+1})}{D^{t+1}(\boldsymbol{x}^{t+1},\boldsymbol{y}^{t+1})}\times\frac{D^{t}(\boldsymbol{x}^{t},\boldsymbol{y}^{t})}{D^{I}(\boldsymbol{x}^{t},\boldsymbol{y}^{t})}\right]\\
&\quad\times\left[\frac{D^{G}(\boldsymbol{x}^{t+1},\boldsymbol{y}^{t+1})}{D^{I}(\boldsymbol{x}^{t+1},\boldsymbol{y}^{t+1})}\times\frac{D^{I}(\boldsymbol{x}^{t},\boldsymbol{y}^{t})}{D^{G}(\boldsymbol{x}^{t},\boldsymbol{y}^{t})}\right]\\
&=\frac{TE^{t+1}}{TE^{t}}\times\frac{BPG^{I,t+1}}{BPG^{I,t}}\times\frac{TGR^{t+1}}{TGR^{t}}\\
&=EC\times BPC\times TGC
\end{aligned} \tag{5.58}$$

其中，EC 和 BPC 分别表示效率变化和最佳实践距离变化的部分；TGR 是 K_s 组中生产者观测值所处的组内技术水平与全域技术水平的差距；TGC 是两个时期的跨期生产技术前沿和共同前沿之间技术差距比率的变化。一般地，TGC 越小，则特定群体的跨期技术与全域技术之间的技术差距越大；$TGC=1$，则特定群体的跨期技术与全域技术重合，并且说明该群体在技术创新方面处于领先地位，若 TGC 一直处于 1 附近，则认为该生产组就是领导组。技术落差比率被视为衡量技术领先地位的标准，TGC 就是技术领先地位的变化。图 5.9 描述了共同前沿 DEA 逐层构建组群生产前沿和共同生产前沿的过程。

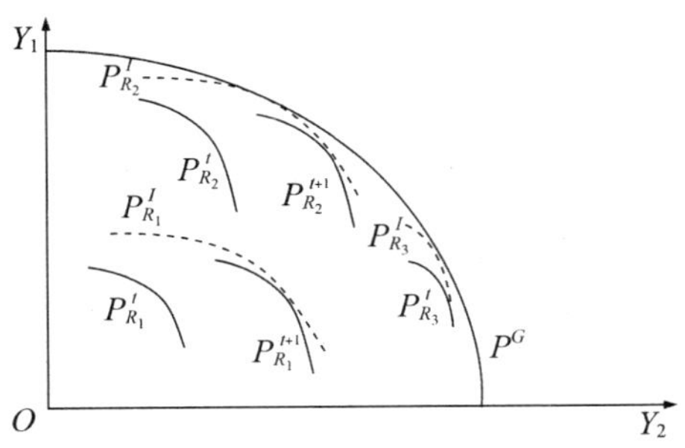

图 5.9　共同前沿 DEA 的构建

从图 5.9 中可知，最外层的实线就是全域的生产前沿，而内部的虚线则是各个组群的生产前沿面，最里面的实线则是当期决策单元的前沿面。

由于共同前沿考虑了不同组群之间技术的异质性，更符合现实状况，因此该方法被大量运用。例如，Zhang et al. (2015)利用共同前沿 SBM 模型测算了中国区域的生态全要素能源效率；Yu et al. (2018)利用共同前沿 SBM 超效率模型测算了中国 30 个省的生态效率。

5.2 方向距离函数

方向距离函数(DDF)是用于效率评估以及测算污染物影子价格的一种最为常见的能源与环境建模技术，它可以同时对期望产出和非期望产出(污染物)进行建模。此外，与成本函数不同的是，DDF 不需要大量特定价格的数据信息，只需要投入和产出的数量信息便可以建立各种重要特性的模型，如环境技术效率、绿色全要素生产率以及污染物的影子价格。

传统的谢泼德距离函数是将期望产出和非期望产出按比例扩展到可行的范围内，因此所有的产出都按照相同的比例扩展。而 DDF 作为一种相对较为新颖的能源与环境建模技术，它的一个主要优点是能够同时扩大期望产出和减少投入或非期望产出。DDF 首先是由 Chambers et al.(1996)在其工作论文中提出的，旨在对同时减少投入和增长产出的效率进行测度。随后 DDF 被 Chung et al. (1997)增加了环境污染非期望产出，拓展到环境经济领域。DDF 所传达的思想正符合我们当今经济社会发展的目标：既要发展经济也要减少污染排放。利用 DDF 来衡量一家企业的技术效率时，不仅要考虑其生产方面的绩效，还需要考虑这家企业在减排和减污方面的努力，因此 DDF 可以更加精确地估计出企业在环境规制下的技术效率，此时技术效率就被称为环境技术效率。

5.2.1 环境生产技术

DDF 作为能源与环境研究中的一种前沿生产方法，为了能够很好地介绍其基本原理，我们首先需要介绍环境生产技术。在一般的生产过程中，除了得到类似于电力等期望产出以外，也会不可避免地得到类似于废水、废气和废渣等人们并不希望得到的非期望产出。因此，在衡量一个生产过程的时候不再单是追求增加期望产出，同时也追求尽可能地减少非期望产出的生产。这种将非期望产出纳入传统生产活动的技术就称为环境生产技术。

假设有 $k=1,2,\cdots,K$ 个决策单元，它们可以是发电企业或者制造企业，并且每个决策单元使用投入向量 $\boldsymbol{x}\in\mathbf{R}_{+}^{N}$ 来联合生产期望产出向量 $\boldsymbol{y}\in\mathbf{R}_{+}^{P}$ 和非期望产出向量 $\boldsymbol{b}\in\mathbf{R}_{+}^{Q}$，则多产出的生产技术可以表示为

$$T(\boldsymbol{x})=\{(\boldsymbol{x},\boldsymbol{y},\boldsymbol{b}):\boldsymbol{x}\text{ 可以生产}(\boldsymbol{y},\boldsymbol{b})\} \tag{5.59}$$

根据 Chung et al. (1997)的研究，在生产理论中，生产可能性集是一个有界集和闭集，且投入和期望产出具有强可处置性。此外，为了使 $T(\boldsymbol{x})$ 表示环境生产技术，我们还需要增加弱可处置性和零结合性假设这两个额外的公理：

(i) 若 $(\boldsymbol{x},\boldsymbol{y},\boldsymbol{b})\in T(\boldsymbol{x})$ 和 $0\leqslant\theta\leqslant 1$，则 $(\boldsymbol{x},\theta\boldsymbol{y},\theta\boldsymbol{b})\in T(\boldsymbol{x})$；

(ii) 若 $(\boldsymbol{x},\boldsymbol{y},\boldsymbol{b})\in T(\boldsymbol{x})$ 和 $\boldsymbol{b}=\boldsymbol{0}$，则 $\boldsymbol{y}=\boldsymbol{0}$。

弱可处置性的假设意味着，在生产过程中减少非期望产出（如二氧化碳的排放）是有成本的，即在给定的投入水平下，减少非期望产出需要占用生产期望产出的投入，使得期望产出也必须减少。零结合性假设是指，在生产过程中无法避免非期望产出（如二氧化碳的排放）的产生，消除所有非期望产出的唯一方法就是停止生产。

在确定环境生产技术 $T(\boldsymbol{x})$ 之后，我们可以利用参数距离函数或者非参数 DEA 来构造环境生产技术。DEA 方法的一个主要的优点是它不需要对潜在生产技术设定函数形式，因此，我们更容易引入非参数 DEA 分段线性生产前沿来构建环境生产技术。我们将 $T(\boldsymbol{x})$ 表示为 K 个决策单元的环境生产技术，并且该生产技术表现为规模报酬不变，即

$$\begin{aligned} T(\boldsymbol{x})=\{(\boldsymbol{x},\boldsymbol{y},\boldsymbol{b}):&\sum_{k=1}^{K}\lambda_k x_{nk}\leqslant x_n, n=1,2,\cdots,N\\ &\sum_{k=1}^{K}\lambda_k y_{pk}\geqslant y_p, p=1,2,\cdots,P\\ &\sum_{k=1}^{K}\lambda_k b_{qk}=b_q, q=1,2,\cdots,Q\\ &\lambda_k\geqslant 0, k=1,2,\cdots,K\} \end{aligned} \tag{5.60}$$

其中，λ_k 是通过凸组合构建环境生产技术的结构变量。如果在公式(5.60)的基础上添加约束条件 $\sum_{k=1}^{K}\lambda_k=1$，则环境生产技术将由规模报酬不变变为规模报酬可变。

5.2.2 方向距离函数

Chung et al. (1997)首次将 DDF 应用于测度包含污染产出的情况，用方向产出距离函数来评估瑞典纸浆厂的绩效。在这里，基本的方向距离函数被定义为最大限度地增加期望产出，同时减少投入和非期望产出，即

$$\vec{D}(\boldsymbol{x},\boldsymbol{y},\boldsymbol{b};\boldsymbol{g})=\max\{\beta:(\boldsymbol{x}-\beta\boldsymbol{g}_x,\boldsymbol{y}+\beta\boldsymbol{g}_y,\boldsymbol{b}-\boldsymbol{g}_b)\in T(\boldsymbol{x})\} \tag{5.61}$$

其中，$\boldsymbol{g}=(-\boldsymbol{g}_x,\boldsymbol{g}_y,-\boldsymbol{g}_b)$ 为投入和产出应缩放的方向向量，β 表示无效率值。根据研究的目的（如政策目标），DDF 可使用不同大小的方向向量。结合公式(5.60)和公式(5.61)，我们就可以通过求解以下 DEA 模型计算出 $\vec{D}(\boldsymbol{x},\boldsymbol{y},\boldsymbol{b};\boldsymbol{g})$ 的值，并且来测度每个决策单元的环境无效率值。

$$\vec{D}(\boldsymbol{x},\boldsymbol{y},\boldsymbol{b};\boldsymbol{g})=\max\beta$$

$$\text{s.t.}\begin{cases}\sum_{k=1}^{K}\lambda_k x_{nk}\leqslant x_n-\beta g_{xn},n=1,2,\cdots,N\\ \sum_{k=1}^{K}\lambda_k y_{pk}\geqslant y_p+\beta g_{yp},p=1,2,\cdots,P\\ \sum_{k=1}^{K}\lambda_k b_{qk}=b_q-\beta g_{bq},q=1,2,\cdots,Q\\ \lambda_k\geqslant 0,k=1,2,\cdots,K\\ \beta\geqslant 0\end{cases} \tag{5.62}$$

我们以方向距离函数（见图 5.10）为例，假设点 F 在 $T(\boldsymbol{x})$ 集的边界上，那么 $\vec{D}_O(\boldsymbol{x}_F,\boldsymbol{y}_F,\boldsymbol{b}_F;\boldsymbol{g}_y,-\boldsymbol{g}_b)=0$；如果点 E 在 $T(\boldsymbol{x})$ 集内，那么 $\vec{D}_O(\boldsymbol{x}_F,\boldsymbol{y}_F,\boldsymbol{b}_F;\boldsymbol{g}_y,-\boldsymbol{g}_b)=EF/Og>0$。因此有 $\vec{D}_O(\boldsymbol{x}_F,\boldsymbol{y}_F,\boldsymbol{b}_F;\boldsymbol{g}_y,-\boldsymbol{g}_b)\geqslant 0$。

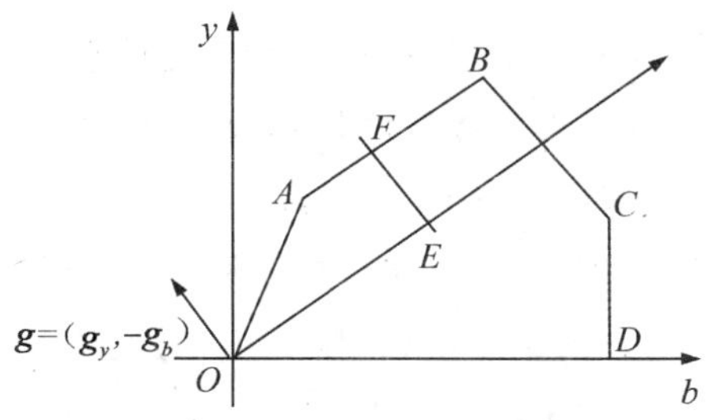

图 5.10 方向距离函数

Chung et al. (1997)还指出,谢泼德产出距离函数和方向产出距离函数之间具有一种转换关系。首先,谢泼德产出距离函数的定义为

$$D_O(\boldsymbol{x},\boldsymbol{y},\boldsymbol{b};\boldsymbol{g})=\min\{\theta:(\frac{\boldsymbol{y},\boldsymbol{b}}{\theta})\in T(\boldsymbol{x})\} \tag{5.63}$$

而方向产出距离函数则被定义为

$$\vec{D}_O(\boldsymbol{x},\boldsymbol{y},\boldsymbol{b};\boldsymbol{g})=\max\{\beta:(\boldsymbol{y}+\beta\boldsymbol{g}_y,\boldsymbol{b}-\beta\boldsymbol{g}_b)\in T(\boldsymbol{x})\} \tag{5.64}$$

为了将两个距离函数联系起来,Chung et al. (1997)使方向向量赋值为 $\boldsymbol{g}=(\boldsymbol{y},\boldsymbol{b})$,这样我们可以通过将公式(5.64)变形得到

$$\begin{aligned}\vec{D}_O(\boldsymbol{x},\boldsymbol{y},\boldsymbol{b};\boldsymbol{g})&=\max\{\beta:[(\boldsymbol{y},\boldsymbol{b})+\beta(\boldsymbol{y},\boldsymbol{b}]) \in T(\boldsymbol{x})\}\\&=\max\{\beta:(1+\beta)(\boldsymbol{y}+\boldsymbol{b})\in T(\boldsymbol{x})\}\\&=\max\{1+\beta:(1+\beta)(\boldsymbol{y}+\boldsymbol{b})\in T(\boldsymbol{x})\}\\&=\min\left\{\frac{1}{1+\beta}:\frac{(\boldsymbol{y},\boldsymbol{b})}{\frac{1}{1+\beta}}\in T(\boldsymbol{x})\right\}\end{aligned} \tag{5.65}$$

按照最后的变换形式,可知 $D_O(\boldsymbol{x},\boldsymbol{y},\boldsymbol{b};\boldsymbol{g})=\frac{1}{1+\beta}$,而 $\vec{D}_O(\boldsymbol{x},\boldsymbol{y},\boldsymbol{b};\boldsymbol{g})=\beta$,则我们可以得到如下的关系式:

$$D_O(\boldsymbol{x},\boldsymbol{y},\boldsymbol{b};\boldsymbol{g})=\frac{1}{1+\vec{D}_O(\boldsymbol{x},\boldsymbol{y},\boldsymbol{b};\boldsymbol{g})} \tag{5.66}$$

5.2.3 非径向方向距离函数(NDDF)

根据公式(5.61) 的描述,传统的 DDF 是以相同的比率 β 同时减少非期望产出(或投入)和增加期望产出,这被视为一种径向的效率测度方法并且存在缺陷。这个缺陷便是当存在松弛值时,径向的测度可能会高估效率值。图 5.11 直观地解释了为什么径向的 DDF 会高估效率值。$OABCDE$ 包围的区域被认为是一组产出集,对应于公式(5.61)中定义的环境生产技术。点 K 位于边界的左侧,如果使用方向向量 $\boldsymbol{g}$ 和传统的径向 DDF,则点 K 的最优基准点为点 F。但是,如果使用的是非径向方向距离函数,则点 K 的最优基准点为点 B,点 B 对应的是更少的非期望产出数量以及与点 F 相同的期望产出数量。因此,BF 的距离是径向的 DDF 的松弛值,一般把它称为松弛偏差(slack-bias)。而径向的 DDF 因为没有考虑到这个松弛值,它潜在地减少了无效率值,所以可能高估了效率值。

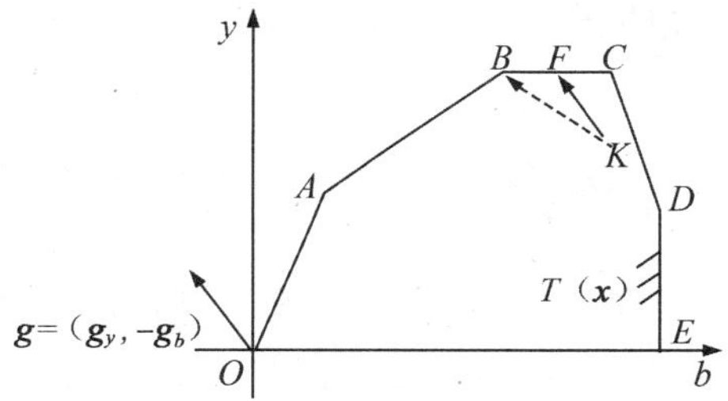

图 5.11 非径向方向距离函数

Zhou et al. (2012)首先对考虑了非期望产出的 NDDF 给出了如下的正式定义：

$$\overrightarrow{ND}(\boldsymbol{x},\boldsymbol{y},\boldsymbol{b};\boldsymbol{g})=\sup\{\boldsymbol{w}^T\boldsymbol{\beta}:[(\boldsymbol{x},\boldsymbol{y},\boldsymbol{b})+\boldsymbol{g}\times diag(\boldsymbol{\beta})]\in T(\boldsymbol{x})\} \tag{5.67}$$

其中，$\boldsymbol{w}=(w_n^x,w_p^y,w_q^b)^T$ 为与投入和产出相关的标准化权重向量，$\boldsymbol{g}=(-\boldsymbol{g}_x,\boldsymbol{g}_y,-\boldsymbol{g}_b)$ 为方向向量，$\boldsymbol{\beta}=(\beta_n^x,\beta_p^y,\beta_q^b)^T\geqslant 0$ 为尺度因子向量。结合环境生产技术以及 NDDF 的定义，我们可以通过求解下面的 DEA 模型计量出 $\overrightarrow{ND}(\boldsymbol{x},\boldsymbol{y},\boldsymbol{b};\boldsymbol{g})$ 的值。

$$\overrightarrow{ND}(\boldsymbol{x},\boldsymbol{y},\boldsymbol{b};\boldsymbol{g})=\max(w_n^x\beta_n^x+w_p^y\beta_p^y+w_q^b\beta_q^b)$$

$$\text{s.t.}\begin{cases}\sum_{k=1}^{K}\lambda_k x_{nk}\leqslant x_n-\beta_n^x g_{xn},n=1,2,\cdots,N\\ \sum_{k=1}^{K}\lambda_k y_{pk}\geqslant y_p+\beta_p^y g_{yp},p=1,2,\cdots,P\\ \sum_{k=1}^{K}\lambda_k b_{qk}=b_q+\beta_q^b g_{bq},q=1,2,\cdots,Q\\ z_k\geqslant 0,k=1,2,\cdots,K\\ \beta_n^x,\beta_p^y,\beta_q^b\geqslant 0\end{cases} \tag{5.68}$$

如果 $\overrightarrow{ND}(\boldsymbol{x},\boldsymbol{y},\boldsymbol{b};\boldsymbol{g})=0$，则被评价的决策单元在考虑到松弛变量的情况下，位于 $\boldsymbol{g}$ 向量的最佳生产前沿上。除此之外，NDDF 还有一个优点，就是能够计算出各个投入要素以及产出的无效率值（即 β_n^x、β_p^y、β_q^b），而径向的 DDF 是赋予投入和产出相同的无效率值（即 β），并不能区分投入要素和产出的无效率值。Zhang et al. (2014)利用 NDDF 构建了能源效率和碳排放效率，并针对中国 252 家火力发电厂开展了实证研究。我们将在下一节进行详细的介绍。

我们利用 Stata 软件开发了 ddfeff、nddfeff 和 teddf 命令进行 DDF 和 NDDF 效率的估计。

5.2.4 能源环境效率的测算

承接上一小节，我们进一步介绍含有非期望产出的 NDDF 在能源环境效率测算方面的应用。下面以 Zhang et al. (2014)和 Zhang and Choi (2013)为例，对静态和动态能源环境技术指数进行介绍。

传统的 DDF 是一种径向效率的度量方法，当存在松弛变量时，容易高估效率值。此外，径向 DDF 由于给环境绩效和生产绩效分配相同的无效率值导致无法有效区分二者。因此，克服上述缺点与局限的 NDDF 越来越受到青睐，它被广泛地应用于能源环境效率的测算。Zhang and Choi (2013)基于 Zhou et al. (2012)定义 NDDF 为

$$\vec{D}(K,L,F,E,C;\boldsymbol{g})=\sup\{\boldsymbol{w}^T\boldsymbol{\beta}:[(K,L,F,E,C)+\boldsymbol{g}\times diag(\boldsymbol{\beta})]\in\boldsymbol{T}\} \tag{5.69}$$

其中，$\boldsymbol{w}^T=(w_K,w_L,w_F,w_E,w_C)$ 表示与投入和产出相关的权重向量；$\boldsymbol{g}=(-g_K,-g_L,-g_F,g_E,-g_C)$ 表示方向向量；$\boldsymbol{\beta}=(\beta_K,\beta_E,\beta_F,\beta_E,\beta_C)^T\geqslant\boldsymbol{0}$ 表示对于每种投入(产出)，影响个体无效率的因素的集合；$diag$ 指对角矩阵；$\boldsymbol{T}$ 是指环境生产技术。假设有 K 个化石燃料发电厂，每个发电厂使用资本 K、劳动 L、化石燃料 F 作为投入，产生了期望产出发电量 E 和非期望产出二氧化碳排放 C，则基于 Färe et al. (2007)和 Zhou et al. (2012)，K 个化石燃料发电厂的规模报酬不变环境生产技术为

$$\begin{aligned}\boldsymbol{T}=\{(K,L,F,E,C):&\sum_{k=1}^{K}\lambda_kK_k\leqslant K,\sum_{k=1}^{K}\lambda_kL_k\leqslant L\\&\sum_{k=1}^{K}\lambda_kF_k\leqslant F,\sum_{k=1}^{K}\lambda_kE_k\geqslant E,\sum_{k=1}^{K}\lambda_kC_k=C\\&\lambda_k\geqslant 0,k=1,2,\cdots,K\}\end{aligned} \tag{5.70}$$

进一步地，基于 NDDF，将所有投入和产出都纳入目标函数和约束条件，则全要素 NDDF(TNDDF)的值可以表示为

$$\vec{D}_T(K,L,F,E,C;\boldsymbol{g})=\max(w_K\beta_K+w_L\beta_L+w_F\beta_F+w_E\beta_E+w_C\beta_C)$$

$$
\text{s.t.}\begin{cases}
\sum_{k=1}^{K}\lambda_k K_k \leqslant K-\beta_K g_K \\
\sum_{k=1}^{K}\lambda_k L_k \leqslant L-\beta_L g_L \\
\sum_{k=1}^{K}\lambda_k F_k \leqslant F-\beta_F g_F \\
\sum_{k=1}^{K}\lambda_k E_k \geqslant E-\beta_E g_E \\
\sum_{k=1}^{K}\lambda_k C_k = C-\beta_C g_C \\
\lambda_k \geqslant 0, k=1,2,\cdots,K \\
\beta_K,\beta_L,\beta_F,\beta_E,\beta_C \geqslant 0
\end{cases} \tag{5.71}
$$

其中,权重向量 $\boldsymbol{w}$ 为 $(\frac{1}{9},\frac{1}{9},\frac{1}{9},\frac{1}{3},\frac{1}{3})$,方向向量 $\boldsymbol{g}$ 为 $(-K,-L,-F,E,-C)$,则可以通过构建综合效率指数(UEI)来度量发电厂的综合环境生产表现。UEI 被定义为每种要素的平均效率,基于上述模型,可以求解出每种要素 β 的最优值,则 UEI 的具体计算方法如下:

$$
\begin{aligned}
UEI &= \frac{1/4[(1-\beta_K^*)+(1-\beta_L^*)+(1-\beta_F^*)+(1-\beta_C^*)]}{1+\beta_E^*} \\
&= \frac{1-1/4(\beta_K^*+\beta_L^*+\beta_F^*+\beta_C^*)}{1+\beta_E^*}
\end{aligned} \tag{5.72}
$$

除了综合环境生产绩效以外,我们还可以测算发电厂的净能源环境效率。因为资本和劳动并不会直接产生碳排放,所以遵循 Zhang and Choi (2013),设定权重向量 $\boldsymbol{w}$ 为 $(0,0,\frac{1}{3},\frac{1}{3},\frac{1}{3})$,方向向量 $\boldsymbol{g}$ 为 $(0,0,-F,E,-C)$,并将资本和劳动从目标函数和约束条件中移除,则刻画能源环境绩效的 NDDF 值和能源环境绩效指数(EEPI)可以通过以下模型计算:

$$
\vec{D}_E(K,L,F,E,C;\boldsymbol{g}) = \max(w_F\beta_F + w_E\beta_E + w_C\beta_C)
$$

$$
\text{s.t.}\begin{cases}
\sum_{k=1}^{K}\lambda_k K_k \leqslant K \\
\sum_{k=1}^{K}\lambda_k L_k \leqslant L \\
\sum_{k=1}^{K}\lambda_k F_k \leqslant F-\beta_F g_F \\
\sum_{k=1}^{K}\lambda_k E_k \geqslant E-\beta_E g_E \\
\sum_{k=1}^{K}\lambda_k C_k = C-\beta_C g_C \\
\lambda_k \geqslant 0, k=1,2,\cdots,K \\
\beta_F,\beta_E,\beta_C \geqslant 0
\end{cases} \tag{5.73}
$$

基于上述模型，则能源环境绩效的具体计算方法如下：

$$
EEPI=\frac{1/2[(1-\beta_F^*)+(1-\beta_C^*)]}{1+\beta_E^*}=\frac{1-1/2(\beta_F^*+\beta_C^*)}{1+\beta_E^*} \tag{5.74}
$$

以上就是静态的能源与环境效率指数，若想要研究动态的变化，在此基础上引入时间变量即可。例如，Zhang and Choi (2013)在 *Energy Policy* 上发表的文章中，将动态的全要素二氧化碳排放绩效(TCPI)定义为

$$
\begin{aligned}
TCPI(K^s,L^s,F^s,E^s,C^s) &= \left[\frac{(C-\beta_C^*C)/(E+\beta_E^*E)}{C/E}\right]^s \\
&= \left(\frac{1-\beta_C^*}{1+\beta_E^*}\right)^s, \quad s=t,t+1
\end{aligned} \tag{5.75}
$$

在公式(5.75)的基础上，利用 Malmquist 指数就可以测算全要素二氧化碳排放绩效的动态变化，即

$$
ML^{t,t+1}=\frac{TCPI(K^{t+1},L^{t+1},F^{t+1},E^{t+1},C^{t+1})}{TCPI(K^t,L^t,F^t,E^t,C^t)} \tag{5.76}
$$

5.2.5 非径向方向距离函数的拓展

5.2.5.1 共同前沿下的非径向方向距离函数

由于不同的组群存在技术的异质性，为了解决这种技术异质性带来的效率评价问题，可以引入共同前沿来分析。为了形象地展示共同前沿，我们给出了它的示意图，如图 5.12 所示。

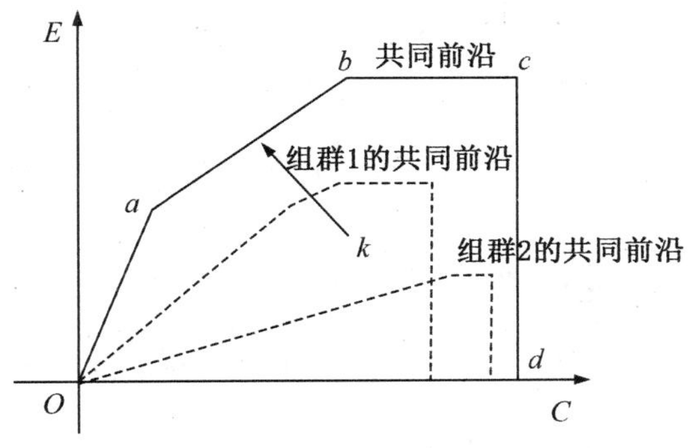

图 5.12 共同前沿

Zhang et al.(2013)将 Chiu et al.(2012)中共同前沿环境技术的概念和 Zhou et al.(2012)中 NDDF 的概念结合起来,开发了共同前沿下的能源与二氧化碳排放绩效指标,并研究了发电厂不同组群的异质性问题。

假设有 H 组表现出了一定的技术异质性,由于资源、技术和其他特定的环境限制,可能会阻止其他组获得另一些组的技术。继 Battese et al.(2004)和 O'Donnell et al.(2008)之后,我们将 h 组的组内前沿技术定义为 $\boldsymbol{T}_h=\{(\boldsymbol{x},\boldsymbol{y},\boldsymbol{b}):\boldsymbol{x}$ 可以生产$(\boldsymbol{y},\boldsymbol{b}),h=1,2,\cdots,H\}$。在此基础上,$h$ 组的 NDDF 则被定义为

$$\vec{D}^g(\boldsymbol{x},\boldsymbol{y},\boldsymbol{b};\boldsymbol{g})=\sup\{\boldsymbol{w}^T\boldsymbol{\beta}:([\boldsymbol{x},\boldsymbol{y},\boldsymbol{b})+\boldsymbol{g}\times diag(\boldsymbol{\beta})]\in\boldsymbol{T}_h\},h=1,2,\cdots,H \tag{5.77}$$

与组群前沿技术的情况不同,我们可以通过包络所有的组群前沿技术,从所有组群的所有观测值中构建一个共同前沿技术,将其定义为 $\boldsymbol{T}_m=\{\boldsymbol{T}_1\cup\boldsymbol{T}_2\cup\cdots\cup\boldsymbol{T}_H\}$。因此,基于共同前沿技术的 NDDF 如下所示:

$$\vec{D}^m(\boldsymbol{x},\boldsymbol{y},\boldsymbol{b};\boldsymbol{g})=\sup\{\boldsymbol{w}^T\boldsymbol{\beta}:[(\boldsymbol{x},\boldsymbol{y},\boldsymbol{b})+\boldsymbol{g}\times diag(\boldsymbol{\beta})]\in\boldsymbol{T}_m\} \tag{5.78}$$

对于公式(5.77),我们可以利用模型(5.71)对第 h 组的 $\vec{D}^g(\cdot)$ 进行求解。假设在 h 组中有 K_h 个观测值,那么 $\vec{D}^m(\cdot)$ 可以利用下述模型求解,即

$$\vec{D}^m(\boldsymbol{x},\boldsymbol{y},\boldsymbol{b};\boldsymbol{g})=\max(w_n^x\beta_n^x+w_p^y\beta_p^y+w_q^b\beta_q^b)$$

$$\text{s.t.}\begin{cases}\sum_{h=1}^{H}\sum_{k=1}^{K_h}\lambda_k^h x_{nk}\leqslant x_n-\beta_n^x g_{xn}, n=1,2,\cdots,N\\ \sum_{h=1}^{H}\sum_{k=1}^{K_h}\lambda_k^h y_{pk}\geqslant y_p+\beta_p^y g_{yp}, p=1,2,\cdots,P\\ \sum_{h=1}^{H}\sum_{k=1}^{K_h}\lambda_k^h b_{qk}=b_q-\beta_q^b g_{bq}, q=1,2,\cdots,Q\\ \lambda_k^h\geqslant 0, k=1,2,\cdots,K_h, h=1,2,\cdots,H\\ \beta_n^x,\beta_p^y,\beta_q^b\geqslant 0\end{cases} \tag{5.79}$$

其中，λ_k^h 代表用于构建共同前沿技术的强度变量。公式(5.79)表明我们需要所有的观测值才能构建共同前沿面，共同前沿面覆盖了所有的组群前沿面。

5.2.5.2 加权 Russel 方向距离模型

加权 Russel 方向距离模型(weighted Russel directional distance model，WRDDM)是由 Fujii et al.(2014)在 *Journal of Banking & Finance* 中提出的。

第一步要做的是定义方向距离函数：

$$\vec{D}(\boldsymbol{x},\boldsymbol{y},\boldsymbol{b};\boldsymbol{g})=\sup\{\beta:(\boldsymbol{x}-\beta\boldsymbol{g}_x,\boldsymbol{y}+\beta\boldsymbol{g}_y,\boldsymbol{b}-\beta\boldsymbol{g}_b)\in\boldsymbol{T}\} \tag{5.80}$$

其中，向量 $\boldsymbol{g}=(-\boldsymbol{g}_x,\boldsymbol{g}_y,-\boldsymbol{g}_b)$ 决定了投入、期望产出和非期望产出的缩放方向。

假设在数据集中有 $k=1,2,\cdots,k,\cdots,K$ 个公司，每一个公司均使用投入 $\boldsymbol{x}=(x_1,x_2,\cdots,x_N)\in\mathbf{R}_+^N$ 联合生产期望产出 $\boldsymbol{y}=(y_1,y_2,\cdots,y_P)\in\mathbf{R}_+^P$ 和非期望产出 $\boldsymbol{b}=(b_1,b_2,\cdots,b_Q)\in\mathbf{R}_+^Q$，那么可利用 WRDDM 对 k 公司的无效率值进行计算，即

$$\vec{D}(\boldsymbol{x},\boldsymbol{y},\boldsymbol{b};\boldsymbol{g})=\max\left(\frac{1}{N}\sum_{n=1}^{N}\beta_n^k+\frac{1}{P}\sum_{p=1}^{P}\beta_p^k+\frac{1}{Q}\sum_{q=1}^{Q}\beta_q^k\right)$$

$$\text{s.t.}\begin{cases}\sum_{k=1}^{K}\lambda_k x_{nk}\leqslant x_{nk}(1-\beta_n^k)\\ \sum_{k=1}^{K}\lambda_k y_{pk}\geqslant y_{pk}(1+\beta_p^k)\\ \sum_{k=1}^{K}\lambda_k b_{qk}=b_{qk}(1-\beta_q^k)\\ \lambda_k\geqslant 0, k=1,2,\cdots,k,\cdots,K\end{cases} \tag{5.81}$$

它与传统的 DDF 的不同之处在于，$\vec{D}(\cdot)$ 的计算是采用对投入、期望产出和非期望产出的加权平均，并且 $\vec{D}(\cdot)$ 不一定在[0,1]的区间内。

5.2.6 非径向方向距离函数的对偶模型

NDDF 的提出，旨在解决两个方面的问题：第一，利用包络模型可以评估环境技术效率和监管成本；第二，利用它的对偶模型来估计非期望产出的影子价格。基于影子价格的比率，我们还可以推导出各种因素的替代弹性（Zhang and Xie，2015）。

为了引入 NDDF，首先我们需要做的是解释环境生产技术，而环境生产技术的定义在前面也已经做了非常多的阐述，即

$$\boldsymbol{T}=\{(\boldsymbol{x},\boldsymbol{y},\boldsymbol{b}):\boldsymbol{x}\text{ 可以生产}(\boldsymbol{y},\boldsymbol{b})\} \tag{5.82}$$

而在构建受监管的环境生产技术时，需要对非期望产出强加一个弱可处置性的限制。考虑到规模报酬不变，受监管的环境生产技术可以表示为

$$\begin{aligned}\boldsymbol{T}_1=\{(\boldsymbol{x},\boldsymbol{y},\boldsymbol{b}):&\sum_{k=1}^{K}\lambda_k x_{nk}\leqslant x_n,n=1,2,\cdots,N\\&\sum_{k=1}^{K}\lambda_k y_{pk}\geqslant y_p,p=1,2,\cdots,P\\&\sum_{k=1}^{K}\lambda_k b_{qk}=b_q,q=1,2,\cdots,Q\\&\lambda_k\geqslant 0,k=1,2,\cdots,K\}\end{aligned} \tag{5.83}$$

在公式(5.82)和公式(5.83)的基础上，NDDF 被定义为

$$\vec{D}(\boldsymbol{x},\boldsymbol{y},\boldsymbol{b};\boldsymbol{g})=\sup\{\boldsymbol{w}^T\boldsymbol{\beta}:[(\boldsymbol{x},\boldsymbol{y},\boldsymbol{b})+\boldsymbol{g}\times diag(\boldsymbol{\beta})]\in\boldsymbol{T}\} \tag{5.84}$$

此时，在受管制的环境技术下，$\vec{D}(\boldsymbol{x},\boldsymbol{y},\boldsymbol{b};\boldsymbol{g})$ 的值可以通过以下 DEA 模型进行求解：

$$\vec{D}^r(\boldsymbol{x},\boldsymbol{y},\boldsymbol{b};\boldsymbol{g})=\max(w_n^x\beta_n^x+w_p^y\beta_p^y+w_q^b\beta_q^b)$$

$$\text{s.t.}\begin{cases}\sum_{k=1}^{K}\lambda_k x_{nk}\leqslant x_n-\beta_n^x g_{xn},n=1,2,\cdots,N\\\sum_{k=1}^{K}\lambda_k y_{pk}\geqslant y_p+\beta_p^y g_{pk},p=1,2,\cdots,P\\\sum_{k=1}^{K}\lambda_k b_{qk}=b_q-\beta_q^b g_{bq},q=1,2,\cdots,Q\\\lambda_k\geqslant 0,k=1,2,\cdots,K\\\beta_n^x,\beta_p^y,\beta_q^b\geqslant 0\end{cases} \tag{5.85}$$

方向向量 $\boldsymbol{g}$ 可以根据特定的政策目标以不同的方式进行设置。如果 $\overrightarrow{D}^r(\boldsymbol{x},\boldsymbol{y},\boldsymbol{b};\boldsymbol{g})=\boldsymbol{0}$,则说明研究的特定的单元位于 $\boldsymbol{g}$ 向量的最佳实践前沿上。

根据公式(5.85)计算得出的 β 的最优值,一个行业的总体的环境技术效率则被定义为

$$ETE=1-\frac{1}{N+P+Q}\left(\sum_{n=1}^{N}\beta_{xn}^{*}+\sum_{p=1}^{P}\beta_{yp}^{*}+\sum_{q=1}^{Q}\beta_{bq}^{*}\right) \tag{5.86}$$

为了计算环境规制的成本,我们则需要引入不受管制的环境技术。根据 Färe et al. (2007),环境规制成本则是由污染物减排活动的机会成本进行衡量的,即不受管制和受管制的环境技术产生的期望产出的差异。

我们可以明显地看出,受监管的环境技术需要满足弱可处置性的假设,这表明减少非期望产出是要付出代价的。如果该行业没有面临环境法规的监管,这意味着减排不需要付出成本,那么这时就应该对非期望产出施加一个强可处置性的条件。因此,未受监管的环境技术可以表示为

$$\begin{aligned}\boldsymbol{T}_2=\{(\boldsymbol{x},\boldsymbol{y},\boldsymbol{b}):&\sum_{k=1}^{K}\lambda_k x_{nk}\leqslant x_n,n=1,2,\cdots,N\\&\sum_{k=1}^{K}\lambda_k y_{pk}\geqslant y_p,p=1,2,\cdots,P\\&\sum_{k=1}^{K}\lambda_k b_{qk}\leqslant b_q,q=1,2,\cdots,Q\\&\lambda_k\geqslant 0,k=1,2,\cdots,K\}\end{aligned} \tag{5.87}$$

因此,在未受管制的环境技术下,$\overrightarrow{D}(\boldsymbol{x},\boldsymbol{y},\boldsymbol{b};\boldsymbol{g})$ 的值可以通过以下 DEA 模型进行求解:

$$\overrightarrow{D}^u(\boldsymbol{x},\boldsymbol{y},\boldsymbol{b};\boldsymbol{g})=\max(w_n^x\beta_n^x+w_p^y\beta_p^y+w_q^b\beta_q^b)$$

$$\text{s.t.}\begin{cases}\sum_{k=1}^{K}\lambda_k x_{nk}\leqslant x_n-\beta_n^x g_{xn},n=1,2,\cdots,N\\\sum_{k=1}^{K}\lambda_k y_{pk}\geqslant y_p+\beta_p^y g_{pk},p=1,2,\cdots,P\\\sum_{k=1}^{K}\lambda_k b_{qk}\leqslant b_q-\beta_q^b g_{bq},q=1,2,\cdots,Q\\\lambda_k\geqslant 0,k=1,2,\cdots,K\\\beta_n^x,\beta_p^y,\beta_q^b\geqslant 0\end{cases} \tag{5.88}$$

环境监管成本被定义为未受监管和受监管的环境技术相关的期望产出之

间的损失,即

$$ERC = [\beta_{yk}^{u} - \beta_{yk}^{r}]^{*} y_{k} \tag{5.89}$$

其中,β_{yk}^{u} 是未受监管的环境技术下的 NDDF 求解的最优值,而 β_{yk}^{r} 是受监管的环境技术下的 NDDF 求解的最优值。

NDDF 对偶模型通常被用来估计环境污染物的影子价格和替代投入的弹性。模型(5.88)的对偶形式可表示如下:

$$\min(\boldsymbol{v}\boldsymbol{x}_0 - \boldsymbol{u}\boldsymbol{y}_0 + \boldsymbol{r}\boldsymbol{b}_0)$$

$$\text{s.t.}\begin{cases} \boldsymbol{v}\boldsymbol{x} - \boldsymbol{u}\boldsymbol{y} + \boldsymbol{r}\boldsymbol{b} \geqslant 0, \forall n \\ \boldsymbol{v} \geqslant \left[\dfrac{1}{g_1^{\boldsymbol{x}}}, \cdots, \dfrac{1}{g_n^{\boldsymbol{x}}}, \cdots, \dfrac{1}{g_N^{\boldsymbol{x}}}\right] \\ \boldsymbol{u} \geqslant \left[\dfrac{1}{g_1^{\boldsymbol{y}}}, \cdots, \dfrac{1}{g_p^{\boldsymbol{y}}}, \cdots, \dfrac{1}{g_P^{\boldsymbol{y}}}\right] \\ \boldsymbol{r} \geqslant \left[\dfrac{1}{g_1^{\boldsymbol{b}}}, \cdots, \dfrac{1}{g_q^{\boldsymbol{b}}}, \cdots, \dfrac{1}{g_Q^{\boldsymbol{b}}}\right] \end{cases} \tag{5.90}$$

其中,$\boldsymbol{v} \in \mathbf{R}^{n}$,$\boldsymbol{u} \in \mathbf{R}^{p}$ 和 $\boldsymbol{r} \in \mathbf{R}^{q}$ 分别是投入、期望产出和非期望产出的对偶变量向量,它可以通过公式(5.90)进行求解。对偶模型旨在最小化相关行业的虚拟成本,它是一个成本最小化的模型。

对偶变量 $\boldsymbol{v} \in \mathbf{R}^{n}$ 和 $\boldsymbol{r} \in \mathbf{R}^{q}$ 分别是投入和非期望产出的影子价格。$\boldsymbol{u} \in \mathbf{R}^{p}$ 是期望产出的边际虚拟收入。假设非期望产出的绝对影子价格等于市场价格 $\boldsymbol{p}^{b}$,则非期望产出相对于期望产出 $\boldsymbol{p}^{y}$ 的相对影子价格可通过以下方式来衡量:

$$\boldsymbol{r} = \boldsymbol{u} \times \frac{\boldsymbol{p}^{b}}{\boldsymbol{p}^{y}} \tag{5.91}$$

换句话说,非期望产出的影子价格可以解释为边际减排成本,代表非期望产出和期望产出之间的边际转化率。根据环境法规,减少污染物对企业来说不是免费的,而是昂贵的,因为它们会产生与减少期望产出相关的机会成本。

等量曲线的曲率反映了生产函数中投入要素的可替代程度。继 Lee and Zhang (2012)之后,投入 x_i 和 x_j 之间的替代弹性可以通过采用间接森岛替代弹性的思想来估计,如公式(5.92)所示。森岛弹性被定义为两个因素之间的影子价格比率,投入的森岛弹性捕捉了投入的相对影子价格被改变的程度,以识别在沿着等量曲线的投入之间的可替代性。森岛弹性值越高表明可替代性的水平越低。值得注意的是,$M_{ij} \neq M_{ji}$,因为与两个投入影子价格相关的比率彼此不同,这取决于使用哪个投入作为基础。所以,x_i 和 x_j 之间的取代程度与

x_j 和 x_i 之间的取代程度是不同的。此外,我们也可以计算出非期望产出的替代弹性,如公式(5.93)所示。

$$M_{ij}=\frac{v_i}{v_j} \tag{5.92}$$

$$M_{rs}=\frac{r_r}{r_s} \tag{5.93}$$

5.3 绿色全要素生产率

随着环境问题在可持续发展中的重要性日益突出,越来越多的学者认为:能源和环境不仅是经济发展的内生变量,同时也是经济发展的刚性约束。因此,使用全要素生产率评价经济绩效时,不仅要考虑传统资本和劳动投入,还要考虑能源投入和非期望产出。

Chung et al. (1997)提出了 DDF 并在此基础上开发了曼奎斯特-罗恩伯格(Malmquist-Luenberger)生产率指数(MLPI),测算了瑞典 39 个造纸厂在 1986—1990 年的绿色全要素生产率。从方法上第一次合理地拟合了环境污染排放对经济增长的影响,得出了真正意义上的绿色生产率。

测度绿色生产率的主要工具为 MLPI,随着该领域的发展,MLPI 又延伸出其他四种重要的绿色生产率测度方法,它们分别是序列 MLPI(SMLPI)、全域 MLPI(GMLPI)、两期 MLPI(BMLPI) 和共同前沿 MLPI(MMLPI)。

5.3.1 Malmquist-Luenberger 生产率指数

Chung et al. (1997) 在传统的 Malmquist 生产率指数的基础上提出了 MLPI,用以解决包含污染排放作为非期望产出情况下的全要素生产率测度问题。由于这一指数在传统的 DDF 的基础上加入了非期望产出,因此可以称之为绿色全要素生产率。

首先,定义一个生产可能性集,即

$$P(\boldsymbol{x})=\{(\boldsymbol{y},\boldsymbol{b}):\boldsymbol{x}\text{ 可以生产}(\boldsymbol{y},\boldsymbol{b})\} \tag{5.94}$$

其次,生产技术需满足非期望产出的弱可处置性、期望产出的强可处置性和零结合性假设,即

(i) 若 $(\boldsymbol{y},\boldsymbol{b})\in P(\boldsymbol{x})$ 和 $0\leqslant\theta\leqslant 1$,则 $(\theta\boldsymbol{y},\theta\boldsymbol{b})\in P(\boldsymbol{x})$;

(ii) 若 $(\boldsymbol{y},\boldsymbol{b})\in P(\boldsymbol{x})$ 和 $\boldsymbol{y}'\leqslant\boldsymbol{y}$,则 $(\boldsymbol{y}',\boldsymbol{b})\in P(\boldsymbol{x})$;

(iii) 若 $(\boldsymbol{y},\boldsymbol{b}) \in P(\boldsymbol{x})$ 和 $\boldsymbol{b}=\boldsymbol{0}$,则 $\boldsymbol{y}=\boldsymbol{0}$。

换句话说,假设(i)意味着减少非期望产出 $\boldsymbol{b}$ 以减少期望产出 $\boldsymbol{y}$ 为代价;假设(ii)则说明减少期望产出 $\boldsymbol{y}$ 可以不付出成本;假设(iii)认为若想要完全消除非期望产出 $\boldsymbol{b}$,必须不生产。

基于 Malmquist 生产率指数的定义,需要利用谢泼德距离函数与 DDF 的转换关系才能实现测度,即

$$\begin{aligned}\overrightarrow{D_O}(\boldsymbol{x},\boldsymbol{y},\boldsymbol{b};\boldsymbol{y},\boldsymbol{b}) &= \sup\{\beta : D_O[\boldsymbol{x},(\boldsymbol{y},\boldsymbol{b})+\beta(\boldsymbol{y},\boldsymbol{b})]\leqslant 1\} \\ &= \sup\{\beta : (1+\beta)D_O(\boldsymbol{x},\boldsymbol{y},\boldsymbol{b})\leqslant 1\} \\ &= \sup\left\{\beta : \beta \leqslant \frac{1}{D_O(\boldsymbol{x},\boldsymbol{y},\boldsymbol{b})}-1\right\} \\ &= \frac{1}{D_O(\boldsymbol{x},\boldsymbol{y},\boldsymbol{b})}-1 \end{aligned} \tag{5.95}$$

基于 Färe et al. (1994),Malmquist 生产率指数是一个两期的生产率指数的几何平均,即

$$M_t^{t+1}=\left[\frac{D_O^t(\boldsymbol{x}^{t+1},\boldsymbol{y}^{t+1},\boldsymbol{b}^{t+1})}{D_O^t(\boldsymbol{x}^t,\boldsymbol{y}^t,\boldsymbol{b}^t)}\times\frac{D_O^{t+1}(\boldsymbol{x}^{t+1},\boldsymbol{y}^{t+1},\boldsymbol{b}^{t+1})}{D_O^{t+1}(\boldsymbol{x}^t,\boldsymbol{y}^t,\boldsymbol{b}^t)}\right]^{0.5} \tag{5.96}$$

将上式进一步地分解,可得

$$M_t^{t+1}=MEFFCH_t^{t+1}\times MTECH_t^{t+1} \tag{5.97}$$

其中,$MEFFCH_t^{t+1}$ 为效率变化部分,即 $\frac{D_O^t(\boldsymbol{x}^{t+1},\boldsymbol{y}^{t+1},\boldsymbol{b}^{t+1})}{D_O^t(\boldsymbol{x}^t,\boldsymbol{y}^t,\boldsymbol{b}^t)}$;$MTECH_t^{t+1}$ 为技术变化部分,即 $\left[\frac{D_O^t(\boldsymbol{x}^{t+1},\boldsymbol{y}^{t+1},\boldsymbol{b}^{t+1})}{D_O^{t+1}(\boldsymbol{x}^{t+1},\boldsymbol{y}^{t+1},\boldsymbol{b}^{t+1})}\times\frac{D_O^t(\boldsymbol{x}^t,\boldsymbol{y}^t,\boldsymbol{b}^t)}{D_O^{t+1}(\boldsymbol{x}^t,\boldsymbol{y}^t,\boldsymbol{b}^t)}\right]^{0.5}$。

基于公式(5.95),将公式(5.96)中的谢泼德距离函数替换为 DDF 即可得到 MLPI,即

$$M_t^{t+1}=\left[\frac{1+\overrightarrow{D}_O^t(\boldsymbol{x}^t,\boldsymbol{y}^t,\boldsymbol{b}^t)}{1+\overrightarrow{D}_O^t(\boldsymbol{x}^{t+1},\boldsymbol{y}^{t+1},\boldsymbol{b}^{t+1})}\times\frac{1+\overrightarrow{D}_O^{t+1}(\boldsymbol{x}^t,\boldsymbol{y}^t,\boldsymbol{b}^t)}{1+\overrightarrow{D}_O^{t+1}(\boldsymbol{x}^{t+1},\boldsymbol{y}^{t+1},\boldsymbol{b}^{t+1})}\right]^{0.5} \tag{5.98}$$

同样地,可将其分解为效率变化部分和技术变化部分以衡量绿色追赶和绿色创新,即

$$\begin{aligned}M_t^{t+1} &= MLEFFCH_t^{t+1}\times MLTECH_t^{t+1}=\frac{1+\overrightarrow{D}_O^t(\boldsymbol{x}^t,\boldsymbol{y}^t,\boldsymbol{b}^t)}{1+\overrightarrow{D}_O^{t+1}(\boldsymbol{x}^{t+1},\boldsymbol{y}^{t+1},\boldsymbol{b}^{t+1})} \\ &\times\left[\frac{1+\overrightarrow{D}_O^{t+1}(\boldsymbol{x}^t,\boldsymbol{y}^t,\boldsymbol{b}^t)}{1+\overrightarrow{D}_O^t(\boldsymbol{x}^t,\boldsymbol{y}^t,\boldsymbol{b}^t)}\times\frac{1+\overrightarrow{D}_O^{t+1}(\boldsymbol{x}^{t+1},\boldsymbol{y}^{t+1},\boldsymbol{b}^{t+1})}{1+\overrightarrow{D}_O^t(\boldsymbol{x}^{t+1},\boldsymbol{y}^{t+1},\boldsymbol{b}^{t+1})}\right]^{0.5}\end{aligned} \tag{5.99}$$

如方向距离函数一节所述，M_t^{t+1} 的求解问题将转化为线性规划求解的问题，即

$$\vec{D}_O^t(\boldsymbol{x}^{t,k'},\boldsymbol{y}^{t,k'},\boldsymbol{b}^{t,k'};\boldsymbol{g})=\max\beta$$

$$\text{s.t.}\begin{cases}\sum_{k=1}^{K}\lambda_k y_{k'p}^t \geqslant (1+\beta)\,y_{k'p}^t, p=1,2,\cdots,P \\ \sum_{k=1}^{K}\lambda_k b_{kq}^t=(1-\beta)b_{k'q}^t, q=1,2,\cdots,Q \\ \sum_{k=1}^{K}\lambda_k x_{k'n}^t \leqslant (1-\beta)\,x_{k'n}^t, n=1,2,\cdots,N \\ \lambda_k \geqslant 0, k=1,2,\cdots,K\end{cases} \tag{5.100}$$

5.3.2 序列 Malmquist-Luenberger 生产率指数

考虑到技术不会出现退步，Oh and Heshmati (2010)提出了 SMLPI。当决策单元的样本容量很小或者考虑技术的本质时，就会基于不会出现技术退步的假设构造一个不仅包括当期，还包括前面所有期的序列环境技术集。

这里与 MLPI 的区别在于对生产可能性集的构建，即

$$\bar{P}^t(\boldsymbol{x})=\{(\boldsymbol{x},\boldsymbol{y}):\boldsymbol{y}\leqslant\bar{\boldsymbol{Y}}^t\lambda,\boldsymbol{x}\geqslant\bar{\boldsymbol{X}}^t\lambda,\lambda\geqslant 0\} \tag{5.101}$$

其中，$\bar{\boldsymbol{X}}^t=(\boldsymbol{X}^1,\cdots,\boldsymbol{X}^{t-1},\boldsymbol{X}^t)=(\bar{\boldsymbol{X}}^{t-1},\ \boldsymbol{X}^t)$，$\bar{\boldsymbol{Y}}^t=(\boldsymbol{Y}^1,\cdots,\boldsymbol{Y}^{t-1},\boldsymbol{Y}^t)=(\bar{\boldsymbol{Y}}^{t-1},\boldsymbol{Y}^t)$。

SMLPI 的计算公式如下：

$$SML^s=\frac{1+\vec{D}_q^s(\boldsymbol{x}^t,\boldsymbol{y}^t,\boldsymbol{b}^t)}{1+\vec{D}_q^s(\boldsymbol{x}^{t+1},\boldsymbol{y}^{t+1},\boldsymbol{b}^{t+1})} \tag{5.102}$$

进一步地，可以将其分解为

$$\begin{aligned}SML^{t,t+1}&=\frac{1+\vec{D}_q^t(\boldsymbol{x}^t,\boldsymbol{y}^t,\boldsymbol{b}^t)}{1+\vec{D}_q^{t+1}(\boldsymbol{x}^{t+1},\boldsymbol{y}^{t+1},\boldsymbol{b}^{t+1})}\\&\quad\times\left[\frac{1+\vec{D}_q^{t+1}(\boldsymbol{x}^t,\boldsymbol{y}^t,\boldsymbol{b}^t)}{1+\vec{D}_q^t(\boldsymbol{x}^t,\boldsymbol{y}^t,\boldsymbol{b}^t)}\times\frac{1+\vec{D}_q^{t+1}(\boldsymbol{x}^{t+1},\boldsymbol{y}^{t+1},\boldsymbol{b}^{t+1})}{1+\vec{D}_q^t(\boldsymbol{x}^{t+1},\boldsymbol{y}^{t+1},\boldsymbol{b}^{t+1})}\right]^{0.5}\\&=EC^{t,t+1}\times TC^{t,t+1}\end{aligned} \tag{5.103}$$

假设有 K 个决策单元、T 个时期，则生产可能性集为

$$\bar{P}^s(\boldsymbol{x})=\{(\boldsymbol{y},\boldsymbol{b}):\sum_{\tau=1}^{s}\boldsymbol{Y}^\tau\lambda^\tau\geqslant\boldsymbol{y}$$

$$\sum_{\tau=1}^{s} \boldsymbol{B}^{\tau}\lambda^{\tau} = \boldsymbol{b}$$

$$\sum_{\tau=1}^{s} \boldsymbol{X}^{\tau}\lambda^{\tau} \leqslant \boldsymbol{x}$$

$$\lambda^{\tau} \geqslant 0\} \tag{5.104}$$

其中，$\boldsymbol{X}^{\tau}$、$\boldsymbol{B}^{\tau}$ 和 $\boldsymbol{Y}^{\tau}$ 分别为投入、非期望产出和期望产出矩阵。

通过该生产可能性集，第 k 个决策单元的 $\overrightarrow{D}_q^t(\boldsymbol{x}_k^t, \boldsymbol{y}_k^t, \boldsymbol{b}_k^t)$ 可以通过下列线性规划问题求解得到：

$$\overrightarrow{D}_q^t(\boldsymbol{x}_k^t, \boldsymbol{y}_k^t, \boldsymbol{b}_k^t) = \max \beta$$

$$\text{s.t.} \begin{cases} \sum_{\tau=1}^{t} \boldsymbol{Y}^{\tau}\boldsymbol{\lambda}^{\tau} \geqslant (1+\beta)\boldsymbol{y}_k^t \\ \sum_{\tau=1}^{t} \boldsymbol{B}^{\tau}\boldsymbol{\lambda}^{\tau} = (1-\beta)\boldsymbol{b}_k^t \\ \sum_{\tau=1}^{t} \boldsymbol{X}^{\tau}\boldsymbol{\lambda}^{\tau} \leqslant \boldsymbol{x}_k^t \\ \boldsymbol{\lambda}^{\tau} \geqslant \boldsymbol{0} \end{cases} \tag{5.105}$$

而 $\overrightarrow{D}_q^t(\boldsymbol{x}^{t+1}, \boldsymbol{y}^{t+1}, \boldsymbol{b}^{t+1})$ 的计算方式与上式基本相同，区别仅在于参考集的构建，即

$$\overrightarrow{D}_q^t(\boldsymbol{x}_k^{t+1}, \boldsymbol{y}_k^{t+1}, \boldsymbol{b}_k^{t+1}) = \max \beta$$

$$\text{s.t.} \begin{cases} \sum_{\tau=1}^{t} \boldsymbol{Y}^{\tau}\boldsymbol{\lambda}^{\tau} \geqslant (1+\beta)\boldsymbol{y}_k^{t+1} \\ \sum_{\tau=1}^{t} \boldsymbol{B}^{\tau}\boldsymbol{\lambda}^{\tau} = (1-\beta)\boldsymbol{b}_k^{t+1} \\ \sum_{\tau=1}^{t} \boldsymbol{X}^{\tau}\boldsymbol{\lambda}^{\tau} \leqslant \boldsymbol{x}_k^{t+1} \\ \boldsymbol{\lambda}^{\tau} \geqslant \boldsymbol{0} \end{cases} \tag{5.106}$$

$\overrightarrow{D}_q^{t+1}(\boldsymbol{x}_k^t, \boldsymbol{y}_k^t, \boldsymbol{b}_k^t)$ 这一跨期的方向距离函数亦可通过上述方式进行求解。

5.3.3 全域 Malmquist- Luenberger 生产率指数

Oh(2010)提出了全域 Malmquist-Luenberger 生产率指数(GMLPI)，它克服了在使用 MLPI 时出现的不可行解的问题。如图 5.13 所示，A 点在 MLPI 中就会出现不可行解的问题，因为它不能沿着方向向量的方向与 $t+1$ 期的生

产前沿面有交点，所以传统解法是不可行的。

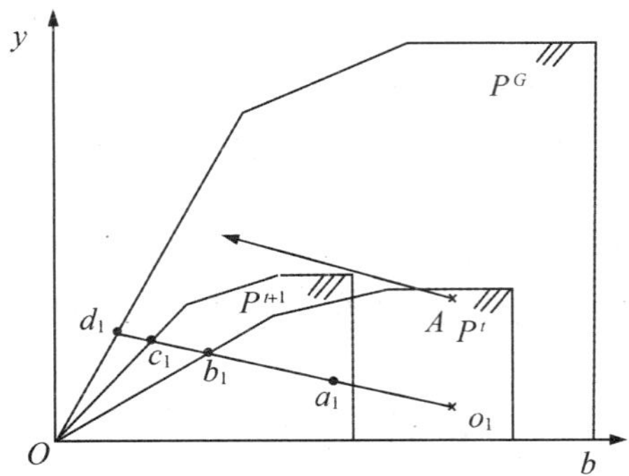

图 5.13　全域 Malmquist-Luenberger 生产率指数

Oh(2010)提出的 GMLPI 定义如下：

$$GML^{t,t+1}(\boldsymbol{x}^t,\boldsymbol{y}^t,\boldsymbol{b}^t,\boldsymbol{x}^{t+1},\boldsymbol{y}^{t+1},\boldsymbol{b}^{t+1})=\frac{1+\overrightarrow{D}^G(\boldsymbol{x}^t,\boldsymbol{y}^t,\boldsymbol{b}^t)}{1+\overrightarrow{D}^G(\boldsymbol{x}^{t+1},\boldsymbol{y}^{t+1},\boldsymbol{b}^{t+1})} \tag{5.107}$$

其中，$\overrightarrow{D}^G(\boldsymbol{x},\boldsymbol{y},\boldsymbol{b})=\max\{\beta\mid(\boldsymbol{y}+\beta\boldsymbol{y},\boldsymbol{b}-\beta\boldsymbol{b})\in P^G(\boldsymbol{x})\}$，而 $P^G(\boldsymbol{x})$ 为全局生产可能性集。

同样地，GMLPI 也可以分解为效率变化和技术变化两个部分，即

$$\begin{aligned}
&GML^{t,t+1}(\boldsymbol{x}^t,\boldsymbol{y}^t,\boldsymbol{b}^t,\boldsymbol{x}^{t+1},\boldsymbol{y}^{t+1},\boldsymbol{b}^{t+1})\\
&=\frac{1+\overrightarrow{D}^G(\boldsymbol{x}^t,\boldsymbol{y}^t,\boldsymbol{b}^t)}{1+\overrightarrow{D}^G(\boldsymbol{x}^{t+1},\boldsymbol{y}^{t+1},\boldsymbol{b}^{t+1})}=\frac{1+\overrightarrow{D}^t(\boldsymbol{x}^t,\boldsymbol{y}^t,\boldsymbol{b}^t)}{1+\overrightarrow{D}^{t+1}(\boldsymbol{x}^{t+1},\boldsymbol{y}^{t+1},\boldsymbol{b}^{t+1})}\\
&\quad\times\left[\frac{1+\overrightarrow{D}^G(\boldsymbol{x}^t,\boldsymbol{y}^t,\boldsymbol{b}^t)}{1+\overrightarrow{D}^t(\boldsymbol{x}^t,\boldsymbol{y}^t,\boldsymbol{b}^t)}\times\frac{1+\overrightarrow{D}^{t+1}(\boldsymbol{x}^{t+1},\boldsymbol{y}^{t+1},\boldsymbol{b}^{t+1})}{1+\overrightarrow{D}^G(\boldsymbol{x}^{t+1},\boldsymbol{y}^{t+1},\boldsymbol{b}^{t+1})}\right]^{0.5}\\
&=\frac{TE^{t+1}}{TE^t}\times\left[\frac{BPG_{t+1}^{t,t+1}}{BPG_t^{t,t+1}}\right]^{0.5}=EC^{t,t+1}\times BPC^{t,t+1}
\end{aligned} \tag{5.108}$$

参照图 5.13，TE^t 和 $BPG_t^{t,t+1}$ 可以分别表示为

$$TE^t=\frac{1}{1+\overrightarrow{D}^t(\boldsymbol{x}^t,\boldsymbol{y}^t,\boldsymbol{b}^t)}=\frac{1}{1+a_1b_1}=\frac{1}{o_1b_1} \tag{5.109}$$

$$BPG_t^{t,t+1}=\frac{1}{\dfrac{1+\overrightarrow{D}^G(\boldsymbol{x}^t,\boldsymbol{y}^t,\boldsymbol{b}^t)}{1+\overrightarrow{D}^t(\boldsymbol{x}^t,\boldsymbol{y}^t,\boldsymbol{b}^t)}}=\frac{1}{\dfrac{o_1d_1}{o_1b_1}}=\frac{o_1b_1}{o_1d_1} \tag{5.110}$$

5.3.4 两期 Malmquist-Luenberger 生产率指数

两期 Malmquist-Luenberger 生产率指数(BMLPI)由王兵等(2013)提出,与 GMLPI 类似,它也可以解决测算绿色生产率时存在的不可行解的问题。虽然 GMLPI 也可以解决这一问题,但在增加或减少某个观测值时,会导致整个生产前沿需要重新构建,所有指数也需要重新计算,这给研究带来了极大的不便。而 BMLPI 是以相邻的两期构建生产前沿来计算生产率指数,因此在新增时期时不需要进行重复计算,只需要把新加入的数据算一次就可以。同时,它还放宽了 SMLPI 关于技术不会退步的假设。

两期 DDF 被定义为

$$\overrightarrow{D}_O^B(\boldsymbol{x}^t,\boldsymbol{y}^t,\boldsymbol{b}^t;\boldsymbol{y}^t,-\boldsymbol{b}^t)=\sup\{\beta:(\boldsymbol{y}^t,\boldsymbol{b}^t)+\beta\boldsymbol{g}\in P^{t-1,t}(\boldsymbol{x})\} \quad (5.111)$$

其中,$P^{t-1,t}(\boldsymbol{x})$ 由 $t-1$ 期和 t 期的观测值构成。

BMLPI 的具体计算公式如下:

$$BML_t^{t+1}=\frac{1+\overrightarrow{D}_O^B(\boldsymbol{x}^t,\boldsymbol{y}^t,\boldsymbol{b}^t)}{1+\overrightarrow{D}_O^B(\boldsymbol{x}^{t+1},\boldsymbol{y}^{t+1},\boldsymbol{b}^{t+1})}=\frac{1+\overrightarrow{D}_O^t(\boldsymbol{x}^t,\boldsymbol{y}^t,\boldsymbol{b}^t)}{1+\overrightarrow{D}_O^{t+1}(\boldsymbol{x}^{t+1},\boldsymbol{y}^{t+1},\boldsymbol{b}^{t+1})}$$
$$\times\left[\frac{1+\overrightarrow{D}_O^B(\boldsymbol{x}^t,\boldsymbol{y}^t,\boldsymbol{b}^t)}{1+\overrightarrow{D}_O^t(\boldsymbol{x}^t,\boldsymbol{y}^t,\boldsymbol{b}^t)}\times\frac{1+\overrightarrow{D}_O^{t+1}(\boldsymbol{x}^{t+1},\boldsymbol{y}^{t+1},\boldsymbol{b}^{t+1})}{1+\overrightarrow{D}_O^B(\boldsymbol{x}^{t+1},\boldsymbol{y}^{t+1},\boldsymbol{b}^{t+1})}\right]^{0.5} \quad (5.112)$$

5.3.5 共同前沿 Malmquist-Luenberger 生产率指数

考虑组群之间的技术异质性,Oh(2010)提出了共同前沿 Malmquist-Luenberger(MML)生产率指数(MMLPI),它是 MLPI 的延伸。由于每组之间的环境生产技术是不同的,因此不同组的决策单元的效率与生产率不可以直接进行比较,而 MMLPI 的出现解决了这一问题。此外,MMLPI 可以将生产率的增长分解为三个部分,即效率变化、技术变化和技术差距变化。

MMLPI 的计算公式如下:

$$MML^{t,t+1}(\boldsymbol{x}^t,\boldsymbol{y}^t,\boldsymbol{b}^t,\boldsymbol{x}^{t+1},\boldsymbol{y}^{t+1},\boldsymbol{b}^{t+1})$$
$$=\frac{1+\overrightarrow{D}^G(\boldsymbol{x}^t,\boldsymbol{y}^t,\boldsymbol{b}^t)}{1+\overrightarrow{D}^G(\boldsymbol{x}^{t+1},\boldsymbol{y}^{t+1},\boldsymbol{b}^{t+1})}=\frac{1+\overrightarrow{D}^t(\boldsymbol{x}^t,\boldsymbol{y}^t,\boldsymbol{b}^t)}{1+\overrightarrow{D}^{t+1}(\boldsymbol{x}^{t+1},\boldsymbol{y}^{t+1},\boldsymbol{b}^{t+1})}$$
$$\times\left\{\frac{[1+\overrightarrow{D}^I(\boldsymbol{x}^t,\boldsymbol{y}^t,\boldsymbol{b}^t)]/[1+\overrightarrow{D}^t(\boldsymbol{x}^t,\boldsymbol{y}^t,\boldsymbol{b}^t)]}{[1+\overrightarrow{D}^I(\boldsymbol{x}^{t+1},\boldsymbol{y}^{t+1},\boldsymbol{b}^{t+1})]/[1+\overrightarrow{D}^{t+1}(\boldsymbol{x}^{t+1},\boldsymbol{y}^{t+1},\boldsymbol{b}^{t+1})]}\right\}$$
$$\times\left\{\frac{[1+\overrightarrow{D}^G(\boldsymbol{x}^t,\boldsymbol{y}^t,\boldsymbol{b}^t)]/[1+\overrightarrow{D}^I(\boldsymbol{x}^t,\boldsymbol{y}^t,\boldsymbol{b}^t)]}{[1+\overrightarrow{D}^G(\boldsymbol{x}^{t+1},\boldsymbol{y}^{t+1},\boldsymbol{b}^{t+1})]/[1+\overrightarrow{D}^I(\boldsymbol{x}^{t+1},\boldsymbol{y}^{t+1},\boldsymbol{b}^{t+1})]}\right\}$$

$$= \frac{TE^{t+1}}{TE^{t}} \times \frac{BPR^{t+1}}{BPR^{t}} \times \frac{TGR^{t+1}}{TGR^{t}} = EC \times BPC \times TGC \tag{5.113}$$

其中，上标 G、I 和 t 分别代表全域、跨期和 t 期的生产技术，EC 为效率变化，BPR 是指各组内部的当期前沿与跨期前沿之间的差距，BPC 是指 $t \sim t+1$ 期 BPR 发生的变化，TGR 为各组的跨期前沿与共同前沿之间的差距，TGC 是指 $t \sim t+1$ 期 TGR 发生的变化。

通过图 5.14，我们可以将 MMLPI 更加直观地分解如下：

$$\begin{aligned} MML(\boldsymbol{x}^{t}, \boldsymbol{y}^{t}, \boldsymbol{b}^{t}, \boldsymbol{x}^{t+1}, \boldsymbol{y}^{t+1}, \boldsymbol{b}^{t+1}) &= \frac{o_1 d_1}{o_2 d_2} \\ &= \frac{o_1 b_1}{o_2 b_2} \times \left\{\frac{o_1 c_1 / o_1 b_1}{o_2 c_2 / o_2 b_2}\right\} \times \left\{\frac{o_1 d_1 / o_1 c_1}{o_2 d_2 / o_2 c_2}\right\} \end{aligned} \tag{5.114}$$

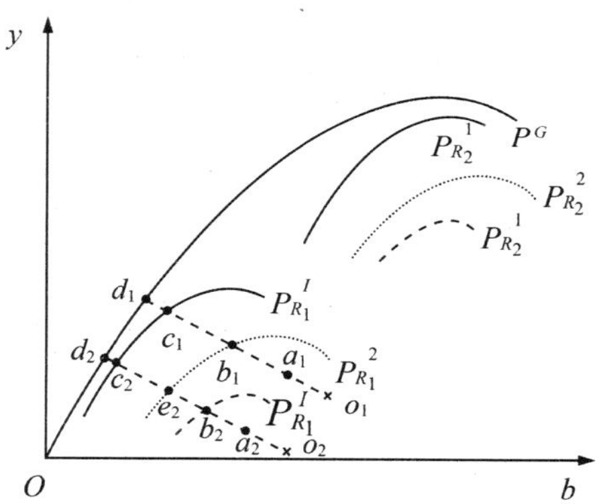

图 5.14　共同前沿 Malmquist-Luenberger 生产率指数

5.3.6　Luenberger 生产率指数(LPI)

Malmquist-Luenberger 生产率指数是基于 Chung et al. (1997)的方向距离函数进行构建的。Chung et al. (1997)提出的方向距离函数是一种径向的效率测度方法，忽略了投入和产出变量可能存在的投入冗余或产出不足。因此，Malmquist-Luenberger 生产率指数不能充分测度实际生产率的变动。为解决这一缺陷，Fukuyama and Weber (2009)提出了基于 SBM 方向距离函数(DSBM)的 Luenberger 生产率指标。王兵和朱宁(2011)进一步扩展了 Fukuyama and Weber (2009)的模型，提出了包含非期望产出的 Luenberger 生

产率指数。Luenberger 生产率指数在绿色全要素生产率中的应用也是十分广泛的。其计算公式为

$$LPI_t^{t+1}=\frac{1}{2}\Big[\overrightarrow{D}_{sbm}^{t}(\boldsymbol{x}^{t},\boldsymbol{y}^{t},\boldsymbol{b}^{t};\boldsymbol{g})-\overrightarrow{D}_{sbm}^{t}(\boldsymbol{x}^{t+1},\boldsymbol{y}^{t+1},\boldsymbol{b}^{t+1};\boldsymbol{g})+\overrightarrow{D}_{sbm}^{t+1}(\boldsymbol{x}^{t},\boldsymbol{y}^{t},\boldsymbol{b}^{t};\boldsymbol{g})-\overrightarrow{D}_{sbm}^{t+1}(\boldsymbol{x}^{t+1},\boldsymbol{y}^{t+1},\boldsymbol{b}^{t+1};\boldsymbol{g})\Big] \tag{5.115}$$

而方向距离函数的求解需要借助下列公式进行：

$$\overrightarrow{D}_{sbm}^{t_1}(\boldsymbol{x}^{t_2},\boldsymbol{y}^{t_2},\boldsymbol{b}^{t_2};\boldsymbol{g})=\max\left[\frac{1}{2N}\sum_{n=1}^{N}\frac{S_n^x}{g_n^x}+\frac{1}{2(P+Q)}\sum_{m=1}^{P+Q}\left(\frac{S_m^y}{g_m^y}+\frac{S_m^b}{g_m^b}\right)\right]$$

$$\text{s.t}\begin{cases}\boldsymbol{Y}^{t_1}\boldsymbol{\lambda}^{t_1}=\boldsymbol{y}^{s}-\boldsymbol{S}^{y}\\ \boldsymbol{X}^{t_1}\boldsymbol{\lambda}^{t_1}=\boldsymbol{x}^{s}+\boldsymbol{S}^{x}\\ \boldsymbol{B}^{t_1}\boldsymbol{\lambda}^{t_1}=\boldsymbol{b}^{s}+\boldsymbol{S}\\ Z^{t_1},\boldsymbol{S}^{x},\boldsymbol{S}^{y},\boldsymbol{S}^{b}\geqslant 0\end{cases} \tag{5.116}$$

其中，$\boldsymbol{g}=(\boldsymbol{g}^{x},\boldsymbol{g}^{y},\boldsymbol{g}^{b})$ 是方向向量。

进一步地，基于 Zhang and Wang (2015)，LPI 也可以分解为效率变化部分和技术变化部分，即

$$EC_t^{t+1}=\overrightarrow{D}_{sbm}^{t}(\boldsymbol{x}^{t},\boldsymbol{y}^{t},\boldsymbol{b}^{t})-\overrightarrow{D}_{sbm}^{t+1}(\boldsymbol{x}^{t+1},\boldsymbol{y}^{t+1},\boldsymbol{b}^{t+1}) \tag{5.117}$$

$$TC_t^{t+1}=\frac{1}{2}\Big[\overrightarrow{D}_{sbm}^{t}(\boldsymbol{x}^{t+1},\boldsymbol{y}^{t+1},\boldsymbol{b}^{t+1})-\overrightarrow{D}_{sbm}^{t}(\boldsymbol{x}^{t},\boldsymbol{y}^{t},\boldsymbol{b}^{t})+\overrightarrow{D}_{sbm}^{t+1}(\boldsymbol{x}^{t+1},\boldsymbol{y}^{t+1},\boldsymbol{b}^{t+1})-\overrightarrow{D}_{sbm}^{t+1}(\boldsymbol{x}^{t},\boldsymbol{y}^{t},\boldsymbol{b}^{t})\Big] \tag{5.118}$$

具体可参考 FGNZ 和 RD 的分解。

DSBM 是 NDDF 的一种特殊形式。我们也可以将 DSBM 替换成 NDDF，来构造 Luenberger 生产率指数。考虑到生产技术在时间上的不同特征，我们也可以参考 MLPI 的扩展模型，将 LPI 推广到时序 LPI、全域 LPI 和两期 LPI 等。

参考文献

[1] Farrell M J. 1957. The measurement of productive efficiency. Journal of the Royal Statistical Society. Series A (General), 120(3): 253-290.

[2] Charnes A, Cooper W W, Rhodes E. 1978. Measuring the efficiency of decision making units. European Journal of Operational Research, 2(6):

429-444.

[3] 周泽昆，陈珽. 1986. 评价管理效率的一种新方法. 系统工程，4(4)：42-49.

[4] Emrouznejad A, Parker B R, Tavares G. 2008. Evaluation of research in efficiency and productivity: A survey and analysis of the first 30 years of scholarly literature in DEA. Socio-Economic Planning Sciences, 42 (3): 151-157.

[5] Zhang N, Choi Y. 2014. A note on the evolution of directional distance function and its development in energy and environmental studies 1997-2013. Renewable and Sustainable Energy Reviews, 33(2): 50-59.

[6] Shephard R W. 1970. Theory of cost and production function. New Jersey: Princeton University Press: 64-78.

[7] Färe R, Grosskopf S, Norris M, et al. 1994. Productivity growth, technical progress, and efficiency change in industrialized countries. American Economic Review, 84(1): 66-83.

[8] Ray S C, Desli E. 1997. Productivity growth, technical progress, and efficiency change in industrialized countries: Comment. American Economic Review, 87(5): 1033-1039.

[9] Banker R D, Charnes A, Cooper W W. 1984. Some models for estimating technical and scale inefficiencies in data envelopment analysis. Management Science, 30(9): 1078-1092.

[10] Färe R, Grosskopf S, Lovell C A K. 1994. Production frontier. New York: Cambridge University Press: 81-83.

[11] Tone K. 2001. A slacks-based measure of efficiency in data envelopment analysis. European Journal of Operational Research, 130 (3): 498-509.

[12] Tone K. 2004. Dealing with undesirable outputs in DEA: A slacks-based measure (SBM) approach. Toronto: The Operations Research Society of Japan: 44-45.

[13] Zhang N, Choi Y. 2013. Environmental energy efficiency of China's regional economies: A non-oriented slacks-based measure analysis. The Social

Science Journal, 50(2): 225-234.

[14] Zhang N, Kong F, Yu Y. 2015. Measuring ecological total-factor energy efficiency incorporating regional heterogeneities in China. Ecological Indicators, 51: 165-172.

[15] 陈诗一. 2012. 中国各地区低碳经济转型进程评估. 经济研究, 8: 32-43.

[16] Simar L, Wilson P W. 1998. Sensitivity analysis of efficiency scores: How to bootstrap in nonparametric frontier models. Management Science, 44(1): 44-61.

[17] Simar L, Wilson P W. 2000. A general methodology for bootstrapping in non-parametric frontier models. Journal of Applied Statistics, 27: 779-802.

[18] Kneip A, Simar L, Wilson P W. 2008. Asymptotics and consistent bootstraps for DEA estimators in non-parametric frontier models. Econometric Theory, 24(6): 1663-1697.

[19] Simar L, Wilson P W. 2002.Non-parametric tests of returns to scale. European Journal of Operational Research,139(1):115-132.

[20] Zhang N, Kong F, Kung C. 2015. On modeling environmental production characteristics: A slacks-based measure for China's Poyang lake ecological economics zone. Computational Economics, 46: 389-404.

[21] Caves D W, Christensen L R, Diewert W. 1982. The economic theory of index numbers and the measurement of input, output, and productivity. Econometrica, 50(6):1393-1414.

[22] Färe R, Grosskopf S, Norris M. 1997. Productivity growth, technical progress, and efficiency change in industrialized countries: Reply. American Economic Review, 87(5):1040-1044.

[23] Grifell T, Lovell C A K. 1999. Profits and productivity. Management Science, 45(9): 1177-1193.

[24] Lovell C A K. 2003. The decomposition of Malmquist productivity indexes. Journal of Productivity Analysis, 20(3): 437-458.

[25] Grosskopf S. 2003. Some remarks on productivity and its

decompositions. Journal of Porductivity Analysis, 20(3):459-474.

[26] Pastor J, Lovell C A. 2005. A global Malmquist productivity index. Economics Letters, 88: 266-271.

[27] Pastor J, Asmild M, Lovell C A K. 2011. The biennial Malmquist productivity change index. Socio-Economic Planning Sciences, 45(1): 10-15.

[28] Shestalova V. 2003. Sequential Malmquist indices of productivity growth: An application to OECD industrial activities. Journal of Productivity Analysis, 19(4): 211-226.

[29] Hayami Y. 1969. Sources of agricultural productivity gap among selected countries. American Journal of Agricultural Economics, 51 (3): 564-575.

[30] Ruttan V W, Binswanger H P, Hayami Y, et al. 1978. Factor productivity and growth: A historical interpretation//Binswanger H P, Ruttan V W. Induced Innovation: technology, institution, and developments. Chap. 3. Baltimore:Johns Hopkins University Press:44-90.

[31] Oh D. 2010. A metafrontier approach for measuring an environmentally sensitive productivity growth index. Energy Economics, 32(1): 146-157.

[32] Yu Y, Huang J, Zhang N. 2018. Industrial eco-efficiency, regional disparity, and spatial convergence of China's regions. Journal of Cleaner Production, 204: 872-887.

[33] Chambers R G, Chung Y, Färe R. 1996. Benefit and distance functions. Journal of Economic Theory, 70(2):407-419.

[34] Chung Y H, Färe R, Grosskopf S. 1997. Productivity and undesirable outputs: A directional distance function approach. Journal of Environmental Management, 51(3): 229-240.

[35] Zhou P, Ang B W, Wang H. 2012. Energy and CO_2 emission performance in electricity generation: A non-radial directional distance function approach. European Journal of Operational Research, 221 (3): 625-635.

[36] Zhang N, Kong F, Choi Y, et al. 2014. The effect of size-control

policy on unified energy and carbon efficiency for Chinese fossil fuel power plants. Energy Policy, 70: 193-200.

[37] Zhang N, Choi Y. 2013. A comparative study of dynamic changes in CO_2 emission performance of fossil fuel power plants in China and Korea. Energy Policy, 62: 324-332.

[38] Färe R, Grosskopf S, Pasurkajr C. 2007. Environmental production functions and environmental directional distance functions. Energy, 32(7): 1055-1066.

[39] Zhang N, Zhou P, Choi Y. 2013. Energy efficiency, CO_2 emission performance and technology gaps in fossil fuel electricity generation in Korea: A meta-frontier non-radial directional distance function analysis. Energy Policy, 56(C): 653-662.

[40] Chiu C, Liou J, Wu P, et al. 2012. Decomposition of the environmental inefficiency of the meta-frontier with undesirable output. Energy Economics, 34(5):1392-1399.

[41] Battese G E, Rao D S P, O'Donnell C J. 2004. A metafrontier production function for estimation of technical efficiencies and technology gaps for firms operating under different technologies. Journal of Productivity Analysis, 21(1): 91-103.

[42] O'Donnell C J, Rao D S P, Battese G E. 2008. Metafrontier frameworks for the study of firm-level efficiencies and technology ratios. Empirical Economics, 34(2): 231-255.

[43] Fujii H, Managi S, Matousek R. 2014. Indian bank efficiency and productivity changes with undesirable outputs: A disaggregated approach. Journal of Banking & Finance, 38: 41-50.

[44] Zhang N, Xie H. 2015. Toward green IT: Modeling sustainable production characteristics for Chinese electronic information industry, 1980-2012. Technological Forecasting and Social Change, 96(1): 62-70.

[45] Lee M, Zhang N. 2012. Technical efficiency, shadow price of carbon dioxide emissions, and substitutability for energy in the Chinese manufacturing industries. Energy Economics, 34(5): 1492-1497.

[46] Oh D, Heshmati A. 2010. A sequential Malmquist-Luenberger productivity index: Environmentally sensitive productivity growth considering the progressive nature of technology. Energy Economics, 32(6): 1345-1355.

[47] Oh D. 2010. A global Malmquist-Luenberger productivity index. Journal of Productivity Analysis, 34(3): 183-197.

[48] 王兵，於露瑾，杨雨石.2013. 碳排放约束下中国工业行业能源效率的测度与分解.金融研究，10：128-141.

[49] Fukuyama H, Weber W L. 2009. A directional slacks-based measure of technical inefficiency. Socio-Economic Planning Sciences, 43(3):274-287.

[50] 王兵，朱宁. 2011. 不良贷款约束下的中国上市商业银行效率和全要素生产率研究——基于 SBM 方向性距离函数的实证分析. 金融研究，1：110-130.

[51] Zhang N, Wang B. 2015. A deterministic parametric metafrontier Luenberger indicator for measuring environmentally-sensitive productivity growth: A Korean fossil-fuel power case. Energy Economics, 51: 88-98.

第6章 二阶段半参数DEA方法

前面章节讨论了基于DEA的效率和生产率的各种估计方法,但有哪些因素会影响效率与生产率的值,需要引入二阶段回归分析来通过回归方程的系数进行判断。DEA方法是基于Farrell (1957)提供的技术效率和配置效率进行定义的,依托于凸性假设利用线性规划进行求解。不过值得注意的是,DEA度量的效率是一个相对的概念,依赖于有限的数据集进行非参数估计,此时的前沿面并不是实际意义上的前沿面(真实的前沿面是未知的)。由于其模型的简便性,该方法被广泛应用于各个行业的效率测算,这方面有几篇经典的综述性文章,如Gattoufi et al. (2004)、Zhang and Choi (2014)、Wang et al. (2019)等。在关于效率与生产率的诸多文章当中,为了探究环境变量对生产效率的影响,部分文献使用了二阶段方法。第一阶段,利用DEA方法进行效率的估计;第二阶段,代表环境变量的协变量对被估计的效率值进行回归。

由于一阶段DEA测算的效率值在[0,1]的区间内,不是正态分布,因此不满足OLS方法中对解释变量的分布应该为正态分布的假设。有学者建议用Tobit回归或者Truncated回归进行化解。

但比较遗憾的是,尽管做了大量研究,但都没有解决第二阶段被估计的效率值存在的序列相关性(自相关)、环境变量的内生性等问题,且都没有给出估计值的统计解释,造成了严重的数据生成不一致性。这些问题直到Simar and Wilson (2007)提出了二阶段半参数DEA方法后才得以解决。下面先介绍一般的解决办法——Tobit回归的原理,再介绍Simar-Wilson方法(SW)。

6.1 Tobit回归方法

利用Tobit回归方法进行环境变量对生产效率探究的原理为:(1)用DEA

测算效率值或距离函数;(2) 把效率值或距离函数当作被解释变量代入 Tobit 模型中进行回归。下面我们对 Tobit 回归进行简要的介绍。

考虑如下回归模型:

$$\vartheta_i = \boldsymbol{z}_i'\boldsymbol{\beta} + \varepsilon_i \tag{6.1}$$

其中,$\boldsymbol{\beta}$ 为待估参数,$\varepsilon_i \sim N(0,\sigma_\varepsilon^2)$。对于任意 i,ε_i 是独立同分布的。

若存在

$$\vartheta_i = \begin{cases} \boldsymbol{z}_i'\boldsymbol{\beta} + \varepsilon_i, & \text{如果} \boldsymbol{z}_i + \varepsilon_i > c_i \\ c_i, & \text{其他} \end{cases} \tag{6.2}$$

由于某种原因,使得在 $\boldsymbol{z}_i\boldsymbol{\beta} \leqslant c_i$ 时,ϑ_i 都被归并在一个点上($\vartheta_i = c_i$),这一类的数据称为归并数据。虽然有全部的观测数据,但对于部分观测值来说,被解释变量 ϑ_i 被压缩在一个点上。这时 ϑ_i 的概率分布就变成了由一个离散点和一个连续分布组成的混合分布。经证明,在这种情况下,若使用 OLS 来估计样本数据是不能得到一致估计量的,因此需要利用 Tobit 回归进行解决。与 Tobit 回归比较相似的还有 Truncated 回归,它与 Tobit 回归最大的区别就在于,将 $\boldsymbol{z}_i + \varepsilon_i \leqslant c_i$ 的部分进行"左边断尾",去除掉这一离散点,此时若利用 OLS 估计样本数据也是不一致的。

而在利用 DEA 测算效率时,它的取值范围在 [0,1] 的区间内,无法满足 OLS 方法中对解释变量的分布应该为正态分布的假设,因此利用 Tobit 回归刚好可以解决估计系数不一致的问题。

但这一方法在应用不久后就遭到了一些学者的批判。Simar and Wilson (2007)认为,尽管 Tobit 回归可以解决效率值不满足正态分布的问题,但由于被估计的效率值存在序列相关性以及环境变量存在内生性等,造成了数据生成过程不一致,此时估计的参数仍是不可信的。此外,McDonald (2009)也认为,若 $\boldsymbol{z}_i$ 和 ε_i 不是正态分布或存在异方差,此时 Tobit 最大似然估计也不是一个一致估计量。

6.2 Simar-Wilson 方法

6.2.1 统计模型的假设

我们都知道,提出的任何使得估计一致性的模型都依赖于严格的假设,二

阶段半参数 DEA 方法也不例外。因此,我们首先对其进行详细的解释说明。假设存在 $\boldsymbol{x} \in \mathbf{R}_+^p$ 表示一个 $(1\times p)$ 的投入要素向量,$\boldsymbol{y} \in \mathbf{R}_+^q$ 是一个 $(1\times q)$ 的产出向量,而 $\boldsymbol{z} \in \mathbf{R}^r$ 是一个 $(1\times r)$ 的环境变量向量。在此基础上,定义一个观测集 $\mathcal{T}_n = \{(\boldsymbol{x}_i,\boldsymbol{y}_i,\boldsymbol{z}_i)\}_{i=1}^n$ 和一个生产可能性集 $\mathcal{P}= \{(\boldsymbol{x},\boldsymbol{y}) | \boldsymbol{x}$ 可以生产 $\boldsymbol{y}\}$。基于我们的研究目的,即环境变量对生产绩效的影响,二阶段半参数 DEA 方法中隐含着一个非常重要的假设:一个决策单元或厂商在面对特定的环境变量 $\boldsymbol{z}$ 时,该变量会影响到他们对投入和产出的选择,否则研究将毫无意义。

假设 1:观测集 $\mathcal{T}_n$ 中的观测值$(\boldsymbol{x}_i,\boldsymbol{y}_i,\boldsymbol{z}_i)$是具有概率密度函数 $f(\boldsymbol{x},\boldsymbol{y},\boldsymbol{z})$ 的独立同分布的随机变量。

但需要注意的是,在任何情况下,$\boldsymbol{z}$ 对于 $(\boldsymbol{x},\boldsymbol{y})$ 都不是独立的,即 $f(\boldsymbol{x},\boldsymbol{y} | \boldsymbol{z}) \neq f(\boldsymbol{x},\boldsymbol{y})$;否则的话,就不存在第二阶段回归的动机。假设 1 意味着决策单元或者厂商面对某些环境变量时,这些约束会影响到他们对投入 $\boldsymbol{x}$ 和产出 $\boldsymbol{y}$ 的选择。

同时,基于对生产可能性集 $\mathcal{P}$ 的理解,我们可以认为 $\mathcal{P}$ 的边界指的就是技术前沿或者生产前沿。若观测点在 $\mathcal{P}$ 的内部,则存在技术无效率情况;若观测点在 $\mathcal{P}$ 的边界,则技术有效。那么,该如何度量技术的有效性呢?基于 Farrell (1957)和 Shephard (1970)的研究,利用产出距离函数进行求解,即

$$\delta_0 = \delta(\boldsymbol{x}_0,\boldsymbol{y}_0 | \mathcal{P}) = \sup\{\delta | (\boldsymbol{x}_0,\delta\boldsymbol{y}_0) \in \delta,\delta > 0\} \tag{6.3}$$

其中,技术效率为 $\dfrac{1}{\delta_0}$。

通过对假设 1 的解读,我们发现 $\boldsymbol{z}$ 对于 $(\boldsymbol{x},\boldsymbol{y})$ 不是独立的,即 $\boldsymbol{z}$ 会影响 $(\boldsymbol{x},\boldsymbol{y})$ 的选择,而由公式(6.3)可知,δ_0 值的大小取决于 $(\boldsymbol{x},\boldsymbol{y})$,因此 $\boldsymbol{z}$ 对于 δ 也不是独立的,即 $f(\delta | \boldsymbol{z}) \neq f(\delta)$。

假设 2:在 $f(\delta | \boldsymbol{z}) \neq f(\delta)$ 的条件下,δ 与 $\boldsymbol{z}$ 的关系可以表示为

$$\delta_i = \psi(\boldsymbol{z}_i,\boldsymbol{\beta}) + \varepsilon_i \geqslant 1 \tag{6.4}$$

其中,ψ 是一个平滑连续的方程;$\boldsymbol{\beta}$ 是一个参数向量;ε_i 是一个连续的独立同分布的随机变量,且与 $\boldsymbol{z}_i$ 不相关。

假设 1 和假设 2 为可分离条件(separability condition),意味着 $\boldsymbol{z}$ 与 δ 是相关的,这为第二阶段的回归提供了理论基础。

假设 3:对于任意的 i,公式(6.4)中的 ε_i 服从 $N(0,\sigma_\varepsilon^2)$ 分布,且左截断点为 $1-\psi(\boldsymbol{z}_i,\boldsymbol{\beta})$。

该假设为随机误差项提供了一种分布形式，也为后续的截断回归提供了可能，这也是每一项二阶段回归应用的研究中所必须做的一步。

为了研究的需要，生产可能性集 $\mathcal{P}=\{(\boldsymbol{x},\boldsymbol{y}) \mid \boldsymbol{x}$ 可以生产 $\boldsymbol{y}\}$ 有时会被改写为以下形式：

$$y(\boldsymbol{x})=\{\boldsymbol{y} \mid (\boldsymbol{x},\boldsymbol{y}) \in \mathcal{P}\} \tag{6.5}$$

$$\chi(\boldsymbol{y})=\{\boldsymbol{x} \mid (\boldsymbol{x},\boldsymbol{y}) \in \mathcal{P}\} \tag{6.6}$$

这两种形式分别表示产出的可行性集合和投入的需求集合，在某种程度上它们与 $\mathcal{P}$ 是等价的，因此，它们具有 $\mathcal{P}$ 的属性。关于 $\mathcal{P}$ 的假设有很多，我们依照 Shephard (1970)和 Färe (1988)的设定进行研究。

假设 4：$\mathcal{P}$ 是闭集和凸集；对于任意的 $\boldsymbol{x}$，$y(\boldsymbol{x})$ 是闭集、凸集和有界的；对于任意的 $\boldsymbol{y}$，$\chi(\boldsymbol{y})$ 也是闭集和凸集。

假设 5：若 $\boldsymbol{x}=\boldsymbol{0}, \boldsymbol{y} \geqslant \boldsymbol{0}$ 且 $\boldsymbol{y} \neq \boldsymbol{0}$，则 $(\boldsymbol{x},\boldsymbol{y}) \notin \mathcal{P}$。

假设 6：对于 $\tilde{\boldsymbol{x}} \geqslant \boldsymbol{x}$ 和 $\tilde{\boldsymbol{y}} \leqslant \boldsymbol{y}$，若 $(\boldsymbol{x},\boldsymbol{y}) \in \mathcal{P}$，则 $(\tilde{\boldsymbol{x}},\boldsymbol{y}) \in \mathcal{P}$，$(\boldsymbol{x},\tilde{\boldsymbol{y}}) \in \mathcal{P}$。

假设 4 是构建前沿面的基本假定；假设 5 则意味着“没有免费的午餐”，没有投入就不会有产出；假设 6 满足了要素的自由可处置性，它等价于技术的单调性。这些都是微观经济理论的标准假设。

此外，为了保证 $\mathcal{P}$ 和 $\delta(\boldsymbol{x}_0,\boldsymbol{y}_0 \mid \mathcal{P})$ 估计量的一致性，还需要加入额外的假设条件。特别地，随着样本数量的增加，在 $\mathcal{P}$ 边界附近的观测点的概率必须接近于 1，由此产生了假设 7。

假设 7：对于所有的 $(\boldsymbol{x},\boldsymbol{y}) \in \mathcal{P}$，$f(\boldsymbol{x},\boldsymbol{y} \mid \boldsymbol{z})$ 是严格为正的，并且对于所有的 $\boldsymbol{z}$，在 P 内部沿着任意方向 $f(\boldsymbol{x},\boldsymbol{y} \mid \boldsymbol{z})$ 都是连续的。

当然，也需要保证前沿面的平滑性，为此，需要加入以下假设：

假设 8：对于所有在 $\mathcal{P}$ 内部的 $(\boldsymbol{x},\boldsymbol{y})$，$\delta(\boldsymbol{x},\boldsymbol{y} \mid \mathcal{P})$ 是可微的。

这是因为在 $\mathcal{P}$ 内部的 $(\boldsymbol{x},\boldsymbol{y})$ 都存在技术无效率的部分，而这一部分是由投入 $\boldsymbol{x}$ 和产出 $\boldsymbol{y}$ 的选择以及该决策单元或厂商的技术水平所决定的。

假设 7 和假设 8 都是在 Kneip et al. (1998)的基础上进行的，并进行了一些扩展以适应环境变量 $\boldsymbol{z}$。

在这些假设的基础上，就能保证第一阶段 DEA 估计量的统计一致性。但目前的问题在于需要估计 $\{\delta_i\}_{i=1}^{n}$ 和 $\boldsymbol{\beta}$，然后对这些未知量进行推断。关于对 δ_i 的推算，Simar and Wilson (1998, 2000) 使其得以解决。在此基础之上，

Simar and Wilson (2007)主要的关注点是对 $\boldsymbol{\beta}$ 的估计与推断，用于描述环境变量 $\boldsymbol{z}$ 对技术无效率的边际影响。

6.2.2 二阶段半参数 DEA 方法

由于数据集的限制，生产可能性集 $\mathcal{P}$ 的估计量 $\widehat{\mathcal{P}}$ 被描述为

$$\widehat{\mathcal{P}}=\{(\boldsymbol{x},\boldsymbol{y}) \mid \boldsymbol{y} \leqslant \boldsymbol{Y}\boldsymbol{q}, \boldsymbol{x} \geqslant \boldsymbol{X}\boldsymbol{q}, \boldsymbol{i}'\boldsymbol{q}=1, \boldsymbol{q} \in \mathbf{R}_{+}^{n}\} \tag{6.7}$$

其中，$\boldsymbol{Y}=[y_1,y_2,\cdots,y_n]$，$\boldsymbol{X}=[x_1,x_2,\cdots,x_n]$，$\boldsymbol{i}'=[1,2,\cdots,1]'$，$\boldsymbol{q}$ 是一个强度变量的向量。在满足假设 1～8 的条件下，$\widehat{\mathcal{P}}$ 是 $\mathcal{P}$ 的一致估计量。

根据公式(6.1)，$\delta(\boldsymbol{x}_0,\boldsymbol{y}_0 \mid \mathcal{P})$ 的估计量被定义为

$$\widehat{\delta_0}=\delta(\boldsymbol{x}_0,\boldsymbol{y}_0 \mid \widehat{\mathcal{P}})=\max\{\theta>0 \mid \theta\, \boldsymbol{y}_0 \leqslant \boldsymbol{Y}\boldsymbol{q}, \boldsymbol{x}_0 \geqslant \boldsymbol{X}\boldsymbol{q}, \boldsymbol{i}'\boldsymbol{q}=1, \boldsymbol{q} \in \mathbf{R}_{+}^{n}\} \tag{6.8}$$

同样，在满足上述 8 个假设的条件下，$\widehat{\delta_0}$ 是 δ_0 的一致估计量。但线性规划问题往往存在一个问题，即随着维度的增加，它的收敛速度会越来越慢，并陷入我们常说的维数灾难中，进而使得 $\widehat{\delta_0}$ 产生向下的偏误。同时，由于维度的增加，距离函数的径向性质与被估计的前沿面的复杂程度使得推导距离函数的渐近分布复杂化，使得 bootstrap 方法成为了在多维度的设定背景下近似距离函数估计量的渐近分布的唯一方法。值得一提的是，bootstrap 方法在第二阶段也发挥着重要作用。

假设公式(6.4)中的 $\boldsymbol{\beta}$ 是有限维度的，指定密度函数为 $f(\boldsymbol{x},\boldsymbol{y},\boldsymbol{z})$，然后就可以通过极大似然估计来估计 $\boldsymbol{\beta}$。在这里，我们设定 $\psi(\boldsymbol{z}_i,\boldsymbol{\beta})=\boldsymbol{z}_i'\boldsymbol{\beta}$，则公式(6.4)可以转化为

$$\delta_i=\boldsymbol{z}_i'\boldsymbol{\beta}+\varepsilon_i \geqslant 1 \tag{6.9}$$

其中，$\delta_i=\delta(\boldsymbol{x}_0,\boldsymbol{y}_0 \mid \widehat{\mathcal{P}})$。我们接下来的步骤为：(1) 根据数据集 $(\boldsymbol{x}_i,\boldsymbol{y}_i)$ 估计 δ_i，并产生 $\{\widehat{\delta_i}\}_{i=1}^{n}$；(2) 将公式左边的 δ_i 替换为估计量 $\widehat{\delta_i}$；(3) 得到公式为

$$\widehat{\delta_i}=\boldsymbol{z}_i'\boldsymbol{\beta}+\zeta_i \geqslant 1 \tag{6.10}$$

尽管选择了 $\psi(\boldsymbol{z}_i,\boldsymbol{\beta})$ 的具体形式，但是目前仍存在统计推断的问题。首先，δ_i 在实际的回归中是无法观测的；其次，$\widehat{\delta_i}$ 是存在序列相关性的；最后，$\boldsymbol{z}_i$ 与 ζ_i 是相关的，存在内生性问题。主要的原因在于：DEA 测算的效率是一个相

对值，实际效率值是未知的，估计出的效率值是根据现有的数据集构建的技术前沿来评估的；某一个决策单元或厂商上一年的效率会影响下一年的效率；$\boldsymbol{z}_i$ 与 δ_i 是相关的，但在回归中，存在无法被 $\boldsymbol{z}_i$ 解释的 ζ_i，使得 $\boldsymbol{z}_i$ 与随机扰动项存在相关性。

当 ζ_i 之间的相关性以及 ζ_i 与 $\boldsymbol{z}_i$ 之间的相关性渐近消失时，在第二阶段利用极大似然估计所估计的 $\boldsymbol{\beta}$ 值才是一致的。当维度不断上升时，这些数据间的相关性并不能够消失得足够快，以至于统计推断无法生效。

因此，需要进一步地思考以下问题：

$$\widehat{\delta_i}=E(\widehat{\delta_i})+u_i \tag{6.11}$$

其中，$E(u_i)=0$。此外，估计偏差被定义为

$$BIAS(\widehat{\delta_i})=E(\widehat{\delta_i})-\delta_i \tag{6.12}$$

将公式(6.11)代入公式(6.12)，得

$$\delta_i=\widehat{\delta_i}-BIAS(\widehat{\delta_i})-u_i \tag{6.13}$$

进一步地，将公式(6.9)代入公式(6.12)，得

$$\widehat{\delta_i}-BIAS(\widehat{\delta_i})-u_i=\boldsymbol{z}_i\boldsymbol{\beta}+\varepsilon_i\geqslant 1 \tag{6.14}$$

由于 $\widehat{\delta_i}$ 是一致估计量，所以 u_i 和 $BIAS(\widehat{\delta_i})$ 是渐近可忽略的。u_i 的均值为 0，但 $BIAS(\widehat{\delta_i})$ 的均值不为 0，它在有限样本中是严格为负的，这一项可以通过 bootstrap 方法进行估计。Bootstrap 方法的偏差估计就等于真实偏差加残差，即

$$\widehat{BIAS}(\widehat{\delta_i})=BIAS(\widehat{\delta_i})+v_i \tag{6.15}$$

当抽样次数趋近于无穷时，v_i 的方差会逐渐消失。因此，在有限的样本中，v_i 的量级要比 $BIAS(\widehat{\delta_i})$ 小。通过 bootstrap 方法可以构建 δ_i 纠正偏差之后的估计量，即

$$\widehat{\widehat{\delta_i}}=\widehat{\delta_i}-\widehat{BIAS}(\widehat{\delta_i}) \tag{6.16}$$

将公式(6.15)和公式(6.16)代入公式(6.14)，得

$$\widehat{\widehat{\delta_i}}+v_i-u_i=\boldsymbol{z}_i\boldsymbol{\beta}+\varepsilon_i\geqslant 1 \tag{6.17}$$

由于 v_i 和 u_i 都是渐近可忽略的，因此，利用极大似然估计来估计

$$\widehat{\widehat{\delta}}_i \approx \boldsymbol{z}_i\boldsymbol{\beta} + \varepsilon_i \geqslant 1 \tag{6.18}$$

就可以得到一致的估计量。

最后，Simar and Wilson (2007)利用蒙特卡罗模拟讨论了归并回归(censored regression)和截断回归(truncated regression)的表现情况。尽管两种模型都涉及变量的信息丢失，通常截断回归比归并回归面临着更严重的信息损失，但是经验证截断回归才是二阶段半参数DEA方法的正确方法。

6.2.3 二阶段DEA算法的步骤

由于存在$\widehat{\delta}_i$的偏差、序列相关性以及内生性的问题，很难对$\boldsymbol{\beta}$进行统计推断。因此，Simar and Wilson (2007)提出了两种bootstrap程序来克服这些问题。

6.2.3.1 算法1(single bootstrap procedure)

在不考虑公式(6.14)中的偏差项时，加入统计推断。

(1)导入$\mathcal{P}$中的原始数据，利用公式(6.8)计算$\widehat{\delta}(\boldsymbol{x}_0, \boldsymbol{y}_0 \mid \widehat{\mathcal{P}})$。

(2)在公式(6.10)中利用极大似然估计来估计$\widehat{\delta}_i$对$\boldsymbol{z}_i$的截断回归，得到$\boldsymbol{\beta}$的估计量$\widehat{\boldsymbol{\beta}}$和$\sigma_\varepsilon$的估计量$\widehat{\sigma_\varepsilon}$。

(3)将下列四个步骤循环L次，得到bootstrap估计量$\mathcal{A} = \{(\widehat{\boldsymbol{\beta}}^*, \widehat{\sigma}_\varepsilon^*)\}_{b=1}^{L}$。

①对于任意的i，ε_i服从$N(0, \widehat{\sigma}_\varepsilon^2)$分布，且左截断点为$1 - \boldsymbol{z}_i'\widehat{\boldsymbol{\beta}}$。

②再次计算$\delta_i^* = \boldsymbol{z}_i'\widehat{\boldsymbol{\beta}} + \varepsilon_i$。

③利用极大似然估计来估计δ_i^*对$\boldsymbol{z}_i$的截断回归，得到估计量$(\widehat{\boldsymbol{\beta}}^*, \widehat{\sigma}_\varepsilon^*)$。

④使用bootstrap估计量$\mathcal{A}$以及原始估计量$\widehat{\boldsymbol{\beta}}$和$\widehat{\sigma_\varepsilon}$来构建每一个$\boldsymbol{\beta}$元素估计的置信区间。

6.2.3.2 算法2(double bootstrap procedure)

通过公式(6.14)使得$\widehat{\widehat{\delta}}_i$与$\boldsymbol{z}_i$进行回归。

(1)导入 $\mathcal{P}$ 中的原始数据,利用公式(6.8)计算 $\widehat{\delta}(\boldsymbol{x}_0,\boldsymbol{y}_0|\widehat{\mathcal{P}})$ 。

(2)在公式(6.10)中利用极大似然估计来估计 $\widehat{\delta}_i$ 对 $\boldsymbol{z}_i$ 的截断回归,得到 $\boldsymbol{\beta}$ 的估计量 $\widehat{\boldsymbol{\beta}}$ 和 σ_ε 的估计量 $\widehat{\sigma_\varepsilon}$。

(3)将下列四个步骤循环 L_1 次,得到 bootstrap 估计量 $\mathcal{B}_1=\{\widehat{\delta}_{ib}^*\}_{b=1}^{L1}$。

①对于任意的 i,ε_i 服从 $N(0,\widehat{\sigma_\varepsilon^2})$ 分布,且左截断点为 $1-\boldsymbol{z}_i'\widehat{\boldsymbol{\beta}}$。

②再次计算 $\delta_i^*=\boldsymbol{z}_i'\widehat{\boldsymbol{\beta}}+\varepsilon_i$。

③对于任意的 i,设定 $\boldsymbol{x}_i^*=\boldsymbol{x}_i$,$\boldsymbol{y}_i^*=\boldsymbol{y}_i\widehat{\delta}_i/\delta_i^*$。

④将 $(\boldsymbol{x}_i,\boldsymbol{y}_i)$ 替换成 $(\boldsymbol{x}_i^*,\boldsymbol{y}_i^*)$,重新计算 $\widehat{\delta_i^*}=\delta(\boldsymbol{x}_0,\boldsymbol{y}_0|\widehat{\mathcal{P}^*})$。

(4)通过(3)中的 $\mathcal{B}_1$ 和原始估计量 $\widehat{\delta}_i$ 利用 bootstrap 方法估计公式(6.16)中的纠正偏差估计量 $\widehat{\widehat{\delta}}_i$ 。

(5)在公式(6.18)中利用极大似然估计来估计 $\widehat{\widehat{\delta}}_i$ 对 $\boldsymbol{z}_i$ 的截断回归,得到估计量 $\widehat{\widehat{\boldsymbol{\beta}}}$ 和 $\widehat{\widehat{\sigma_\varepsilon}}$ 。

(6)将下列三个步骤循环 L_2 次,得到 bootstrap 估计量 $\mathcal{B}_2=\{(\widehat{\boldsymbol{\beta}}^*,\widehat{\sigma_\varepsilon}^*)\}_{b=1}^{L2}$。

①对于任意的 i,ε_i 服从 $N(0,\widehat{\widehat{\sigma_\varepsilon^2}})$ 分布,且左截断点为 $1-\boldsymbol{z}'_i\widehat{\widehat{\boldsymbol{\beta}}}$ 。

②再次计算 $\delta_i^{**}=\boldsymbol{z}_i'\widehat{\widehat{\boldsymbol{\beta}}}+\varepsilon_i$。

③利用极大似然估计来估计 δ_i^{**} 对 $\boldsymbol{z}_i$ 的截断回归,得到估计量 $(\widehat{\widehat{\boldsymbol{\beta}}}^*,\widehat{\widehat{\sigma_\varepsilon^{2}}}^*)$ 。

(7)使用 bootstrap 估计量 $\mathcal{B}_2$ 和原始估计量 $\widehat{\widehat{\boldsymbol{\beta}}}$ 和 $\widehat{\widehat{\sigma_\varepsilon^2}}$ 来构建每一个 $\boldsymbol{\beta}$ 元素估计的置信区间。

接下来,剩下的唯一问题是循环的次数该如何选取。经验证,$L_1=100$,$L_2=2000$ 就可以达到我们的研究目的(Simar and Wilson, 2007)。

6.2.4 讨论与延伸

在 Simar-Wilson 方法提出之后，因其估计的一致性得到了广泛的应用。Barros and Dieke (2008)利用该方法在 *Transportation Research Part E* 上发表了关于评估意大利机场的效率决定因素。同年，Barros and Peypoch (2008)在 *Energy Economics* 上研究了火电厂技术效率的决定因素。

在同一时期，Banker and Natarajan (2008)在 *Operations Research* 上发表了另一种二阶段 DEA 方法(BN)，第二阶段利用 OLS 也能得到一致性估计。

首先，BN 的数据生成过程是基于产出变量 Y 进行的，数据生成过程可表示为

$$\boldsymbol{Y} = \Phi(\boldsymbol{X})\,\mathrm{e}^{-\boldsymbol{Z}'\boldsymbol{\beta}+V-U} \tag{6.19}$$

其中，$\boldsymbol{Y}$ 为产出数量，$\boldsymbol{X}$ 为投入数量，$\boldsymbol{Z}$ 为环境变量，$\boldsymbol{\beta}$ 为参数，U 为无效率项，V 为双边随机噪声。此外，Banker and Natarajan (2008)还做了以下假设：(1) $\boldsymbol{X} \geqslant \boldsymbol{0}$；(2) $U \geqslant 0$；(3) $\boldsymbol{Z} \geqslant \boldsymbol{0}$；(4) $\boldsymbol{\beta} \geqslant \boldsymbol{0}$；(5) $-V^M \leqslant V \leqslant V^M$，其中 $V^M \geqslant 0$ 为常数；(6) X、U、Z、V 相互独立；(7) 每一个随机变量的方差是有限的；(8) $E(V)=0$。假设 U 和 V 的方差和均值不变，且所有观测值的分布相同。在这里，BN 做了一个很强的假设，他们认为环境变量 $\boldsymbol{Z}$ 相对于投入变量 $\boldsymbol{X}$ 是独立的，它仅影响产出 Y，而 SW 所描述的模型不存在这一假设。

此时，它的生产可能性集就可以表示为

$$P(\boldsymbol{z}) = \{(\boldsymbol{X},\boldsymbol{Y}) \mid \boldsymbol{Z}=\boldsymbol{z}, \boldsymbol{X} \geqslant \boldsymbol{0}, \boldsymbol{Y} \leqslant \Phi(\boldsymbol{X})\,\mathrm{e}^{VM}\} \tag{6.20}$$

其次，BN 将第二阶段回归中使用 OLS 对环境变量 $\boldsymbol{z}$ 的效率估计定义为

$$\widetilde{\Phi}(\boldsymbol{X}) = \Phi(\boldsymbol{X})\,\mathrm{e}^{VM} \tag{6.21}$$

$$\widetilde{\theta}(\boldsymbol{X}) = \mathrm{e}^{(V-VM)-\boldsymbol{Z}'\boldsymbol{\beta}-U} \tag{6.22}$$

将公式(6.21)和公式(6.22)代入公式(6.19)中，可得

$$\boldsymbol{Y} = \widetilde{\Phi}(\boldsymbol{X})\,\widetilde{\theta} \tag{6.23}$$

其中，$\theta = \widetilde{\theta}\,\mathrm{e}^{VM}$。

通过公式(6.19)和公式(6.23)可得

$$\log \widetilde{\theta} = \beta_0 - \boldsymbol{Z}'\boldsymbol{\beta} + \delta \tag{6.24}$$

其中，$\boldsymbol{\beta}_0 = E(V-U) - V^M$，$\delta = V - U - E(V-U)$，因此 $E(\delta)=0$。但 $\widetilde{\theta}$ 是无法观测的，需要通过 $\widehat{\widetilde{\theta}}$ 对 $\widetilde{\theta}$ 进行替代，即

$$\log \widehat{\tilde{\theta}} = \log \tilde{\theta} + \eta \tag{6.25}$$

其中，$\widehat{\tilde{\theta}}$ 可以通过数据集利用 DEA 方法估计，由此产生了

$$\log \widehat{\tilde{\theta}} = \beta_0 - \boldsymbol{Z}'\boldsymbol{\beta} + \tilde{\delta} \tag{6.26}$$

其中，$\tilde{\delta} = \delta + \eta$，此时的 $\widehat{\boldsymbol{\beta}}$ 为 $\boldsymbol{\beta}$ 的一致估计量。

Banker and Natarajan(2008)在文章最后的“Endnotes”中指出：SW 比 BN 考虑的数据生成过程更具限制性，且 BN 提出的 OLS 方法比 SW 的结果更稳健，更适合生产率的研究，SW 需在对数据生成过程进行严格假设的基础上才有效。这一观点也得到了许多学者的认同，例如 Sufian and Habibullah(2009)、McDonald(2009)、Cummins et al.(2010)、Ramalho et al.(2010)等。其中 McDonald(2009)在 *European Journal of Operational Research* 上发表的一文较为经典，作者指出当环境变量 $\boldsymbol{Z}$ 与随机扰动项 ε_i 不是正态分布或者存在异方差时，Tobit 回归模型会造成估计系数的不一致性，而 OLS 回归估计的系数才是无偏一致估计量。效率得分不应该被看作是一个归并数据集，它的数据生成过程应该被更好地描述为一个标准化进程。虽然效率值位于 0～1 之间，且多个数据为 1，但它们不能被看作归并处理，这种数据生成过程应该被看作是一个分位数或者比例数据，若效率得分被乘以 100，则认为是百分比数据。作者还认为，除非数据生成过程是一种非常特殊的形式，否则 Tobit 回归会提供不一致的估计量，这暗示着利用 Tobit 回归进行一致估计需要的假设繁多。而 OLS 与其不同，它在一般条件下是一致的和渐近正态的，就算存在异方差，也可以很好地进行假设检验。双方进行了激烈的争论，直到 2011 年，Simar and Wilson 在 *Journal of Productivity Analysis* 上发表的“Two-stage DEA：Caveat emptor”一文的出现，它指出了 BN 模型中存在的不足，并认为 BN 具有夸大的成分，同时也肯定了 BN 模型是一个正确的模型，但 BN 的假设要比 SW 更为复杂。最后，Simar and Wilson(2011)提倡无论是 SW 模型、BN 模型还是尚未提出的模型，都应该考虑哪些限制是有必要的，以及如何才能做出有效的推断，关于 SW 和 BN 模型的选择，各有千秋，无须争论。

6.3 模型拓展——bootstrap truncated-based DID 方法

除了探究环境变量对生产效率的影响，目前政策对厂商生产效率冲击的研究也尤为重要。但先前的文章一般都是利用 DEA 求解生产效率，然后代入双重差分(DID)模型中进行政策识别。

在学习了上述方法之后，我们知道由于被估计的效率值存在序列相关性、估计方法存在内生性问题等，造成了数据生成过程的不一致性，因此许多学者对其进行直接估计得到的系数是不一致的。为此，我们提出了 bootstrap truncated-based DID(基于自助截断法的双重差分)方法来解决政策对生产效率冲击的识别问题。

基于 Simar and Wilson (2007)的理论贡献，可以直接写出满足估计一致性的识别方程，即

$$\hat{\hat{\delta}}_{it} \approx \beta_0 + \beta_1 DID_{it} + \boldsymbol{Z\gamma} + \varepsilon_{it} \geqslant 1$$

其中，$DID_{it} = Treat_{it} \times Post_{it}$。$Treat_{it} = 1$ 为实验组，$Treat_{it} = 0$ 为对照组；$Post_{it} = 0$ 为政策发生前，$Post_{it} = 1$ 为政策发生后。利用 Simar and Wilson (2007)的方法进行回归可以得到 β_1 的一致估计量。

参考文献

[1] Farrell M J. 1957. The Measurement of productive efficiency. Journal of the Royal Statistical Society. Series A(General), 120(3): 253-290.

[2] Gattoufi S, Oral M, Reisman A. 2004. Data envelopment analysis literature: A bibliography update (1951-2001). Socio-Economic Planning Sciences, 38(2-3): 159-229.

[3] Zhang N, Choi Y. 2014. A note on the evolution of directional distance function and its development in energy and environmental studies 1997-2013. Renewable and Sustainable Energy Reviews, 33: 50-59.

[4] Wang K, Xian Y, Lee C, et al. 2019. On selecting directions for directional distance functions in a non-parametric framework: A review.

Annals of Operations Research,278(1-2): 43-76.

[5] Simar L, Wilson P W. 2007. Estimation and inference in two-stage, semi-parametric models of production processes. Journal of Econometrics, 136(1): 31-64.

[6] McDonald J. 2009. Using least squares and tobit in second stage DEA efficiency analyses. European Journal of Operational Research, 197 (2): 792-798.

[7] Shephard R W. 1970. Theory of Cost and Production Function. New Jersey: Princeton University Press:64-78.

[8] Färe R. 1988. Fundamentals of Production Theory. Berlin:Springer: 89-102.

[9] Kneip A, Park B U, Simar L. 1998. A note on the convergence of nonparametric DEA estimators for production efficiency scores. Econometric Theory,14(6):783-793.

[10] Simar L, Wilson, P W. 1998. Sensitivity analysis of efficiency scores: How to bootstrap in nonparametric frontier models. Management Science,44(11):49-61.

[11] Simar L, Wilson P W. 2000. A general methodology for bootstrapping in nonparametric frontier models. Journal of Applied Statistics, 27:779-802.

[12] Barros C P, Dieke P U C. 2008. Measuring the economic efficiency of airports: A Simar-Wilson methodology analysis. Transportation Research Part E:Logistic and Transportation Review, 44(6): 1039-1051.

[13] Barros C P, Peypoch N. 2008. Technical efficiency of thermoelectric power plants. Energy Economics, 30(6): 3118-3127.

[14] Banker R D, Natarajan R. 2008. Evaluating contextual variables affecting productivity using data envelopment analysis. Operations Research, 56(1): 48-58.

[15] Sufian F, Habibullah M S. 2009. Asian financial crisis and the evolution of Korean banks efficiency: A DEA approach. Global Economic Review: Perspectives on East Asian Economies and Industries, 38 (4):

335-369.

[16] Cummins J D, Weiss M A, Xie X, et al. 2010. Economies of scope in financial services: A DEA efficiency analysis of the US insurance industry. Journal of Banking & Finance, 34: 1525-1539.

[17] Ramalho E A, Ramalho J J S, Henriques P D. 2010. Fractional regression models for second stage DEA efficiency analyses. Journal of Productivity Analysis, 34(3): 239-255.

[18] Simar L, Wilson P W. 2011. Two-stage DEA: Caveat emptor. Journal of Productivity Analysis, 36(2): 205-218.

应用篇

第7章　参数线性规划法的程序应用

在这一部分，我们将对参数线性规划法(PLP)如何求解技术效率进行简要的介绍。与“DEA程序编程指南”不同的是，PLP方法是利用Stata软件中的Mata环境进行DEA线性规划求解，而为了使本书内容更丰富，我们不仅提供了Stata软件的编写指令，也通过另一种专门的线性规划软件LINGO进行程序的实现。LINGO软件允许以简练、直观的方式描述较为复杂的优化问题，易于上手编写，这对于初学者来讲是比较友好的。当然，LINGO软件还具有一些其他的功能，由于与本书的需求无关，这里不进行系统性的介绍。

7.1　PLP编程思路

基于研究的需求，依托于LINGO软件运用PLP方法求解技术效率主要分为四个部分：(1)集合的建立；(2)数据的导入；(3)目标函数的确定；(4)约束条件的限制。

7.1.1　集合的建立

在距离函数具体化函数形式时，无论是超越对数的函数形式还是二次型的函数形式都存在着大量的参数，为了进一步地对模型求解，我们首先要做的就是创建集合。集合一般需要事先定义，它以“sets:”开始，以“endsets”结束，例如：

```
sets:
    setname/number1..numberN/;
endsets
```

这意味着定义了一个名为setname的原始集，这里的number1是集的第一个成员名，numberN 是集的最末的成员名，中间所有的成员名将会自动产生。若隐式成员为“1..3”，则所产生的集成员为 1,2,3。

在对方向距离函数进行求解的过程中，一般我们需要定义 $D(\boldsymbol{x},\boldsymbol{y},\boldsymbol{b})$、投入和产出要素以及参数集合，目的是储存我们的数据和所需要的结果。例如，在进行研究时，我们有 30 个决策单元，那么最终就需要得到 30 个技术效率值，此时就需要定义一个“1..30”的集合。参数集合和数据集合也是如此。为了方便理解，我们进行以下简单举例：

```
1. sets:
2.     Obs/1..30/:D;
3.     Labor/1..1/:Aplha1;
4.     One/1..1/:cnst;
5.     Input11(Labor,Labor):Aplha11;
6.     Input1(Obs,Labor):L;
7. endsets
```

第 1 行和最后一行即为创建集合的条件，第 2 行定义了一个集合 Obs，且 D 与 Obs 是同结构的，后面都是类似的。区别在于它们的作用不同。第 2～6 行分别表示的是 $D(\boldsymbol{x},\boldsymbol{y},\boldsymbol{b})$集合、要素一次项的参数集合、常数集合、要素二次项的参数集合以及要素数据集合。这与 PLP 方法中的设定是一一对应的。

7.1.2 数据的导入

数据部分以“data:”开始，以“enddata”结束。它可以为上述集合指派一些成员并提供某些属性。例如：

```
sets:
    set1/1..3/: X, Y;
endsets

data:
    X = 1, 2, 3;
    Y = 4, 5, 6;
enddata
```

这就意味着在集 set1 中定义了两个属性 X 和 Y。而 X 的三个值分别为 1，2，3；Y 的三个值分别为 4，5，6。基于数据的限制，有时会存在数据缺失的现象，此时在 LINGO 软件中输入两个相连的逗号表示该位置对应的集成员的属性是未知的，两个逗号之间也可以有空格。例如：

```
sets:
    set1/1..5/: X;
endsets

data:
    X = , , 3, 4, ;
enddata
```

这说明 X 的第 3 和第 4 个值分别为 3 和 4,其余的数据均是未知的。

7.1.3 目标函数的确定

目标函数根据我们的研究需求进行建模,一般地,在效率与生产率领域,目标函数是较为统一的。例如,产出距离函数和投入距离函数的目标函数为最小化观测值与技术前沿距离的总和,方向距离函数的目标函数为最小化距离函数与其边界的偏差之和。

(1)产出距离函数的目标函数为

$$\max\sum_{k=1}^{K}[\ln D_O(\boldsymbol{x}^k,\boldsymbol{u}^k)-\ln 1] \tag{7.1}$$

(2)投入距离函数的目标函数为

$$\min\sum_{k=1}^{K}[\ln D_I(\boldsymbol{x}^k,\boldsymbol{u}^k)-\ln 1] \tag{7.2}$$

(3)方向距离函数的目标函数为

$$\min\sum_{k=1}^{K}[\overrightarrow{D}_O(\boldsymbol{x}^k,\boldsymbol{y}^k,\boldsymbol{b}^k;-1,1,-1)-0] \tag{7.3}$$

我们以产出距离函数的目标函数为例,LINGO 软件实现可以编写为下列代码:

```
max = @sum(Obs(j): @log(D(j)) - @log(1));
```

在编写出目标函数之后,还存在一个问题,那就是 $D(j)$ 是创建的一个集合,并没有实际的意义,因此我们下一步需要赋予其具体的含义。例如,目标函数的具体函数形式为

$$\ln D_O(\boldsymbol{x},\boldsymbol{y},\boldsymbol{b})=\alpha_0+\alpha_1\ln x_1+\alpha_2\ln x_2+\alpha_3\ln x_3+\beta_1\ln y_1+\gamma_1\ln b_1 \tag{7.4}$$

为了将目标函数赋予上述函数的含义,则需要在目标函数之后,加入下列代码:

```
@for(Obs(j):
        @log(D(j)) = cnst(1) + Aplha1(1)*@log(L(j,1)) + Aplha2(1)*@log(K(j,1))
    + Aplha3(1)*@log(E(j,1)) + Beta1(1)*@log(Y(j,1)) + Gamma1(1)*@log(B(j,1))
);
```

其中,cnst(1)表示常数项。

7.1.4 约束条件的限制

由于距离函数满足要素的单调性、齐次性、转换性等,因此在采用 PLP 方法求解时,需要加入一系列的约束条件才可满足上述性质。例如,对于产出距离函数而言,首先就需要将观测值限制在生产前沿之上或者之下,因此需要做如下约束:$\ln D_O(\boldsymbol{x}^k,\boldsymbol{u}^k)\leqslant 0, k=1,2,\cdots,K$,那么 LINGO 代码的编写如下:

```
@for(Obs(j):
        @log(D(j)) <= 0
);
```

当然,除了满足 $D_O(\boldsymbol{x}^k,\boldsymbol{u}^k)\in[0,1]$以外,还有诸多性质需要限制,在这里就不一一举例了,它们的编写思路都是一样的。下面的内容中会为读者提供完整的编写代码,以供参考。

除此之外,LINGO 软件一般默认变量的下界为 0。因此需要加入@free(x)来重新界定参数的取值范围,即参数 x 可以取任意实数,即

```
@free(Aplha1(1));
@free(Aplha2(1));
@free(Aplha3(1));
@free(Beta1(1));
@free(Gamma1(1));
```

在 LINGO 软件中,除了@free(x)以外,还存在其他的变量界定函数。例如:@bin(x)意味着要限制 x 为 0 或 1;@bin(L,x,U)表示将 x 限制到 L 与 U 之间;@gin(x)表示将 x 限制为整数。

7.2 PLP 编程实例

这一部分,我们以共同前沿方向距离函数(Meta-DDF)为例,对 PLP 方法的编写进行实例介绍。之所以选择 Meta-DDF 进行举例说明,是因为 Meta-DDF 包含了两步:第一步关于组内效率测度的编写思路与投入距离函数、产出距离函数和方向距离函数基本是一致的,而第二步采用了一种最小化共同前沿

和组内前沿的距离函数偏差绝对值之和来估计共同前沿的技术效率，目的在于将所有组群前沿被共同前沿包络。为了避免对这些模型编写思路的赘述，我们选取了最具有代表性的 Meta-DDF 作为实例分析。

7.2.1 组群 DDF 代码编写

假设有 N 个决策单元，三种投入产生一种期望产出和一种非期望产出。基于技术的异质性，将决策单元分为 s 组，且每组具有 K_s 个决策单元。方向距离函数被定义为二次型的函数形式，即

$$\begin{aligned}\overrightarrow{D}_O(\boldsymbol{x},\boldsymbol{y},\boldsymbol{b};1,-1)=&\ \alpha_0+\sum_{n=1}^{3}\alpha_n x_n+\beta_1 y_1+\gamma_1 b_1+\frac{1}{2}\sum_{n=1}^{3}\sum_{n'=1}^{3}\alpha_{nn'}x_n x_{n'}\\&+\frac{1}{2}\beta_2 y_1^2+\frac{1}{2}\gamma_2 b_1^2+\sum_{n=1}^{3}v_n x_n b_1+\mu y_1 b_1+\sum_{n=1}^{3}\delta_n x_n y_1\end{aligned} \tag{7.5}$$

假设将所有决策变量分为两组（组群 1 和组群 2），则关于组群 DDF 的求解如下：

$$\min\sum_{k=1}^{K_s}(\overrightarrow{D}_O(\boldsymbol{x}^k,\boldsymbol{y}^k,\boldsymbol{b}^k;1,-1)-0) \tag{7.6}$$

约束条件如下：

(i) $\overrightarrow{D}^s(\boldsymbol{x}^k,\boldsymbol{y}^k,\boldsymbol{b}^k;1,-1)\geqslant 0,k=1,2,\cdots,K_s$；

(ii) $\dfrac{\partial\overrightarrow{D}^s(\boldsymbol{x}^k,\boldsymbol{y}^k,\boldsymbol{b}^k;1,-1)}{\partial\boldsymbol{b}}\geqslant 0,k=1,2,\cdots,K_s$；

(iii) $\dfrac{\partial\overrightarrow{D}^s(\boldsymbol{x}^k,\boldsymbol{y}^k,\boldsymbol{b}^k;1,-1)}{\partial\boldsymbol{y}}\leqslant 0,k=1,2,\cdots,K_s$；

(iv) $\beta_1-\gamma_1=-1,\beta_2+\gamma_2=\mu,\delta_n=v_n,n=1,2,3$；

(Ⅴ) $\alpha_{nn'}=\alpha_{n'n},n'=1,2,3$。

该目标函数的目的在于最小化估计距离函数与其边界或有效零值的偏差之和。约束条件(i)说明了方向距离函数的非负性。约束条件(ii)和(iii)满足方向距离函数的单调性。约束条件(iv)和(v)分别满足方向距离函数的转换性和对称性。根据上述函数形式和约束条件，LINGO 程序的编写步骤如下：

(1)在构建模型时，是以“model”开始，以“end”结束，即

```
model
    ...
end
```

(2)方向距离函数所需集合的建立,主要包括距离函数和常数集合、参数集合以及数据集合等,即

```
sets:
！构建距离函数与常数集合
    Obs/1..30/:D; One/1..1/:cnst;
！构建参数集合
    Labor/1..1/:Aplha1; Captial/1..1/:Aplha2; Energy/1..1/:Aplha3;
    GDP/1..1/:Beta1; CO2/1..1/:Gamma1;
    Input11(Labor,Labor):Aplha11; Input12(Labor,Captial):Aplha12;
    Input13(Labor,Energy):Aplha13; Input21(Captial,Labor):Aplha21;
    Input22(Captial,Captial):Aplha22; Input23(Captial,Energy):Aplha23;
    Input31(Energy,Labor):Aplha31; Input32(Energy,Captial):Aplha32;
    Input33(Energy,Energy):Aplha33;
    Output11(GDP,GDP):Beta2; Output22(CO2,CO2):Gamma2;
    Output12(GDP,CO2):mu1; Input1_Output1(Labor,GDP):Delte1;
    Input2_Output1(Captial,GDP):Delte2; Input3_Output1(Energy,GDP):Delte3;
    Input1_Output2(Labor,CO2):v1; Input2_Output2(Captial,CO2):v2;
    Input3_Output2(Energy,CO2):v3;
！构建数据集合
    Input1(Obs,Labor):L; Input2(Obs,Captial):K;
    Input3(Obs,Energy):E; Output1(Obs,GDP):Y;
    Output2(Obs,CO2):B;
endsets
```

(3)导入数据集,即

```
data:
    L = sampledata; K = sampledata; E = sampledata;
    Y = sampledata; B =sampledata;
enddata
```

(4)目标函数的构建以及具体函数形式的赋予,即

```
！目标函数的构建
min=@sum(Obs(j):D(j));
！方向距离函数的具体函数形式
@for(Obs(j):
    D(j) = cnst(1) + Aplha1(1)*L(j,1) + Aplha2(1)*K(j,1) + Aplha3(1)*E(j,1) +
  Beta1(1)*Y(j,1) + Gamma1(1)*B(j,1) + 0.5*Aplha11(1,1)*L(j,1)*L(j,1) + 0.5*A
 plha12(1,1)*L(j,1)*K(j,1) + 0.5*Aplha13(1,1)*L(j,1)*E(j,1) + 0.5*Aplha21(1,1)
 *K(j,1)*L(j,1) + 0.5*Aplha22(1,1)*K(j,1)*K(j,1) + 0.5*Aplha23(1,1)*K(j,1)*E(
 j,1) + 0.5*Aplha31(1,1)*E(j,1)*L(j,1) + 0.5*Aplha32(1,1)*E(j,1)*K(j,1) + 0.5
 *Aplha33(1,1)*E(j,1)*E(j,1) + 0.5*Beta2(1,1)*Y(j,1)*Y(j,1) + 0.5*Gamma2(1,1)
 *B(j,1)*B(j,1) + mu1(1,1)*Y(j,1)*B(j,1) + v1(1,1)*L(j,1)*B(j,1) + v2(1,1)*K(
 j,1)*B(j,1) + v3(1,1)*E(j,1)*B(j,1) + Delte1(1,1)*L(j,1)*Y(j,1) + Delte2(1,1)
 *K(j,1)*Y(j,1) + Delte3(1,1)*E(j,1)*Y(j,1);
);
```

(5)限制条件的约束，即

```
! 方向距离函数大于等于 0
@for(Obs(j):
    D(j) >= 0;
);
! 非期望产出 b 的单调性
@for(Obs(j):
    Gamma1(1) + Gamma2(1,1)*B(j,1) + mu1(1,1)*Y(j,1) + v1(1,1)*L(j,1) + v2(1,1)*K(j,1) + v3(1,1)*E(j,1) >= 0;
);
! 期望产出 y 的单调性
@for(Obs(j):
    Beta1(1) + Beta2(1,1)*Y(j,1) + mu1(1,1)*B(j,1) + Delte1(1,1)*L(j,1) + Delte2(1,1)*K(j,1) + Delte3(1,1)*E(j,1) <= 0;
);
! 方向距离函数的转换性
    Beta1(1) - Gamma1(1) = -1;
    Beta2(1,1) = Gamma2(1,1);
    Beta2(1,1) = mu1(1,1);
    Gamma2(1,1) = mu1(1,1);
    v1(1,1) = Delte1(1,1);
    v2(1,1) = Delte2(1,1);
    v3(1,1) = Delte3(1,1);
! 方向距离函数的对称性
    Aplha12(1,1) = Aplha21(1,1);
    Aplha13(1,1) = Aplha31(1,1);
    Aplha23(1,1) = Aplha32(1,1);
! 将参数限制为任意实数
    @free(Aplha1(1)); @free(Aplha2(1)); @free(Aplha3(1));
    @free(Beta1(1)); @free(Gamma1(1));
    @free(Aplha11(1,1)); @free(Aplha12(1,1)); @free(Aplha13(1,1));
    @free(Aplha21(1,1)); @free(Aplha22(1,1)); @free(Aplha23(1,1));
    @free(Aplha31(1,1)); @free(Aplha32(1,1)); @free(Aplha33(1,1));
    @free(Beta2(1,1)); @free(Gamma2(1,1)); @free(mu1(1,1));
    @free(v1(1,1)); @free(v2(1,1)); @free(v3(1,1));
    @free(Delte1(1,1)); @free(Delte2(1,1)); @free(Delte3(1,1));
```

由于组群 1 的 PLP 求解与组群 2 的求解是一样的，因此组群 2 的求解代码不予以展示。

7.2.2 Meta-DDF 代码编写

上述代码已经将组内前沿的方向距离函数进行了求解，但是由于组群之间技术的异质性，是无法跨组进行直接比较的，这时就需要引入共同前沿进行分析。在这一过程中，唯一需要解决的问题在于，如何将所有组群前沿面进行包络来构建共同前沿。如果直接将所有的观测值纳入全域前沿面内进行 PLP 求解，很可能会出现无法将组群前沿面完全包络住的情况。因此，Du et al.(2016)提出了一种最小化共同前沿方向距离函数与组群方向距离函数之间的偏差绝对值之和来估计共同前沿方向距离函数的参数的思路，此时优化问题就可以表示为

$$\min \sum_{k=1}^{K} \left| \overrightarrow{D}_O(\boldsymbol{x}^k, \boldsymbol{y}^k, \boldsymbol{b}^k; 1, -1) - \overrightarrow{D}^s(\boldsymbol{x}^k, \boldsymbol{y}^k, \boldsymbol{b}^k; 1, -1) \right| \tag{7.7}$$

约束条件新增：

$$\overrightarrow{D}_O(\boldsymbol{x}^k, \boldsymbol{y}^k, \boldsymbol{b}^k; 1, -1) \geqslant \overrightarrow{D}^s(\boldsymbol{x}^k, \boldsymbol{y}^k, \boldsymbol{b}^k; 1, -1), \quad k=1,2,\cdots,K$$

值得注意的是，$\overrightarrow{D}^s(\boldsymbol{x}^k, \boldsymbol{y}^k, \boldsymbol{b}^k; 1, -1)$已经在“组群 DDF 代码编写”的部分求出，在此无须进行任何处理。这一步就是在组内求解的基础之上，更换目标函数以及新增一个约束条件，其余的代码均不变，即

```
min = @sum(Obs(j):D(j)-G(j));
@for(Obs(j):
   D(j) >= G(j);
);
```

7.3 PLP 的 Stata 求解

为了便于利用 Stata 软件对投入距离函数、产出距离函数和方向距离函数进行 PLP 求解，我们开发了 Stata 外部命令 dflp，能够直接获取距离函数的估计参数。安装命令如下：

```
net install dflp, from("https://gitee.com/kerrydu/dflp/raw/master/") replace
```

该命令依赖于 Stata 16.0 版本，其 dflp 命令的语法结构如下：

```
help dflp
dflp inputvars = desirable_outputvars [if] [in] : undesirable_outputvars [,o
ptions]
```

在 options 选项中，可以根据研究需求进行选择，input 为投入距离函数，output 为产出距离函数，这两者均是以超越对数的函数形式进行估计的。directional 为方向距离函数，它被赋予二次型的函数形式。此外，若需要加入时间趋势，则输入 time(varname)即可。

我们以方向距离函数为例，引入 plp.dta 数据集，其中包含 30 个决策单元

用于本部分的实证说明，其中，k，l，e 为投入要素，***y*** 为期望产出，***b*** 为非期望产出。利用 dflp 命令进行求解，得到的结果如下：

```
dflp k l e = y: b, dir
Parameters in Directional Distance function:
+---------------------------+
|    Variable |  Coefficient |
|-------------+--------------|
|       _Cons |      -0.5077 |
|           k |       3.0287 |
|           l |      -0.9674 |
|           e |       0.5128 |
|           y |      -0.9126 |
|           b |       0.0874 |
|         k_l |      -0.4629 |
|         k_e |      -0.3855 |
|         l_e |       0.2263 |
|          k2 |      -2.3824 |
|          l2 |       0.5869 |
|          e2 |      -0.4660 |
|          y2 |      -0.2095 |
|          b2 |      -0.2095 |
|         y_b |      -0.2095 |
|         k_y |       0.0824 |
|         l_y |       0.3956 |
|         e_y |       0.0300 |
|         k_b |       0.0824 |
|         l_b |       0.3956 |
|         e_b |       0.0300 |
+---------------------------+
```

在获取方向距离函数的估计参数后，就可以根据赋予的函数形式计算技术效率、非期望产出的影子价格等。

参考文献

Du L，Hanley A，Zhang N. 2016. Environmental technical efficiency，technology gap and shadow price of coal-fuelled power plants in China：A parametric meta-frontier analysis. Resource and Energy Economics，43：14-32.

第 8 章　随机前沿分析法的程序应用

本章主要对理论篇中提到的经典 SFA 模型的代码编写进行一个简要的介绍。SFA 模型在效率与生产率中应用非常广泛。相对于 PLP 和 DEA，它能够提供统计推断。但遗憾的是，由于它的假设较多，因此发展速度较慢。目前，在效率与生产率分析中主要有两种形式：传统 SFA 模型和 Meta-SFA 模型。它们不仅可以测算技术效率、要素效率，而且在测算影子价格方面尤为重要。

8.1　传统 SFA 模型

一般地，传统 SFA 模型的计算有两种类型的 Stata 命令：Stata 官方命令和外部命令。代码如下：

```
help frontier // Stata 官方命令
help sfcross // 外部命令
```

其中，frontier 为 Stata 的官方命令，而 sfcross 为外部命令。

假设有三种投入要素 K、L 和 E，仅生产一种产出 Y，则函数的形式为

$$Y=\alpha_0+\alpha_L L+\alpha_E E+\alpha_K K+v-u \tag{8.1}$$

与传统生产函数不同的是，SFA 加入了随机扰动项，服从正态分布。同时在计算过程中，往往需要对无效率项进行分布假设，如半正态分布、截尾正态分布、指数分布等，则回归命令如下：

```
frontier Y K L E // 默认无效率项为半正态分布
frontier Y K L E, d(h) // 半正态分布
frontier Y K L E, d(t) // 截尾正态分布
frontier Y K L E, d(e) // 指数分布
```

一般地，无效率项分布假设主要分为三种。frontier 命令默认生产函数的

无效率项是服从半正态分布的。当然，也可以直接加入选项 d(h)，它也表示无效率项服从半正态分布的假定；而 d(t)表示服从截尾正态分布的假设，d(e)表示服从指数分布的假设。

进一步地，根据 $TE_i = e^{-u_i}$ 可以得到技术效率。程序代码编写如下：

```
predict techeff if e(sample), te
```

其中，techeff 为自定义的变量名称，te 表示技术效率的选项。命令中的 e(sample)表示只针对上一条回归命令的样本。

8.2 SFA 在能源效率中的应用

除了对技术效率进行测度，目前研究者更热衷于对要素效率和碳排放效率进行度量，它能够为政策制定者以及厂商提供更加明确的策略方向。假设方向距离函数为 C-D 函数形式，以求解能源效率为例，根据谢泼德距离函数在投入要素和产出要素上的一次齐次性，公式可以表示为

$$-\ln E_i = \beta_0 + \beta_K \ln K_i + \beta_L \ln L_i + \beta_E \ln 1 + \beta_Y \ln Y_i + v_i - u_i \tag{8.2}$$

其中，$u_i = \ln \overrightarrow{D}(K, L, E, Y)$为无效率项。

我们以 rawdata.dta 数据集为试验数据，对本节内容进行实证研究，其中包括三种投入要素 K、L 和 E，仅生产一种产出 Y。在下面的代码中，LnY 为产出的对数形式，LnK 和 LnL 分别表示投入要素 K 和 L 的对数形式，而 y 为投入要素 E 的对数形式的负数，这与模型(8.2)是对应的。在程序运行之前，我们首先要在全局宏中储存模型(8.2)中的自变量，并以宏 xvar 命名。为了方便，我们可以在需要完整的自变量列表的地方引出这个宏。

```
gen y = -log(E) // 解释变量
gen LnK = log(K) // 被解释变量
gen LnL = log(L) // 被解释变量
gen LnY = log(Y) // 被解释变量
global xvar LnK LnL LnY
```

进一步地，假设无效率项服从截尾正态分布，利用 sfcross 命令对模型(8.2)进行 SFA 估计，可得到 $\ln Y$、$\ln K$ 和 $\ln L$ 的估计系数以及 v_i 和 u_i 的方差等。程序编写如下：

```
sfcross y $xvar, d(t) // 无效率项呈截尾正态分布
Stoc. frontier normal/tnormal model                   Number of obs =        558
                                                      Wald chi2(3)   =   27552.09
                                                      Prob > chi2    =     0.0000

Log likelihood =    887.9930
------------------------------------------------------------------------------
           y |      Coef.   Std. Err.      z    P>|z|     [95% Conf. Interval]
-------------+----------------------------------------------------------------
Frontier     |
         LnK |   .2127521   .0219388     9.70   0.000      .169753    .2557513
         LnL |  -.0162296   .0024411    -6.65   0.000    -.0210141   -.0114452
         LnY |   -1.21902    .020974   -58.12   0.000    -1.260128   -1.177912
       _cons |  -3.200848   .0261223  -122.53   0.000    -3.252047   -3.149649
-------------+----------------------------------------------------------------
Mu           |
       _cons |  -38.87182   24.54375    -1.58   0.113    -86.97668    9.233033
-------------+----------------------------------------------------------------
Usigma       |
       _cons |   .0907962   .6423036     0.14   0.888    -1.168096    1.349688
-------------+----------------------------------------------------------------
Vsigma       |
       _cons |  -6.409945   .1026521   -62.44   0.000     -6.61114   -6.208751
-------------+----------------------------------------------------------------
     sigma_u |   1.046444   .3360675     3.11   0.002     .5576365    1.963727
     sigma_v |     .04056   .0020818    19.48   0.000     .0366783    .0448525
      lambda |    25.7999   .3363204    76.71   0.000     25.14073    26.45908
------------------------------------------------------------------------------
H0: No inefficiency component:              z =  35.422          Prob<=z = 1.000
```

在估计完模型参数后，我们可以继续估计观测值特定的效率，这通常是SFA模型的主要应用方向之一。估计技术效率的水平可以用来对生产者进行排名，识别出表现不佳的生产者以及处于或接近前沿面边界的生产者。这些信息对生产者本身以及政策的制定者都十分重要。一般认为，u_i 是无效率值，$TE_i = e^{-u_i}$ 为技术效率。在此背景下，TE_i 为能源效率的估计值，具体命令如下：

```
help sfcross_postestimation
predict EEI, bc
sum EEI
    Variable |        Obs        Mean    Std. Dev.       Min        Max
-------------+---------------------------------------------------------
         EEI |        558    .9729385    .0236504    .6046804   .9968629
```

其中，EEI 为能源效率指数的变量命名，bc 表示能源效率测度的选项。此外，还可以加入 xb 的选项，度量被解释变量的拟合值，这在 Meta-SFA 模型中

会用到。

除了 C-D 生产函数形式，我们还给出了更为复杂的超越对数函数形式的 SFA 估计结果，以得到决策单元的能源效率估计值。超越对数的函数形式在经过对能源投入要素一次齐次性的转换后，可表示为

$$-\ln E_i=\beta_0+\beta_K\ln K_i+\beta_L\ln L_i+\beta_Y\ln Y_i+\beta_{KK}\ln K_i\ln K_i+\beta_{KL}\ln K_i\ln L_i+\beta_{KY}\ln K_i\ln Y_i+\beta_{LL}\ln L_i\ln L_i+\beta_{LY}\ln L_i\ln Y_i+\beta_{YY}\ln Y_i\ln Y_i+v_i-u_i \tag{8.3}$$

首先，在程序运行之前，我们也是要在全局宏中储存模型(8.3)中的自变量，并以宏 xvar 命名。在下面的代码中，y 为投入要素 E 对数形式的负数，LnK、LnL 和 LnY 分别为投入要素 K、L 以及产出 Y 的对数形式，LnKL、LnKK、LnKY、LnYY、LnLY 和 LnLL 为上述变量的交乘项。

```
gen y = -log(E)
gen LnK = log(K)
gen LnL = log(L)
gen LnY = log(Y)
gen LnKL = log(K)*log(L)
gen LnKK = log(K)*log(K)
gen LnKY = log(K)*log(Y)
gen LnYY = log(Y)*log(Y)
gen LnLY = log(L)*log(Y)
gen LnLL = log(L)*log(L)
global xvar LnK LnL LnY LnKL LnKK LnKY LnYY LnLY LnLL
```

其次，假设无效率项服从截尾正态分布，利用 sfcross 命令进行参数估计，得到相关系数。程序编写如下：

```
sfcross y $xvar, d(h) // 无效率项呈截尾正态分布
Stoc. frontier normal/hnormal model                  Number of obs =        558
                                                      Wald chi2(6)  =   39775.65
                                                      Prob > chi2   =     0.0000


Log likelihood =   937.0307
------------------------------------------------------------------------------
           y |      Coef.   Std. Err.      z    P>|z|     [95% Conf. Interval]
-------------+----------------------------------------------------------------
Frontier     |
         LnK |  -1.064046     .13495    -7.88   0.000    -1.328544   -.7995491
         LnL |   .0922448   .0129523     7.12   0.000     .0668587     .117631
         LnY |  -.0997109   .0955716    -1.04   0.297    -.2870278     .087606
        LnKL |   .1506283   .0178107     8.46   0.000     .1157199    .1855367
```

```
         LnKY |   .0561783    .012069      4.65   0.000     .0325235     .079833
         LnLY |  -.1601353   .0145455    -11.01   0.000     -.188644   -.1316267
        _cons |  -3.827425   .0969478    -39.48   0.000    -4.017439   -3.637411
-------------+----------------------------------------------------------------
Usigma       |
        _cons |  -16.58828   180.7819     -0.09   0.927    -370.9144    337.7378
-------------+----------------------------------------------------------------
Vsigma       |
        _cons |  -6.196421   .0599026   -103.44   0.000    -6.313828   -6.079014
-------------+----------------------------------------------------------------
      sigma_u |     .00025   .0225957      0.01   0.991     2.86e-81    2.18e+73
      sigma_v |   .0451299   .0013517     33.39   0.000     .0425569    .0478585
       lambda |   .0055391   .0226811      0.24   0.807    -.0389151    .0499932
------------------------------------------------------------------------------
```

最后，依据谢泼德能源距离函数的定义，计算每一个决策单元的能源效率，得到能源效率的值以及分布情况(见图 8.1)。程序编写如下：

```
predict EEI, bc
twoway (histogram EEI) (kdensity EEI)
```

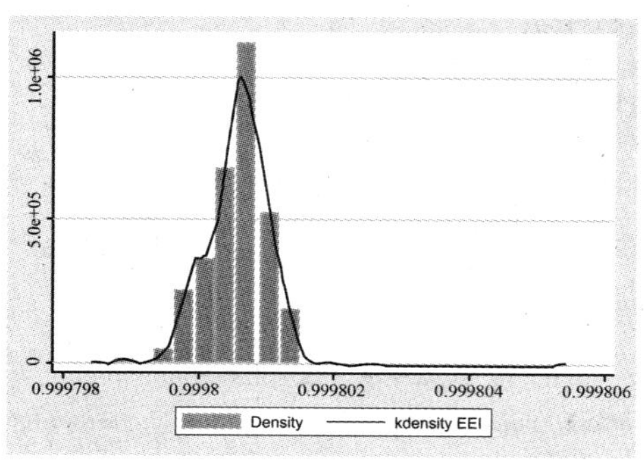

图 8.1 能源效率的分布

8.3 SFA 对影子价格的测算

影子价格的测算是效率与生产率中非常重要的部分，它反映的是为了减少一单位非期望产出所需减少期望产出的机会成本。基于 Färe et al. (2012)，我们提出了一种 SFA 结合 DDF 测算影子价格的方法。假设选取三种投入要素(l、k 和 e)、一种期望产出($\boldsymbol{y}$)和一种非期望产出($\boldsymbol{b}$)，基于 DDF 的二次型的函数形式，得

$$\vec{D}_O(\boldsymbol{x},\boldsymbol{y},\boldsymbol{b};\boldsymbol{g})=\alpha_0+\sum_{n=1}^{3}\alpha_n x_n+\beta_1 y_1+\gamma_1 b_1+\frac{1}{2}\sum_{n=1}^{3}\sum_{n'=1}^{3}\alpha_{nn'}x_n x_{n'}+\frac{1}{2}\beta_{11}y_1^2$$
$$+\frac{1}{2}\gamma_{11}b_1^2+\sum_{n=1}^{3}\eta_{n1}x_n b_1+\mu_{11}yb_1$$
$$+\sum_{n=1}^{3}\delta_{n1}x_n y_1+v \tag{8.4}$$

利用 DDF 的转换性，可得

$$-\alpha=\alpha_0+\sum_{n=1}^{3}\alpha_n x_n+\beta_1(y_1+\alpha)+\gamma_1(b_1-\alpha)+\frac{1}{2}\sum_{n=1}^{3}\sum_{n'=1}^{3}\alpha_{nn'}x_n x_{n'}$$
$$+\frac{1}{2}\beta_{11}(y_1+\alpha)^2+\frac{1}{2}\gamma_{11}(b_1-\alpha)^2+\sum_{n=1}^{3}\eta_{n1}x_n(b_1-\alpha)$$
$$+\mu_{11}(y_1+\alpha)(b_1-\alpha)+\sum_{n=1}^{3}\delta_{n1}x_n(y_1+\alpha)+v-u \tag{8.5}$$

一般情况下，我们将 α 赋值为 $\boldsymbol{b}$ 或者 $\boldsymbol{x}$ 中的一个元素，可以根据自身的需求进行选择。在此，我们以 α 与 $\boldsymbol{b}$ 中的一个元素相等为例，度量非期望产出的影子价格。一般地，我们可以分为三步：一是变量的定义；二是参数的估计；三是影子价格的获取。下面以 kelybshanghai.dta 为数据集进行非期望产出影子价格的估算。

8.3.1 变量的定义

在程序运行之前，我们要在全局宏中储存模型(8.5)中的 x 变量，并以宏 xvar 命名。程序编写如下：

```
gen xl = l
gen xk = k
gen xe = e
gen xll = 0.5*l*l
gen xlk = l*k
gen xle = l*e
gen xkk = 0.5*k*k
gen xke = k*e
gen xee = 0.5*e*e
gen yb = y + b
gen yb2 = (y + b)^2
gen llyb = l*yb
gen kkyb = k*yb
gen eeyb = e*yb
gen A = -b
global xvar xl xk xe xll xlk xle xkk xke xee yb yb2 lyb kyb eyb
```

8.3.2 参数的估计

以 Stata 软件中的 sfcross 命令对模型(8.5)进行估计以获取估计参数和决策单元的技术效率。程序编写如下：

```
sfcross A $xvar, d(h)
predict techeff, bc
sum techeff
twoway (histogram techeff) (kdensity techeff)
Variable |        Obs        Mean    Std. Dev.       Min        Max
---------+--------------------------------------------------------
 techeff |         92    .6833274    .0601924   .5412968   .8035947
```

技术效率的分布如图 8.2 所示。

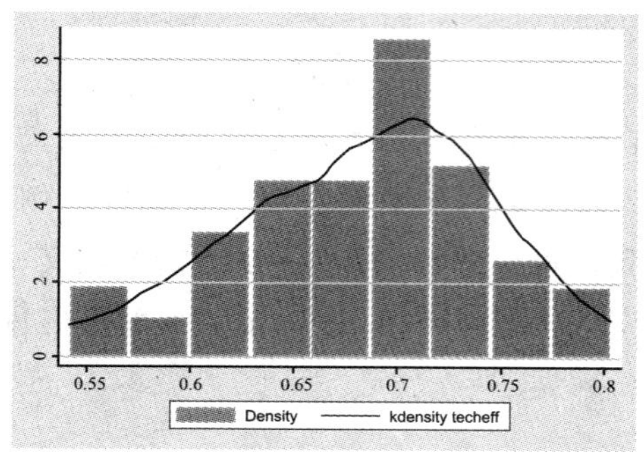

图 8.2 技术效率的分布

8.3.3 影子价格的获取

非期望产出的影子价格公式为

$$q_i = -p_i \frac{\partial \vec{D}_i(\boldsymbol{x}, \boldsymbol{y}, \boldsymbol{b}; \boldsymbol{g}) / \partial b_i}{\partial \vec{D}_i(\boldsymbol{x}, \boldsymbol{y}, \boldsymbol{b}; \boldsymbol{g}) / \partial y_i} \tag{8.6}$$

以中国的地级市为背景，给变量赋予新的含义：l 为劳动，k 为资本，e 为能源，$\boldsymbol{y}$ 为 GDP，$\boldsymbol{b}$ 为二氧化碳。此时，$p_y=1$。值得注意的是，在计算影子价格之前，需要以 _$\boldsymbol{b}$[$\boldsymbol{x}$] 的形式将估计参数进行储存。进一步地，分别通过 $\vec{D}_i(\boldsymbol{x}, \boldsymbol{y}, \boldsymbol{b}; \boldsymbol{g})$ 对 $\boldsymbol{y}$ 和 $\boldsymbol{b}$ 进行求导，程序编写如下：

```
gen P = Beta1 + Beta11*y + Miu*b + Delta11*x1 + Delta21*x2 + Delta31*x3 // 对 y 求偏导
gen Q = Gamma1 + Gamma11*b + Miu*y + Yita11*x1 + Yita21*x2 + Yita31*x3 // 对 b 求偏导
gen q = -Q/P // py = 1
sum q
towway (histogram q) (kdensity q)
Variable |        Obs        Mean    Std. Dev.       Min        Max
---------+----------------------------------------------------------
       q |         92    634.9954    1591.974          0   8106.409
```

其中，$P=\dfrac{\partial \overrightarrow{D}_i(\boldsymbol{x},\boldsymbol{y},\boldsymbol{b};\boldsymbol{g})}{\partial y_i}$；$Q=\dfrac{\partial \overrightarrow{D}_i(\boldsymbol{x},\boldsymbol{y},\boldsymbol{b};\boldsymbol{g})}{\partial b_i}$；$q$ 为二氧化碳的影子价格，即边际减排成本。需要注意的是，代码中的参数命名是与公式相对应的。

二氧化碳影子价格的分布如图 8.3 所示。

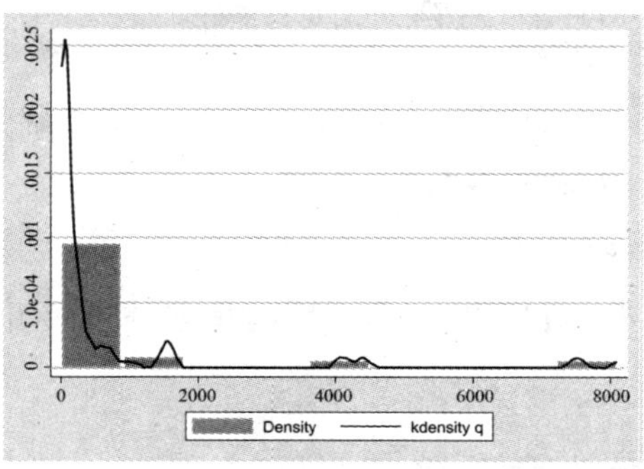

图 8.3　二氧化碳影子价格的分布

8.4　Meta-SFA 的求解

与 Meta-DDF 不同的是，Meta-SFA 不可以直接进行两次前沿面的估计以获得组内前沿技术效率和共同前沿技术效率。这会导致无效率项的数据生成过程不一致，进而出现偏差。而 Meta-SFA 程序的具体过程为

$$\begin{cases}\ln Y_{jit}=\ln f_t^j(\boldsymbol{X}_{jit})+V_{jit}-U_{jit}\\ \ln \widehat{f_t^j}(\boldsymbol{X}_{jit})=\ln f_t^M(\boldsymbol{X}_{jit})-U_{jit}^M+V_{jit}^M\end{cases}\tag{8.7}$$

以资本效率为例，假设有劳动 L、资本 K 和能源 E 三个投入要素，产出为 Y，则谢泼德资本距离函数的函数形式为

$$\begin{aligned}\ln D_K(K,L,E,Y)=&\ln K+a_0+a_E\ln E+a_L\ln L+a_Y\ln Y\\&+\frac{1}{2}a_{EE}\ln E\ln E+a_{EL}\ln E\ln L+a_{EY}\ln E\ln Y\\&+\frac{1}{2}a_{LL}\ln L\ln L+a_{LY}\ln L\ln Y+\frac{1}{2}a_{YY}\ln Y\ln Y+v\end{aligned}\tag{8.8}$$

基于距离函数对资本要素的一次齐次性，可得

$$
\begin{aligned}
-\ln K = & a_0 + a_E \ln E + a_L \ln L + a_Y \ln Y + \frac{1}{2} a_{EE} \ln E \ln E + a_{EL} \ln E \ln L \\
& + a_{EY} \ln E \ln Y + \frac{1}{2} a_{LL} \ln L \ln L + a_{LY} \ln L \ln Y + \frac{1}{2} a_{YY} \ln Y \ln Y \\
& + v - u
\end{aligned}
\tag{8.9}
$$

其中，$u=\ln D_K(K,L,E,Y)$为资本无效率项。

这里，我们介绍一种面板 SFA 的估计命令，它也有两种类型：Stata 官方命令和外部命令。代码如下：

```
help xtfrontier // Stata 官方命令
help sfpanel // 外部命令
```

其中，xtfrontier 为 Stata 官方命令，sfpanel 为外部命令。该命令在使用之前首先需要设定数据为面板数据，即

```
xtset groupID year
```

我们以 rawdata.dta 数据集为例，将数据集划分为两组，进行共同前沿资本效率的测算。

8.4.1 组内资本效率的估算

假设我们只有两个分组，由于每一个分组的程序编写都是相同的，因此仅对其中一组的代码进行展示。这一步的目的主要是计算组内前沿资本效率以及储存拟合的被解释变量($-\ln\widehat{K^g}$)。

```
gen y = -lnK
gen alphL = lnL
gen alphE = lnE
gen alphY = lnY
gen betaLL = 0.5*lnL*lnL
gen betaEE = 0.5*lnE*lnE
gen betaYY = 0.5*lnY*lnY
gen betaLE = lnL*lnE
gen betaLY = lnL*lnY
gen betaEY = lnE*lnY
global xvar alphL alphE alphY betaLL betaEE betaYY betaLE betaLY betaEY
sfpanel y $xvar, dis(h) m(tfe)
predict groupke, bc // 组内资本效率
predict yhat, xb // 估计 y 的拟合值 yhat
```

在进行回归之前，需先对数据集进行面板数据的设定。sfpanel 命令中的 dis(h)选项为假设无效率项服从半正态分布。而 predict 命令中的 bc 和 xb 分别表示对资本效率和拟合的被解释变量的计算，并分别以 groupke 和 yhat 进行命名。若需要进一步了解 predict，具体请参照如下命令：

```
1. help sfpanel_postestimation
```

8.4.2 数据的合并

这一步的目的是将求解得到的组内前沿技术效率(TE_G)与被解释变量的拟合值($-\ln \widehat{K^g}$)合并至原始数据中。

```
1. use Group1.dta, clear
2. append using Group2.dta
3. save Meta.dta, replace
```

其中，append 是一种数据的纵向拼接。

8.4.3 技术缺口的求解

其计算公式为

$$-\ln \widehat{K^g}(K,L,E,Y) = -\ln K^m(K,L,E,Y) + v^m - u^m \qquad (8.10)$$

在这一步的求解过程中，变量的构建与组内资本效率的求解是相同的，唯一的变化就在于被解释变量变成了$-\ln \widehat{K^g}$。TGR 即可以通过以下程序的编写实现。

```
1. xtset metaID year
2. global xvar alphL alphE alphY betaLL betaEE betaYY betaLE betaLY betaEY
3. sfpanel yhat $xvar, dis(h) m(tfe)
4. predict TGR, bc
```

8.4.4 共同前沿资本效率的度量

共同前沿资本效率的计算公式为

$$KEI^m = TGR \times KEI^g \qquad (8.11)$$

其中，KEI^g 为组内前沿资本效率，KEI^m 为共同前沿资本效率，TGR 为技术缺口率。代码编写如下：

```
gen meta_ke = groupke*TGR
sum groupke tgr meta_ke //基本统计量
Variable |        Obs        Mean    Std. Dev.       Min        Max
---------+--------------------------------------------------------
 groupke |        558    .9368567    .0676118    .6120678    .9999245
     tgr |        558    .9864207    .0188515    .8555656    .9999753
 meta_ke |        558    .9240987    .0685828    .6117256     .999896
```

其中，groupke 是根据第一步得到的组内技术效率，tgr 为技术缺口率，meta_ke 为共同前沿的资本效率。

进一步地，可得到上述变量的分布情况，如图 8.4 所示。程序编写如下：

```
twoway (histogram groupke) (kdensity groupke) //直方图和核密度函数图
twoway (histogram tgr) (kdensity tgr)
twoway (histogram meta_ke) (kdensity meta_ke)
```

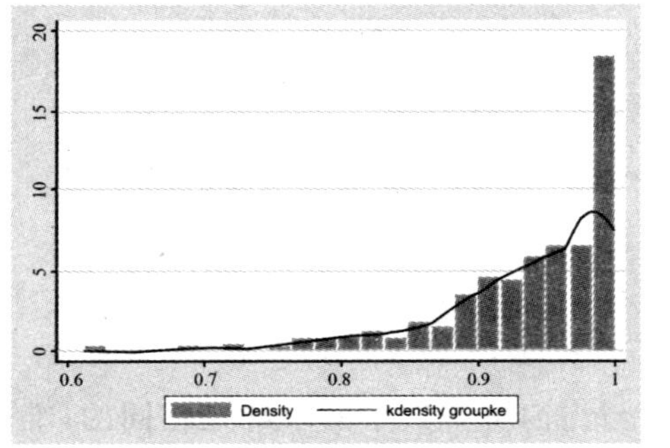

(a)技术效率

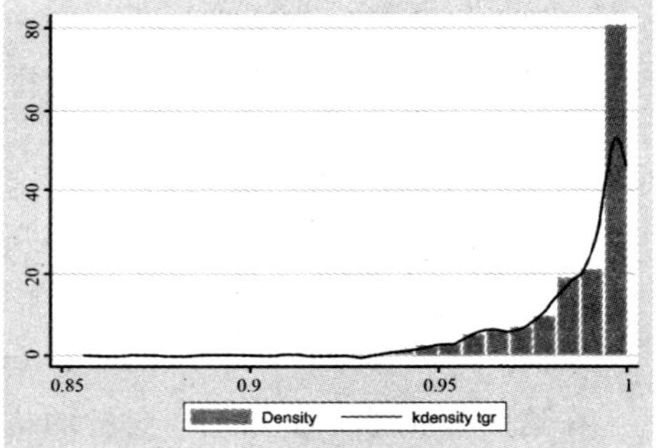

(b)技术缺口率

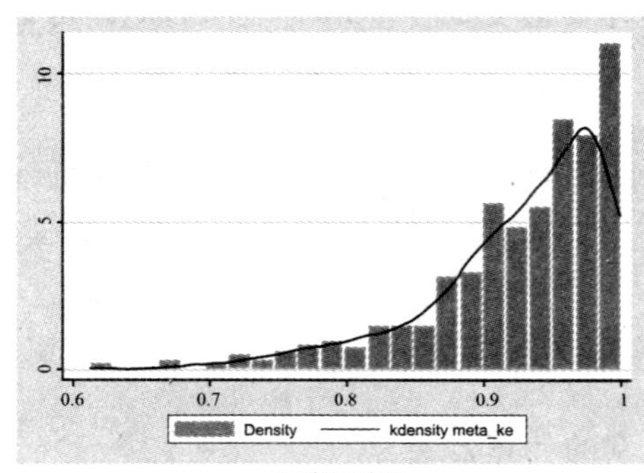

(c)资本效率

图 8.4　技术效率、技术缺口率与资本效率的分布

参考文献

Färe R，Grosskopf S，Pasurka C A，et al. 2012. Substitutability among undesirable outputs. Applied Economics，44(1)：39-47.

第 9 章　计量经济学方法的程序应用

成本函数与生产函数互为对偶关系，且它在很大程度上缓解了生产函数中的内生性和滞后性等问题，在测算全要素生产率、要素弹性等方面应用十分广泛。这一章我们将对采用成本函数和限制性成本函数求解生产率，采用限制性成本函数估计替代弹性和影子价格，以及采用广义成本函数估计生产率的代码如何编写进行简要的介绍。

9.1　传统成本函数

一般地，成本函数被设置为超越对数的函数形式，即

$$\begin{aligned}\ln C = & \beta_0 + \sum_i \beta_i \ln p_i + \beta_Q \ln Q + \beta_R R + \beta_T T + \frac{1}{2}\sum_i \sum_j \gamma_{ij} \ln p_i \ln p_j \\ & + \sum_i \gamma_{iQ} \ln p_i \ln Q + \sum_i \gamma_{iR} (\ln p_i) R + \sum_i \gamma_{iT} \ln p_i T + \frac{1}{2}\gamma_{QQ} (\ln Q)^2 \\ & + \gamma_{QR} (\ln Q) R + \gamma_{QT} (\ln Q) T + \frac{1}{2}\gamma_{RR} R^2 + \gamma_{RT} RT + \frac{1}{2}\gamma_{TT} T^2 \end{aligned} \tag{9.1}$$

为了简单处理，我们采用两个投入要素价格（P_l 和 P_e）进行示范。方程中不存在要素价格无法获取的情况。成本函数的抽象表达式即为 $C=C(P_l, P_e, e^R, Q, e^T)$，其中 R 为政策强度，Y 为产出，T 为时间。在此基础之上，通过成本函数对生产率进行测算。

我们以 datasample.dta 数据集为试验数据，其中包括 549 个决策单元，用于本部分所有的程序测试。

9.1.1　参数估计

由于成本函数中参数众多，为了获取额外的有效自由度，需要引入成本份

额方程，即

$$\frac{\partial \ln C}{\partial \ln P_i}=\frac{\partial C}{\partial P_i}\cdot\frac{P_i}{C}=\frac{P_i\cdot X_i}{C}\equiv M_i \tag{9.2}$$

基于方程(9.1)和方程(9.2)的需求，进行变量的构建，并将成本函数和成本份额方程的要素分别储存至 translog 和 costshare 中，程序编写如下：

```
xtset ID T
gen lnC = log(C) // C 为总成本
gen lnPl = log(Pl)
gen lnPe = log(Pe)
gen lnQ = log(Q)
gen t = T-2004
gen Beta11 = 0.5*lnPl*lnPl
gen Beta12 = lnPl*lnPe
gen Beta22 = 0.5*lnPe*lnPe
gen Beta1q = lnPl*lnQ
gen Beta2q = lnPe*lnQ
gen Beta1r = lnPl*R
gen Beta2r = lnPe*R
gen Beta1t = lnPl*t
gen Beta2t = lnPe*t
gen Betaqq = 0.5*lnQ*lnQ
gen Betaqr = lnQ*R
gen Betaqt = lnQ*t
gen Betarr = 0.5*R*R
gen Betart = R*t
gen Betatt = 0.5*t*t
global translog "(lnC lnPl lnPe lnQ R t Beta11 Beta12 Beta22 Beta1q Beta2q Beta1r Beta2r Beta1t Beta2t Betaqq Betaqr Betaqt Betarr Betart Betatt)"
global costshare "(s1 lnPl lnPe lnQ R t)"
```

由于成本份额方程加总为 1，因此只需要将其中一个方程纳入方程组进行估计。本章选取了劳动成本份额方程进行联立(s_1)。

在进行回归求解之前，还存在两个非常重要的问题。第一，成本函数是满足关于要素价格的线性齐次性的，即 $f(t\times x_1,\cdots,t\times x_n)=t\times f(x_1,\cdots,x_n)$。第二，成本份额方程是由成本函数中获取的，要保证它们参数的对应关系。比如，存在两个方程 $y_1=\alpha x_1+\beta x_2$ 和 $y_2=\alpha+\gamma x_3$，我们的目的是联立这两个方程进行联合估计，但会发现两个方程中都存在参数 α，为了保证估计的一致性，我们需要在编写程序时加入以下限制条件：

```
constraint 1 [y1]x1 = [y2]_cons
```

这说明在 y_1 中 x_1 前的参数与 y_2 中的常数项(_cons)是一致的。进一步地，将这种思想代入上述模型当中，程序编写如下：

```
*f(t*x1,...,t*xn) = t*f(x1,...,xn) 一次齐次性
constraint 1 [lnC]lnPl + [lnC]lnPe = 1
constraint 2 [lnC]Beta11 + [lnC]Beta12 = 0
constraint 3 [lnC]Beta12 + [lnC]Beta22 = 0
constraint 4 [lnC]Beta1q + [lnC]Beta2q = 0
constraint 5 [lnC]Beta1r + [lnC]Beta2r = 0
constraint 6 [lnC]Beta1t + [lnC]Beta2t = 0
*方程参数的一致性
constraint 7 [lnC]lnPl = [s1]_cons
constraint 8 [lnC]Beta11 = [s1]lnPl
constraint 9 [lnC]Beta12 = [s1]lnPe
constraint 10 [lnC]Beta1q = [s1]lnQ
constraint 11 [lnC]Beta1r = [s1]R
constraint 12 [lnC]Beta1t = [s1]t
```

在此基础之上，就可以进行参数估计了。我们以 reg3 命令为例，进行 OLS 估计。该命令不仅仅可以进行 OLS 的参数估计，更重要的是可以进行 SUR 和 3SLS 回归，具体用法如下：

```
help reg3
```

以成本方程和成本份额方程为基础，以关于要素价格的线性齐次性为约束条件，进行参数估计，程序编写如下：

```
set matsize 5000
reg3 $translog $costshare, constr(1 2 3 4 5 6 7 8 9 10 11 12) ireg3 ols
Multivariate regression, iterated
----------------------------------------------------------------------
Equation          Obs   Parms        RMSE    "R-sq"       chi2        P
----------------------------------------------------------------------
lnC               549      14    .3959612    0.4725   10313.48   0.0000
s1                549       4    .1158539    0.0060       2.94   0.5675
----------------------------------------------------------------------

 (1)  [lnC]lnPl + [lnC]lnPe = 1
 (2)  [lnC]Beta11 + [lnC]Beta12 = 0
 (3)  [lnC]Beta12 + [lnC]Beta22 = 0
 (4)  [lnC]Beta1q + [lnC]Beta2q = 0
 (5)  [lnC]Beta1r + [lnC]Beta2r = 0
 (6)  [lnC]Beta1t + [lnC]Beta2t = 0
 (7)  [lnC]lnPl - [s1]_cons = 0
 (8)  [lnC]Beta11 - [s1]lnPl = 0
 (9)  [lnC]Beta12 - [s1]lnPe = 0
 (10)  [lnC]Beta1q - [s1]lnQ = 0
 (11)  [lnC]Beta1r - [s1]R = 0
 (12)  [lnC]Beta1t - [s1]t = 0
------------------------------------------------------------------------------
             |      Coef.   Std. Err.      z    P>|z|     [95% Conf. Interval]
-------------+----------------------------------------------------------------
lnC          |
```

```
        lnPl |   .4898461   .0279978    17.50   0.000     .4349714    .5447207
        lnPe |   .5101539   .0279978    18.22   0.000     .4552793    .5650286
         lnQ |   2.670443   .2287928    11.67   0.000     2.222017    3.118869
           R |   .3496917   .1413735     2.47   0.013     .0726047    .6267788
           t |  -.5917678   .0968933    -6.11   0.000    -.7816752   -.4018603
      Beta11 |  -.0056203   .0154992    -0.36   0.717    -.0359981    .0247575
      Beta12 |   .0056203   .0154992     0.36   0.717    -.0247575    .0359981
      Beta22 |  -.0056203   .0154992    -0.36   0.717    -.0359981    .0247575
      Beta1q |  -.0040911   .0350388    -0.12   0.907     -.072766    .0645837
      Beta2q |   .0040911   .0350388     0.12   0.907    -.0645837     .072766
      Beta1r |  -.0020121   .0094415    -0.21   0.831     -.020517    .0164928
      Beta2r |   .0020121   .0094415     0.21   0.831    -.0164928     .020517
      Beta1t |   .0074538   .0052199     1.43   0.153    -.0027771    .0176846
      Beta2t |  -.0074538   .0052199    -1.43   0.153    -.0176846    .0027771
      Betaqq |   1.673721   .1645453    10.17   0.000     1.351218    1.996224
      Betaqr |   .1154493   .2952637     0.39   0.696     -.463257    .6941556
      Betaqt |   .1992992   .0614153     3.25   0.001     .0789274    .3196711
      Betarr |  -.1287513   .0375476    -3.43   0.001    -.2023432   -.0551594
      Betart |   .0489105   .0389642     1.26   0.209     -.027458    .1252789
      Betatt |   .2258177   .0373906     6.04   0.000     .1525335    .2991019
       _cons |   12.01069   .1283211    93.60   0.000     11.75919     12.2622
-------------+----------------------------------------------------------------
s1           |
        lnPl |  -.0056203   .0154992    -0.36   0.717    -.0359981    .0247575
        lnPe |   .0056203   .0154992     0.36   0.717    -.0247575    .0359981
         lnQ |  -.0040911   .0350388    -0.12   0.907     -.072766    .0645837
           R |  -.0020121   .0094415    -0.21   0.831     -.020517    .0164928
           t |   .0074538   .0052199     1.43   0.153    -.0027771    .0176846
       _cons |   .4898461   .0279978    17.50   0.000     .4349714    .5447207
------------------------------------------------------------------------------
```

9.1.2 假设检验

在对上述成本函数估计的基础上，基于估计参数对成本函数进行一系列涉及经济含义的假设检验。一般我们采用的是 Wald 检验，是利用 test 命令来完成的。例如，我们要检验环境规制是否对生产率产生直接影响，则公式表示为

$$\beta_R = \beta_{lR} = \beta_{eR} = 0 \tag{9.3}$$

此时我们就需要加入以下代码进行检验：

```
test (R = 0) (Beta1r = Beta2r = 0)
 (1)  [lnC]R = 0
 (2)  [lnC]Beta1r - [lnC]Beta2r = 0
 (3)  [lnC]Beta1r = 0
       Constraint 3 dropped
           chi2(2) =    6.14
         Prob > chi2 =    0.0464
```

同时，我们还需要检验生产是否满足规模报酬不变以及验证技术是否发生变化，其思路是相同的，此处不予展示。关于命令的用法请利用 Stata 软件中的 help 命令进行查询。

9.1.3 全要素生产率的计算

全要素生产率增长率的计算公式为

$$\bar{v}_G \equiv -\bar{v}_R[R(T)-R(T-1)]+(1-\bar{v}_Q)[\ln Q(T)-\ln Q(T-1)]+\bar{v}_T \tag{9.4}$$

其中，$v_R \equiv \dfrac{\partial \ln C}{\partial R}$，$v_Q \equiv \dfrac{\partial \ln C}{\partial \ln Q}$，$-v_T \equiv \dfrac{\partial \ln C}{\partial T}$。因此，我们首先要将成本函数估计参数进行储存，以方便对全要素生产率增长率的测算。其次，按照公式(9.4)分解出全要素生产率变化的驱动因素(环境规制效应、规模效应和技术变化)。最后，加总得到全要素率生产率的变化。程序编写如下：

```
*参数储存
gen vr1 = _b[R]
gen vr2 = _b[Beta1r]
gen vr3 = _b[Beta2r]
gen vr4 = _b[Betaqr]
gen vr5 = _b[Betarr]
gen vr6 = _b[Betart]

gen vq1 = _b[lnQ]
gen vq2 = _b[Beta1q]
gen vq3 = _b[Beta2q]
gen vq4 = _b[Betaqq]
gen vq5 = _b[Betaqr]
gen vq6 = _b[Betaqt]

gen vt1 = _b[t]
gen vt2 = _b[Beta1t]
gen vt3 = _b[Beta2t]
gen vt4 = _b[Betaqt]
gen vt5 = _b[Betart]
```

```
21. gen vt6 = _b[Betatt]
22. *公式计算
23. gen vr = vr1+vr2*lnPl+vr3*lnPe+vr4*lnQ+vr5*R+vr6*t //lnC 对 R 求偏导
24. gen vq = vq1+vq2*lnPl+vq3*lnPe+vq4*lnQ+vq5*R+vq6*t //lnC 对 lnQ 求偏导
25. gen vt = -(vt1+vt2*lnPl+vt3*lnPe+vt4*lnQ+vt5*R+vt6*t) //lnC 对 t 求偏导的负数
26.
27. gen vrbar = 0.5*(vr + l.vr)
28. gen vqbar = 0.5*(vq + l.vq)
29. gen vtbar = 0.5*(vt + l.vt)
30. *TFP 的求解
31. gen EER = -vrbar*(R - l.R) // 环境规制效应
32. gen SE = (1 - vqbar)*(lnQ - l.lnQ) // 规模效应
33. gen TCE = vtbar // 技术变化
34. gen PG = EER + SE +TCE // TFP 增长率
```

其中，第 2～7 行代码为环境规制效应的相关参数，第 8～14 行代码为规模效应的相关参数；第 16～21 行代码为技术变化的相关参数；第 23～25 行代码分别是根据 v_R，v_Q 和 v_T 的公式进行定义的；第 27～29 行代码分别表示 $\overline{v}_R$、$\overline{v}_Q$ 和 $\overline{v}_T$；第 31～34 行代码定义的变量含义如下：*EER* 为环境规制效应，*SE* 为规模效应，*TCE* 为技术变化，*PG* 为全要素生产率增长率。

进一步地，可得到各个驱动因素和全要素生产率变化的分布情况如图 9.1 所示。程序编写如下：

```
twoway (kdensity EER) (histogram EER)
twoway (kdensity SE) (histogram SE)
twoway (kdensity TCE) (histogram TCE)
twoway (kdensity RPG) (histogram RPG)
```

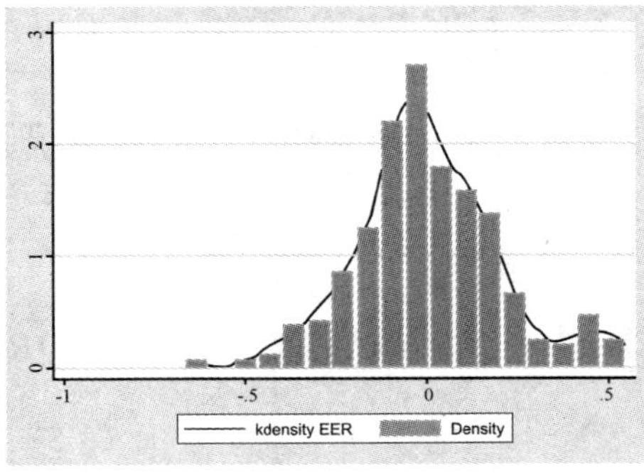

（a）环境规制效应

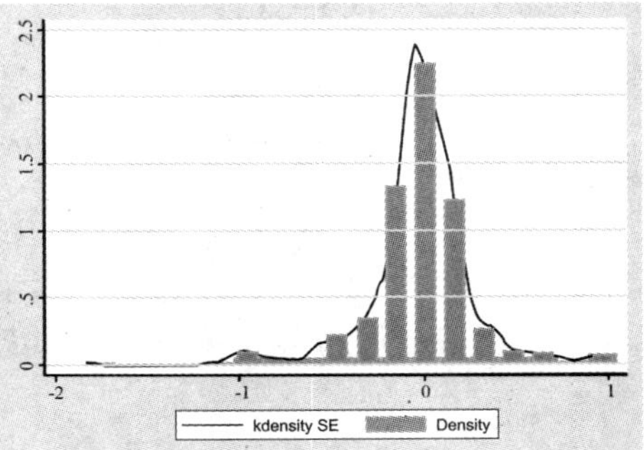

（b）规模效应

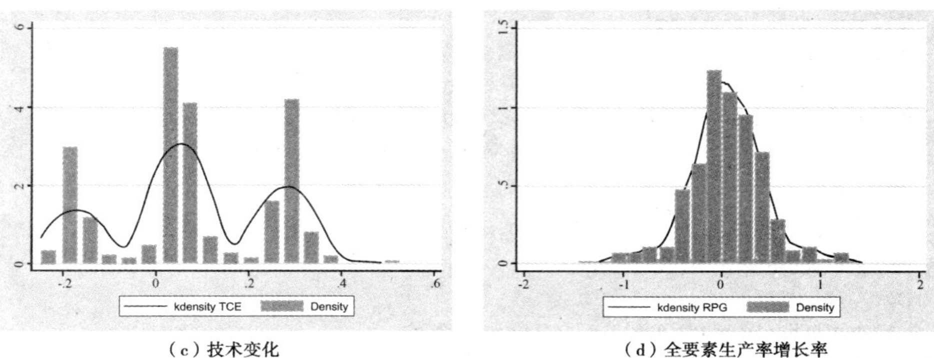

(c)技术变化

(d)全要素生产率增长率

图 9.1　全要素生产率的驱动因素及其变化的分布情况

9.2　限制性成本函数

限制性成本函数与传统成本函数不同的是，传统成本函数中的部分要素价格无法获取，以至于总成本无法被计算。因此，需要引入限制性成本函数进行求解。为了简单处理，我们采用两个投入要素价格（P_l 和 P_e）进行示范。方程中存在要素 K 的价格无法获取的情况，限制性成本函数的抽象表达式为 $RC=RC(P_l,P_e,K,\mathrm{e}^R,Q,\mathrm{e}^T)$，其中 K 为资本，R 为政策强度，Q 为产出，T 为时间。一般地，限制性成本函数使用超越对数的函数形式，即

$$\begin{aligned}\ln RC=&\beta_0+\sum_i\beta_i\ln p_i+\beta_K\ln K+\beta_Q\ln Q+\beta_R R+\beta_T T\\&+\frac{1}{2}\sum_i\sum_j\gamma_{ij}\ln p_i\ln p_j+\sum_i\gamma_{iQ}\ln p_i\ln Q+\sum_i\gamma_{iR}(\ln p_i)R\\&+\sum_i\gamma_{iT}(\ln p_i)T+\frac{1}{2}\gamma_{QQ}(\ln Q)^2+\gamma_{QR}(\ln Q)R+\gamma_{QT}(\ln Q)T\\&+\frac{1}{2}\gamma_{RR}R^2+\gamma_{RT}RT+\frac{1}{2}\gamma_{TT}T^2+\frac{1}{2}\gamma_{KK}(\ln K)^2\\&+\sum_i\gamma_{iK}\ln p_i\ln K+\gamma_{QK}\ln Q\ln K+\gamma_{KT}(\ln K)T+\gamma_{KR}(\ln K)R\end{aligned}\tag{9.5}$$

限制性成本函数的估计过程与成本函数的估计过程是极其相似的，一般包括以下几个部分：第一，变量的构建；第二，限制条件的设立；第三，参数估计；第四，假设检验。为了避免重复性的说明，我们仅为它们的不同之处进行说明。由于资本 K 和产出 Q 是内生的，如果采用 OLS 或者 SUR 进行估计，结果是有

偏的。因此，我们以产出价格指数以及要素价格和时间的函数作为工具变量，引入 3SLS 的方法。

9.2.1　变量的构建

我们在原有的变量构建的基础上，加入了工具变量，并将其储存至 exlist 中，程序编写如下：

```
*内生变量
gen lnK = log(K)
gen lnQ = log(Q)
gen R = r
*工具变量
gen lnPl = log(Pl)
gen lnPe = log(Pe)
gen t = T - 2004
gen Betall = 0.5*lnPl*lnPl
gen Betale = lnPl*lnPe
gen Betaee = 0.5*lnPe*lnPe
gen Betalt = lnPl*t
gen Betaet = lnPe*t
gen Betatt = 0.5*t*t
gen lnPx = log(price_index)
gen Pxl = lnPx*lnPl
gen Pxe = lnPx*lnPe
gen Pxx = 0.5*lnPx*lnPx
gen Pxt = lnPx*t
global enlist "lnK lnQ R" // 内生变量
global exlist "lnPx Pxl Pxe Pxx Pxt lnPl lnPe t Betall Betale Betaee Betalt Betaet Betatt" // 外生变量 价格指数 投入要素价格 时间
```

9.2.2　限制条件的设立

限制性成本函数需满足要素价格的线性齐次性，因此也需要加入一系列的限制条件。同时，成本份额方程选取了劳动成本份额，因此需要保证劳动成本份额方程与限制性成本函数的参数一致性。程序编写如下：

```
constraint 1 [lnRC]lnPl + [lnRC]lnPe = 1 //f(t*x1,...,t*xn) = t*f(x1,...,xn)
constraint 2 [lnRC]Betall + [lnRC]Betale = 0
constraint 3 [lnRC]Betale + [lnRC]Betaee = 0
constraint 4 [lnRC]Betalk + [lnRC]Betaek = 0
constraint 5 [lnRC]Betalq + [lnRC]Betaeq = 0
constraint 6 [lnRC]Betalr + [lnRC]Betaer = 0
constraint 7 [lnRC]Betalt + [lnRC]Betaet = 0
constraint 8 [lnRC]lnPl = [s1]_cons // 保证两个方程的系数相等
```

```
constraint 9 [lnRC]Betall = [s1]lnPl
constraint 10 [lnRC]Betale = [s1]lnPe
constraint 11 [lnRC]Betalr = [s1]R
constraint 12 [lnRC]Betalq = [s1]lnQ
constraint 13 [lnRC]Betalk = [s1]lnK
constraint 14 [lnRC]Betalt = [s1]t
```

9.2.3 参数估计

在将变量储存至宏变量之后，利用限制性成本函数与成本份额方程的对应关系以及关于要素价格的线性齐次性对方程进行约束。考虑到资本投入要素、产出的内生性问题，我们采用3SLS方法进行参数识别。此外，为了验证模型的稳健性，我们采用OLS和SUR方法进行稳健性检验。程序编写如下：

```
reg3 $translog $costshare, constr(1 2 3 4 5 6 7 8 9 10 11 12 13 14) ireg3 ols
reg3 $translog $costshare, constr(1 2 3 4 5 6 7 8 9 10 11 12 13 14) ireg3 sure
reg3 $translog $costshare, endog($enlist) exog($exlist) constr(1 2 3 4 5 6 7 8 9 10 11
 12 13 14) ireg3 3sls
Three-stage least-squares regression, iterated
----------------------------------------------------------------------------
Equation              Obs   Parms        RMSE    "R-sq"       chi2        P
----------------------------------------------------------------------------
lnRC                  549      20    .3100009    0.6766     672.92   0.0000
s1                    549       5    .1159242    0.0048      12.61   0.0273
----------------------------------------------------------------------------

 (1)  [lnRC]lnPl + [lnRC]lnPe = 1
 (2)  [lnRC]Betall + [lnRC]Betale = 0
 (3)  [lnRC]Betale + [lnRC]Betaee = 0
 (4)  [lnRC]Betalk + [lnRC]Betaek = 0
 (5)  [lnRC]Betalq + [lnRC]Betaeq = 0
 (6)  [lnRC]Betalr + [lnRC]Betaer = 0
 (7)  [lnRC]Betalt + [lnRC]Betaet = 0
 (8)  [lnRC]lnPl - [s1]_cons = 0
 (9)  [lnRC]Betall - [s1]lnPl = 0
 (10)  [lnRC]Betale - [s1]lnPe = 0
 (11)  [lnRC]Betalr - [s1]R = 0
 (12)  [lnRC]Betalq - [s1]lnQ = 0
 (13)  [lnRC]Betalk - [s1]lnK = 0
--------------------------------------------------------------------------------
                 |      Coef.   Std. Err.      z    P>|z|     [95% Conf. Interval]
```

```
-------------+----------------------------------------------------------------
lnRC         |
        lnPl |  .8693617   .1138602     7.64   0.000     .6461998    1.092524
        lnPe |  .1306383   .1138602     1.15   0.251    -.0925235    .3538002
         lnK | -.2011198   .2790233    -0.72   0.471    -.7479953    .3457558
           R |  1.322514   .3962657     3.34   0.001     .5458478    2.099181
         lnQ |  1.839041   .3657486     5.03   0.000     1.122187    2.555895
           t |   -1.1409   .1679088    -6.79   0.000    -1.469995   -.8118048
     Betall | -.0026131   .0154443    -0.17   0.866    -.0328833    .0276571
     Betale |  .0026131   .0154443     0.17   0.866    -.0276571    .0328833
     Betaee | -.0026131   .0154443    -0.17   0.866    -.0328833    .0276571
     Betalk | -.0085087   .0241026    -0.35   0.724    -.0557489    .0387315
     Betaek |  .0085087   .0241026     0.35   0.724    -.0387315    .0557489
     Betalr |  .0000587   .0095902     0.01   0.995    -.0187377    .0188552
     Betaer | -.0000587   .0095902    -0.01   0.995    -.0188552    .0187377
     Betalq | -.0153605   .0362306    -0.42   0.672    -.0863712    .0556503
     Betaeq |  .0153605   .0362306     0.42   0.672    -.0556503    .0863712
     Betalt | -.0820383   .0441873    -1.86   0.063    -.1686439    .0045673
     Betaet |  .0820383   .0441873     1.86   0.063    -.0045673    .1686439
     Betakk |  .3834771   .2303921     1.66   0.096    -.0680831    .8350373
     Betakr |  -.738305   .2267673    -3.26   0.001    -1.182761   -.2938492
     Betakq | -.6844343   .1706555    -4.01   0.000    -1.018913   -.3499556
     Betakt |    .46832   .1243782     3.77   0.000     .2245432    .7120969
     Betarr | -.0274851   .0325416    -0.84   0.398    -.0912655    .0362952
     Betarq |  .1841096   .2713688     0.68   0.497    -.3477636    .7159827
     Betart |   .083324    .032115     2.59   0.009     .0203799    .1462682
     Betaqq |  1.182881   .2125207     5.57   0.000     .7663478    1.599414
     Betaqt |  .2144272    .105576     2.03   0.042      .007502    .4213523
     Betatt |  .1496816   .0378423     3.96   0.000      .075512    .2238512
      _cons |   11.0205    .333614    33.03   0.000     10.36663    11.67437
-------------+----------------------------------------------------------------
s1           |
        lnPl | -.0026131   .0154443    -0.17   0.866    -.0328833    .0276571
        lnPe |  .0026131   .0154443     0.17   0.866    -.0276571    .0328833
         lnK | -.0085087   .0241026    -0.35   0.724    -.0557489    .0387315
         lnQ | -.0153605   .0362306    -0.42   0.672    -.0863712    .0556503
           R |  .0000587   .0095902     0.01   0.995    -.0187377    .0188552
           T | -.0001769   .0000529    -3.35   0.001    -.0002806   -.0000733
       _cons |  .8693617   .1138602     7.64   0.000     .6461998    1.092524
------------------------------------------------------------------------------
```

```
Endogenous variables:  lnRC s1 lnK lnQ R
Exogenous variables:   lnPl lnPe t Betall Betale Betaee Betalk Betaek Betalr
      Betaer Betalq Betaeq Betalt Betaet Betakk Betakr Betakq Betakt Betarr
      Betarq Betart Betaqq Betaqt Betatt T lnPx Pxl Pxe Pxx Pxt
------------------------------------------------------------------------------
```

另外,假设检验、弹性计算等都可以按照公式直接进行编写,不存在技术性的问题。在这里,我们仅强调如何利用限制性成本函数计算要素的影子价格。依据霍特林引理,计算要素影子价格的公式为

$$\widehat{P}_K=-\frac{\partial RC}{\partial K}=-\frac{\partial \ln RC}{\partial \ln K}\cdot\frac{RC}{K} \tag{9.6}$$

程序编写如下:

```
gen Pk = - (Sk)*(C/K)
```

其中,$S_k=\dfrac{\partial \ln RC}{\partial \ln K}$。

9.3 广义成本函数

广义成本函数的估计,与限制性成本函数是不同的,主要是因为广义成本函数是一种非线性的函数形式,无法通过上述命令完成参数估计,进而需要引入一个新的命令 nlsur。程序编写如下:

```
help nlsur
```

nlsur 通过可行广义非线性最小二乘法(FGNLS)拟合非线性方程组,能够非常好地解决广义成本函数中存在的非线性问题。

例如,存在如下非线性方程组:

$$\begin{cases}y_1=\alpha_0+\alpha_1x_1+\ln(\alpha_2x_2)\\ y_2=\alpha_2+\alpha_3x_3+\ln(\alpha_4x_4)\end{cases} \tag{9.7}$$

由于我们所需要的参数存在于对数里面,采用 OLS 等线性估计是无法实现的,因此,我们需要利用非线性估计的方法解决这一问题。首先,我们需要构造一个集来表示上述方程组,程序编写如下:

```
global y1 "(y1 = {a0} + {a1}*x1 + log({a2}*x2))"
global y2 "(y2 = {a2} + {a3}*x3 + log({a4}*x4))"
```

其中,{ }里面的要素即为待估参数。为了进行参数估计,我们利用非线性估计的方法,程序编写如下:

```
1. nlsur y1 y2
```

由于广义成本函数的展开式非常复杂，基于版面的考虑，我们仅提供一种解决思路，采用 nlsur 命令将实际成本函数与实际成本份额方程联立进行非线性估计求解。除此之外，采用限制性成本函数求解某行业的市场力大小也属于非线性方程组的求解问题，也是利用该命令进行程序编写。在参数估计结束后，基于研究需求，进行假设检验等等。

第 10 章　数据包络分析法的程序应用

数据包络分析法目前已存在非常成熟的 Stata 命令，并且本书将在后面章节提供详细的编程指南，对其实现算法进行深入的讲解。因此，本章主要是对不同 DEA 模型如何利用程序实现进行相应的介绍。

10.1　CCR 和 BBC 模型

dea 是求解 DEA 模型的外部命令，需通过“ssc install dea”进行安装，主要为 CCR 和 BBC 模型求解提供方便。在 Stata 中，dea 命令可以通过设定不同的规模报酬来实现。例如，若 rts 选择 crs 或者不加入该选项，则模型为 CCR 模型；若 rts 选择 vrs，则模型为 BCC 模型。此外，ort(out)为产出导向，ort(in)为投入导向。程序编写如下：

```
help dea
dea i_x = o_q, rts(crs) ort(out) // CCR 产出导向
dea i_x = o_q, rts(vrs) ort(in) // BCC 投入导向
```

除了 dea 命令以外，teradial 命令也可以对径向 CCR 和 BCC 模型进行求解。与 dea 命令相比，它可以根据需求自行设定技术参考集，且运算效率更快。由于它也是一个外部命令，因此也需要通过“findit teradial”进行安装。程序编写如下：

```
help teradial
teradial y1 y2 y3 = x1 x2 x3 x4 x5, rts(crs) base(output) tename(TErdCRSo) //径向 DEA-CCR
teradial y1 y2 y3 = x1 x2 x3 x4 x5, rts(vrs) base(input) tename(TErdVRSi) // 径向 DEA-BCC
```

上述命令分别表示在规模报酬不变条件下测算基于产出导向的径向技术效率并生成新变量(TErdCRSo)和在规模报酬可变条件下测算基于投入导向的径向技术效率并生成新变量(TErdVRSi)。

10.2 RM 模型

tenonradial 命令可提供对 RM 模型的求解，它是一种非径向 DEA 模型。该命令的语法结构与 teradial 是一致的。rts 选项可以加入 crs、nirs、vrs，它们分别表示为规模报酬不变、规模报酬非递增和规模报酬递减。base 选项可提供投入导向和产出导向的选择。程序编写如下：

```
help tenonradial
tenonradial y1 y2 y3 = x1 x2 x3 x4 x5, rts(crs) base(output) tename(TEnrCRSo) // RM_CRS
tenonradial y1 y2 y3 = x1 x2 x3 x4 x5, rts(nirs) base(output) tename(TEnrNRSo) // RM_NIRS
tenonradial y1 y2 y3 = x1 x2 x3 x4 x5, rts(vrs) base(output) tename(TEnrVRSo) // RM_VRS
```

10.3 SBM 模型

sbmeff 命令提供了对 SBM 模型的求解。该命令默认规模报酬不变，若添加 vrs 选项，则生产前沿为规模报酬可变的状态。程序编写如下：

```
help sbmeff
sbmeff labor capital energy=gdp:co2 so2, dmu(id) sav(crssbm, replace) // SBM-CRS
sbmeff labor capital energy=gdp:co2 so2, dmu(id) vrs sav(vrssbm, replace) // SBM-VRS
```

该命令还可以提供每一个要素的松弛值，进而可以计算要素，如能源效率。程序编写如下：

```
gen EE=1-(S_energy/energy) // 能源效率
```

其中，EE 的计算公式为 $EE=1-\frac{E_S}{E_T}$，这里 E_S 为松弛值，E_T 为实际投入量。

10.4 非参数技术效率统计检验

由于 DEA 缺少统计推断而备受争论，为此我们提出了利用 bootstrap 方法克服 DEA 的不足。采用该方法往往需要依赖于特定的假设。如果是基于产出导向的技术效率，则主要的假设为该效率是否与产出组合独立；如果是基于投入导向的技术效率，则主要的假设为该效率是否与投入组合独立。因此，需要进行独立性检验。接下来，我们介绍三个进行统计检验的命令。

10.4.1 teradialbc 命令

teradialbc 命令是为了增加径向技术效率的统计推断，与前面测算技术效率的命令语法基本一致。首先需要估算出原始的径向技术效率，然后分别使用平滑异质性 bootstrap 方法和分样本 bootstrap 方法对原始效率估计在增加统计推断的基础上进行修正。程序编写如下：

```
help teradialbc
teradialbc y1 y2 y3 = x1 x2 x3 x4 x5, rts(vrs) base(output)  ///
heterogeneous reps(200) tebc(TErdVRSoBC2) biassqvar(TErdVRSoBC2bv) ///
telower(TErdVRSoLB2) teupper(TErdVRSoUB2)
teradialbc y1 y2 y3 = x1 x2 x3 x4 x5, rts(vrs) base(output) ///
subsampling reps(200) tebc(TErdVRSoBC3) biassqvar(TErdVRSoBC3bv)   ///
telower(TErdVRSoLB3) teupper(TErdVRSoUB3) noprint
```

10.4.2 nptestind 命令

nptestind 命令用来检验非参数模型的独立性，仅适用于径向技术效率模型的检验。该命令首先产生一个 2 行（基于产出和基于投入）3 列（CRS、NIRS 和 VRS）的矩阵；然后基于不同导向不同规模报酬对非参数模型的独立性进行检验，并将每个独立性检验的 P 值赋值到矩阵对应的位置；最后将矩阵结果展示出来。

```
matrix testsindpv = J(2, 3, .) // 定义 2*3 矩阵
matrix colnames testsindpv = CRS NiRS VRS // 列为规模报酬
matrix rownames testsindpv = output-based input-based // 行为投入或者产出导向
nptestind y1 y2 y3 = x1 x2 x3 x4 x5, rts(crs)  base(output) reps(999) alpha(0.05) //检验非参数模型的独立性，仅适用于径向技术效率模型-Output-CRS
matrix testsindpv[1, 1] = e(pvalue) // 矩阵第一行第一列储存 P 值
nptestind y1 y2 y3 = x1 x2 x3 x4 x5, rts(nirs) base(output) reps(999) alpha(0.05) noprint //检验非参数模型的独立性，仅适用于径向技术效率模型-Output-NIRS
matrix testsindpv[1, 2] = e(pvalue) // 矩阵第一行第二列储存 P 值
nptestind y1 y2 y3 = x1 x2 x3 x4 x5, rts(vrs)  base(output) reps(999) alpha(0.05) noprint //检验非参数模型的独立性，仅适用于径向技术效率模型-Output-VRS
matrix testsindpv[1, 3] = e(pvalue) // 矩阵第一行第三列储存 P 值
nptestind y1 y2 y3 = x1 x2 x3 x4 x5, rts(crs)  base(input)  reps(999) alpha(0.05) noprint //检验非参数模型的独立性，仅适用于径向技术效率模型-Input-CRS
matrix testsindpv[2, 1] = e(pvalue) // 矩阵第二行第一列储存 P 值
nptestind y1 y2 y3 = x1 x2 x3 x4 x5, rts(nirs) base(input)  reps(999) alpha(0.05) noprint //检验非参数模型的独立性，仅适用于径向技术效率模型-Input-NIRS
matrix testsindpv[2, 2] = e(pvalue) // 矩阵第二行第二列储存 P 值
```

```
nptestind y1 y2 y3 = x1 x2 x3 x4 x5, rts(vrs)  base(input)  reps(999) alpha(0.05) noprint //检验非参数模型的独立性，仅适用于径向技术效率模型-Input-VRS
matrix testsindpv[2, 3] = e(pvalue) // 矩阵第二行第三列储存 P 值
matrix list testsindpv
```

10.4.3 nptestrts 命令

径向的技术效率模型的非参数模型的规模报酬需要使用 nptestrts 命令来实现。我们利用该命令使用平滑异质性 bootstrap 方法来进行规模分析。程序编写如下：

```
nptestrts y1 y2 y3 = x1 x2 x3 x4 x5, ///
base(output) heterogeneous reps(200) ///
alpha(0.05) testtwo sefficient(SEffnt_het) sineffdrs(SiDRS_het)
```

10.5 SBM 对偶模型

sbmdual 命令的目的是求解 SBM 的对偶模型，进而可以计算非期望产出的影子价格。一般默认使用的是全域的生产技术，若加入 time(t)，则使用的为当期的生产技术。进一步的使用说明详见 Stata 的帮助文件。程序编写如下：

```
help sbmdual
sbmdual labor capital energy=gdp:co2, dmu(id) sav(sbm_dual,replace) // Global technology
use sbm_dual.dta, clear
gen cp=p_co2/p_gdp // 计算 CO2 的影子价格
```

10.6 Malmquist 生产率指数

malmq2 命令是专门用于 Malmquist 指数分解的外部命令，其在打开的数据集中选择投入和产出变量，并通过指定的选项使用 DEA 前沿估计 Malmquist 生产率指数。ort(o)意味着选择产出导向的 DEA 模型。fgnz、rd、global、biennial 和 seq 选项分别代表着 FGNZ 分解方法、RD 分解方法、全域 Malmquist 指数、两期 Malmquist 指数以及序列 Malmquist 指数。程序编写如下：

```
xtset dmu year
malmq2 K L= Y, ort(o) //一般 Malmquist 指数分解，无效率变化
malmq2 K L= Y, ort(o) fgnz //FGNZ 分解方法
malmq2 K L= Y, ort(o) rd // RD 分解方法
malmq2 K L = Y, global ort(o) // Global Malmquist 指数
malmq2 K L= Y, biennial ort(o) // biennial Malmquist
malmq2 K L = Y, seq ort(o) // sequential Malmquist 指数
```

共同前沿 Malmquist 生产率指数分解比较特殊，无法利用该命令直接进行，需要分组计算。在程序编写的过程中，通过计算组内 Malmquist 生产率指数公式和全域 Malmquist 生产率指数公式，可以得到 M^I 和 M^G 的关系为

$$M^I \times TGC = M^G \tag{10.1}$$

其中，TGC 为技术缺口率。

因此，一般对共同前沿 Malmquist 生产率指数的分解需要两步：第一步，组内分解；第二步，全域分解。

10.6.1 组内 Malmquist 指数

以 exdata.dta 为程序测试集，假设数据可以人为地被划分为三组，则我们需要分别对组内的 Malmquist 指数进行求解，以得到效率变化（EC）和最佳实践变化（BPC），并将每一组的数据进行合并，最后以“global123.dta”文件进行储存。程序编写如下：

```
use exdata.dta, clear
drop if region != 1
save class1.dta, replace
use exdata.dta, clear
drop if region != 2
save class2.dta, replace
use exdata.dta, clear
drop if region != 3
save class3.dta, replace
use class1.dta, clear
xtset dmu year
malmq2 K L= Y, global sav(global1, replace)
use global1, clear
drop TFPCH
gen region=1
save global1, replace
use class2.dta, clear
xtset dmu year
malmq2 K L= Y, global sav(global2, replace)
use global2, clear
drop TFPCH
gen region=2
save global2, replace
use class3.dta, clear
```

```
xtset dmu year
malmq2 K L= Y, global sav(global3, replace)
use global3, clear
drop TFPCH
gen region=3
save global3, replace

use global1.dta, clear
append using global2.dta
append using global3.dta
save global123.dta, replace
```

10.6.2 全域 Malmquist 指数

将所有数据纳入全域生产前沿中，对每一个观测值进行 Malmquist 生产率指数分解，基于公式(10.1)，可以得到技术缺口率（*TGC*）。程序编写如下：

```
xtset dmu year
malmq2 K L= Y, global sav(global_all, replace)
use global_all, clear
drop TECH BPC
rename TFPCH MG
save global_all, replace

use global123.dta, clear
merge 1:1 dmu Pdwise using global_all.dta, nogen
gen TGC=MG/(TECH*BPC)
save end2.dta, replace
kdensity MG // TFP 变化分布
```

全要素生产率变化率的概率分布如图 10.1 所示。

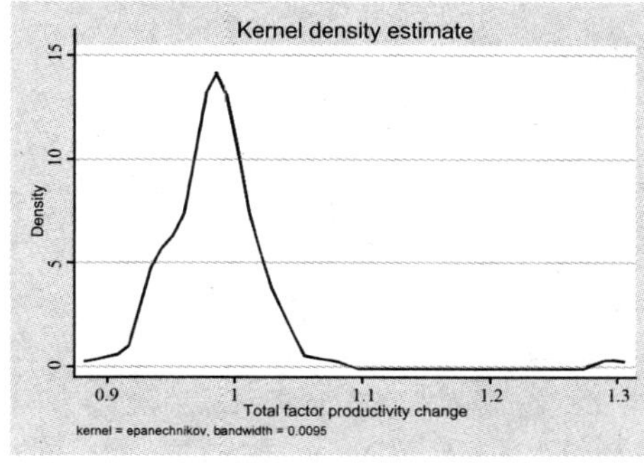

图 10.1 全要素生产率变化率的概率分布

本质上，共同前沿 Malmquist 指数求解的过程即为两次全域 Malmquist 指数求解的过程。

10.7 DDF 和 NDDF

10.7.1 ddfeff 命令

ddfeff 命令是专门用于求解 DDF 的 Stata 外部命令。它可以根据求出的 β 值进一步计算环境技术效率（$1-\beta$ 或 $\frac{1}{1+\beta}$）等。此外，它可以选择以当期生产技术和跨期生产技术为基准。一般地，默认使用的为全域生产技术，若加入 time(t) 选项，则为当期生产技术。程序编写如下：

```
1. help dffeff
2. ddfeff labor capital energy= gdp: co2, dmu(id) sav(ddf_result, replace)
3. use ddf_result, clear
4. gen ee=1/(1+Dval) // 计算环境效率
```

10.7.2 nddfeff 命令

nddfeff 命令是专门用于求解 NDDF 的 Stata 外部命令。它与 ddfeff 命令的语法基本一致。由于 NDDF 非径向的特性，它可以计算不同的要素效率等，因此在效率与生产率领域应用广泛。在此，我们以综合效率指数（UEI）以及净能源环境效率指数（EEI）为例，对代码编写进行说明。

UEI 的计算公式为

$$UEI=\frac{\frac{1}{4}[(1-\beta_K^*)+(1-\beta_L^*)+(1-\beta_F^*)+(1-\beta_C^*)]}{1+\beta_E^*}$$

$$=\frac{1-\frac{1}{4}(\beta_K^*+\beta_L^*+\beta_F^*+\beta_C^*)}{1+\beta_E^*} \tag{10.2}$$

设定权重向量为 $\left(\frac{1}{9},\frac{1}{9},\frac{1}{9},\frac{1}{3},\frac{1}{3}\right)$，方向向量为 $(-K,-L,-F,E,-C)$，刻画综合效率指数的程序代码如下：

```
use power, clear
matrix weight=(1/9, 1/9, 1/9, 1/3, 1/3)
gen gk=-1*K
gen gl=-1*L
gen gf=-1*F
gen ge=1*E
gen gc=-1*C
nddfeff K L F= E: C, dmu(dmu) wmat(weight) gx(gk gl gf) gy(ge) gb(gc) sav(p1.
dta, replace)
merge m:m dmu using p1.dta
drop _merge
gen uei=[1-0.25*(B_K+B_L+B_F+B_C)]/[1+B_E]
```

由于资本和劳动并不会直接产生碳排放，因此我们遵循 Zhang and Choi (2013)，设定权重向量为$\left(0,0,\frac{1}{3},\frac{1}{3},\frac{1}{3}\right)$，方向向量为$(0,0,-F,E,-C)$，以此来刻画净能源环境效率指数。其计算公式为

$$EEPI=\frac{\frac{1}{2}[(1-\beta_F^*)+(1-\beta_C^*)]}{1+\beta_E^*}=\frac{1-\frac{1}{2}(\beta_F^*+\beta_C^*)}{1+\beta_E^*} \tag{10.3}$$

因此，程序编写如下：

```
use power, clear
matrix nweight=(0, 0, 1/3, 1/3, 1/3)
gen ngk=0*K
gen ngl=0*L
gen gf=-1*F
gen ge=1*E
gen gc=-1*C
nddfeff K L F= E: C, dmu(dmu) wmat(nweight) gx(ngk ngl gf) gy(ge) gb(gc) sav
(p2.dta, replace)
merge m:m dmu using p2.dta
drop _merge
gen eepi=[1-0.5*(B_F+B_C)]/[1+B_E]
```

在此基础之上，引入时间变量，测算全要素二氧化碳排放绩效（$TCPI$），即

$$TCPI(K^s,L^s,F^s,E^s,C^s)=\left[\frac{(C-\beta_C^*C)/(E+\beta_E^*E)}{C/E}\right]^s$$

$$=\left(\frac{1-\beta_C^*}{1+\beta_E^*}\right)^s,\quad s=t,t+1 \tag{10.4}$$

基于公式(10.4)，利用 Malmquist 指数就可以测算 $TCPI$ 的动态变化，即

$$ML^{t,t+1}=\frac{TCPI(K^{t+1},L^{t+1},F^{t+1},E^{t+1},C^{t+1})}{TCPI(K^t,L^t,F^t,E^t,C^t)} \tag{10.5}$$

程序编写如下：

```
use power, clear
matrix weight=(1/9, 1/9, 1/9, 1/3, 1/3)
gen gk=-1*K
gen gl=-1*L
gen gf=-1*F
gen ge=1*E
gen gc=-1*C
nddfeff K L F= E: C, dmu(dmu) wmat(weight) ///
gx(gk gl gf) gy(ge) gb(gc) sav(mpower_resultgfull, replace)
merge m:m dmu using mpower_resultgfull
drop _merge
gen tcpi=(1-B_C)/(1+B_E) // TCPI 的定义
xtset dmu year
gen mnmcpi=tcpi/l.tcpi // TCPI 的变化
```

10.8 NDDF 的对偶模型

nddfdual 命令是专门用于计算 NDDF 对偶模型的外部命令，常用来估计环境污染物的影子价格和替代投入的弹性等。基于 $\boldsymbol{r}=\boldsymbol{u}\times\frac{\boldsymbol{p}^{b}}{\boldsymbol{p}^{y}}$ 的替代关系，二氧化碳的影子价格被计算出。程序编写如下：

```
help nddfdual
nddfdual labor capital energy=gdp:co2, dmu(id) sav(nddf2,replace)
use nddf2.dta, clear
gen cp=p_co2/p_gdp
```

10.9 绿色全要素生产率

gtfpch 命令是专门用于求解绿色全要素生产率的外部命令，它可以根据不同的需要设置不同的参照集。例如：加入 seq、global 和 bi 分别代表序列 Malmquist 指数、全域 Malmquist 指数以及两期 Malmquist 指数。命令默认为 DDF，若加入 nonr 则计算 NDDF。此外，还可以选择计算 Malmquist 指数和 Luenberger 指数。一般径向 DDF 选择 Malmquist 指数，NDDF 选择 Luenberger 指数求解。一般默认求解 Malmquist 指数，若加入 luen 选项，则计算的是 Luenberger 指数。程序编写如下：

```
xtset id t
gtfpch labor capital energy= gdp: co2, sav(ddf_result, replace) // MLPI (radial DDF)
gtfpch labor capital energy= gdp: co2, nonr luen sav(ddf_result, replace) // LPI(NDDF)
gtfpch labor capital energy= gdp: co2, seq sav(ddf_result, replace) // SMLPI
gtfpch labor capital energy= gdp: co2, global sav(ddf_result, replace) // GMLPI
gtfpch labor capital energy= gdp: co2, bi sav(ddf_result, replace) // BMLPI
```

与计算共同前沿 Malmquist 指数相似，MMLPI 也需要经过两步 GMLPI 进行求解。以 example_ddf.dta 数据集为例，假设以平均值为基准进行分组，程序编写如下：

```
use example_ddf.dta, clear
egen me=median(gdp)
gen group = 1
replace group = 2 if gdp > me // 以平均值为基准分组
save mmlexample, replace
```

10.9.1 计算组内前沿的效率变化

程序编写如下：

```
use mmlexample.dta, clear
xtset id t
keep if group==2
gtfpch labor capital energy= gdp: co2, global sav(ddf_result2, replace)
merge m:m id using ddf_result2
drop _merge
gen ec2=TECH // 技术效率变化
gen gML2=TFPCH // TFP 变化
drop me Row Pdwise TFPCH TECH BPC
save resultgroup2, replace

use mmlexample.dta, clear
xtset id t
keep if group==1
gtfpch labor capital energy= gdp: co2, global sav(ddf_result1, replace)
merge m:m id using ddf_result1
drop _merge
gen ec1=TECH // 技术效率变化
gen gML1=TFPCH // TFP 变化
drop me Row Pdwise TFPCH TECH BPC
save resultgroup1, replace
```

10.9.2 合并样本

程序编写如下：

```
use resultgroup1, clear
append using resultgroup2
save resultgroup12, replace
```

10.9.3 基于全样本计算共同前沿 Malmquist-Luenberger 生产率指数

程序编写如下：

```
use mmlexample.dta, clear
xtset id t
gtfpch labor capital energy= gdp: co2, global sav(ddf_resultG, replace)
merge m:m id using ddf_resultG
drop _merge
gen MML=TFPCH // MML
drop me Row Pdwise TFPCH TECH BPC
save resultgfull, replace
```

10.9.4 合成关键性变量

绿色全要素生产率的分解公式为

$$MML = EC \times BPC \times TGC \tag{10.6}$$

其中，EC 为效率变化，BPC 为当期生产前沿与跨期生产前沿的距离，TGC 为跨期生产前沿与共同前沿的距离。

基于公式(10.6)，可求解绿色全要素生产率的驱动因素。程序编写如下：

```
use resultgfull, clear
merge m:m id using resultgroup12
drop _merge
gen bpc1=(1/ec1)*gML1 // BPC1
gen bpc2=(1/ec2)*gML2 // BPC2
gen tgc1=MML*(1/gML1) // TGC1
gen tgc2=MML*(1/gML2) // TGC1
save key, replace
```

进一步地，可以得到共同前沿 Malmquist-Luenberger 生产率指数的分布情况（见图 10.2）。程序编写如下：

```
twoway (histogram MML) (kdensity MML)
```

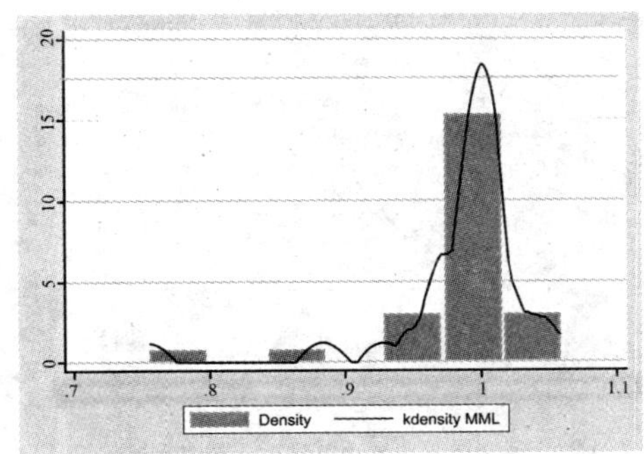

图 10.2 共同前沿 Malmquist-Luenberger 生产率指数的分布

10.10 两阶段的 DEA 回归分析

对于二阶段 DEA 方法，我们首先对基本的二阶段 Tobit 回归和 Truncated 回归进行 Stata 代码的实现。

10.10.1 导入数据

程序编写如下：

```
use datasample.dta, clear
sum K L Y Z1 //描述性统计
Variable |        Obs        Mean    Std. Dev.       Min        Max
---------+--------------------------------------------------------
       K |        549    5.045379    1.004508     1.0025    12.3735
       L |        549     52.9634    10.50031    3.58023   98.40011
       Y |        549    16716.89    7904.395    1486.35   57616.25
      Z1 |        549    .2278177    .1128182   .0152548   .9531066
```

为了简化处理，我们采用两个投入要素（K 和 L）、一个产出（Y）和一个环境变量（Z_1）进行展示。图 10.3 为我们提供的样本数据的部分数据集展示。

	ID	T	K	L	Y	Z1
1	1	2005	5.128	51.49994	35096.31	.2865261
2	2	2005	1.0025	17.4	1659.958	.9318658
3	3	2005	4.1835	60.79998	14410.12	.1439972
4	4	2005	3.918	53	11475.68	.1437369
5	5	2005	3.8715	52.40013	13280.73	.1387599
6	6	2005	4.516	33.10017	9991.636	.2128817
7	7	2005	3.9925	58.39992	24976.84	.3444727
8	8	2005	5.3905	65	24975.34	.1558313
9	9	2005	3.64	66.79996	14555.6	.1162851
10	10	2005	4.6405	50.1999	24815.9	.4575817
11	11	2005	4.1215	80.39987	22516.52	.0981112
12	12	2005	3.3235	73.59983	21825.92	.3053076
13	13	2005	4.6305	62.69979	21675.93	.5052208
14	14	2005	5.1375	64.30002	30342.74	.1789666
15	15	2005	1.7075	64.50077	2031.345	.1731587
16	16	2005	3.566501	76.49992	21727.98	.1216301
17	17	2005	4.671	35.30006	12945.13	.2247975
18	18	2005	4.765	53.10007	23938.86	.1242064
19	19	2005	4.786	81.99992	22762.46	.0937753
20	20	2005	4.6495	49.19997	39198.93	.6583018
21	21	2005	4.936	35.49989	12792.87	.2322756
22	22	2005	4.714	69.10015	27061.31	.2539793
23	23	2005	3.89	69.60017	16262.04	.1019023
24	24	2005	4.9135	55.59999	37083.2	.4612303
25	25	2005	2.876	46.2	10881.76	.2272941
26	26	2005	3.922501	52.59999	11721.43	.1596249

图 10.3　部分数据集的展示

10.10.2　计算效率值

我们测算了产出导向的技术效率值，并以 crs_o_te 进行命名，程序编写如下：

```
help teradial  //*该命令为径向 DEA 命令
teradial Y = K L, rts(crs) base(output) tename(crs_o) //产出导向+规模报酬不变
gen crs_o_te = 1/crs_o
kdensity crs_o_te
```

产出导向技术效率的概率密度如图 10.4 所示。

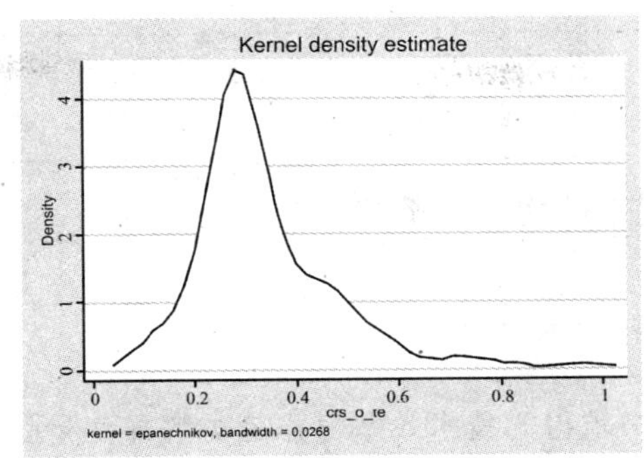

图 10.4 产出导向技术效率的概率密度

10.10.3 第二阶段回归

10.10.3.1 Tobit 回归

将 10.10.2 小节中求得的技术效率值作为被解释变量 Y 代入 Tobit 回归模型中，程序编写如下：

```
help tobit
tobit crs_o_te Z1, ll(0) ul(1)

Refining starting values:

Grid node 0:   log likelihood =  274.53276

Fitting full model:

Iteration 0:   log likelihood =  274.53276
Iteration 1:   log likelihood =  274.53968
Iteration 2:   log likelihood =  274.53968

Tobit regression                                Number of obs     =        549
                                                   Uncensored     =        547
Limits: lower = 0                                  Left-censored  =          0
        upper = 1                                  Right-censored =          2

                                                LR chi2(1)        =       8.41
                                                Prob > chi2       =     0.0037
Log likelihood =  274.53968                     Pseudo R2         =    -0.0156

------------------------------------------------------------------------------
    crs_o_te |      Coef.   Std. Err.      t    P>|t|     [95% Conf. Interval]
```

```
-----------------+----------------------------------------------------------------
             Z1 |  -.1603207   .0550616    -2.91   0.004    -.2684784    -.052163
          _cons |   .3767783   .0139959    26.92   0.000     .3492861    .4042705
-----------------+----------------------------------------------------------------
 var(e.crs_o_te)|   .0211455   .0012806                      .0187739    .0238168
----------------------------------------------------------------------------------
```

10.10.3.2 Truncated 回归

将 10.10.2 小节中求得的技术效率值作为被解释变量 Y 代入 Truncated 回归模型中，程序编写如下：

```
help truncreg
truncreg crs_o_te Z1, ll(0) ul(1)
(note: 2 obs. truncated)

Fitting full model:

Iteration 0:   log likelihood =  305.07812
Iteration 1:   log likelihood =  305.74169
Iteration 2:   log likelihood =   305.7418
Iteration 3:   log likelihood =   305.7418

Truncated regression
Limit:   lower =          0                  Number of obs =    =        547
         upper =          1                  Wald chi2(1)       =       7.87
Log likelihood =   305.7418                  Prob > chi2        =     0.0050

------------------------------------------------------------------------------
    crs_o_te |      Coef.   Std. Err.      z    P>|z|     [95% Conf. Interval]
-------------+----------------------------------------------------------------
          Z1 |  -.1660881   .0592047    -2.81   0.005    -.2821271   -.0500491
       _cons |   .3713233   .0148011    25.09   0.000     .3423138    .4003329
-------------+----------------------------------------------------------------
      /sigma |   .1446843   .0049766    29.07   0.000     .1349304    .1544382
------------------------------------------------------------------------------
```

10.10.3.3 Simar-Wilson 回归

将 10.1 节中求得的技术效率值作为被解释变量 Y 代入 Simar-Wilson 回归模型中，程序编写如下：

```
help simarwilson
simarwilson crs_o_te Z1, algorithm(1) reps(2000) //teradial 求得的效率值代入

Simar & Wilson (2007) eff. analysis        Number of obs              =       547
(algorithm #1)                             Number of efficient DMUs   =         2
                                           Number of bootstr. reps    =      2000
inefficient if crs_o_te < 1                Wald chi2(1)               =      8.07
twosided truncation                        Prob > chi2(1)             =    0.0045

------------------------------------------------------------------------------
Data Envelopment Analysis:                           externally estimated scores

------------------------------------------------------------------------------
             |  Observed   Bootstrap                          Percentile
  efficiency |     Coef.   Std. Err.      z    P>|z|     [95% Conf. Interval]
-------------+----------------------------------------------------------------
crs_o_te     |
          Z1 | -.1660881    .0584683    -2.84   0.005    -.2816295   -.0487374
       _cons |  .3713233    .0145657    25.49   0.000      .342247    .3996564
-------------+----------------------------------------------------------------
      /sigma |  .1446843    .0049262    29.37   0.000     .1352931    .1546168
------------------------------------------------------------------------------
```

值得注意的是，我们在这里仅展示了算法 1 的程序运行，若需要利用算法 2 求解，请将选项中的 algorithm(1)改写为 algorithm(2)运行。

参考文献

Zhang N, Choi Y. 2013. A comparative study of dynamic changes in CO_2 emission performance of fossil fuel power plants in China and Korea. Energy Policy, 62(C): 324-332.

编程篇

第 11 章　Stata 编程的基础准备

本章我们将对 Stata 编程所涉及的 do 文档、ado 命令和 Mata 函数编写进行简要的介绍，为后面的 DEA 程序编写进行必要的知识准备。需要说明的是，Stata 编程虽然涉及的知识非常多，但我们认为进行 DEA 程序的编写并不需要事先系统地学习 Stata 编程。所以，在这里我们不打算对 Stata 编程进行系统的介绍。希望深入和系统学习 Stata 编程的读者可以阅读克里斯托弗·鲍姆（Christopher F Baum）编写的 *An Introduction to Stata Programming* 和威廉·古尔德（William W. Gould）编写的 *The Mata Book：A Book for Serious Programmers and Those Who Want to Be* 等教材。

11.1　do 文档编写

11.1.1　do 文档示例

Stata 的一个重要优点是可以通过 do 文档来记录研究中所涉及的数据处理和统计分析过程。应用 Stata 的 do 文档可以提高研究的可复现性。此外，do 文档可以很方便地进行修改并被应用于一些相似性的研究。

下面我们给出一个简单的例子来说明如何利用 Stata 的 do 文档来提高数据处理的效率和可靠性。

我们以 CSMAR（中国经济金融研究）数据库数据处理为例进行介绍。

图 11.1 展示的是从 CSMAR 数据库下载的 R&D 经费支出的相关数据。数据表格中的第 1 行、第 2 行和第 3 行分别是变量的符号、中文说明和

计量单位。我们可以使用 import excel 命令将数据导入 Stata，并使用 first 选项将第 1 行数据作为变量名称。由于导入后的 Stata 数据集中的第 1 行和第 2 行（excel 数据的第 2 行和第 3 行，第 1 行作为变量名称）中存在非数值数据，所以，该 excel 数据导入 Stata 后，所有变量都是字符型。为了进行实证分析，我们需要将变量转换为数值型。因此，我们需要将 Stata 数据集中的第 1 行和第 2 行删除。为了保留这些信息，我们可以将它们储存在 Stata 数据集的变量标签中。

	A	B	C	D	E	F	G	H	I	J
1	SgnYear	RDExpendi	RDExpendi	RDExpendi	RDExpendi	RDInternal	RDInternal	RDExpAccountsProportionOfGDP		
2	统计年度	R&D经费支	基础研究	应用研究	试验发展	R&D经费内	R&D经费内	占国内生产总值比重(%)		
3	没有单位	亿元	亿元	亿元	亿元	亿元	亿元	没有单位		
4	2014	13015.63	613.54	1398.53	11003.56	2636.08	9816.51	2.03		
5	2013	11846.6	554.95	1269.12	10022.5	2500.58	8837.7	1.99		
6	2012	10298.41	498.81	1161.97	8637.63	2221.39	7625.02	1.91		
7	2011	8687	411.81	1028.4	7246.8	1882.97	6420.64	1.78		
8	2010	7062.58	324.49	893.79	5844.3	1696.3	5063.14	1.73		
9	2009	5802.11	270.29	730.79	4801.03	1358.3	4162.7	1.7		
10	2008	4616	220.82	575.16	3820.04	1088.9	3311.5	1.47		
11	2007	3710.24	174.52	492.94	3042.78	913.5	2611	1.4		
12	2006	3003.1	155.76	488.97	2358.37	742.1	2073.7	1.39		
13	2005	2449.97	131.21	433.53	1885.24	645.4	1642.5	1.32		
14	2004	1966.33	117.18	400.49	1448.67	523.6	1291.3	1.23		
15	2003	1539.63	87.7	311.4	1140.5	460.6	925.4	1.13		
16	2002	1287.64	73.8	246.7	967.2	397.5	708	1.07		
17	2001	1042.5	52.2	175.9	814.3			0.95		
18	2000	895.7	46.7	151.9	697			1		
19	1999	678.9	33.9	151.5	493.5			0.83		
20	1998	551.1	28.9	124.6	397.5			0.69		
21	1997	481.5	27.4	130.6	323.4			0.64		
22	1996	404.5	20.2	99.1	285.1			0.6		
23	1995	348.7	18.1	92	238.6			0.6		
24	1994									
25	1993									
26	1992									
27	1991									
28	1990									
29	2015	14169.88	716.12	1528.64	11925.13	3013.2	10588.58	2.07		
30	2016	15676.75	822.89	1610.49	13243.36	3140.81	11923.54	2.12		
31	2017	17606.13	975.49	1849.21	14781.43	3487.45	13464.94	2.15		
32	2018	19677.93	1090.37	2190.87	16396.69	3978.64	15079.3	2.19		
33	2019	22143.6	1335.6	2498.5	18309.5	4537.3	16887.15	2.23		

图 11.1　CSMAR 数据库数据示例

我们可以通过在 do 文档中运行以下代码进行具体的操作。

```
local ef "./ef.xlsx"
import excel "`ef'", first
foreach v of varlist _all {
    local lab1 = `v'[1]
    local lab2 = `v'[2]
```

```
        local lab12 `"`lab1':`lab2'"'
        label var `v' `"`lab12'"'
}
drop in 1/2
destring, replace
```

事实上，从 CSMAR 数据库导出的 excel 表格形式都一样。这就意味着每次在 Stata 中导入 CSMAR 数据库中的 excel 表格时，我们都可以利用这段代码进行数据处理。do 文档的使用可以有效地提高我们数据处理的效率和准确性。

11.1.2　do 文档编写中的 Stata 基本元素

do 文档的编写在很大程度上依赖于 Stata 的基本元素，包括宏（macro）、标量（scalar）、矩阵（matrix）、函数、内置命令以及 Stata 用户所编写的命令。熟悉 Stata 的这些基本元素，有助于我们提升 Stata 应用能力。Stata 软件有非常完善的用户手册、帮助文档和线上资源。读者可以通过使用搜索关键词来查询相关信息。例如，读者想查看有关变量标签的相关命令，可以使用搜索标签（search label）打开相关信息的窗口（见图 11.2）。搜索标签的定义如下：

```
search label
```

11.1.2.1　局部宏（local macros）

局部宏可以看成 Stata 的一种临时性容器。它可以用来存放任何对象，例如，一个数、一个字符串、一个变量名称，或者它们的集合。临时性，指在（do 文档或者 ado 命令）代码执行时进行创建，但在代码执行后自动清除。局部宏的定义规则如下：

```
local lclname [=exp | :extended_fcn | [`]"[string]"['] ]
```

其中，lclname 是创建的宏名称，后面跟着的是存放在宏里面的对象。除了在 lclname 后面陈列相关对象外，还可以通过一个表达式或者扩展函数进行赋值。关于宏的扩展函数，读者可以通过帮助宏功能（help macro function）查阅帮助文件的内容。下面我们看一个简单的例子：

```
1.  local pid year
2.  local year = 2000+21
3.  local n: word count learning Stata in Rstata
```

在以上代码中，第 1 行 local pid 存入了字符串“year”；第 2 行 local year 存入了表达式“＝2000＋21”的计算结果 2021；第 3 行 local n 使用宏的扩展函数

“word count”存入“learning Stata in Rstata”的单词数。局部宏通过“`lclname'”进行引用,我们可以通过 display 将其内容展示出来,如下所示:

```
display "`pid'"  //在`pid'外加上双引号，宏中存放的对象将以字符型展示
display `year'
display `n'
```

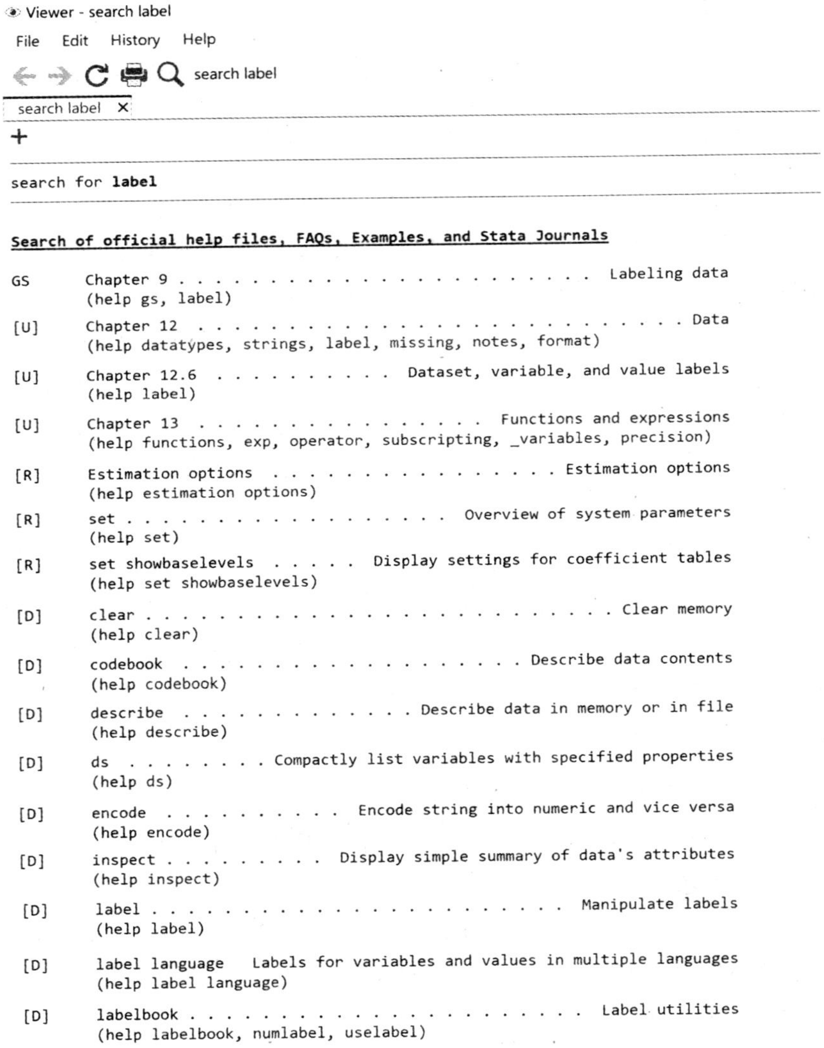

```
Viewer - search label
File  Edit  History  Help
search label
search label ×
+

search for label

Search of official help files, FAQs, Examples, and Stata Journals

GS      Chapter 9 . . . . . . . . . . . . . . . . . . . . . . Labeling data
        (help gs, label)

[U]     Chapter 12  . . . . . . . . . . . . . . . . . . . . . . . . . Data
        (help datatypes, strings, label, missing, notes, format)

[U]     Chapter 12.6 . . . . . . . . . .  Dataset, variable, and value labels
        (help label)

[U]     Chapter 13 . . . . . . . . . . . . . . . .  Functions and expressions
        (help functions, exp, operator, subscripting, _variables, precision)

[R]     Estimation options . . . . . . . . . . . . . . . . Estimation options
        (help estimation options)

[R]     set . . . . . . . . . . . . . . . . . . .  Overview of system parameters
        (help set)

[R]     set showbaselevels . . . . .  Display settings for coefficient tables
        (help set showbaselevels)

[D]     clear . . . . . . . . . . . . . . . . . . . . . . . . . Clear memory
        (help clear)

[D]     codebook . . . . . . . . . . . . . . . . . . . .  Describe data contents
        (help codebook)

[D]     describe . . . . . . . . . . . . . . Describe data in memory or in file
        (help describe)

[D]     ds . . . . . . . . . Compactly list variables with specified properties
        (help ds)

[D]     encode . . . . . . . . . .  Encode string into numeric and vice versa
        (help encode)

[D]     inspect . . . . . . . . .  Display simple summary of data's attributes
        (help inspect)

[D]     label . . . . . . . . . . . . . . . . . . . . . . .  Manipulate labels
        (help label)

[D]     label language  Labels for variables and values in multiple languages
        (help label language)

[D]     labelbook . . . . . . . . . . . . . . . . . . . . . . . Label utilities
        (help labelbook, numlabel, uselabel)
```

图 11.2　与 label 相关的信息搜索结果

局部宏的对象还可以是另外一个局部宏。例如，在以下代码中，“display "`pid'"”显示了 local pid 的内容“year”，而“display ``pid''”展示的是 local year 的值 2021。这是因为对 pid 使用了两次 local 的引用符，第一次引用 pid 时替入 year，然后再对 year 引用就是 local year 的值 2021。

```
local pid year
local year = 2000+21
display "`pid'"
display ``pid''
```

11.1.2.2　全局宏(global macros)

全局宏与局部宏的区别如下：局部宏的作用域是 do 文档或 ado 命令内部，而全局宏是没有范围限制的。全局宏的定义规则与局部宏类似，但以 $ mname 或 $ {mname} 的形式进行引用。全局宏的定义规则如下：

```
global mname [=exp | :extended_fcn | [`]"[string]"[']  ]
```

下面我们给出全局宏的简单例子。读者可以运行一下，并与局部宏的例子进行对比。

```
global pid year
global year = 2000+21
display "$pid"
display $year
display $$pid
```

在 Stata 命令窗口，可以使用 macro dir 或 macro list 查看内存中的局部宏和全局宏(见图 11.3)。

```
. macro dir
year:           2021
pid:            year
S_level:        95
F1:             help advice;
F2:             describe;
F7:             save
F8:             use
S_ADO:          BASE;SITE;.;PERSONAL;PLUS;OLDPLACE
S_StataMP:      MP
S_StataSE:      SE
S_OS:           Windows
S_OSDTL:        64-bit
S_MACH:         PC (64-bit x86-64)
_year:          2021
_pid:           year
```

图 11.3　Stata 内存中的宏变量

从图 11.3 中可以看到我们创建的全局宏 year 和 pid，局部宏_pid 和_year 以及其他 Stata 内置的全局宏（如 F1、F2 等）。需要注意的是，Stata 自动在局部宏名称 pid 和 year 前面添加下画线“_”来作为局部宏的标识。但我们在引用 pid 和 year 时仍然使用“pid”和“year”，而不是“_pid”和“_year”。如果我们想使用 macro drop 命令删除内存中的局部宏，则需要在其命令前面添加“_”。例如，macro drop pid 删除的是 global pid，macro drop _pid 删除的是 local pid。

11.1.2.3 标量（scalar）

标量与宏类似，但其只能储存一个数值或字符串。其定义规则如下：

```
scalar [define] scalar_name = exp
```

其中，define 可缺省。我们以下面的代码为例。scalar 直接通过其名称 scalar_name 进行引用，所以，可以直接展示 scalar 的名称显示其内容。

```
scalar a = 2
scalar b = a+3
scalar root2 = sqrt(2)
scalar im = sqrt(-1)
scalar s1 = "hello world"
scalar s2 = word(s1,1)
display a
display b
display root2
display im
display s1
display s2
```

在 Stata 命令窗口，可以通过 scalar dir 查看内存中的标量。

11.1.2.4 矩阵（matrix）

矩阵的定义和创建方式如下：

```
matrix [input]   A = (#[,#...] [\ #[,#...] [\ [...]]])
matrix [define]  A = matrix_expression
```

matrix [input] 后面跟着矩阵名称 A，等号后用圆括号来包裹矩阵的元素。括号中的元素以英文逗号（,）为分隔符按行排列，然后用“\”作为换行符。

例如，下面的代码中，matrix input A = (1,2\3,4)表示的是一个两行两列的矩阵，第 1 行元素为 1 和 2，第 2 行元素为 3 和 4。矩阵还可以通过矩阵的表达式来创建。例如，以下代码先创建了 A 和 B 两个矩阵，然后，用 A+B 的表达式创建了矩阵 C。Stata 还内置了很多可以用于创建和操作矩阵的函数。读者可以通过 help matrix function 查看帮助文件获取更多的函数信息。

```
matrix input  A = (1,2\3,4)
matrix input  B = (1,2\3,4)
matrix define C = A + B
```

矩阵的内容通过 matrix list 矩阵名称进行展示：

```
matrix list A
matrix list C
```

矩阵元素的索引方式如下：

```
matrix A = B[r,c]
```

其中，r 和 c 分别是行号和列号或者行名和列名。下面给出两个相应的例子：

```
matrix A = A/A[1,1]
matrix B = A["weight","displ"]
```

子矩阵通过 matrix A = B[r0..r1, c0..c1]进行提取。例如，在以下代码中，矩阵 B 是一个 6×6 的单位矩阵。我们将矩阵 B 中第 2～4 行与第 3～6 列的公共部分提取出来赋予了矩阵 C。matrix D = B[2..., 3...]这个表达式中“2...”表示从第 2 行到最后一行，“3...”表示从第 3 列到最后一列。矩阵 D 就是矩阵 B 中第 2～6 行与第 3～6 列的公共部分。matrix E = B[., 3..4]中行的索引为缺省值，“.”表示包括所有的行，因此，矩阵 E 由矩阵 B 的第 3～4 列构成。

```
matrix B = I(6)
matrix C = B[2..4, 3..6]
matrix D = B[2..., 3...]
matrix E = B[., 3..4]
```

矩阵元素的修改方式如下：

```
1.  matrix B[2,2] = 5
2.  matrix list B
3.  matrix B[2,2] = J(3,3,5) //修改多个元素时，仅需指定修改的起始行列位置
4.  matrix list B
```

第 1 行代码表示将矩阵 B 第 2 行第 2 列的元素修改为 5；第 3 行代码表示将矩阵 B 中(第 2～4 行，第 2～4 列)的元素全部修改为 5。

11.2 ado 命令编写

11.2.1 ado 命令的优势

多数情况下，我们通过 do 文档的编写就可以研究数据处理和统计分析

问题。那么,什么时候需要编写 ado 命令呢?我们换一个角度来考虑这个问题。ado 命令相比 do 文档有什么优势呢?在回答这个问题之前,我们使用 labone 命令来处理 CSMAR 数据(该命令可以通过“ssc install labone”下载)。运行以下代码,我们可以发现 labone 命令与我们第一个 do 文档的作用相同,但 labone 命令在重复性使用上更为方便。在 Stata 的命令窗口输入“help labone”,我们还可以看到 labone 有三个可选项,这也提高了 labone 在应用上的灵活性。

```
local ef "./ef.xlsx"
import excel "`ef’", clear
labone, n(2 3) concat(:)
```

11.2.2 ado 命令的基本结构

ado 命令以 program define 开始该命令的代码,以 end 声明命令代码的结束。其基本组成如下:

(1)Stata 版本声明;

(2)语法规则;

(3)执行操作和计算;

(4)显示和返回结果。

一般而言,为了使 ado 命令在不同 Stata 版本之间具有兼容性,我们通常在 ado 命令声明行后面加上 Stata 的版本号,例如 version 16。我们主要通过 syntax 来规定命令的语法,读者可以通过 help syntax 查看详细的说明。ado 命令的第三部分是命令的核心,主要执行命令具体的操作和计算。ado 命令的最后是显示和返回该命令计算和操作的一些结果。

下面是一个简单的 ado 命令例子。我们用 program define 定义了 helloword 的 Stata 命令,然后声明该命令是在 Stata 16 版本中写的。命令的具体内容是打印“Hello, World.”。我们将命令储存为 helloworld.ado 文件,并放置于当前的工作路径,然后就可以在 Stata 中调用该命令。读者在 Stata 命令窗口输入 helloworld,便可以看到打印的“Hello, World.”。

```
program define helloworld
  version 16
  display "Hello, World."
end
```

11.2.3 ado 命令的编写

由 ado 命令的基本结构我们可以看到，ado 命令运行的流程是：首先接收变量和参数的输入项，然后执行规定的操作和计算，最后将相应结果返回。ado 命令的编写可以从核心的操作和计算部分开始。下面我们以变量的分位数间距的计算为例进行说明。

例：在实证研究中，我们经常需要计算变量的不同分位数之间的距离来反映变量的分布情况。例如，通过计算收入的四分位距（p75－p25）来反映收入的离散程度，通过计算收入的 90 和 10 分位数之间的差（p90－p10）来反映收入的不平等程度。我们首先将这一任务在 do 文档中实现。具体代码如下：

```
quietly summarize X, detail
local p7525 = r(p75) - r(p25)
local p9010 = r(p90) - r(p10)
di "p7525:" `p7525'
di "p9010:" `p9010'
```

首先我们可以利用 Stata 的内置命令 summarize 来计算变量的分位数值，然后利用 summarize 的返回值（r(p75)，r(p25)，r(p90)，r(p10)）来进一步计算分位数之间的差。假设 Stata 打开的数据集中存在变量 X，运行以上代码便可得到相应的结果。在确保上述代码正确运行的基础上，我们来进一步将其封装成一个 ado 命令。具体代码如下：

```
1.  program pctrange, rclass
2.      version 14
3.      syntax varlist (max=1 numeric)
4.      quietly summarize `varlist', detail
5.      local p7525 = r(p75) - r(p25)
6.      local p9010 = r(p90) - r(p10)
7.      di "p7525:" `p7525'
8.      di "p9010:" `p9010'
9.      return scalar p7525 = `p7525'
10.     return scalar p9010 = `p9010'
11. end
```

在上述代码中，第 1 行声明 ado 命令的名称为 pctrange，类型为 rclass。第 2 行声明本命令的 Stata 版本为 14 。第 3 行是语法规则的声明，varlist（max=1 numeric）表示 pctrange 命令名称后面的输入项为一个数值型的变量。其中，max=1 表示至多一个变量，numeric 表示变量为数值型。pctrange 命令将输入变量的名称存储在 varlist 的局部宏。第 4 行将原来的具体变量 X 修改为局部宏 varlist 所储存的变量。第 9～10 行将计算结果返回到 p7525 和 p9010 两个 scalar 中。我们将以上代码另存为 pctrange.ado 文件，并将其放置在当前工作路径后，便可调用。我们使用 Stata 自带的 auto.dta 数据作为例子，计算 price 的 p7525 和 p9010。具体代码如下：

```
sysuse auto, clear
pctrange price
scalar p7525=r(p7525)
scalar p9010=r(p9010)
```

运行上述代码，Stata 输出了相关计算结果，并将返回值分别储存在 p7525 和 p9010 两个 scalar 中。接下来，我们为 pctrange 命令增加选项 noprint 来选择是否输出计算结果。具体而言，我们在第 3 行增加[,noPRINT]，表示命令使用时可以输入“noprint”来取消将结果打印出来。具体代码如下：

```
1.  program pctrange, rclass
2.      version 14
3.      syntax varlist(max=1 numeric)[,noPRINT]
4.      quietly summarize `varlist', detail
5.      local p7525 = r(p75) - r(p25)
6.      local p9010 = r(p90) - r(p10)
7.      if "`print'"!="noprint"{
8.              di "p7525:" `p7525'
9.              di "p9010:" `p9010'
10.     }
11.     return scalar p7525 = `p7525'
12.     return scalar p9010 = `p9010'
13. end
```

以上代码是如何工作的呢？当我们在 Stata 命令窗口输入“pctrange price, noprint”时，Stata 将“noprint” 储存在局部宏 print 中。第 7 行，判断局部宏 print 是否为“noprint”。如果不是“noprint”，则执行第 8～9 行代码，打印结果；反之，则不执行第 8～9 行代码，即不打印结果。

接下来，我们给 pctrange 命令增加样本选择的功能。这可以通过 Stata 的 if 和 in 限定样本。我们只需要在第 3 行“syntax varlist(max=1 numeric)”后面添加 [if] [in]表示可以接受 if 和 in 的样本选择。然后在第 4 行使用 marksample touse 将 if 和 in 的样本标识储存在 touse 的临时变量中。当样本被 if 和 in 标识出来时，touse 对应行的值为 1，否则为 0。第 5 行利用 if 将 touse 的范围限定传递给了 summarize 命令。具体代码如下：

```
program pctrange, rclass
    version 14
    syntax varlist(max=1 numeric) [if] [in][,noPRINT]
    marksample touse
    quietly summarize `varlist' if `touse', detail
    local p7525 = r(p75) - r(p25)
    local p9010 = r(p90) - r(p10)
    if "`print'"!="noprint"{
        di "p7525:" `p7525'
        di "p9010:" `p9010'
    }
    return scalar p7525 = `p7525'
    return scalar p9010 = `p9010'
end
```

在以下例子中，我们分别对国内和国外汽车的价格计算分位数之间的差。

```
pctrange price if foreign==1
pctrange price if foreign==0
```

对于分组计算，Stata 还提供了 by 的前缀命令。我们在命令定义行 rclass 后面加上 byable(recall)，便可通过“by foreign: pctrange price”同时计算两个组(本国和国外)汽车价格的分位数差。具体代码如下：

```
program pctrange, rclass byable(recall)
    version 14
    syntax varlist(max=1 numeric) [if] [in][,noPRINT]
    marksample touse
    quietly summarize `varlist' if `touse', detail
    local p7525 = r(p75) - r(p25)
    local p9010 = r(p90) - r(p10)
    if "`print'"!="noprint"{
        di "p7525:" `p7525'
        di "p9010:" `p9010'
    }
    return scalar p7525 = `p7525'
    return scalar p9010 = `p9010'
end
```

```
by foreign: pctrange price
```

通过 pctrange 命令的这个例子，我们介绍了如何从命令的核心操作/计算开始，通过 syntax 语法规则进行变量参数的传递和利用 return 返回结果，完成 Stata 命令的初步编写。最后，再通过增加可选项、样本选择 if/in 和分组计算 byable 对命令进行扩展，提高命令应用的灵活性。

11.3 Mata 函数编写

11.3.1 Mata 语言的特点

Mata 是 Stata 的矩阵编程语言，具有以下特点：

(1)Mata 中的代码会被自动编译成字节码(编译语言)，因此 Mata 会比 ado(解释)的运算速度更快。

(2)所有版本的 Stata 都会限制矩阵大小(matrix size)，而 Mata 在 Stata/MP 中却可容纳超过 20 亿行和列的矩阵(Stata/SE 和 Stata/IC 中至多 20 亿行和列的矩阵)。

(3)Mata 中配套了更多的矩阵函数，支持复杂算法和数据类型，例如结构体(structure)、线性规划类等。

11.3.2 Mata 的基本语法

11.3.2.1 Mata 环境

通过 mata:进入 Mata 环境，使用 end 退出 Mata 环境回到 Stata 环境。以下代码进入了 Mata 环境，将字符串"Hello，World!"赋值给变量 a，然后将 a 的值显示出来，最后退出 Mata 环境。

```
mata:
  a = "Hello, World!"
  a
end
```

11.3.2.2 Mata 的语句注释方式

Mata 在行内以"//注释内容"进行注释，以"/* 注释内容 */"进行多行注释(块注释)。

```
mata:
    // 这是注释内容

    /*
      这是注释内容
      这是注释内容
      这是注释内容
    */
end
```

11.3.2.3 Mata 矩阵的相关操作

(1)定义矩阵:Mata 的矩阵定义使用圆括号“()”来包裹矩阵元素,使用英文逗号“,”作为列分隔符,反斜杠“\”作为行分隔符。例如,以下代码定义了如下矩阵:

$$\boldsymbol{A}=\begin{bmatrix}1 & 2 & 3\\ 4 & 5 & 6\\ 7 & 8 & 9\end{bmatrix}$$

```
mata:
    A = (1,2,3 \ 4,5,6 \ 7,8,9)
end
```

此外,Mata 还提供了用于生成特殊矩阵的函数。例如,生成 n 阶单位矩阵的 I( )函数,生成常数矩阵的 J( )函数,生成对角矩阵的 diag( )函数。具体代码如下:

```
mata:
    a=1::3
    J(5,5,a)
    diag(a)
end
```

(2)矩阵元素的索引:Mata 中矩阵元素的索引与 Stata 中矩阵元素的索引方式类似。在以上代码中,矩阵 D[1,2]是 D 的第 1 行第 2 列的元素,D[.,2]是 D 的第 2 列,D[1,.]是 D 的第 1 行,D[1::2,1]是 D 的第 1 列的前两个元素,D[1,1..2]是 D 的第 1 行的前两个元素。具体代码如下:

```
mata:
    D=(1,2,3 \ 4,5,6 \ 7,8,9)
    D[1,2]
    D[.,2]
    D[1,.]
    D[1::2,1]
    D[1,1..2]
end
```

(3)Mata 矩阵的运算:以下代码给出了一些矩阵运算的例子。需要特别指出的是,B′表示矩阵 B 的转置;冒号“:”表示对矩阵每个元素进行运算。“A: * B′”表示的是矩阵 A 的每个元素与矩阵 B 对应的每个元素进行相乘;“A: -100”表示的是矩阵 A 的每个元素都减去 100。

```
mata:
    A = (1, 2, 3)
    B = (4 \ 5 \ 6)
    A+B'
    A-B'
    A*B
    A:*B'
    A:-100
end
```

11.3.2.4 Mata 流程控制

(1)条件判断：Mata 主要使用 if 语句进行条件判断。其用法如下：

```
: if(exp) statement
```

或者

```
: if(exp) statement1
: else    statement2
```

或者

```
: if(exp1){
:   statement1
: }
: else if(exp2){
:   statement2
: }
: else{
:   statement3
: }
```

(2)循环：Mata 中的循环语句主要有 for 和 while。for 语句有明确的循环次数，可以避免死循环问题，是循环问题的首选。for 语句的主要使用形式如下：

```
: for(starting_value;ending_value;incr){
: ...
: }
```

其中，starting_value 是循环的起始值，ending_value 是执行循环的条件(不满足条件则终止循环)，incr 是每次循环的步长。我们以下面的代码为例进行说明。for(i＝1;i＜＝10;i＋＋)表示从 i＝1 开始，当 i＜＝10 时进行循环，每次循环后 i 的值增加 1。因此，循环里面的代码将执行 10 次，当 i＝10 时结束循环。

```
mata:
    for(i=1;i<=10;i++){
        printf("%g squared is %g. \n",i,i^2)
    }
end
```

运行以上代码,我们可以看到如图 11.4 所示的结果。

```
. mata:
------------------------------------------------- mata (type end to exit)
: for(i=1;i<=10;i++){
>         printf("  %g squared is %g.\n",i,i^2)
> }
  1 squared is 1.
  2 squared is 4.
  3 squared is 9.
  4 squared is 16.
  5 squared is 25.
  6 squared is 36.
  7 squared is 49.
  8 squared is 64.
  9 squared is 81.
  10 squared is 100.

: end
--------------------------------------------------------------------------
```

图 11.4 Mata 循环示例

我们接着看另外一个例子。在以下代码中,for(i=1;i>0;i=i-2)表示从i=10开始,当 i>0 时进行循环,每次循环后 i 的值减少 2。

```
mata:
    for(i=10;i>0;i=i-2){
        printf("%g squared is %g. \n",i,i^2)
    }
end
```

while 语句的使用形式如下:

```
: while(exp){
:
:}
```

在 while 语句中,当条件 exp 的值为 1 时,则执行循环,直到 exp 的值为 0 时退出循环。下面的代码将前面的 for 循环改为 while 循环。

```
1. mata:
2.     i=10
3.     while(i>0){
4.         printf("%g squared is %g. \n",i,i^2)
5.         i=i-2
6.     }
7. end
```

与 for 语句不同，while 语句一般没有明确的循环次数，当代码存在逻辑错误时，容易跳不出循环。例如，在上面的代码中，若我们不小心将第 5 行的代码错写成了i=i+2，则该循环将无限执行下去。因此，使用 while 循环时需要更为谨慎。

在 Mata 编程的流程控制中，还有两个重要控制语句：continue 和 break。continue 用于跳过本次迭代，进入下一次循环；break 用于终止循环。我们看以下两个例子，它们的运行结果分别如图 11.5 和图 11.6 所示。

```
mata:
    for(i=10;i>0;i=i-2){
        if(i==8) continue //当 i==8 时不执行以下循环代码，进入下一循环
        printf("%g squared is %g. \n",i,i^2)
    }
end
```

```
. mata:
------------------------------------------------ mata (type end to exit) ------
:   for(i=10;i>0;i=i-2){
>           if(i==8) continue //当i==8时不执行以下循环代码，进入下一循环
>       printf("%g squared is %g. \n",i,i^2)
>   }
10 squared is 100.
6 squared is 36.
4 squared is 16.
2 squared is 4.

: end
-------------------------------------------------------------------------------
```

图 11.5　continue 语句的运行结果

```
mata:
    for(i=10;i>0;i=i-2){
        if(i==8) break //当 i==8 时结束循环
        printf("%g squared is %g. \n",i,i^2)
    }
end
```

```
. mata:
------------------------------------------- mata (type end to exit) ----------
:   for(i=10;i>0;i=i-2){
>           if(i==8) break //当i==8时结束循环
>       printf("%g squared is %g. \n",i,i^2)
>   }
10 squared is 100.

: end
-------------------------------------------------------------------------------
```

图 11.6 break 语句的运行结果

11.3.3 Mata 函数的基本结构

Mata 函数是 Mata 环境中用于实现特定数据操作和计算的代码块。Stata 中内置了丰富的 Mata 函数，读者可以通过 help mata function 阅读详细的内容。Ben Jann 开发的 moremata 包提供了很多有用的 Mata 函数。我们可以通过“ssc install moremata”进行安装。我们也可以根据特定的需求编写 Mata 函数。

在 Stata 命令窗口的 do 文档或者 ado 命令中，都可以通过如下方式使用 Mata 函数。

```
mata: mata_fctname(arguments)
```

mata：表示 Mata 函数必须在 Mata 环境下才能被调用。mata_fctname 指 Mata 函数的名称。下面是一个简单的使用例子。我们将 Stata auto 数据集中的 price 变量数据放到 Mata 环境中的 price 向量中，然后使用 sum()对 price 向量进行求和。

```
sysuse auto, clear
putmata price = price //将 price 变量数据放到 mata 环境中的 price 向量
mata: sum(price)
```

Mata 函数的基本结构包括以下几个部分：

(1)函数返回值类型。如果函数不需要返回值，则可以将函数的类型定义为 void function。

(2)函数名称。

(3)输入项(arguments)。

(4)函数的具体操作。

(5)储存结果 st_ 函数。

(6)返回值 return()。

我们看下面两个 Mata 函数。第一个例子是计算一个列向量的累积加总。我们在第 2 行代码中用 real vector cusum(real colvector x)定义了函数名称为 cusum，返回值类型为向量(vector)，输入项为实数列向量 x(real colvector x)。函数的具体代码以一对花括号“{...}”包裹起来。代码的第 4～9 行是具体的计算代码。第 10 行将计算结果 y 返回。第 13～14 行给出了一个应用该函数的例子。

例 1:有返回值的 mata 函数 cusum()

```
1.  mata:
2.  real vector cusum(real colvector x)
3.  {  //以左花括号"{"表示该函数具体代码的开始
4.      n=rows(x)
5.      y=J(n,1,0)
6.      y[1,1]=x[1,1]
7.      for(i=2;i<=n;i++){
8.          y[i,1]=y[i-1,1]+x[i]
9.      }
10.     return(y)
11. }  //以右花括号"}"表示该函数代码的结尾
12. end
13. mata: a = 1::10     // a 是一个从 1 到 10 的列向量
14. mata: b = cusum(a) // 计算 a 的累积加总，将结果赋予向量 b
15. mata: b
```

第二个例子是计算一个向量的均值。第 2 行代码定义了函数名称为 rmean，返回值类型为空，函数的输入项包括实数向量 x(real vector x)和字符标量 z(string scalar z)。这个函数不将计算结果返回到 Mata 环境，但是在第 9 行用 st_numscalar(z,y)将计算结果返回到 Stata 环境中的 Scalar(通过 help mata st_numscalar 查阅该函数的具体内容)。例如，在第 13 行，我们使用该函数计算了向量 a 的均值，并将结果返回到 Stata 的 Scalar b。

例 2:返回值为 void 的 Mata 函数 rmean()

```
1.  mata:
2.  void function rmean(real vector x,string scalar z){
3.      n=rows(x)
4.      y=0
5.      for(i=1;i<=n;i++){
6.          y=y+x[i]
7.      }
8.      y=y/n
```

```
        st_numscalar(z,y)
}
end
mata: a = 1::10      //a是一个从1到10的列向量
mata: rmean(a,"b") //计算a的均值，并将结果返回到Stata的Scalar b
display b
```

参考文献

[1] Baum C F. 2009. An introduction to Stata programming. College Station: Stata Press.

[2] Gould W W. 2018. The Mata book: A book for serious programmers and those who want to be. College Station: Stata Press.

第 12 章　DEA 模型编程的基本思路

在前面章节,我们介绍了多个效率评价的 DEA 模型。虽然这些 DEA 模型形式各不相同,但它们的基本结构是一样的,都由以下两部分构成:技术集和效率评价准则。在数学表达式上,它们共同形成了一个线性规划问题。效率评价准则主要体现在线性规划问题的目标函数上,而技术集主要体现在线性规划问题的约束条件上。从本章开始,我们将逐步介绍编写一个 DEA 模型的 Stata 命令。

12.1　DEA 模型编程的基本步骤

根据 DEA 模型的结构和 Stata 软件的特点,我们可以将编写 DEA 程序的过程划分为以下四个步骤:

步骤 1:将 DEA 模型转化为软件的线性规划求解器能识别的线性规划模型标准形式。

步骤 2:利用线性规划求解器对一个决策单元的效率评价问题进行求解。

步骤 3:将步骤 2 在所有待评价决策单元的数据集上进行循环迭代。

步骤 4:将步骤 3 封装成 Stata 命令。

12.2　步骤 1:线性规划问题标准化

在 DEA 模型中,通常将效率评价的测度转化为一个线性规划问题。因此,我们可以使用 Stata16 Mata 语言的 LinearProgram()类来进行求解。读者可以通过 help mata LinearProgram 查看说明文档和技术细节。

为此，我们需要将 DEA 模型所对应的线性规划问题转化为 LinearProgram()类所规定的标准化形式：

$$\min_{\boldsymbol{X}} \text{ or } \max_{\boldsymbol{X}} \quad \boldsymbol{CX}'$$

$$\text{s.t.}\begin{cases}\boldsymbol{A}_{EC}\boldsymbol{X}'=\boldsymbol{b}_{EC}\\ \boldsymbol{A}_{IE}\boldsymbol{X}'\leqslant\boldsymbol{b}_{IE}\\ \boldsymbol{lowerbd}\leqslant\boldsymbol{X}\leqslant\boldsymbol{upperbd}\end{cases}$$

具体而言，我们可以通过以下流程对 DEA 模型的线性规划问题进行转换：(1)需要明确所求解 DEA 模型对应的线性规划问题是求目标函数的最大值还是最小值；(2)需要明确线性规划问题中的哪一些是决策变量及其在目标函数中所对应的系数；(3)明确决策变量的上、下界；(4)调整约束条件，使得决策变量的位置与其在目标函数中的位置为一致次序；(5)若出现“≥”的不等式约束，则将不等式两边乘以－1，变更为“≤”的约束条件。特别需要注意的是，如果有决策变量出现在约束符号(=、≤、≥)右侧，则需要将该变量挪到约束符号的左侧。

DEA 模型编程中常用的 LinearProgram()命令如下：

(1)定义名为 q 的线性规划类。代码如下：

```
1.  q = LinearProgram()
```

(2)使用 q.setMaxOrMin(maxormin)设置是执行最大化还是最小化。Maxormin 可以是“max”或“min”，默认值是“max”。设置完成后，可使用 q.getMaxOrMin()根据当前设置返回“max”或“min”。代码如下：

```
1.  q.setMaxOrMin(string scalar maxormin)
```

(3)使用 q.setCoefficients(coef)设置线性目标函数的系数。在优化之前必须设置系数。设置完成后，可使用 q.getCoefficients()返回线性目标函数的系数(如果没有指定，则返回空向量)。代码如下：

```
1.  q.setCoefficients(real rowvector coef)
```

(4)使用 q.setEquality(ecmat, rhs)设置矩阵 $\boldsymbol{A}_{EC}$(ecmat)和向量$\boldsymbol{b}_{EC}$(rhs)。设置完成后，可使用 q.getEquality()返回一个包含矩阵 $\boldsymbol{A}_{EC}$ 和向量 $\boldsymbol{b}_{EC}$ 的矩阵。其中，向量 $\boldsymbol{b}_{EC}$ 是返回矩阵的最后一列(如果没有指定相等约束，则返回空矩阵)。代码如下：

```
1.  q.setEquality(real matrix ecmat, real colvector rhs)
```

(5)使用 q.setInequality (iemat, rhs)设置矩阵 $\boldsymbol{A}_{IE}$ (iemat)和向量 $\boldsymbol{b}_{IE}$

(rhs)。设置完成后,可使用 q. getInequality 不等式()返回一个包含矩阵 $\boldsymbol{A}_{IE}$ 和向量 $\boldsymbol{b}_{IE}$ 的矩阵。其中,向量 $\boldsymbol{b}_{IE}$ 是返回矩阵的最后一列(如果没有指定不等式约束,则返回空矩阵)。代码如下:

```
1.  q.setInequality(real matrix iemat, real colvector rhs)
```

(6)使用 q.setBounds (lowerbd, upperbd)设置 $\boldsymbol{X}$ 的上、下边界。若缺省,下边界为负无穷大,上边界为无穷大。设置完成后,可使用 q.getBounds()返回一个包含上、下边界的两行矩阵。代码如下:

```
1.  q.setBounds(real rowvector lowerbd, real rowvector upperbd)
```

(7)如果规划收敛,q.converged()返回 1,否则返回 0。代码如下:

```
1.  q.converged()
```

(8)q.optimize()调用优化过程并返回目标函数在最优时的值。代码如下:

```
1.  q.optimize()
```

我们以下面两个例子进行详细说明。

例:求解基于谢泼德产出导向距离函数的技术效率。在第 5 章,我们将规模报酬技术下的谢泼德产出导向距离函数表示为如下线性规划问题:

$$[D(\boldsymbol{X}^*,\boldsymbol{Y}^*)]^{-1}=\max_{\{\theta,\lambda_1,\lambda_2,\cdots,\lambda_N\}}\theta$$

$$\text{s.t.}\begin{cases}\sum_{i=1}^{N}\lambda_i X_{ki}\leqslant X_k^*,k=1,2,\cdots,K\\ \sum_{i=1}^{N}\lambda_i Y_{li}\geqslant \theta Y_l^*,l=1,2,\cdots,L\\ \lambda_i\geqslant 0,i=1,2,\cdots,N;-\infty<\theta<+\infty\end{cases}$$

其中,$\boldsymbol{X}^*\in\mathbf{R}_+^K$ 和 $\boldsymbol{Y}^*\in\mathbf{R}_+^L$ 分别为被评价决策单元的投入和产出向量。在这个线性规划问题中:

(1)将谢泼德产出导向距离函数转换为求解最大化的线性规划问题。

(2)决策变量是$\{\theta,\lambda_1,\lambda_2,\cdots,\lambda_N\}$,其对应的系数向量为$(1,\mathbf{0}_{1\times N})$,其中,$\mathbf{0}_{1\times N}$表示一个 $1\times N$ 元素都为 0 的行向量。

(3)决策变量 θ 有上、下界约束,而 $\lambda_1,\lambda_2,\cdots,\lambda_N$ 存在下界为 0 的约束。

(4)LinearProgram()类需要将线性约束条件写成矩阵的形式,因此,我们需要按照目标函数中决策变量的次序调整约束条件。我们可以看到决策变量的次序为 $\theta,\lambda_1,\lambda_2,\cdots,\lambda_N$,$\theta$ 应该排在第一位,接着是 $\lambda_1,\lambda_2,\cdots,\lambda_N$,因此,约束条件应该改为

$$\begin{cases}\theta 0+\sum_{i=1}^{N}\lambda_i X_{1i}\leqslant X_1^*\\ \vdots\\ \theta 0+\sum_{i=1}^{N}\lambda_i X_{Ki}\leqslant X_K^*\\ \theta(-Y_1^*)+\sum_{i=1}^{N}\lambda_i Y_{1i}\geqslant 0\\ \vdots\\ \theta(-Y_L^*)+\sum_{i=1}^{N}\lambda_i Y_{Li}\geqslant 0\end{cases}$$

(5)产出变量所对应的约束为"≥",需要变换为"≤"。因此,对所有产出变量的约束条件两边乘上−1。最终谢泼德产出导向距离函数可转化为如下标准形式的线性规划问题:

$$[D(\boldsymbol{X}^*,\boldsymbol{Y}^*)]^{-1}=\max_{\{\theta,\lambda_1,\lambda_2,\cdots,\lambda_N\}}\theta$$

$$\text{s.t.}\begin{cases}\theta 0+\sum_{i=1}^{N}\lambda_i X_{1i}\leqslant X_1^*\\ \vdots\\ \theta 0+\sum_{i=1}^{N}\lambda_i X_{Ki}\leqslant X_K^*\\ \theta Y_1^*+\sum_{i=1}^{N}\lambda_i(-Y_{1i})\leqslant 0\\ \vdots\\ \theta Y_L^*+\sum_{i=1}^{N}\lambda_i(-Y_{Li})\leqslant 0\\ \lambda_i\geqslant 0,i=1,2,\cdots,N;-\infty<\theta<+\infty\end{cases}$$

其对应的矩阵形式如下:

$$[D(\boldsymbol{X}^*,\boldsymbol{Y}^*)]^{-1}=\max_{\{\theta,\lambda_1,\lambda_2,\cdots,\lambda_N\}}\boldsymbol{C}'\boldsymbol{Z}$$

$$\text{s.t.}\begin{cases}\boldsymbol{A}_{IE}\boldsymbol{Z}\leqslant\boldsymbol{b}_{IE}\\ \boldsymbol{lowerb}\leqslant\boldsymbol{Z}\leqslant\boldsymbol{upperb}\end{cases}$$

其中,$\boldsymbol{Z}=(\theta,\boldsymbol{0}_{1\times N})'$,$\boldsymbol{lowerb}=(-\infty,0,\cdots,0)'$,$\boldsymbol{upperb}=(\infty,\infty,\cdots,\infty)'$,

$$b_{IE}=(X_1^*,\cdots,X_K^*,\mathbf{0}_{1\times L})',A_{IE}=\begin{bmatrix}0 & X_{11} & \cdots & X_{1N}\\ \vdots & \vdots & \vdots & \vdots\\ 0 & X_{K1} & \cdots & X_{KN}\\ Y_1^* & -Y_{11} & \cdots & -Y_{1N}\\ \vdots & \vdots & \vdots & \vdots\\ Y_L^* & -Y_{L1} & \cdots & -Y_{LN}\end{bmatrix}=\begin{bmatrix}\mathbf{0}_{K\times 1} & X\\ Y^* & -Y\end{bmatrix}。$$

12.3 步骤 2:求解单个线性规划问题

在将 DEA 模型转换为标准形式的线性规划问题后,我们便可以代入相应的数据,对待评价决策单元的技术效率进行求解。假设给定的数据集如表 12.1 所示。

表 12.1 给定数据集

决策单元		A	B	C	D	E
投入	x_1	5	5	8	34	9
	x_2	6	9	6	67	6
	x_3	7	7	87	32	19
产出	y_1	23	14	45	11	31
	y_2	67	34	12	37	29

考虑对决策单元 A 的技术效率进行求解。我们首先将数据集输入 Mata 里面,然后在 Mata 里面定义线性规划问题并进行求解。具体代码如下:

```
mata:
        datatable=( 5,5,8,34,9     ///
                  \ 6,9,6,67,6     ///
                  \ 7,7,87,32,19   ///
                  \ 23,14,45,11,31 ///
                  \ 67,34,12,37,29 )

        lp = LinearProgram()            // 定义线性规划类
        N1=5                            // 参照决策单元的个数
        X=datatable[1..3,1]             // 取出第一个决策单元的投入数据
```

```
11.         Y=datatable[4..5,1]                  // 取出第一个决策单元的产出数据
12.         Xref=datatable[1..3,.]               // 取出参照决策单元的投入数据
13.         Yref=datatable[4..5,.]               // 取出参照决策单元的产出数据
14.         c = (1, J(1,N1,0))                   // 目标函数的系数向量
15.         lowerbd =., J(1,N1,0)                // 决策变量的下界
16.         upperbd = J(1,N1+1,.)                // 决策变量上界
17.         Aie = (J(3,1,0),Xref \ Y,-Yref)      // 不等式约束的系数矩阵
18.         bie = X \ J(2,1,0)                   // 不等式约束的上界
19.         lp.setCoefficients(c)                // 设定 lp 的目标函数系数向量
20.         lp.setInequality(Aie, bie)           // 设定 lp 的不等式约束
21.         lp.setBounds(lowerbd, upperbd)       // 设定 lp 的决策变量上下界
22.         theta=lp.optimize()                  // 优化求解
23.         te=1/theta                           // 技术效率等于 theta 的倒数
24.         te                                   // 将 te 值列印出来
25. end
```

以上代码是如何工作的呢?

第 1 行用 mata:声明进入 Mata 环境。第 2～6 行将数据集储存在 Mata 环境中的 datatable 矩阵中(按行输入)。第 8 行用 lp＝LinearProgram()定义了一个线性规划类。第 9 行将技术参照集包含的决策单元个数赋予 Mata 标量 N1。第 10～11 行分别取出了决策单元 A 的投入向量数据和产出向量数据,分别储存在 X 和 Y 向量中。第 12～13 行分别取出了参照单元的投入向量数据和产出向量数据,分别储存在 Xref 和 Yref 两个矩阵中。第 14～18 行分别写线性规划问题目标函数中的系数向量,决策变量的上、下界约束,约束条件的系数矩阵及其对应的上界向量。第 19～21 行对线性规划类 lp 进行了赋值,使程序能够识别要求解的线性规划问题的具体形式。第 22 行是对上述所定义的线性规划问题进行求解,求解结果列印在 Command 窗口。最后一行 end 声明退出 Mata 环境。选中上述代码运行,Comand 窗口将展示如图 12.1 所示的结果。

```
. do "D:\Temp\STD730c_000000.tmp"

.           mata:
------------------------------------------------ mata (type end to exit) ----------------
:               datatable=( 5,5,8,34,9       ///
>                       \ 6,9,6,67,6       ///
>                       \ 7,7,87,32,19     ///
>                       \ 23,14,45,11,31   ///
>                       \ 67,34,12,37,29 )

:
:               lp = LinearProgram()              // 定义线性规划类

:               N1=5                              // 参照决策单元的个数

:               X=datatable[1..3,1]               // 取出第一个决策单元的投入数据

:               Y=datatable[4..5,1]               // 取出第一个决策单元的产出数据

:               Xref=datatable[1..3,.]            // 取出参照决策单元的投入数据

:               Yref=datatable[4..5,.]            // 取出参照决策单元的产出数据

:               c = (1, J(1,N1,0))                // 目标函数的系数向量

:               lowerbd =., J(1,N1,0)             // 决策变量的下界

:               upperbd = J(1,N1+1,.)             // 决策变量上界

:               Aie = (J(3,1,0),Xref \ Y,-Yref)   // 不等式约束的系数矩阵

:               bie = X \ J(2,1,0)                // 不等式约束的上界

:               lp.setCoefficients(c)             // 设定q的目标函数系数向量

:               lp.setInequality(Aie, bie)        // 设定q的不等式约束

:               lp.setBounds(lowerbd, upperbd)    // 设定q的决策变量上下界

:               theta=lp.optimize()               // 优化求解

:               te=1/theta                        // 技术效率等于theta的倒数

:               te                                // 将te值列印出来
  1

:           end
-----------------------------------------------------------------------------------------
```

图 12.1　代码运行结果

12.4　步骤 3:循环迭代

在前面的步骤中,我们已经完成了决策单元 A 的技术效率求解。接下来,我们将求解决策单元 B 的技术效率。决策单元 B 的投入和产出数据在矩阵 datatable 的第 2 列。事实上,我们只要改变被评价决策单元的投入和产出向量(X 和 Y)所在的列。即将步骤 2 代码中的第 10～11 行修改为"X＝datatable

[1..3,2],Y＝datatable[4..5,2]”,求解得到的就是第二个决策单元的技术效率。求解所有决策单元的技术效率的基本思路就是让步骤 2 的线性规划求解在所有决策单元上进行迭代。我们可以使用 for 循环来实现这一操作。具体代码如下：

```
1.  mata:
2.          datatable=( 5,5,8,34,9       ///
3.                   \ 6,9,6,67,6       ///
4.                   \ 7,7,87,32,19     ///
5.                   \ 23,14,45,11,31 ///
6.                   \ 67,34,12,37,29 )
7.
8.          lp = LinearProgram()                  // 定义 lp 为线性规划类
9.          N1 = 5                                // 参照决策单元的个数
10.         N2 = 5                                // 评价决策单元的个数
11.         theta=J(N2,1,.)                       // 定义 theta 用于储存计算结果
12.     for(i=1;i<=N2;i++){
13.         X=datatable[1..3,i]                   // 取出第 i 个决策单元的投入数据
14.         Y=datatable[4..5,i]                   // 取出第 i 个决策单元的产出数据
15.         Xref=datatable[1..3,.]                // 取出参照决策单元的投入数据
16.         Yref=datatable[4..5,.]                // 取出参照决策单元的产出数据
17.         c = (1, J(1,N1,0))                    // 目标函数的系数向量
18.         lowerbd =., J(1,N1,0)                 //  决策变量的下界
19.         upperbd = J(1,N1+1,.)                 //  决策变量上界
20.         Aie = (J(3,1,0),Xref \ Y,-Yref)       // 不等式约束的系数矩阵
21.         bie = X \ J(2,1,0)                    // 不等式约束的上界
22.         lp.setCoefficients(c)                 // 设定 lp 的目标函数系数向量
23.         lp.setInequality(Aie, bie)            // 设定 lp 的不等式约束
24.         lp.setBounds(lowerbd, upperbd)        // 设定 lp 的决策变量上下界
25.         theta[i]=lp.optimize()                // 优化求解，将结果保存在 theta
26.     }
27.         te=1:/theta                           // 技术效率等于 theta 的倒数
28.         te                                    // 将 te 值列印出来
29. end
```

在上述代码中,第 11 行提前定义了一个向量 theta(其元素值初始化为缺省值),用以存储下面循环计算得到的结果。我们可以看到,这部分代码与步骤 2 中的核心计算代码完全相同,只是增加了一些 for 循环的语句。选中以上代码运行之后,Mata 环境中的 te 向量就储存了 5 个决策单元的技术效率值。运行后的结果如图 12.2 所示。

```
. mata:
─────────────────────────────────────── mata (type end to exit) ──────────
:         datatable=( 5,5,8,34,9      ///
>                  \ 6,9,6,67,6       ///
>                  \ 7,7,87,32,19     ///
>                  \ 23,14,45,11,31 ///
>                  \ 67,34,12,37,29 )

:
:         lp = LinearProgram()            // 定义q为线性规划类

:         N1=5                            // 参照决策单元的个数

:         N2=5                            // 评价决策单元的个数

:         theta=J(N2,1,.)                 // 定义theta用于储存计算结果

:     for(i=1;i<=N2;i++){
>         X=datatable[1..3,i]             // 取出第一个决策单元的投入数据
>         Y=datatable[4..5,i]             // 取出第一个决策单元的产出数据
>         Xref=datatable[1..3,.]          // 取出参照决策单元的投入数据
>         Yref=datatable[4..5,.]          // 取出参照决策单元的产出数据
>         c = (1, J(1,N1,0))              // 目标函数的系数向量
>         lowerbd =., J(1,N1,0)           //  决策变量的下界
>         upperbd = J(1,N1+1,.)           //  决策变量上界
>         Aie = (J(3,1,0),Xref \ Y,-Yref) // 不等式约束的系数矩阵
>         bie = X \ J(2,1,0)              // 不等式约束的上界
>         lp.setCoefficients(c)           // 设定q的目标函数系数向量
>         lp.setInequality(Aie, bie)      // 设定q的不等式约束
>         lp.setBounds(lowerbd, upperbd)  // 设定q的决策变量上下界
>         theta[i]=lp.optimize()          // 优化求解，将结果保存在theta
>     }

:         te=1:/theta                     // 技术效率等于theta的倒数

:         te                              // 将te值列印出来
                  1
    ┌──────────────┐
  1 │            1 │
  2 │ .6086956522  │
  3 │ 1.000000011  │
  4 │ .1208022385  │
  5 │ 1.000000002  │
    └──────────────┘

: end
─────────────────────────────────────────────────────────────────────────
```

图 12.2 代码运行结果

更进一步地，我们可以将以上代码写成一个 Mata 函数，以提高代码应用的灵活性，实现代码的可重复使用。具体代码如下：

```
1.  mata:
2.      real matrix function dea1(real matrix data,
3.                              real matrix dataref,
4.                              real scalar k       )
5.      {
6.          class LinearProgram scalar lp
7.          lp = LinearProgram()              // 定义 lp 为线性规划类
8.          N1 = cols(data)                   // 评价决策单元的个数
9.          N2 = cols(dataref)                // 参照决策单元的个数
10.         theta=J(N1,1,.)
11.         M=rows(data)                      // 投入产出变量个数和
12.     for(i=1;i<=N1;i++){
13.         X=data[1..k,i]                    // 取出第 i 个决策单元的投入数据
14.         Y=data[(k+1)..M,i]                // 取出第 i 个决策单元的产出数据
15.         Xref=dataref[1..k,.]              // 取出参照决策单元的投入数据
16.         Yref=dataref[(k+1)..M,.]          // 取出参照决策单元的产出数据
17.         c = (1, J(1,N2,0))                // 目标函数的系数向量
18.         lowerbd =., J(1,N2,0)             // 决策变量的下界
19.         upperbd = J(1,N2+1,.)             // 决策变量上界
20.         Aie = (J(k,1,0),Xref \ Y,-Yref)   // 不等式约束的系数矩阵
21.         bie = X \ J(M-k,1,0)              // 不等式约束的上界
22.         lp.setCoefficients(c)             // 设定 lp 的目标函数系数向量
23.         lp.setInequality(Aie, bie)        // 设定 lp 的不等式约束
24.         lp.setBounds(lowerbd, upperbd)    // 设定 lp 的决策变量上下界
25.         theta[i]=lp.optimize()            // 优化求解，将结果保存在 theta
26.     }
27.     te=1:/theta
28.     return(te)
29. }
30. end
```

现在我们对以上代码进行简要的解释。第 2 行用 real matrix function deal 定义了一个 Mata 函数，其名称为 deal，函数类型 real matrix 表示函数返回值为实数型的矩阵。real matrix function deal 后面的括号中表示函数的输入有三项，分别是实数矩阵(real matrix)data、实数矩阵(real matrix)dataref 和实数标量(real scalar)k。data、dataref 和 k 可以看成是 deal 函数的三个输入变量(arguments)，分别向 deal 函数传入评价单元的投入和产出数据、参照单元的投入和产出数据和投入变量的个数。这三个变量前面的 real matrix 和 real scalar 规定了输入变量的类型。第 6 行 class LinearProgram scalar lp 声明了 lp 是一个线性规划类的标量。与前面的代码稍微不同的是，第 8 行和第 9 行通过矩阵 data 和 dataref 的列数(使用了 cols 函数)来获取评价决策单元的个数和参照单元的个数。第 11 行将 data 的行数赋予了 M(即 M

储存了投入和产出变量的总个数)。第 13～16 行通过输入变量 k 来划分投入变量和产出变量(数据集中前 k 行是投入变量数据,后 M－k 行是产出变量的个数)。第 28 行 return(te)表示将计算结果(技术效率值)te 返回,即调用 dea1 函数后返回一个储存技术效率值的列向量。

如何调用以上 Mata 函数呢? 一种简单的方法是将以上代码在 do 文档中(命令窗口)运行,加载到内存中,便可像 Stata 的内置 Mata 函数一样调用。但这种方法会使得 dea1 函数在使用 mata clear 或者关闭 Stata 软件后被清除。如果想再次调用这个函数,就需要再次运行该代码。第二种方法是将上述代码附在 ado 文件后面作为 Stata 命令的一部分。这种方法的缺点是这个 Mata 函数只能被 ado 文件上的命令调用。第三种方法是将上述代码编译为 mo 文件(在 Stata 中通过 help mata mosave 查看更为详细的说明)。第三种方法是只需要在函数代码后面加上 mata mosave dea1(),然后将代码运行一次,即可在当前工作目录下生成 dea1.mo 文件。

```
1.  mata:
2.      real matrix function dea1(real matrix data,
3.                                real matrix dataref,
4.                                real scalar k      )
5.      {
6.          class LinearProgram scalar lp
7.          lp = LinearProgram()                 // 定义 lp 为线性规划类
8.          N1 = cols(data)                      // 评价决策单元的个数
9.          N2 = cols(dataref)                   // 参照决策单元的个数
10.         theta=J(N1,1,.)
11.         M=rows(data)                         // 投入产出变量个数和
12.     for(i=1;i<=N1;i++){
13.         X=data[1..k,i]                       // 取出第 i 个决策单元的投入数据
14.         Y=data[(k+1)..M,i]                   // 取出第 i 个决策单元的产出数据
15.         Xref=dataref[1..k,.]                 // 取出参照决策单元的投入数据
16.         Yref=dataref[(k+1)..M,.]             // 取出参照决策单元的产出数据
17.         c = (1, J(1,N2,0))                   // 目标函数的系数向量
18.         lowerbd =., J(1,N2,0)                // 决策变量的下界
19.         upperbd = J(1,N2+1,.)                // 决策变量上界
20.         Aie = (J(k,1,0),Xref \ Y,-Yref)      // 不等式约束的系数矩阵
21.         bie = X \ J(M-k,1,0)                 // 不等式约束的上界
22.         lp.setCoefficients(c)                // 设定 lp 的目标函数系数向量
23.         lp.setInequality(Aie, bie)           // 设定 lp 的不等式约束
24.         lp.setBounds(lowerbd, upperbd)       // 设定 lp 的决策变量上下界
25.         theta[i]=lp.optimize()               // 优化求解，将结果保存在 theta
26.      }
```

```
    te=1:/theta
    return(te)
}
mata mosave dea1()                          // 将 dea1()函数保存为本地文件
end
```

在生成 dea1.mo 文件后，我们便可以调用 dea1 函数来实现先前例子中的技术效率计算。具体代码如下：

```
mata:
        datatable=(  5, 5, 8, 34, 9  ///
                   \ 6, 9, 6, 67, 6  ///
                   \ 7, 7, 87,32, 19 ///
                   \ 23,14,45,11, 31 ///
                   \ 67,34,12,37, 29    )
    data=datatable
    dataref=datatable
    k=3
    te=dea1(data,dataref,3)
    te
end
```

运行结果如图 12.3 所示。

```
. mata:
------------------------------------------ mata (type end to exit) ---
:        datatable=(  5, 5, 8, 34, 9  ///
>                   \ 6, 9, 6, 67, 6  ///
>                   \ 7, 7, 87,32, 19 ///
>                   \ 23,14,45,11, 31 ///
>                   \ 67,34,12,37, 29    )

:        data=datatable

:        dataref=datatable

:        k=3

:        te=dea1(data,dataref,3)

:        te
                 1
    +---------------+
  1 |             1 |
  2 |  .6086956522  |
  3 |  1.000000011  |
  4 |  .1208022385  |
  5 |  1.000000002  |
    +---------------+

: end
-----------------------------------------------------------------------
```

图 12.3　代码运行结果

以上 Mata 函数可以很好地实现我们第一个 DEA 模型的计算，但我们仍可以进一步进行优化。在 Mata 环境中，有一些函数可以实现从外部文件读入数据。但 Stata 用户习惯将数据集导入 Stata 环境而非 Mata 环境。在 Stata 环境中，变量数据是可以在 Data Editor 中被直接看到的，而且 Stata 也内置了很多数据整理的命令，在 Stata 环境下操作数据集更加直观和方便。所以，我们接下来考虑将 Stata 变量名作为 Mata 函数的输入项(arguments)，并将 Mata 函数计算得到的结果直接储存在指定的 Stata 变量中。

下面我们以 Stata 数据集 EX3.dta(见图 12.4)作为例子进行说明。该数据集中包含了 20 个决策单元，在投入和产出变量上有两种投入要素 K 和 L，一种产出 Y。Mata 的两个内置函数 st_data()和 st_view()可以实现 Mata 环境与 Stata 环境之间的数据传导。例如，我们可以通过 mata: datatable=st_data(.,"K L Y")将 Ex3.dta 中的变量 K、L 和 Y 的数据传导至 Mata 环境中的 datatable 矩阵。Mata 中的 datatable 第 1、2 和 3 列分别是变量 K、L 和 Y 的数据。需要注意的是，datatable 是 Mata 环境中独立于 Stata 数据集的矩阵，其数据的更改不会影响 Stata 数据集中相关变量的值。st_view()函数也可以实现将 Stata 环境中的变量数据传递到 mata 环境中。mata: st_view (datatable=.,.,"K L Y")也是将 Ex3.dta 中的变量 K、L 和 Y 的数据传导至 Mata 环境中的 datatable 矩阵。但与 st_data()不同的是，通过 st_view()传导的数据矩阵与原 Stata 环境中的变量数据仍存在关联，其数据的更改也将传递给 Stata 环境中的变量数据。例如，运行 mata: datatable[1,1]=0 之后，Stata 数据集 Ex3.dta 中 K 变量的第 1 个数据将变为 0。

Data Editor (Edit) - [Ex3.dta]

File Edit View Data Tools

dmu[23]

	dmu	K	L	Y
1	1	8934.68	34.847	556.4745
2	2	12096.1	9.2035	499.2228
3	3	11148.7	18.685	636.7482
4	4	3224.26	13.476	171.4381
5	5	27932.4	47.021	1954.138
6	6	6327.72	27.031	384.5335
7	7	4187.73	22.158	165.7295
8	8	2586.64	3.7772	85.27823
9	9	15974	34.673	890.452
10	10	15548.2	56.624	891.2136
11	11	8079.62	16.258	555.993
12	12	12103.2	26.763	602.6089
13	13	10826.1	36.583	601.0075
14	14	5856.05	10.994	312.5498
15	15	30067.7	38.777	1659.671
16	16	6714.62	21.075	350.9024
17	17	12886.1	19.786	778.3694
18	18	6221.29	10.411	332.8145
19	19	1555.47	2.9961	49.50804
20	20	1469.83	2.6762	45.89432

图 12.4 Stata Ex3 数据集

利用 st_data()和 st_view()函数,我们便可以实现在 Mata 函数中引用 Stata 环境中相关变量的数据,并将结果传递回 Stata 环境中的数据集。具体代码如下:

```
capture mata mata drop dea2()
mata:
    void function dea2(string scalar varname,
                       real   scalar k,
                       string scalar tename   )
    {
        data=st_data(.,varname)         // 将数据传递给 Mata 中的矩阵 data
```

```
8.          data=data'
9.          dataref=data
10.         class LinearProgram scalar lp
11.         lp = LinearProgram()                   // 定义 lp 为线性规划类
12.         N1=cols(data)                          // 评价决策单元的个数
13.         N2=cols(dataref)                       // 参照决策单元的个数
14.         theta=J(N1,1,.)
15.         M=rows(data)                           // 投入产出变量个数和
16.     for(i=1;i<=N1;i++){
17.         X=data[1..k,i]                         // 取出第 i 个决策单元的投入数据
18.         Y=data[(k+1)..M,i]                     // 取出第 i 个决策单元的产出数据
19.         Xref=dataref[1..k,.]                   // 取出参照决策单元的投入数据
20.         Yref=dataref[(k+1)..M,.]               // 取出参照决策单元的产出数据
21.         c = (1, J(1,N2,0))                     // 目标函数的系数向量
22.         lowerbd =., J(1,N2,0)                  // 决策变量的下界
23.         upperbd = J(1,N2+1,.)                  // 决策变量上界
24.         Aie = (J(k,1,0),Xref \ Y,-Yref)        // 不等式约束的系数矩阵
25.         bie = X \ J(M-k,1,0)                   // 不等式约束的上界
26.         lp.setCoefficients(c)                  // 设定 lp 的目标函数系数向量
27.         lp.setInequality(Aie, bie)             // 设定 lp 的不等式约束
28.         lp.setBounds(lowerbd, upperbd)         // 设定 lp 的决策变量上下界
29.         theta[i]=lp.optimize()                 // 优化求解，将结果保存在 theta
30.     }
31.     st_view(te=.,.,tename)                     // 将 Stata 变量映射到 Mata 中的 te
32.     te[.,.]=1:/theta                           // 对 te 向量进行赋值，传递 Stata
33. }
34.     mata mosave dea2(),replace                 // 将 dea2()函数保存为本地文件
35. end
```

以上代码中，dea2()函数与 dea1()函数主要有以下不同。我们首先比较一下输入项，dea2()第 1 个输入项 varname 的类型为字符标量，即 varname 为一个字符串，指向 Stata 环境中的变量集，如“varname="K L Y"”；第 3 个输入项 tename 也为字符标量，也用于指向 Stata 环境中的变量。代码第 7 行用 st_data()函数将 varname 所指的变量集数据传递到 data 矩阵。代码第 31 行用 st_view()函数将 tename 所指 Stata 环境中的变量映射到 te 向量，而代码第 32 行将计算得到的效率值赋给了 te 向量，进而传递给 Stata 环境中的 tename 所指的变量。另外，dea2()函数的类型为空值(void)意味函数执行结束后在 Mata 环境中没有返回值。最后，需要指出的是，在代码的第 1 行我们使用了 capture mata mata drop dea2()，其作用是将内存中可能存在的 dea2 mata 函数清除。这是因为如果 Stata 内存中已经存在 dea2 函数，将报错并结束运行。

运行以上代码生成 dea2.mo 文件，我们便可以调用 dea2()函数来实现先前例子中的技术效率计算。具体代码如下：

```
use Ex3.dta
gen te=.
mata:dea2("K L Y",2,"te")
```

运行上述代码后，相关计算结果将储存在 te 变量中。

12.5 步骤 4：将 Mata 函数封装成 Stata 命令

Mata 函数 dea2()可以很好地实现我们的模型计算。接下来，我们将以上 Mata 函数进一步封装成一个 Stata 命令，通过利用 Stata 的语法规则提高程序应用的灵活性。下面我们先给出第一个 Stata 命令：

```
1.  program define dea2
2.      version 16
3.      syntax, inputvars(varlist) outputvars(varilist) te(string)
4.      confirm new var `te'
5.      qui gen `te'=.
6.      local nip: word count `inputvars'
7.      mata:dea2("`inputvars' `outputvars'", `nip', "`te'")
8.  end
```

现在我们对以上代码进行详细的解释。代码的第 1 行 program define dea2 定义了一个名称为 dea2 的 Stata 命令。第 2 行声明了 Stata 版本为 16。第 3 行定义了命令调用的语法规则：dea2，inputvars(varlist) outputvars(varlist) te(string)。dea2 命令有三个输入选项，即 inputvars()、outputvars() 和 te()，它们分别代入投入变量、产出变量和用以储存技术效率值的变量名；括号中输入的内容将储存在程序对应的 local(暂元)中。例如，我们输入 dea2，inputvars(K L) outputvars(Y) te(te)，相当于在 dea2 程序中运行 local inputvars K L，local outputvars Y，local te te。第 4 行"confirm new var `te'"用于检查输入 te()的变量名是不是新变量，如果不是新变量，将给出错误的提示。第 5 行将储存技术效率值的变量初始为缺省值。第 6 行将投入变量的个数储存在 local nip 中。第 7 行调用 Mata 函数 dea2()进行计算。第 8 行用 end 声明程序结束。

在将上面的代码另存为 dea2.ado 文件，并加入到 Stata 命令路径后，我们可以通过以下方式进行调用。

```
use Ex3.dta
dea2, inputvars(K L) outputvars(Y) te(te)
```

接下来，我们对以上命令进行如下扩展：通过[if] [in]来指定待评价的决策单元。具体代码如下：

```
program define dea3
    version 16
    syntax [if] [in], inputvars(varlist) outputvars(varlist) te(string)
    marksample touse
    confirm new var `te'
    qui gen `te'=.
    local nip: word count `inputvars'
    mata:dea3("`inputvars' `outputvars'", "`touse'",`nip', "`te'")
end
cap mata mata drop dea3()
mata:
    void function dea3(string scalar varname,
                       string scalar flag,
                       real   scalar k,
                       string scalar tename)
    {
        data=st_data(.,varname,flag)    // 将 Stata 数据传递给 Mata 矩阵
        data=data'
        dataref=st_data(.,varname)
        dataref=dataref'
        class LinearProgram scalar lp
        lp = LinearProgram()            // 定义 lp 为线性规划类
        N1=cols(data)                   // 评价决策单元的个数
        N2=cols(dataref)                // 参照决策单元的个数
        theta=J(N1,1,.)
        M=rows(data)                    // 投入产出变量个数和
   for(i=1;i<=N1;i++){
        X=data[1..k,i]                  // 取出第 i 个决策单元的投入数据
        Y=data[(k+1)..M,i]              // 取出第 i 个决策单元的产出数据
        Xref=dataref[1..k,.]            // 取出参照决策单元的投入数据
        Yref=dataref[(k+1)..M,.]        // 取出参照决策单元的产出数据
        c = (1, J(1,N2,0))              // 目标函数的系数向量
        lowerbd =., J(1,N2,0)           // 决策变量的下界
        upperbd = J(1,N2+1,.)           // 决策变量上界
        Aie = (J(k,1,0),Xref \ Y,-Yref) // 不等式约束的系数矩阵
        bie = X \ J(M-k,1,0)            // 不等式约束的上界
        lp.setCoefficients(c)           // 设定 lp 的目标函数系数向量
        lp.setInequality(Aie, bie)      // 设定 lp 的不等式约束
        lp.setBounds(lowerbd, upperbd)  // 设定 lp 的决策变量上下界
        theta[i]=lp.optimize()          // 优化求解，将结果保存在 theta
    }
```

```
42.     st_view(te=.,.,tename,flag)          // 将 tename 映射到 Mata 中的 te
43.     te[.,.]=1:/theta                     // 对 te 进行赋值，传递回 Stata
44. }
45. end
```

我们在第 3 行 syntax 后面加了 [if] [in]表示命令 dea3 后面可以输入 if 或者 in 的表达式，用以指定待评价的决策单元数据集。第 4 行 marksample touse 将 if 或者 in 表达式所筛选出来的数据集标识储存在一个 touse 的临时变量中。例如，我们输入 dea3 if _n<3，inputvars(K L) outputvars(Y) te(te)，表示我们只计算数据集中前两个决策单元的技术效率。在程序执行过程中，将生成一个临时变量 touse，其前两个元素值为 1，其余值为 0。第 8 行调用了 mata 函数 dea3()，其函数代码附在了 dea3 命令的后面，是 dea3 命令的私有函数。除了 dea3，其他命令无法调用。dea3()与 dea2()相比，多了一个输入项 string scalar flag，用于标识进行技术效率测算的数据集。第 17 行 data = st_data(.，varname，flag)表示只将 flag 值不为 0 的行赋予 mata 中的 data 矩阵。类似地，第 42 行 st_view(te=.，.，tename，flag)表示只将 flag 值不为 0 的行映射到 Mata 中的 te 向量，因此计算得到的技术效率值将返回 Stata 中对应的决策单元。

同样地，将上面的代码另存为 dea3.ado 文件，并加入到 Stata 命令路径后，我们可以通过以下方式进行调用。

```
use Ex3.dta
dea3 if _n<3, inputvars(K L) outputvars(Y) te(te)
```

现在我们考虑对 dea3 命令进行以下扩展：指定作为构造参照技术集的数据集。例如，在对前两个决策单元的技术效率进行测算时，我们将利用前 10 个决策单元来构建技术参照集。具体代码如下：

```
program define dea4
    version 16
    syntax [if] [in], inputvars(varlist) outputvars(varlist) ///
                    te(string) [reference(varname)]
    marksample touse
    confirm new var `te'
    if `"`reference'"'==""{
        tempvar reference
        qui gen byte `reference'=1
    }
    else{
        confirm numeric var `reference'
```

```
13.     }
14.     qui gen `te'=.
15.     local nip: word count `inputvars'
16.     mata:dea4("`inputvars' `outputvars'", ///
17.              "`touse'","`reference'",`nip', "`te'")
18. end
19. cap mata mata drop dea4()
20. mata:
21.     void function dea4(string scalar varname,
22.                        string scalar flag,
23.                        string scalar rflag,
24.                        real   scalar k,
25.                        string scalar tename)
26.     {
27.         data=st_data(.,varname,flag)     // 将 Stata 数据传递给 Mata 矩阵
28.         data=data'
29.         dataref=st_data(.,varname,rflag)
30.         dataref=dataref'
31.         class LinearProgram scalar lp
32.         lp = LinearProgram()             // 定义 lp 为线性规划类
33.         N1 = cols(data)                  // 评价决策单元的个数
34.         N2 = cols(dataref)               // 参照决策单元的个数
35.         theta=J(N1,1,.)
36.         M=rows(data)                     // 投入产出变量个数和
37.    for(i=1;i<=N1;i++){
38.         X=data[1..k,i]                   // 取出第 i 个决策单元的投入数据
39.         Y=data[(k+1)..M,i]               // 取出第 i 个决策单元的产出数据
40.         Xref=dataref[1..k,.]             // 取出参照决策单元的投入数据
41.         Yref=dataref[(k+1)..M,.]         // 取出参照决策单元的产出数据
42.         c = (1, J(1,N2,0))               // 目标函数的系数向量
43.         lowerbd =., J(1,N2,0)            // 决策变量的下界
44.         upperbd = J(1,N2+1,.)            // 决策变量上界
45.         Aie = (J(k,1,0),Xref \ Y,-Yref)  // 不等式约束的系数矩阵
46.         bie = X \ J(M-k,1,0)             // 不等式约束的上界
47.         lp.setCoefficients(c)            // 设定 lp 的目标函数系数向量
48.         lp.setInequality(Aie, bie)       // 设定 lp 的不等式约束
49.         lp.setBounds(lowerbd, upperbd)   // 设定 lp 的决策变量上下界
50.         theta[i]=lp.optimize()           // 优化求解，将结果保存在 theta
51.     }
52.     st_view(te=.,.,tename,flag)          // 将 tename 映射到 Mata 中的 te
53.     te[.,.]=1:/theta                     // 对 te 向量进行赋值，传递回 Stata
54. }
55. end
```

我们在第 4 行增加了一个可选项 reference(varname)，用以标识作为技术

参照的数据集。reference()可以缺省,默认使用数据集中的所有观测值进行技术参照集的构造。当 reference()缺省时,第 8～9 行生成一个临时变量 reference,其取值都为 1。当 reference()不缺省时,第 12 行对 reference()输入的变量类型进行检查,确保其为数值型变量。第 16～17 行调用了 Mata 函数 dea4()。与 dea3()相比,其多了一个输入项 string scalar rflag,用以标识作为技术参照的数据集。第 29 行 dataref＝st_data(.,varname,rflag)表示只将 rflag 不为 0 的行传递给 dataref 矩阵。

在将上面的代码另存为 dea4.ado 文件,并加入到 Stata 命令路径后,我们可以通过以下方式进行调用。

```
use Ex3.dta
gen rf=(_n<=10)
dea4 if _n<3, inputvars(K L) outputvars(Y) te(te) reference(rf)
```

dea4 可以很好地实现我们的程序应用目的。在以上命令中,我们通过选项 inputvars(varlist) 和 outputvars(varlist)传递投入变量和产出变量。Stata 命令语法的灵活性使得我们可以对 dea4 命令进行多个方面的优化。接下来,我们对 dea4 命令的输入项进行优化,实现以一个表达式来传递投入和产出变量。例如,我们以表达式 K L ＝ Y 来实现相关变量的传递。在这个表达式中,我们以"＝"作为分隔符,等号左边是投入变量,右边是产出变量。对此,我们可以使用 Stata 的 gettoken 命令来实现。gettoken 是对文本进行分割的命令,可以用于设计特殊的语法规则。该命令的详细使用说明请查阅 Stata 的帮助文档。我们这里只给出下文需要用到的部分。

```
local 0 K L = Y if _n<3, te(te) reference(rf)
gettoken vars 0:0, p("=")
di "`vars'"
di "`0'"
```

在以上代码中,gettoken 以"＝"作为分割符,将 local 0 中第一个等号前面的内容("K L")存到 local vars,剩余部分"＝ Y if _n＜3, te(te) reference(rf)"存在了 local 0。再次使用一次"gettoken vars 0:0, p("＝")",将"＝"赋予 local vars,剩余部分"＝Y if _n＜3, te(te) reference(rf)"赋予 local 0。具体代码如下:

```
gettoken vars 0:0, p("=")
di "`vars'"
di "`0'"
```

利用 gettoken 的语法解析功能，我们对 dea4 命令进行升级。下面我们给出命令 dea5 的具体代码。

```
program define dea5
    version 16
    gettoken inputvars 0:0, p("=")
    gettoken var 0:0, p("=")
    syntax varlist [if] [in], te(string) [reference(varname)]
    local outputvars `varlist'
    marksample touse
    confirm new var `te'
    if `"`reference'"'==""{
        tempvar reference
        qui gen byte `reference'=1
    }
    else{
        confirm numeric var `reference'
    }
    qui gen `te'=.
    local nip: word count `inputvars'
    mata:dea4("`inputvars' `outputvars'", ///
             "`touse'","`reference'",`nip', "`te'")
end
cap mata mata drop dea4()
mata:
    void function dea4(string scalar varname,
                    string scalar flag,
                    string scalar rflag,
                    real   scalar k,
                    string scalar tename  )
    {
        data=st_data(.,varname,flag)
        data=data'
        dataref=st_data(.,varname,rflag)
        dataref=dataref'
        class LinearProgram scalar lp
        lp = LinearProgram()
        N1 = cols(data)
        N2 = cols(dataref)
        theta=J(N1,1,.)
        M=rows(data)
   for(i=1;i<=N1;i++){
        X=data[1..k,i]
        Y=data[(k+1)..M,i]
        Xref=dataref[1..k,.]
        Yref=dataref[(k+1)..M,.]
```

```
44.         c = (1, J(1,N2,0))
45.         lowerbd =., J(1,N2,0)
46.         upperbd = J(1,N2+1,.)
47.         Aie = (J(k,1,0),Xref \ Y,-Yref)
48.         bie = X \ J(M-k,1,0)
49.         lp.setCoefficients(c)
50.         lp.setInequality(Aie, bie)
51.         lp.setBounds(lowerbd, upperbd)
52.         theta[i]=lp.optimize()
53.     }
54.     st_view(te=.,.,tename,flag)
55.     te[.,.]=1:/theta
56. }
57. end
```

上述代码在第 3 行中使用了 Stata 的特别暂元 0。local 0 中包含了所调用命令名后面的语句内容。例如,我们输入 dea5 K L =Y if _n<3, te(te),local 0 的值为“K L =Y if _n<3, te(te)”。在第 3 行中,我们使用 gettoken 对 local 0 的内容进行分割,分割符号为“=”。“=”前面的部分放在 local inputvars 里面,剩余部分放在 local 0 中。在上面“dea5 K L =Y, te(te)的例子”中,local var 的值为“K L”,local 0 的值为“Y if _n<3, te(te)”。“syntax varlist [if] [in], te(string) [reference(varname)]”规定了命令名后面跟随着变量名。第 6 行将命令名后面的变量名储存在 local outputvars 中。至此,我们便完成投入变量和产出变量的传递。我们可以用以下的方式对命令进行调用。

```
use Ex3.dta
gen rf=(_n<=10)
dea5 K L=Y if _n<3, te(te) reference(rf)
```

第 13 章　DEA 程序编写的实战演练

在上一章，我们详细介绍了如何在 Stata 中一步一步地编写 DEA 程序。在本章，我们将用 6 个例子进行程序编写的示范。

13.1　SBM 模型的程序编写

Tone(2001)提出了基于松弛测度的效率模型(SBM)。假设决策单元以 P 种投入要素 $\boldsymbol{X}$ 生产出 q 种产出 $\boldsymbol{Y}$，Tone(2001)定义了如下的技术效率测度模型：

$$\min \rho = \frac{1 - \frac{1}{P}\sum_{p=1}^{P} s_p^{\boldsymbol{X}} / X_{0p}}{1 + \frac{1}{Q}\sum_{j=1}^{Q} s_j^{\boldsymbol{Y}} / Y_{0j}}$$

$$\text{s.t.} \begin{cases} X_{0p} = \sum_{i=1}^{N} \lambda_i X_{ip} + s_p^{\boldsymbol{X}}, p = 1, 2, \cdots, P \\ Y_{0q} = \sum_{i=1}^{N} \lambda_i Y_{iq} - s_q^{\boldsymbol{Y}}, q = 1, 2, \cdots, Q \\ \lambda_i, s_p^{\boldsymbol{X}}, s_q^{\boldsymbol{Y}}, t \geqslant 0 \end{cases}$$

在上述表达式中，目标函数是非线性的形式，我们无法直接利用线性规划的技术进行求解。因此，在求解之前，我们需要对其进行如下线性转换：

$$\min \tau = t - \frac{1}{P}\sum_{p=1}^{P} S_p^{\boldsymbol{X}} / X_{0p}$$

$$\text{s.t.}\begin{cases}1=t+\dfrac{1}{Q}\sum\limits_{q=1}^{Q}S_q^{\boldsymbol{Y}}/Y_{0q}\\ tX_{0p}=\sum\limits_{i=1}^{N}\Lambda_i X_{ip}+S_p^{\boldsymbol{X}},p=1,2,\cdots,P\\ tY_{0q}=\sum\limits_{i=1}^{N}\Lambda_i Y_{iq}-S_q^{\boldsymbol{Y}},q=1,2,\cdots,Q\\ \Lambda_i,S_p^{\boldsymbol{X}},S_q^{\boldsymbol{Y}},t\geqslant 0\end{cases}$$

接下来，我们开始程序编写的第一步工作，将以上线性规划问题标准化：

$$\min\quad \tau=t-\frac{1}{P}\sum_{p=1}^{P}S_p^{\boldsymbol{X}}/X_{0p}+\boldsymbol{0}_{1\times Q}+\boldsymbol{0}_{1\times N}$$

$$\text{s.t.}\begin{cases}t+\boldsymbol{0}_{1\times P}+\dfrac{1}{Q}\sum\limits_{q=1}^{Q}S_q^{\boldsymbol{Y}}/Y_{0q}+\boldsymbol{0}_{1\times N}=1\\ -t\boldsymbol{X}_0+diag(S_1^{\boldsymbol{X}},S_2^{\boldsymbol{X}},\cdots,S_P^{\boldsymbol{X}})+\boldsymbol{0}_{P\times Q}+\sum\limits_{i=1}^{N}\Lambda_i\boldsymbol{X}_i=\boldsymbol{0}_{P\times 1}\\ -t\boldsymbol{Y}_0+\boldsymbol{0}_{Q\times P}-diag(S_1^{\boldsymbol{Y}},S_2^{\boldsymbol{Y}},\cdots,S_Q^{\boldsymbol{Y}})+\sum\limits_{i=1}^{N}\Lambda_i\boldsymbol{Y}_i=\boldsymbol{0}_{Q\times 1}\\ \Lambda_i,S_p^{\boldsymbol{X}},S_q^{\boldsymbol{Y}},t\geqslant 0\end{cases}$$

在这个线性规划问题中，目标函数是求最小值；决策变量是$\{t,S_1^{\boldsymbol{X}},\cdots,S_P^{\boldsymbol{X}},S_1^{\boldsymbol{Y}},\cdots,S_Q^{\boldsymbol{Y}},\Lambda_1,\cdots,\Lambda_N\}$，其对应的系数向量为$\left(1,-\dfrac{1}{PX_{01}},\cdots,-\dfrac{1}{PX_{0P}},\boldsymbol{0}_{1\times Q},\boldsymbol{0}_{1\times N}\right)$。我们已经将约束条件中的决策变量位置与目标函数进行了对齐。下面给出求解 SBM 效率的 Mata 函数代码。

```
cap mata mata drop sbm()
mata:
    void function sbm(string scalar varname,
                      string scalar flag,
                      string scalar rflag,
                      real   scalar p,
                      string scalar strname   )
    {
      data=st_data(.,varname,flag)
      data=data'
      dataref=st_data(.,varname,rflag)
      dataref=dataref'
      class LinearProgram scalar lp
      lp = LinearProgram()
```

```
15.        lp.setMaxOrMin("min")
16.           N1=cols(data)
17.           N2=cols(dataref)
18.           M=rows(data)
19.           beta=J(N1,M+1,.)
20.      for(i=1;i<=N1;i++){
21.           X=data[1..p,i]
22.           Y=data[(p+1)..M,i]
23.           Xref=dataref[1..p,.]
24.           Yref=dataref[(p+1)..M,.]
25.           c = (1, -1/p*(1:/X'),J(1,M-p,0),J(1,N2,0))
26.           lowerbd = J(1,length(c),0)
27.           upperbd = J(1,length(c),.)
28.           Ae1 = (1,J(1,p,0),1/(M-p)*(1:/Y'),J(1,N2,0))
29.           Ae2 = (-X,I(p),J(p,M-p,0),Xref)
30.           Ae3 = (-Y,J(M-p,p,0),-I(M-p),Yref)
31.           lp.setCoefficients(c)
32.           lp.setEquality(Ae1\Ae2\Ae3, 1 \ J(M,1,0))
33.           lp.setBounds(lowerbd, upperbd)
34.           theta=lp.optimize()
35.           if (lp.converged()==1){
36.               bslk=lp.parameters()
37.               beta[i,.]=theta,bslk[1,2..(M+1)]/bslk[1,1]
38.           }
39.       }
40.       st_view(teslack=.,.,strname,flag)
41.       teslack[.,.]=beta
42. }
43. end
```

以上 SBM 模型的 Mata 函数代码基本上保留了 dea4()函数的结构、数据和变量传递方式。其主要改变的地方是对线性规划问题的目标函数和约束条件进行了重新定义。第 15 行声明线性规划是求最小值。第 25 行定义了线性规划问题目标函数的系数向量。第 28～30 行定义了线性规划问题等式约束的系数矩阵。第 32 行声明了线性规划问题的等式约束。第 35 行对线性规划问题的求解状态是否收敛进行判断，如果出现收敛，则将目标函数值和松弛变量值放到 beta 矩阵中。需要注意的是，线性变换后松弛变量 $s_p^X = S_p^X/t$，$s_q^Y = S_q^Y/t$。因此，松弛变量值在放入 beta 矩阵前除以 t 值(bslk[1,2..(M+1)]/bslk[1,1])。最后，将 beta 矩阵的值返回 strname 所指的 Stata 变量。模型中有 $P+Q$ 个松弛变量，加上技术效率值，总共有 $P+Q+1$ 个返回变量，因此，strname 输入项为一个包含 $P+Q+1$ 个变量名的字符串。

基于以上 sbm()函数，我们可以进一步将代码封装成 Stata 命令。具体代码如下：

```
program define sbm
    version 16
    gettoken inputvars 0:0, p("=")
    gettoken var 0:0, p("=")
    syntax varlist [if] [in], te(string) slack(string) ///
                           [reference(varname)]
    local outputvars `varlist'
    marksample touse
    confirm new var `te'
    if `"`reference'"'==""{
        tempvar reference
        qui gen byte `reference'=1
    }
    else{
        confirm numeric `reference'
    }
    qui gen `te'=.
    foreach v in `inputvars' `outputvars'{
        qui gen `slack'_`v'=.
        label var `slack'_`v' "Slack in `v'"
        local slackvars `slackvars' `slack'_`v'
    }
    local nip: word count `inputvars'
    mata:sbm("`inputvars' `outputvars'", ///
            "`touse'","`reference'",`nip', "`te' `slackvars'")
end

cap mata mata drop sbm()
mata:
    void function sbm(string scalar varname,string scalar flag,
                      string scalar rflag, real scalar p,
                      string scalar strname)
    {
     data=st_data(.,varname,flag)
     data=data'
     dataref=st_data(.,varname,rflag)
     dataref=dataref'
     class LinearProgram scalar lp
     lp = LinearProgram()
     lp.setMaxOrMin("min")
        N1=cols(data)
        N2=cols(dataref)
```

```
43.         M=rows(data)
44.         beta=J(N1,M+1,.)
45.     for(i=1;i<=N1;i++){
46.         X=data[1..p,i]
47.         Y=data[(p+1)..M,i]
48.         Xref=dataref[1..p,.]
49.         Yref=dataref[(p+1)..M,.]
50.         c = (1, -1/p*(1:/X'),J(1,M-p,0),J(1,N2,0))
51.         lowerbd = J(1,length(c),0)
52.         upperbd = J(1,length(c),.)
53.         Ae1 = (1,J(1,p,0),1/(M-p)*(1:/Y'),J(1,N2,0))
54.         Ae2 = (-X,I(p),J(p,M-p,0),Xref)
55.         Ae3 = (-Y,J(M-p,p,0),-I(M-p),Yref)
56.         lp.setCoefficients(c)
57.         lp.setEquality(Ae1\Ae2\Ae3, 1 \ J(M,1,0))
58.         lp.setBounds(lowerbd, upperbd)
59.         theta=lp.optimize()
60.         if (lp.converged()==1){
61.             bslk=lp.parameters()
62.             beta[i,.]=theta,bslk[1,2..(M+1)]/bslk[1,1]
63.         }
64.     }
65.     st_view(teslack=.,.,strname,flag)
66.     teslack[.,.]=beta
67. }
68. end
```

将以上代码与 dea5 命令的代码进行比较，我们不难看出，sbm 命令只是在 dea5 的基础上做了一些小的修改。首先，第 5 行命令中多了一个输入项 slack (string)，用于返回每个投入和产出变量的松弛测度。其次，第 17～21 行对投入和产出的松弛变量进行了初始化。变量以 slack 的字符串为开头，以投入和产出的变量名为后缀。sbm 命令的调用方式如下：

```
use Ex3.dta
sbm K L=Y, te(te) slack(S)
```

13.2 包含非合意产出的 SBM 模型的程序编写

Tone(2004)对原始 SBM 模型进行了扩展，使其可以应用到包含非合意产出情形下的技术效率测度。假设决策单元以 P 种投入要素 $\boldsymbol{X}$ 生产出 Q 种产出

$\boldsymbol{Y}$,并且伴随着产生了 R 种非合意产出 $\boldsymbol{B}$。Tone(2004)定义了如下的技术效率测度模型:

$$\min \rho = \frac{1-\frac{1}{P}\sum_{p=1}^{P} s_p^{\boldsymbol{X}}/X_{0p}}{1+\frac{1}{Q+R}\left(\sum_{j=1}^{Q} s_j^{\boldsymbol{Y}}/Y_{0j}+\sum_{j=1}^{R} s_j^{\boldsymbol{B}}/B_{0j}\right)}$$

$$\text{s.t.}\begin{cases} X_{0p}=\sum_{i=1}^{N}\lambda_i X_{ip}+s_p^{\boldsymbol{X}},p=1,2,\cdots,P \\ Y_{0q}=\sum_{i=1}^{N}\lambda_i Y_{iq}-s_q^{\boldsymbol{Y}},q=1,2,\cdots,Q \\ B_{0r}=\sum_{i=1}^{N}\lambda_i B_{ir}+s_r^{\boldsymbol{B}},r=1,2,\cdots,R \\ \lambda_i,s_p^{\boldsymbol{X}},s_q^{\boldsymbol{Y}},s_r^{\boldsymbol{B}},t\geqslant 0 \end{cases}$$

利用线性转换方法,上述优化问题可以转换为如下线性规划问题:

$$\min \tau = t-\frac{1}{P}\sum_{p=1}^{P} S_p^{\boldsymbol{X}}/X_{0p}$$

$$\text{s.t.}\begin{cases} 1=t+\frac{1}{Q+R}\left(\sum_{q=1}^{Q} S_q^{\boldsymbol{Y}}/Y_{0q}+\sum_{r=1}^{R} S_r^{\boldsymbol{B}}/B_{0r}\right) \\ tX_{0p}=\sum_{i=1}^{N}\Lambda_i X_{ip}+S_p^{\boldsymbol{X}},p=1,2,\cdots,P \\ tY_{0q}=\sum_{i=1}^{N}\Lambda_i Y_{iq}-S_q^{\boldsymbol{Y}},q=1,2,\cdots,Q \\ tB_{0r}=\sum_{i=1}^{N}\Lambda_i B_{ir}+S_r^{\boldsymbol{B}},r=1,2,\cdots,R \\ \Lambda_i,S_p^{\boldsymbol{X}},S_q^{\boldsymbol{Y}},S_r^{\boldsymbol{B}},t\geqslant 0 \end{cases}$$

线性规划问题可以标准化为

$$\min \tau = t-\frac{1}{P}\sum_{p=1}^{P} S_p^{\boldsymbol{X}}/X_{0p}+\mathbf{0}_{1\times Q}+\mathbf{0}_{1\times R}+\mathbf{0}_{1\times N}$$

$$
\text{s.t.}\begin{cases}
t+\mathbf{0}_{1\times P}+\dfrac{1}{Q}\sum\limits_{q=1}^{Q}S_q^{\boldsymbol{Y}}/Y_{0q}+\mathbf{0}_{1\times R}+\mathbf{0}_{1\times N}=1\\
-t\boldsymbol{X}_0+diag\left(S_1^{\boldsymbol{X}},S_2^{\boldsymbol{X}},\cdots,S_P^{\boldsymbol{X}}\right)+\mathbf{0}_{P\times Q}+\mathbf{0}_{P\times R}+\sum\limits_{i=1}^{N}\Lambda_i\boldsymbol{X}_i=\mathbf{0}_{P\times 1}\\
-t\boldsymbol{Y}_0+\mathbf{0}_{Q\times P}-diag\left(S_1^{\boldsymbol{Y}},S_2^{\boldsymbol{Y}},\cdots,S_Q^{\boldsymbol{Y}}\right)+\mathbf{0}_{Q\times R}+\sum\limits_{i=1}^{N}\Lambda_i\boldsymbol{Y}_i=\mathbf{0}_{Q\times 1}\\
-t\boldsymbol{B}_0+\mathbf{0}_{R\times P}+\mathbf{0}_{R\times Q}+diag\left(S_1^{\boldsymbol{B}},S_2^{\boldsymbol{B}},\cdots,S_R^{\boldsymbol{B}}\right)+\sum\limits_{i=1}^{N}\Lambda_i\boldsymbol{B}_i=\mathbf{0}_{Q\times 1}\\
\Lambda_i,S_p^{\boldsymbol{X}},S_q^{\boldsymbol{Y}},S_r^{\boldsymbol{B}},t\geqslant 0
\end{cases}
$$

在这个线性规划问题中，目标函数是求最小值；决策变量是$\{t,S_1^{\boldsymbol{X}},\cdots,S_P^{\boldsymbol{X}},S_1^{\boldsymbol{Y}},\cdots,S_Q^{\boldsymbol{Y}},S_1^{\boldsymbol{B}},\cdots,S_R^{\boldsymbol{B}},\Lambda_1,\cdots,\Lambda_N\}$，其对应的系数向量为$\left(1,-\dfrac{1}{PX_{01}},\cdots,-\dfrac{1}{PX_{0P}},\mathbf{0}_{1\times Q},\mathbf{0}_{1\times R},\mathbf{0}_{1\times N}\right)$。由此可见，我们只需对上一节的sbm()函数代码进行相应的修改便可。具体代码如下：

```
cap mata mata drop sbm2()
  mata:
      void function sbm2(string scalar varname,
                         string scalar flag,
                         string scalar rflag,
                         real   scalar p,
                         real   scalar q,
                         string scalar strname )
      {
       data=st_data(.,varname,flag)
       data=data'
       dataref=st_data(.,varname,rflag)
       dataref=dataref'
       class LinearProgram scalar lp
       lp = LinearProgram()
       lp.setMaxOrMin("min")
       N1=cols(data)
       N2=cols(dataref)
       M=rows(data)
       beta=J(N1,M+1,.)
     for(i=1;i<=N1;i++){
          X=data[1..p,i]
          Y=data[(p+1)..(p+q),i]
          B=data[(p+q+1)..M,i]
```

```
25.             Xref=dataref[1..p,.]
26.             Yref=dataref[(p+1)..(p+q),.]
27.             Bref=dataref[(p+q+1)..M,.]
28.             c = (1, -1/p*(1:/X'),J(1,M-p,0),J(1,N2,0))
29.             lowerbd = J(1,length(c),0)
30.             upperbd = J(1,length(c),.)
31.             Ae1 = (1,J(1,p,0), 1/(M-p)*(1:/Y'), ///
32.                   1/(M-p)*(1:/B'),J(1,N2,0)          )
33.             Ae2 = (-X,I(p),J(p,M-p,0),Xref)
34.             Ae3 = (-Y,J(q,p,0),-I(q),J(q,M-p-q,0),Yref)
35.             Ae4 = (-B,J(M-p-q,p+q,0),I(M-p-q),Bref)
36.             lp.setCoefficients(c)
37.             lp.setEquality(Ae1\Ae2\Ae3\Ae4, 1\J(M,1,0))
38.             lp.setBounds(lowerbd, upperbd)
39.             theta=lp.optimize()
40.             if (lp.converged()==1){
41.               bslk=lp.parameters()
42.               beta[i,.]=theta,bslk[1,2..(M+1)]/bslk[1,1]
43.             }
44.         }
45.         st_view(teslack=.,.,strname,flag)
46.       teslack[.,.]=beta
47.     }
48.   end
```

与 sbm() 函数相比，sbm2() 函数在第 7 行增加了一个函数输入项 real scalar q，用来传递合意产出变量的个数；在第 24 行和第 27 行增加了非合意产出变量数据的传递；在第 35 行和第 37 行增加了非合意产出对应的约束条件。在 sbm2() 函数的基础上，我们接下来编写包含非合意产出 SBM 模型的命令 sbm2，具体代码如下：

```
program define sbm2
    version 16
    gettoken inputvars 0:0, parse("=")
    gettoken var 0:0, parse("=")
    gettoken doutputvars 0:0, parse(":")
    gettoken var 0:0, parse(":")
    syntax varlist [if] [in], te(string) slack(string) ///
                               [reference(varname)]
    local udoutputvars `varlist'
    marksample touse
```

```
    confirm new var `te'
    if `"`reference'"'==""{
        tempvar reference
        qui gen byte `reference'=1
    }
    else{
        confirm numeric `reference'
    }
    qui gen `te'=.
    foreach v in `inputvars' `doutputvars' `udoutputvars'{
        qui gen `slack'_`v'=.
        label var `slack'_`v' "Slack in `v'"
        local slackvars `slackvars' `slack'_`v'
    }
    local nx: word count `inputvars'
    local ny: word count `doutputvars'
    mata:sbm2("`inputvars' `doutputvars' `udoutputvars'", ///
             "`touse'","`reference'",`nx',`ny', "`te' `slackvars'")
end

cap mata mata drop sbm2()
mata:
    void function sbm2(string scalar varname,
                       string scalar flag,
                       string scalar rflag,
                       real   scalar p,
                       real   scalar q,
                       string scalar strname  )
    {
     data=st_data(.,varname,flag)
     data=data'
     dataref=st_data(.,varname,rflag)
     dataref=dataref'
     class LinearProgram scalar lp
     lp = LinearProgram()
     lp.setMaxOrMin("min")
        N1=cols(data)
        N2=cols(dataref)
        M=rows(data)
        beta=J(N1,M+1,.)
   for(i=1;i<=N1;i++){
        X=data[1..p,i]
        Y=data[(p+1)..(p+q),i]
        B=data[(p+q+1)..M,i]
        Xref=dataref[1..p,.]
```

```
56.         Yref=dataref[(p+1)..(p+q),.]
57.         Bref=dataref[(p+q+1)..M,.]
58.         c = (1, -1/p*(1:/X'),J(1,M-p,0),J(1,N2,0))
59.         lowerbd = J(1,length(c),0)
60.         upperbd = J(1,length(c),.)
61.         Ae1 = (1,J(1,p,0),1/(M-p)*(1:/Y'),1/(M-p)*(1:/B'),J(1,N2,0))
62.         Ae2 = (-X,I(p),J(p,M-p,0),Xref)
63.         Ae3 = (-Y,J(q,p,0),-I(q),J(q,M-p-q,0),Yref)
64.         Ae4 = (-B,J(M-p-q,p+q,0),I(M-p-q),Bref)
65.         lp.setCoefficients(c)
66.         lp.setEquality(Ae1\Ae2\Ae3\Ae4, 1\J(M,1,0))
67.         lp.setBounds(lowerbd, upperbd)
68.         theta=lp.optimize()
69.         if (lp.converged()==1){
70.             bslk=lp.parameters()
71.             beta[i,.]=theta,bslk[1,2..(M+1)]/bslk[1,1]
72.         }
73.     }
74.     st_view(teslack=.,.,strname,flag)
75.     teslack[.,.]=beta
76. }
77. end
```

在 sbm2 命令中,我们需要分别传递投入变量、合意产出变量和非合意产出变量。因此,我们采用如下表达式:投入变量=合意产出变量:非合意产出变量,即利用"="和":"对变量进行分割,从而实现准确传递。代码第 3 行使用"="作为分割符对 local 0 进行分割,分割得到的第一部分是投入变量,剩余部分放在 local 0 中。第 4 行使用 gettoken 将"="从 local 0 中取出。第 5 行以":"作为分割符,使用 gettoken 取出了合意产出变量。第 6 行进一步从 local 0 中将":"去除。基于新定义的语法规则,我们便可通过以下方式调用命令:

```
use Ex4.dta
sbm2 K L=Y:CO2, te(te) slack(S)
```

13.3 DDF 模型的程序编写

Chung et al.(1997)提出的方向距离函数是测度技术效率的另外一个常用工具。假设决策单元以 P 种投入要素 $\boldsymbol{X}$ 生产出 Q 种产出 $\boldsymbol{Y}$,并且伴随着产生了 R 种非合意产出 $\boldsymbol{B}$,方向距离函数的定义如下:

$$\boldsymbol{D}(\boldsymbol{X},\boldsymbol{Y},\boldsymbol{B};\boldsymbol{g})=\max\{\beta:(\boldsymbol{X},\boldsymbol{Y},\boldsymbol{B})+\beta\boldsymbol{g}\in T\}$$

其中，T 是生产技术集；$\boldsymbol{g}=(\boldsymbol{g}_{\boldsymbol{X}},\boldsymbol{g}_{\boldsymbol{Y}},\boldsymbol{g}_{\boldsymbol{B}})'$ 是投入变量、合意产出变量和非合意产出变量调整的方向向量。利用数据包络分析的方法，方向距离函数可以由下面的线性规划问题求解。

$$D(\boldsymbol{X},\boldsymbol{Y},\boldsymbol{B};\boldsymbol{g})=\max_{\{\beta,\lambda_1,\lambda_2,\cdots,\lambda_N\}}\beta$$

$$\text{s.t.}\begin{cases}\sum_{i=1}^{N}\lambda_i\boldsymbol{X}_i\leqslant\boldsymbol{X}_0+\beta\boldsymbol{g}_{\boldsymbol{X}}\\ \sum_{i=1}^{N}\lambda_i\boldsymbol{Y}_i\geqslant\boldsymbol{Y}_0+\beta\boldsymbol{g}_{\boldsymbol{Y}}\\ \sum_{i=1}^{N}\lambda_i\boldsymbol{B}_i=\boldsymbol{B}_0+\beta\boldsymbol{g}_{\boldsymbol{B}}\\ \lambda_i\geqslant 0,i=1,2,\cdots,N\end{cases}$$

在进行程序编写前，我们需要将这个线性规划问题写成如下标准化形式：

$$D(\boldsymbol{X},\boldsymbol{Y},\boldsymbol{B};\boldsymbol{g})=\max_{\{\beta,\lambda_1,\lambda_2,\cdots,\lambda_N\}}\beta+\boldsymbol{0}_{N\times 1}$$

$$\text{s.t.}\begin{cases}-\boldsymbol{g}_{\boldsymbol{X}}\beta+\sum_{i=1}^{N}\boldsymbol{X}_i\lambda_i\leqslant\boldsymbol{X}_0\\ \boldsymbol{g}_{\boldsymbol{Y}}\beta-\sum_{i=1}^{N}\boldsymbol{Y}_i\lambda_i\leqslant-\boldsymbol{Y}_0\\ -\boldsymbol{g}_{\boldsymbol{B}}\beta+\sum_{i=1}^{N}\boldsymbol{B}_i\lambda_i=\boldsymbol{B}_0\\ \lambda_i\geqslant 0,i=1,2,\cdots,N\end{cases}$$

在上述线性规划问题中，决策变量是$\{\beta,\lambda_1,\lambda_2,\cdots,\lambda_N\}$；其目标函数的系数向量是$(1,\boldsymbol{0}_{1\times N})$，有 P 个投入变量相关的不等式约束，Q 个合意产出相关的不等式约束和 R 个非合意产出相关的等式约束。基于这个线性规划问题，我们便可以编写用于估计方向距离函数的 Mata 函数 ddf()。具体代码如下：

```
cap mata mata drop ddf()
    mata:
        void function ddf( string scalar varname,
                           string scalar gname,
                           string scalar flag,
                           string scalar rflag,
                           real   scalar p,
                           real   scalar q,
                           string scalar strname )
        {
```

```
11.         data=st_data(.,varname,flag)
12.         data=data'
13.         dataref=st_data(.,varname,rflag)
14.         dataref=dataref'
15.         gvec=st_data(.,gname,flag)
16.         gvec=gvec'
17.         class LinearProgram scalar lp
18.         lp = LinearProgram()
19.         lp.setMaxOrMin("max")
20.         N1=cols(data)
21.         N2=cols(dataref)
22.         M=rows(data)
23.         beta=J(N1,1,.)
24.
25.       for(i=1;i<=N1;i++){
26.             X=data[1..p,i]
27.             Y=data[(p+1)..(p+q),i]
28.             B=data[(p+q+1)..M,i]
29.             gX=gvec[1..p,i]
30.             gY=gvec[(p+1)..(p+q),i]
31.             gB=gvec[(p+q+1)..M,i]
32.             Xref=dataref[1..p,.]
33.             Yref=dataref[(p+1)..(p+q),.]
34.             Bref=dataref[(p+q+1)..M,.]
35.             c = (1, J(1,N2,0))
36.             lp.setCoefficients(c)
37.             lowerbd = .,J(1,length(c)-1,0)
38.             upperbd = J(1,length(c),.)
39.             lp.setBounds(lowerbd, upperbd)
40.             Aie1 = (-gX,Xref)
41.             Aie2 = (gY,-Yref)
42.             lp.setInequality(Aie1 \ Aie2, X \ -Y)
43.             Ae = (-gB,Bref)
44.             lp.setEquality(Ae, B)
45.             beta[i]=lp.optimize()
46.         }
47.         st_view(te=.,.,strname,flag)
48.         te[.,.]=beta
49.     }
50.     end
```

上述 ddf()函数代码比 sbm2()函数多了一个输入项 string scalar gname，用以传递方向向量的变量($\boldsymbol{g}_X$，$\boldsymbol{g}_Y$，$\boldsymbol{g}_B$)。第 15～16 行将 gname 所指的 Stata 变量数据传递给 Mata 中的 gvec 矩阵。第 29～31 行从 gvec 中取出了进行效率评价的决策单元对应的方向向量。第 35～39 行根据方向距离函数的目标函数，对线性规划问题的决策变量在目标函数中的系数向量和决策变量的上、下界进行了赋值。第 40～42 行对线性规划问题的投入变量和合意产出变量对应的不等式约束进行了声明。第 43～44 行则对非合意产出变量对应的等式约束进行了声明。

基于以上 ddf()函数，我们可以进一步将代码封装成 Stata 命令 ddf。具体代码如下：

```
program define ddf
    version 16
    gettoken inputvars 0:0, parse("=")
    gettoken var 0:0, parse("=")
    gettoken doutputvars 0:0, parse(":")
    gettoken var 0:0, parse(":")
    syntax varlist [if] [in], dv(string)  [gx(varlist) gy(varlist) ///
                                gb(varlist) reference(varname)]
    local udoutputvars `varlist'
    marksample touse
    confirm new var `dv'
    if `"`reference'"'==""{
        tempvar reference
        qui gen byte `reference'=1
    }
    else{
        confirm numeric var `reference'
    }
    if `"`gx'"'==""{
        foreach v in `inputvars'{
            tempvar g`v'
            qui gen `g`v''=-`v'
            local gx `gx' `g`v''
        }
    }

    if `"`gy'"'==""{
        foreach v in `doutputvars'{
            tempvar g`v'
            qui gen `g`v''=`v'
            local gy `gy' `g`v''
        }
    }
    if `"`gb'"'==""{
```

```
          foreach v in `udoutputvars'{
              tempvar g`v'
              qui gen `g`v''=-`v'
              local gb `gb' `g`v''
          }
      }
      qui gen `dv'=.
      local nx: word count `inputvars'
      local ny: word count `doutputvars'
      mata:ddf("`inputvars' `doutputvars' `udoutputvars'", ///
              "`gx' `gy' `gb'", "`touse'","`reference'", ///
               `nx',`ny', "`dv'"                          )
end
cap mata mata drop ddf()
    mata:
        void function ddf( string scalar varname,
                           string scalar gname,
                           string scalar flag,
                           string scalar rflag,
                           real scalar   p,
                           real scalar   q,
                           string scalar strname)
        {
         data=st_data(.,varname,flag)
         data=data'
         dataref=st_data(.,varname,rflag)
         dataref=dataref'
         gvec=st_data(.,gname,flag)
         gvec=gvec'
         class LinearProgram scalar lp
         lp = LinearProgram()
         lp.setMaxOrMin("max")
         N1=cols(data)
         N2=cols(dataref)
         M=rows(data)
         beta=J(N1,1,.)
       for(i=1;i<=N1;i++){
            X=data[1..p,i]
            Y=data[(p+1)..(p+q),i]
            B=data[(p+q+1)..M,i]
            gX=gvec[1..p,i]
            gY=gvec[(p+1)..(p+q),i]
```

```
80.             gB=gvec[(p+q+1)..M,i]
81.             Xref=dataref[1..p,.]
82.             Yref=dataref[(p+1)..(p+q),.]
83.             Bref=dataref[(p+q+1)..M,.]
84.             c = (1, J(1,N2,0))
85.             lp.setCoefficients(c)
86.             lowerbd = .,J(1,length(c)-1,0)
87.             upperbd = J(1,length(c),.)
88.             lp.setBounds(lowerbd, upperbd)
89.             Aie1 = (-gX,Xref)
90.             Aie2 = (gY,-Yref)
91.             lp.setInequality(Aie1 \ Aie2, X \ -Y)
92.             Ae = (-gB,Bref)
93.             lp.setEquality(Ae, B)
94.             beta[i]=lp.optimize()
95.         }
96.         st_view(te=.,.,strname,flag)
97.         te[.,.]=beta
98.     }
99.     end
```

ddf 命令的代码保留了 sbm2 命令代码的大部分内容，仅在以下地方做了修改。在命令语法上多了“gx(varlist) gy(varlist) gb(varlist)”三个选项用于传递方向向量的变量。此外，命令语法上去除了 sbm2 命令的 slack(string)选项。“gx(varlist) gy(varlist) gb(varlist)”放在了“[ ]”中表示可选项。当它们缺省时，第 19～40 行进行了缺省时的相关赋值。当投入变量的方向向量缺省时，我们令 $\boldsymbol{g}_X=-\boldsymbol{X}$；当合意产出变量的方向向量缺省时，我们令 $\boldsymbol{g}_Y=\boldsymbol{Y}$；当非合意产出变量的方向向量缺省时，我们令 $\boldsymbol{g}_B=-\boldsymbol{B}$。以下代码说明了命令的使用方法。

```
use Ex4.dta
ddf K L=Y:CO2, dv(beta1)
gen gk=-1
gen gl=-1
gen gy=1
gen gb=-1
ddf K L=Y:CO2, dv(beta2) gx(gk gl) gy(gy) gb(gb)
```

13.4 NDDF 模型的程序编写

Zhou et al.(2012)提出的非径向方向距离函数(NDDF)允许投入和产出变

量进行不同比例的调整。假设决策单元以 P 种投入要素 $\boldsymbol{X}$ 生产出 Q 种产出 $\boldsymbol{Y}$,并且伴随着产生了 R 种非合意产出 $\boldsymbol{B}$。NDDF 的定义如下：

$$\vec{D}(\boldsymbol{X},\boldsymbol{Y},\boldsymbol{B};\boldsymbol{g})=\max\{\boldsymbol{w}'\boldsymbol{\beta}:(\boldsymbol{X},\boldsymbol{Y},\boldsymbol{B})+\boldsymbol{\beta}'diag(\boldsymbol{g})\in T\}$$

其中,T 是生产技术集；$\boldsymbol{g}=(\boldsymbol{g_X},\boldsymbol{g_Y},\boldsymbol{g_B})'$是投入变量、合意产出变量和非合意产出变量调整的方向向量；$\boldsymbol{\beta}=(\beta_{\boldsymbol{X}},\beta_{\boldsymbol{Y}},\beta_{\boldsymbol{B}})'$是投入和产出变量对应的调整因子向量；$\boldsymbol{w}=(w_{\boldsymbol{X}},w_{\boldsymbol{Y}},w_{\boldsymbol{B}})'$是各个调整因子对应的权重向量。利用数据包络分析的方法,非径向方向距离函数可以由下面线性规划问题求解。

$$\vec{D}(\boldsymbol{x},\boldsymbol{y},\boldsymbol{b};\boldsymbol{g})=\max\ \boldsymbol{w}'\boldsymbol{\beta}$$

$$\text{s.t.}\begin{cases}\sum_{n=1}^{N}\lambda_n\boldsymbol{X}_n\leqslant\boldsymbol{x}+diag(\boldsymbol{g_X})\boldsymbol{\beta_X}\\ \sum_{n=1}^{N}\lambda_n\boldsymbol{Y}_n\geqslant\boldsymbol{y}+diag(\boldsymbol{g_Y})\boldsymbol{\beta_Y}\\ \sum_{n=1}^{N}\lambda_n\boldsymbol{B}_n=\boldsymbol{b}+diag(\boldsymbol{g_B})\boldsymbol{\beta_B}\\ \lambda_n\geqslant0,n=1,2,\cdots,N\}\end{cases}$$

在进行程序编写前,我们需要将这个线性规划问题写成如下标准化形式：

$$\vec{D}(\boldsymbol{x},\boldsymbol{y},\boldsymbol{b};\boldsymbol{g})=\max\ \boldsymbol{w}'\boldsymbol{\beta}$$

$$\text{s.t.}\begin{cases}-diag(\boldsymbol{g_X})\boldsymbol{\beta_X}+\boldsymbol{0}_{P\times Q}\boldsymbol{\beta_Y}+\boldsymbol{0}_{P\times R}\boldsymbol{\beta_B}+\sum_{n=1}^{N}\lambda_n\boldsymbol{X}_n\leqslant\boldsymbol{x}\\ \boldsymbol{0}_{Q\times P}\boldsymbol{\beta_X}+diag(\boldsymbol{g_Y})\boldsymbol{\beta_Y}+\boldsymbol{0}_{Q\times R}\boldsymbol{\beta_B}-\sum_{n=1}^{N}\lambda_n\boldsymbol{Y}_n\leqslant-\boldsymbol{y}\\ \boldsymbol{0}_{R\times P}\boldsymbol{\beta_X}+\boldsymbol{0}_{R\times Q}\boldsymbol{\beta_Y}-diag(\boldsymbol{g_B})\boldsymbol{\beta_B}+\sum_{n=1}^{N}\lambda_n\boldsymbol{B}_n=\boldsymbol{b}\\ \lambda_n\geqslant0,\boldsymbol{\beta}\geqslant\boldsymbol{0},n=1,2,\cdots,N\end{cases}$$

在上述线性规划问题中,决策变量是$\{\boldsymbol{\beta}',\lambda_1,\lambda_2,\cdots,\lambda_N\}$;其目标函数的系数向量是$(\boldsymbol{w}',\boldsymbol{0}_{1\times N})$,有 P 个与投入变量相关的不等式约束,Q 个与合意产出相关的不等式约束和 R 个与非合意产出相关的等式约束。基于这个线性规划问题,我们便可以编写用于估计 NDDF 的 Mata 函数 nddf()。具体代码如下：

```
cap mata mata drop nddf()
mata:
 void function nddf( string scalar varname,
                     string scalar gname,    //方向向量
```

```
                    real   rowvector w,    // 权重向量
                    string scalar flag,
                    string scalar rflag,
                    real   scalar p,
                    real   scalar q,
                    string scalar strname )
    {
        data=st_data(.,varname,flag)
        data=data'
        dataref=st_data(.,varname,rflag)
        dataref=dataref'
        gvec=st_data(.,gname,flag)
        gvec=gvec'
        class LinearProgram scalar lp
        lp = LinearProgram()
        lp.setMaxOrMin("max")
        N1=cols(data)
        N2=cols(dataref)
        M=rows(data)
        beta=J(N1,M+1,.)
        Xref=dataref[1..p,.]
        Yref=dataref[(p+1)..(p+q),.]
        Bref=dataref[(p+q+1)..M,.]
      for(i=1;i<=N1;i++){
          X=data[1..p,i]
          Y=data[(p+1)..(p+q),i]
          B=data[(p+q+1)..M,i]
          gX=gvec[1..p,i]
          gY=gvec[(p+1)..(p+q),i]
          gB=gvec[(p+q+1)..M,i]
          c = (w, J(1,N2,0))
          lp.setCoefficients(c)
          lowerbd = J(1,length(c),0)
          upperbd = J(1,length(c),.)
          lp.setBounds(lowerbd, upperbd)
           Aie1=diag(-gX),J(p,rows(data)-p,0),Xref
           bie1=X
```

```
42.             Aie2=J(q,p,0),diag(gY),J(q,rows(data)-p-q,0),-Yref
43.             bie2=-Y
44.             lp.setInequality((Aie1 \ Aie2 ), (bie1 \ bie2))
45.             Aec=J(rows(data)-p-q,p+q,0),diag(-gB),Bref
46.             bec=B
47.             lp.setEquality(Aec,bec)
48.             dv=lp.optimize()
49.            if(lp.converged()==1){
50.                paras = lp.parameters()
51.                beta[i,.]=dv,paras[1,1..M]
52.             }
53.         }
54.         st_view(te=.,.,strname,flag)
55.         te[.,.]=beta
56.     }
57.     end
```

上述 nddf()函数代码比 ddf()函数代码多了一个输入项 real rowvector w，用以传递权重向量 ***w***。第 15～16 行将 gname 所指的 Stata 变量数据传递给 Mata 中的 gvec 矩阵。第 35～39 行根据 NDDF 的目标函数，对线性规划问题的决策变量在目标函数中的系数向量和决策变量的上、下界进行了赋值。第 40～44行对线性规划问题的投入变量和合意产出变量对应的不等式约束进行了声明。第 45～47 行则对非合意产出变量对应的等式约束进行了声明。如果线性规划问题求解收敛，则在第 51 行将求得的 NDDF 值以及 $\boldsymbol{\beta}$ 向量储存在矩阵 beta 中，并在第 54～55 行将它们返回到 Stata 环境的当前数据集中（输入项 strname 所指的变量）。

参考 SBM 模型和 DDF 模型的程序封装，我们在上述 nddf()函数的基础上编写了 Stata 命令 nddf。具体代码如下：

```
cap program drop nddf
program define nddf
    version 16
    gettoken inputvars 0:0, parse("=")
    gettoken var 0:0, parse("=")
    gettoken doutputvars 0:0, parse(":")
    gettoken var 0:0, parse(":")
```

```
    syntax varlist [if] [in], dv(string) beta(string)  ///
                                    [wmat(name) gx(varlist)  ///
                                     gy(varlist) gb(varlist) ///
                                     reference(varname)]
    local udoutputvars `varlist'
    marksample touse
    confirm new var `dv'
    if `"`reference'"'==""{
        tempvar reference
        qui gen byte `reference'=1
    }
    else{
        confirm numeric var `reference'
    }
    if `"`gx'"'==""{
        foreach v in `inputvars'{
            tempvar g`v'
            qui gen `g`v''=-`v'
            local gx `gx' `g`v''
        }
    }

    if `"`gy'"'==""{
        foreach v in `doutputvars'{
            tempvar g`v'
            qui gen `g`v''=`v'
            local gy `gy' `g`v''
        }
    }
    if `"`gb'"'==""{
        foreach v in `udoutputvars'{
            tempvar g`v'
            qui gen `g`v''=-`v'
            local gb `gb' `g`v''
        }
    }

```

```
    qui gen `dv'=.
    local nx: word count `inputvars'
    local ny: word count `doutputvars'
    local nb : word count `udoutputvars'
   tempname wv
   if "`wmat'"==""{
       mata: `wv'=J(1,`nx'+`nb'+`ny',1)
   }
   else{
      mata: `wv'=st_matrix("`wmat'")
  }

 foreach v in `inputvars' `doutputvars' `udoutputvars'{
        qui gen `beta'_`v'=.
        local slackvars `slackvars' `beta'_`v'
   }
 mata: nddf("`inputvars' `doutputvars' `udoutputvars'",  ///
            "`gx' `gy' `gb'", `wv', "`touse'",   ///
            "`reference'",`nx',`ny', "`dv' `slackvars'" )
end


cap mata mata drop nddf()
mata:
 void function nddf( string scalar varname,
                     string scalar gname,   //方向向量
                     real   rowvector w,    // 权重向量
                     string scalar flag,
                     string scalar rflag,
                     real   scalar p,
                     real   scalar q,
                     string scalar strname )
   {
        data=st_data(.,varname,flag)
        data=data'
        dataref=st_data(.,varname,rflag)
        dataref=dataref'
```

```
        gvec=st_data(.,gname,flag)
        gvec=gvec'
        class LinearProgram scalar lp
        lp = LinearProgram()
        lp.setMaxOrMin("max")
        N1=cols(data)
        N2=cols(dataref)
        M=rows(data)
        beta=J(N1,M+1,.)
        Xref=dataref[1..p,.]
        Yref=dataref[(p+1)..(p+q),.]
        Bref=dataref[(p+q+1)..M,.]
      for(i=1;i<=N1;i++){
           X=data[1..p,i]
           Y=data[(p+1)..(p+q),i]
           B=data[(p+q+1)..M,i]
           gX=gvec[1..p,i]
           gY=gvec[(p+1)..(p+q),i]
              gB=gvec[(p+q+1)..M,i]
              c = (w, J(1,N2,0))
              lp.setCoefficients(c)
              lowerbd = J(1,length(c),0)
              upperbd = J(1,length(c),.)
              lp.setBounds(lowerbd, upperbd)
               Aie1=diag(-gX),J(p,rows(data)-p,0),Xref
               bie1=X
               Aie2=J(q,p,0),diag(gY),J(q,rows(data)-p-q,0),-Yref
               bie2=-Y
               lp.setInequality((Aie1 \ Aie2 ), (bie1 \ bie2))
               Aec=J(rows(data)-p-q,p+q,0),diag(-gB),Bref
               bec=B
               lp.setEquality(Aec,bec)
               dv=lp.optimize()
              if(lp.converged()==1){
                  paras = lp.parameters()
                  beta[i,.]=dv,paras[1,1..M]
               }
```

```
119.            }
120.            st_view(te=.,.,strname,flag)
121.            te[.,.]=beta
122.        }
123.    end
```

上述代码中的第 4～7 行与 sbm2 命令和 ddf 命令一样，用于从表达式“投入变量 = 合意产出变量:非合意产出变量”解析出投入变量、合意产出变量和非合意产出变量。nddf 命令与 ddf 命令相比，多出两个选项。一个是 beta(string)，用以返回 NDDF 模型中各个变量的调整因子；另外一个是 wmat(name)，用来设定 NDDF 目标函数中的权重向量，其中 name 是 Stata 中的矩阵名称。wmat(name)选项缺省时，第 49～52 行将其设定为权重都为 1 的行向量，并用 Mata 中的 st_matrix()函数传递到 Mata 中的`wv'矩阵(`wv'是临时名称 wv 所指矩阵)。第 61～63 行调用 nddf 函数进行具体的计算。nddf 命令的调用方式如下：

```
use Ex4.dta
matrix w = (1,1,1,1)
nddf K L=Y:CO2, dv(dv) beta(b_) wmat(w)
```

13.5 Malmquist 生产率指数的程序编写

产出方向的 Malmquist 生产率指数被定义为

$$\mathrm{M}(\boldsymbol{X}_{t+1},\boldsymbol{Y}_{t+1},\boldsymbol{X}_t,\boldsymbol{Y}_t)=\left[\frac{D^t(\boldsymbol{X}_{t+1},\boldsymbol{Y}_{t+1})}{D^t(\boldsymbol{X}_t,\boldsymbol{Y}_t)}\frac{D^{t+1}(\boldsymbol{X}_{t+1},\boldsymbol{Y}_{t+1})}{D^{t+1}(\boldsymbol{X}_t,\boldsymbol{Y}_t)}\right]^{0.5}$$

从这个定义中我们可以看到，计算 Malmquist 生产率指数需要估计 4 个谢泼德产出距离函数：$D^t(\boldsymbol{X}_t,\boldsymbol{Y}_t)$、$D^{t+1}(\boldsymbol{X}_{t+1},\boldsymbol{Y}_{t+1})$、$D^{t+1}(\boldsymbol{X}_t,\boldsymbol{Y}_t)$ 和 $D^t(\boldsymbol{X}_{t+1},\boldsymbol{Y}_{t+1})$。对此，我们可以使用 dea5 命令进行相应的估计。下面我们以 ex4.dta 数据集为例进行 Malmquist 生产率指数的计算。

```
use Ex4.dta,clear
gen D11=.  // D^{t}(X_t,Y_t)
gen flag=.
forvalues j=1/3{
    cap drop te
    replace flag=(t==`j')
```

```
    dea5 K L=Y if t==`j', te(te) reference(flag)
    qui replace D11=1/te if t==`j'
}

gen D22=.  // D^{t+1}(X_{t+1},Y_{t+1})
forvalues j=2/3{
    cap drop te
    replace flag=(t==`j')
    dea5 K L=Y if t==`j', te(te) reference(flag)
    qui replace D22=1/te if t==`j'
}

gen D12=.   // D^{t}(X_{t+1},Y_{t+1})
forvalues j=1/3{
    cap drop te
    replace flag=(t==`j')
    dea5 K L=Y if t==`j'+1, te(te) reference(flag)
    qui replace D12=1/te if t==`j'+1
}

gen D21=.  // D^{t+1}(X_{t},Y_{t})
forvalues j=2/3{
    cap drop te
    replace flag=(t==`j')
    dea5 K L=Y if t==`j'-1, te(te) reference(flag)
    qui replace D21=1/te if t==`j'-1
}
bys id (t): gen from=t[_n-1]
bys id (t): gen to=t
bys id (t): gen mpi=sqrt(D12/D11[_n-1]*D22/D21[_n-1])
sort id t
list id from to mpi if t>1, sep(0)
```

以上代码呈现了 Malmquist 生产率指数的具体计算过程。接下来，我们将以上计算过程封装为 Stata 命令 mpi。

```
program define mpi
    version 16
    gettoken inputvars 0:0, p("=")
    gettoken var 0:0, p("=")
    syntax varlist [if] [in],  id(varname) t(varname) [sav(string)]
    local outputvars `varlist'
    marksample touse
    preserve
    qui keep `inputvars' `outputvars' `id' `t' `touse'
    tempvar D11 D21 D12 flag te t2
    qui gen `D11'=.
    qui gen `D12'=.
```

```
    qui gen `D21'=.
    qui gen `flag'=.
    qui egen `t2'=group(`t')
    qui su `t2',meanonly
    local T=r(max)

    * computing D_{t}(t) & D_{t+1}(t+1)
    forvalue j=1/`T'{
        qui replace `flag'=(`t2'==`j')
        cap drop `te'
        dea5 `inputvars'=`outputvars' if `t2'==`j' & `touse', ///
                                   te(`te') reference(`flag')
        qui replace `D11'=1/`te' if `t2'==`j' & `touse'
    }
    * computing D_{t}(t+1)
    forvalue j=2/`T'{
        qui replace `flag'=(`t2'==`j'-1)
        cap drop `te'
        dea5 `inputvars'=`outputvars' if `t2'==`j' & `touse', ///
                                   te(`te') reference(`flag')
        qui replace `D12'=1/`te' if `t2'==`j' & `touse'
    }
    * computing D_{t+1}(t)
    forvalue j=2/`T'{
        qui replace `flag'=(`t2'==`j')
        cap drop `te'
        dea5 `inputvars'=`outputvars' if `t2'==`j'-1 & `touse', ///
                                   te(`te') reference(`flag')
        qui replace `D21'=1/`te' if `t2'==`j'-1 & `touse'
    }

    qui bys `id' (`t2'): gen from=`t'[_n-1]
    qui bys `id' (`t2'): gen to=`t'
    bys `id' (`t2'): gen mpi=sqrt(`D12'/`D11'[_n-1]*`D11'/`D21'[_n-1])
    qui drop if `t2'==1 | `touse'==0
    sort `id' `t2'
    disp _n(2) "Total Factor Productivity Change"
    list `id' from to mpi, sep(0)
    di "Note: missing value indicates infeasible problem."
   if `"`sav'"'!=""{
     label var mpi "Malmquist Productivity Index"
     qui keep `id' from to mpi
     save `sav'
   }

    restore

end
```

mpi 命令的调用语法为：mpi input_varlist = output_varlist [if] [in], id(varname) t(varname) [sav(string)]。在选项上，id(varname)和 t(varname)分别传递了决策单元的名称变量和时间变量；sav(string)是可选项，表示将结果保存为所指定的文件。我们用 mpi 命令重新计算决策单元的 Malmquist 生产率指数。具体代码如下：

```
use Ex4.dta,clear
mpi K L=Y, id(id) t(t) sav(mpi1)
```

在 mpi 命令中，我们采用了同期生产技术的假定，其生产前沿的构造只使用一个时期决策单元的投入和产出数据。接下来，我们在 mpi 命令的基础上进行修改，以便考虑各类不同的生产技术设定。首先，我们考虑时序生产技术下的 Malmquist 生产率指数。时序生产技术假定过去的所有生产技术都是可以被当期使用的，因此，其生产前沿的构造使用了决策单元当期及之前的所有投入和产出数据。对于计算时序生产技术下的 Malmquist 生产率指数，我们只需要将 mpi 命令代码中的第 21 行、第 29 行和第 37 行中的“==”修改为“<=”。其次，我们考虑视窗(window)生产技术下的 Malmquist 生产率指数。视窗生产技术以一定时间窗口内的观测值来构造生产前沿。例如设定窗宽为 h，在时期 t 的生产技术采用了$\{t-h,\cdots,t,\cdots,t+h\}$时期的决策单元投入和产出变量的观测值作为技术参照集。因此，我们需要将 mpi 命令代码中的第 21 行、第 29 行和第 37 行代码分别修改为：

```
qui replace `flag'=(`t2'>=`j'-`h' & `t2'<=`j'+`h')
qui replace `flag'=(`t2'>=`j'-`h'-1 & `t2'<=`j'-1+`h')
qui replace `flag'=(`t2'>=`j'-`h' & `t2'<=`j'+`h')
```

现在我们将时序生产技术和视窗生产技术作为两个选项添加到 mpi 命令中。具体代码如下：

```
1.  program define mpi
2.      version 16
3.      gettoken inputvars 0:0, p("=")
4.      gettoken var 0:0, p("=")
5.      syntax varlist [if] [in], id(varname) t(varname)  ///
6.              [SEQuential WINdow(numlist integer max=1 >=1) sav(string)]
7.      local outputvars `varlist'
8.      marksample touse
9.      preserve
10.     qui keep `inputvars' `outputvars' `id' `t' `touse'
11.     tempvar D11 D21 D12 flag te t2
```

```
    qui gen `D11'=.
    qui gen `D12'=.
    qui gen `D21'=.
    qui gen `flag'=.
    qui egen `t2'=group(`t')
    qui su `t2',meanonly
    local T=r(max)

    local relf=cond("`sequential'"!="","<=","==")
    if "`window'"!=""{
        local band=(`window'-1)/2
    }

    * computing D_{t}(t) & D_{t+1}(t+1)
    forvalue j=1/`T'{
        if "`window'"==""{
           qui replace `flag'=(`t2' `relf' `j')
        }
        else{
           qui replace `flag'=(`t2'>=`j'-`window' & `t2'<=`j'+`window')
        }

        cap drop `te'
        dea5 `inputvars'=`outputvars' if `t2'==`j' & `touse', ///
                                     te(`te') reference(`flag')
        qui replace `D11'=1/`te' if `t2'==`j' & `touse'
    }
    * computing D_{t}(t+1)
    forvalue j=2/`T'{

        if "`window'"==""{
            qui replace `flag'=(`t2' `relf' `j'-1)
        }
        else{
            qui replace `flag'=(`t2'>=`j'-1-`window' &  ///
                               `t2'<=`j'-1+`window'       )
        }

        cap drop `te'
        dea5 `inputvars'=`outputvars' if `t2'==`j' & `touse', ///
                                     te(`te') reference(`flag')
        qui replace `D12'=1/`te' if `t2'==`j' & `touse'
    }
    * computing D_{t+1}(t)
    forvalue j=2/`T'{

```

```
        if "`window'"==""{
            qui replace `flag'=(`t2' `relf' `j')
        }
        else{
           qui replace `flag'=(`t2'>=`j'-`window' & `t2'<=`j'+`window')
        }

        cap drop `te'
        dea5 `inputvars'=`outputvars' if `t2'==`j'-1 & `touse', ///
                                      te(`te') reference(`flag')
        qui replace `D21'=1/`te' if `t2'==`j'-1 & `touse'
    }

    qui bys `id' (`t2'): gen from=`t'[_n-1]
    qui bys `id' (`t2'): gen to=`t'
    bys `id' (`t2'): gen mpi=sqrt(`D12'/`D11'[_n-1]*`D11'/`D21'[_n-1])
    qui drop if `t2'==1 & `touse'==0
    sort `id' `t2'
    disp _n(2) "Total Factor Productivity Change"
    list `id' from to mpi, sep(0)
    di "Note: missing value indicates infeasible problem."
   if `"`sav'"'!=""{
      label var mpi "Malmquist Productivity Index"
      qui keep `id' from to mpi
      save `sav'
   }

    restore

end
```

接下来，我们考虑全局生产技术下的 Malmquist 生产率指数。全局生产技术使用所有时期决策单元投入和产出变量的观测值来构造技术参照集。具体而言，全局生产技术下的 Malmquist 生产率指数的定义为

$$M(\boldsymbol{X}_{t+1},\boldsymbol{Y}_{t+1},\boldsymbol{X}_t,\boldsymbol{Y}_t)=\frac{D^G(\boldsymbol{X}_{t+1},\boldsymbol{Y}_{t+1})}{D^G(\boldsymbol{X}_t,\boldsymbol{Y}_t)}$$

其中，$D^G(\cdot)$表示全局生产技术下的产出距离函数，可以通过以下线性规划问题求解：

$$[D^G(\boldsymbol{X}^*,\boldsymbol{Y}^*)]^{-1}=\max_{\{\theta,\lambda_{11},\cdots,\lambda_{NT}\}}\quad\theta$$

$$
\text{s.t.}\begin{cases}\sum_{t=1}^{T}\sum_{i=1}^{N}\lambda_{it}X_{kit}\leqslant X_k^*, k=1,2,\cdots,K\\ \sum_{t=1}^{T}\sum_{i=1}^{N}\lambda_{it}Y_{lit}\geqslant \theta Y_l^*, l=1,2,\cdots,L\\ \lambda_{it}\geqslant 0, i=1,2,\cdots,N; t=1,2,\cdots,T; -\infty<\theta<+\infty\end{cases}
$$

基于以上表达式，我们可以使用 dea5 命令进行计算。具体代码如下：

```
use Ex4.dta,clear
gen D11=.
forvalues j=1/5{
    cap drop te
    dea5 K L=Y if t==`j', te(te)
    qui replace D11=1/te if t==`j'
}
bys id (t): gen from=t[_n-1]
bys id (t): gen to=t
bys id (t): gen mpi=D11/D11[_n-1]
sort id t
list id from to mpi if t>1, sep(0)
```

最后，我们考虑两期生产技术下的 Malmquist 生产率指数。两期生产技术使用连续两期的观测值来构造局部的技术参照集。在此技术情形下，Malmquist 生产率指数的测算可以通过以下代码实现：

```
use Ex4.dta,clear
gen D11=.
gen flag=.
bys id (t): gen from=t[_n-1]
bys id (t): gen to=t
gen mpi=.
forvalues j=2/3{
    qui replace flag=(t==`j' | t==`j'-1)
    dea5 K L=Y if t==`j'-1, te(te) reference(flag)
    qui replace D11=1/te if t==`j'-1
     cap drop te
    dea5 K L=Y if t==`j', te(te) reference(flag)
    qui replace D11=1/te if t==`j'
     cap drop te
    qui bys id (t): replace mpi=D11/D11[_n-1]
}

sort id t
list id from to mpi if t>1, sep(0)
```

我们通过 global 和 biennial 两个选项，把以上两种技术情形下的 Malmquist 生产率指数添加到原 mpi 命令中。具体代码如下：

```
cap program drop mpi
program define mpi
    version 16
    gettoken inputvars 0:0, p("=")
    gettoken var 0:0, p("=")
    syntax varlist [if] [in], id(varname) t(varname) [SEQuential ///
                                 WINdow(numlist intege max=1 >=1)   ///
                                 global BIennial sav(string)        ]
    local outputvars `varlist'
    marksample touse
    preserve
    qui keep `id' `t' `touse' `inputvars' `outputvars'
    tempvar D11 D21 D12 flag te t2
    qui gen `D11'=.
    qui gen `D12'=.
    qui gen `D21'=.
    qui gen `flag'=.
    qui egen `t2'=group(`t')
    qui su `t2',meanonly
    local T=r(max)
    qui bys `id' (`t2'): gen from=`t'[_n-1]
    qui bys `id' (`t2'): gen to=`t'

    if "`global'"!=""{
        forvalues j=1/`T'{
            cap drop `te'
            qui dea5 `inputvars'=`outputvars' if `t2'==`j' & `touse', ///
                                              te(`te')
            qui replace `D11'=1/`te' if `t2'==`j' & `touse'
        }
        qui bys `id' (`t2'): gen mpi=`D11'/`D11'[_n-1]
    }
    else if "`biennial'"!=""{
        qui gen mpi=.
        forvalues j=2/`T'{
          cap drop `te'
          qui replace `flag'=(`t2'==`j' | `t2'==`j'-1)
          qui dea5 `inputvars'=`outputvars' if `t2'==`j'-1 & `touse', ///
                                      te(`te') reference(`flag')
          qui replace `D11'=1/`te' if `t2'==`j'-1 & `touse'
          cap drop `te'
          qui dea5 `inputvars'=`outputvars' if `t2'==`j' & `touse', ///
                                      te(`te') reference(`flag')
          qui replace `D11'=1/`te' if `t2'==`j' & `touse'
          cap drop `te'
```

```
            qui bys `id' (`t2'): replace mpi=`D11'/`D11'[_n-1] ///
                                                  if `t2'==`j'
        }

    }
    else{
        local relf=cond("`sequential'"!="","<=","==")

        * computing D_{t}(t) & D_{t+1}(t+1)
        forvalue j=1/`T'{
            if "`window'"==""{
                qui replace `flag'=(`t2' `relf' `j')
            }
            else{
                qui replace `flag'=(`t2'>=`j'-`window' &  ///
                                        `t2'<=`j'+`window')
            }

            cap drop `te'
            dea5 `inputvars'=`outputvars' if `t2'==`j' & `touse',  ///
                                        te(`te') reference(`flag')
            qui replace `D11'=1/`te' if `t2'==`j' & `touse'
        }
        * computing D_{t}(t+1)
        forvalue j=2/`T'{

            if "`window'"==""{
                qui replace `flag'=(`t2' `relf' `j'-1)
            }
            else{
                qui replace `flag'=(`t2'>=`j'-1-`window' &  ///
                                        `t2'<=`j'-1+`window')
            }

            cap drop `te'
            dea5 `inputvars'=`outputvars' if `t2'==`j' & `touse',  ///
                                        te(`te') reference(`flag')
            qui replace `D12'=1/`te' if `t2'==`j' & `touse'
        }
        * computing D_{t+1}(t)
        forvalue j=2/`T'{

            if "`window'"==""{
                qui replace `flag'=(`t2' `relf' `j')
            }
            else{
```

```
                qui replace `flag'=(`t2'>=`j'-`window' &  ///
                                                `t2'<=`j'+`window')
            }

            cap drop `te'
            dea5 `inputvars'=`outputvars' if `t2'==`j'-1 & `touse',  ///
                                       te(`te') reference(`flag')
            qui replace `D21'=1/`te' if `t2'==`j'-1 & `touse'
        }
    bys `id' (`t2'): gen mpi=sqrt(`D12'/`D11'[_n-1]*`D11'/`D21'[_n-1])
    }
    qui drop if `t2'==1 & `touse'==0
    sort `id' `t2'
    disp _n(2) "Total Factor Productivity Change"
    list `id' from to mpi, sep(0)
    di "Note: missing value indicates infeasible problem."
   if `"`sav'"'!=""{
      label var mpi "Malmquist Productivity Index"
      qui keep `id' from to mpi
      save `sav'
   }

    restore

end
```

至此，我们便完成了一个估计 Malmquist 生产率指数的相对完整命令。这一命令通过选项的方式将多种生产技术情形综合起来，体现了 Stata 命令在使用上的灵活性和扩展性。下面我们给出几个调用 mpi 命令的例子：

```
use Ex4.dta,clear

* 计算时序技术下的 mpi
mpi K L=Y, id(id) t(t) seq

* 计算 window(3)技术下的 mpi
mpi K L=Y, id(id) t(t) window(3)

* 计算全局技术下的 mpi
mpi K L=Y, id(id) t(t) global

* 计算两期技术下的 mpi
mpi K L=Y, id(id) t(t) bi
```

13.6 Malmquist-Luenberger 生产率指数的程序编写

产出方向的 Malmquist-Luenberger 生产率指数的定义为

$$ML_t^{t+1}=\left[\frac{1+D^t(\boldsymbol{X}_t,\boldsymbol{Y}_t,\boldsymbol{B}_t;\boldsymbol{g})}{1+D^t(\boldsymbol{X}_{t+1},\boldsymbol{Y}_{t+1},\boldsymbol{B}_{t+1};\boldsymbol{g})}\times\frac{1+D^{t+1}(\boldsymbol{X}_t,\boldsymbol{Y}_t,\boldsymbol{B}_t;\boldsymbol{g})}{1+D^{t+1}(\boldsymbol{X}_{t+1},\boldsymbol{Y}_{t+1},\boldsymbol{B}_{t+1};\boldsymbol{g})}\right]$$

从这个定义中我们可以看到，Malmquist-Luenberger 生产率指数的计算需要估计 4 个方向距离函数：$D^t(\boldsymbol{X}_t,\boldsymbol{Y}_t,\boldsymbol{B}_t;\boldsymbol{g})$、$D^{t+1}(\boldsymbol{X}_{t+1},\boldsymbol{Y}_{t+1},\boldsymbol{B}_{t+1};\boldsymbol{g})$、$D^{t+1}(\boldsymbol{X}_t,\boldsymbol{Y}_t,\boldsymbol{B}_t;\boldsymbol{g})$和$D^t(\boldsymbol{X}_{t+1},\boldsymbol{Y}_{t+1},\boldsymbol{B}_{t+1};\boldsymbol{g})$。对此，我们可以使用 ddf 命令进行相应的估计。下面我们以 Ex4. dta 数据集为例来展示如何计算 Malmquist-Luenberger 生产率指数。具体代码如下：

```
use Ex4.dta,clear

gen D11=.
gen flag=.

forvalues j=1/4{
    cap drop dv
    replace flag=(t==`j')
    ddf K L=Y:CO2 if t==`j', dv(dv) reference(flag)
    qui replace D11=dv if t==`j'
}

gen D22=.
forvalues j=2/5{
    cap drop dv
    replace flag=(t==`j')
    ddf K L=Y:CO2 if t==`j', dv(dv) reference(flag)
    qui replace D22=dv if t==`j'
}

gen D12=.
forvalues j=1/4{
    cap drop dv
    replace flag=(t==`j')
    ddf K L=Y:CO2 if t==`j'+1, dv(dv) reference(flag)
    qui replace D12=dv if t==`j'+1
}

gen D21=.
forvalues j=2/5{
    cap drop dv
```

```
    replace flag=(t==`j')
    ddf K L=Y:CO2 if t==`j'-1, dv(dv) reference(flag)
    qui replace D21=dv if t==`j'-1
}
bys id (t): gen from=t[_n-1]
bys id (t): gen to=t
bys id (t): gen mlpi=sqrt((1+D11[_n-1])/(1+D12)*(1+D21[_n-1])/(1+D22))
sort id t
list id from to mlpi if t>1, sep(0)
```

从以上代码中我们不难发现，整个计算过程和 Malmquist 生产率指数的计算过程相似。正如我们此前所讨论的，DEA 编程的基本框架包含两部分：一是 DEA 模型对应的线性规划问题求解，二是不同技术参照集的数据选择。参考 mpi 命令，我们接下来编写一个计算 Malmquist-Luenberger 生产率指数的 mlpi 命令。具体代码如下：

```
cap program drop mlpi
program define mlpi
    version 16
    gettoken inputvars 0:0, parse("=")
    gettoken var 0:0, parse("=")
    gettoken doutputvars 0:0, parse(":")
    gettoken var 0:0, parse(":")
    syntax varlist [if] [in], id(varname) t(varname) [SEQuential ///
                                WINdow(numlist integer max=1 >=1)   ///
                                global BIennial sav(string)        ]
    local udoutputvars `varlist'
    marksample touse
    preserve
    keep `id' `t' `inputvars' `doutputvars' ///
        `udoutputvars' `gx' `gy' `gb' `touse'
    tempvar D11 D21 D12 flag te t2
    qui gen `D11'=.
    qui gen `D12'=.
    qui gen `D21'=.
    qui gen `flag'=.
    qui egen `t2'=group(`t')
    qui su `t2',meanonly
    local T=r(max)
    qui bys `id' (`t2'): gen from=`t'[_n-1]
    qui bys `id' (`t2'): gen to=`t'

    if "`global'"!=""{
        forvalues j=1/`T'{
            cap drop `te'
            qui ddf `inputvars'=`doutputvars' : `udoutputvars' ///
```

```
                    if `t2'==`j' & `touse', dv(`te')
            qui replace `D11'=1/`te' if `t2'==`j' & `touse'
        }
        qui bys `id' (`t2'): gen mlpi=(`D11'[_n-1]+1)/(`D11'+1)
    }
    else if "`biennial'"!=""{
        qui gen mlpi=.
        forvalues j=2/`T'{
            cap drop `te'
            qui replace `flag'=(`t2'==`j' | `t2'==`j'-1)
            qui ddf `inputvars'=`doutputvars' : `udoutputvars' ///
                if `t2'==`j'-1 & `touse', dv(`te') reference(`flag')
            qui replace `D11'=`te' if `t2'==`j'-1 & `touse'
            cap drop `te'
            qui ddf `inputvars'=`doutputvars' : `udoutputvars' ///
                 if `t2'==`j' & `touse', dv(`te') reference(`flag')
            qui replace `D11'=`te' if `t2'==`j' & `touse'
            qui bys `id' (`t2'): replace  mlpi= ///
                       (`D11'[_n-1]+1)/(`D11'+1) if `t2'==`j'
        }
    }
    else{
        local relf=cond("`sequential'"!="","<=","==")
        * computing D_{t}(t) & D_{t+1}(t+1)
        forvalue j=1/`T'{
          if "`window'"==""{
           qui replace `flag'=(`t2' `relf' `j')
          }
          else{
           qui replace `flag'=(`t2'>=`j'-`window' & `t2'<=`j'+`window')
          }

          cap drop `te'
          qui ddf `inputvars'=`doutputvars' : `udoutputvars' ///
                   if `t2'==`j' & `touse', dv(`te')  reference(`flag')
          qui replace `D11'=`te' if `t2'==`j' & `touse'
        }
        * computing D_{t}(t+1)
        forvalue j=2/`T'{

            if "`window'"==""{
             qui replace `flag'=(`t2' `relf' `j'-1)
             }
            else{
             qui replace `flag'=(`t2'>=`j'-1-`window' & ///
                                  `t2'<=`j'-1+`window'       )
```

```
                }

                cap drop `te'
                qui ddf `inputvars'=`doutputvars' : `udoutputvars' ///
                    if `t2'==`j' & `touse', dv(`te')  reference(`flag')
                qui replace `D12'=`te' if `t2'==`j' & `touse'
            }
            * computing D_{t+1}(t)
            forvalue j=2/`T'{

                if "`window'"==""{
                  qui replace `flag'=(`t2' `relf' `j')
                }
                else{
                  qui replace `flag'=(`t2'>=`j'-`window' & ///
                                 `t2'<=`j'+`window'      )
                }
                cap drop `te'
                qui ddf `inputvars'=`doutputvars' : `udoutputvars' ///
                    if `t2'==`j'-1 & `touse', dv(`te') reference(`flag')
                qui replace `D21'=`te' if `t2'==`j'-1 & `touse'
            }

            qui bys `id' (`t2'): gen mlpi= ///
            sqrt((1+`D11'[_n-1])/(1+`D12')*(1+`D21'[_n-1])/(1+`D11'))
        }


        qui drop if `t2'==1 | `touse'==0
        sort `id' `t2'
        disp _n(2) " Total Factor Productivity Change"
        list `id' from to mlpi, sep(0)
        di "Note: missing value indicates infeasible problem."
       if `"`sav'"'!=""{
          label var mlpi "Malmquist-Luenberger Productivity Index"
          qui keep `id' from to mpi
          save `sav'
       }

       restore

end
```

mlpi 命令保留了 mpi 命令的代码结构，主要是将谢泼德产出距离函数替换为方向距离函数，即将 mpi 命令调用的 dea5 命令更改为 ddf 命令。

参考文献

[1] Tone K. 2001. A slacks-based measure of efficiency in data envelopment analysis. European Journal of Operational Research, 130(3): 498-509.

[2] Tone K. 2004. Dealing with undesirable outputs in DEA: A slacks-based Measure (SBM) approach. Toronto: The Operations Research Society of Japan: 44-45.

[3] Chung Y H, Färe R, Grosskopf S. 1997. Productivity and undesirable outputs: A directional distance function approach. Journal of Environmental Management, 51(3): 229-240.

[4] Zhou P, Ang B W, Wang H. 2012. Energy and CO_2 emission performance in electricity generation: A non-radial directional distance function approach. European Journal of Operational Research, 221(3): 625-635.

第 14 章　基于 DEA 对偶问题的影子价格计算

在前面的章节中，我们通过线性规划对 DEA 模型进行了求解。每一个线性规划问题都存在一个对偶问题。通过求解对偶问题，我们可以进一步计算生产资源（投入要素和非期望产出）的影子价格。本章将介绍如何应用 Stata 编写基于 DEA 模型的影子价格计算程序。

14.1　线性规划的对偶问题

考虑如下问题：企业 A 有 m 种投入要素，每种投入要素的最大可以使用量为 $b_j\ (j=1,2,\cdots,m)$。企业计划生产 n 种商品，生产线单位商品 i 需要投入的生产要素为 $a_{ij}\ (j=1,2,\cdots,m)$，商品 i 的市场价格为 c_i。企业该如何安排生产才能使其利润实现最大化？

设企业生产的商品组合为 $x=(x_1,x_2,\cdots,x_n)'$，则企业的决策问题可以表示为

$$\max z=c_1x_1+c_2x_2+\cdots+c_nx_n$$

$$\text{s.t.}\begin{cases}a_{11}x_1+a_{21}x_2+\cdots+a_{n1}x_n\leqslant b_1\\a_{12}x_1+a_{22}x_2+\cdots+a_{n2}x_n\leqslant b_2\\\cdots\cdots\\a_{1m}x_1+a_{2m}x_2+\cdots+a_{nm}x_n\leqslant b_m\\x_1\geqslant 0,x_2\geqslant 0,\cdots,x_n\geqslant 0\end{cases}$$

可以看到，以上问题便是一个标准的线性规划问题。现在我们从另外一个角度进行分析。假设企业 B 想将企业 A 的所有生产资源收买过来，其需要支付的最小代价是多少呢？换言之，企业 A 放弃其拥有的生产资源，需要得到多少的补

偿呢？显然，这就要求企业 A 出让生产一单位商品 i 的资源所获得的回报大于等于商品 i 的价格，即 $a_{i1}y_1+a_{i2}y_2+\cdots+a_{im}y_m\geqslant c_i$（$y_j$ 为一单位生产资源 j 的价格）。进而，我们可以得到以下线性规划问题：

$$\min q=b_1y_1+b_2y_2+\cdots+b_my_m$$

$$\text{s.t.}\begin{cases}a_{11}y_1+a_{21}y_2+\cdots+a_{1m}y_m\geqslant c_1\\a_{21}y_1+a_{22}y_2+\cdots+a_{2m}y_m\geqslant c_2\\\cdots\cdots\\a_{n1}y_1+a_{n2}y_2+\cdots+a_{nm}y_m\leqslant c_n\\y_1\geqslant 0,y_2\geqslant 0,\cdots,y_m\geqslant 0\end{cases}$$

以上便是原线性规划问题的对偶问题。

14.2 SBM 模型的对偶问题

我们再来看一下 Tone (2004)的 SBM 模型的线性规划问题：

$$\min \tau=t-\frac{1}{P}\sum_{p=1}^{P}S_p^{\boldsymbol{X}}/X_{0p}$$

$$\text{s.t.}\begin{cases}1=t+\dfrac{1}{Q+R}\left(\displaystyle\sum_{q=1}^{Q}S_q^{\boldsymbol{Y}}/Y_{0q}+\sum_{r=1}^{R}S_r^{\boldsymbol{B}}/B_{0r}\right)\\tX_{0p}=\displaystyle\sum_{i=1}^{N}\Lambda_iX_{ip}+S_p^{\boldsymbol{X}},p=1,2,\cdots,P\\tY_{0q}=\displaystyle\sum_{i=1}^{N}\Lambda_iY_{iq}-S_q^{\boldsymbol{Y}},q=1,2,\cdots,Q\\tB_{0r}=\displaystyle\sum_{i=1}^{N}\Lambda_iB_{ir}+S_r^{\boldsymbol{B}},r=1,2,\cdots,R\\\Lambda_i,S_p^{\boldsymbol{X}},S_q^{\boldsymbol{Y}},S_r^{\boldsymbol{B}}\geqslant 0\end{cases}$$

在这个线性规划问题中，所有约束条件都是等号约束。一般而言，在将线性规划问题转化为标准形式的过程中，一个等于约束需要转变为两个不等于约束（$\boldsymbol{X}=\boldsymbol{Y}$ 等价于 $\boldsymbol{X}\geqslant\boldsymbol{Y}$ & $\boldsymbol{X}\leqslant\boldsymbol{Y}$）。为了简化推导，我们可以先将其变换为如下形式：

$$\min \tau=t_1-t_2-\frac{1}{P}\sum_{p=1}^{P}S_p^{\boldsymbol{X}}/X_{0p}$$

$$\text{s.t.}\begin{cases}1=t_1-t_2+\dfrac{1}{Q+R}\left(\sum\limits_{q=1}^{Q}S_q^{\boldsymbol{Y}}/Y_{0q}+\sum\limits_{r=1}^{R}S_r^{\boldsymbol{B}}/B_{0r}\right)\\(t_1-t_2)X_{0p}\geqslant\sum\limits_{i=1}^{N}\Lambda_iX_{ip}+S_p^{\boldsymbol{X}},p=1,2,\cdots,P\\(t_1-t_2)Y_{0q}\leqslant\sum\limits_{i=1}^{N}\Lambda_iY_{iq}-S_q^{\boldsymbol{Y}},q=1,2,\cdots,Q\\(t_1-t_2)B_{0r}\geqslant\sum\limits_{i=1}^{N}\Lambda_iB_{ir}+S_r^{\boldsymbol{B}},r=1,2,\cdots,R\\t_1,t_2,\Lambda_i,S_p^{\boldsymbol{X}},S_q^{\boldsymbol{Y}},S_r^{\boldsymbol{B}}\geqslant 0\end{cases}$$

我们去掉了原线性规划中 $t>0$ 的约束（$t>0$ 暗含在第一个约束条件中，因此去掉它不会对规划问题产生影响），并令 $t=t_1-t_2,t_1\geqslant 0,t_2\geqslant 0$。此外，我们将第二个约束条件中的“=”修改为“$\geqslant$”，在生产边界上的投入量 $\sum\limits_{i=1}^{N}\Lambda_i^*X_{ip}$ 要小于等于被评价单元的投入量 $(t_1-t_2)X_{0p}$ 减去一个冗余量 $S_p^{\boldsymbol{X}}$。当这个冗余量 $S_p^{\boldsymbol{X}}$ 增加时，目标函数值也将随之下降。因此，使得目标函数值最小时的 $S_p^{\boldsymbol{X}*}$ 刚好满足 $(t_1-t_2)X_{0p}=\sum\limits_{i=1}^{N}\Lambda_iX_{ip}+S_p^{\boldsymbol{X}}$，因此，我们将这个约束条件中的“=”修改为“$\geqslant$”，不会改变这个线性规划问题的解。基于类似的分析，我们可以将第 3 和第 4个约束条件中的“=”分别修改为“$\leqslant$”和“$\geqslant$”。在以上线性规划问题中，求的是目标函数的最小值。我们首先将所有的约束条件变换为“$\geqslant$”形式，即

$$\min\tau=t_1-t_2-\frac{1}{P}\sum_{p=1}^{P}S_p^{\boldsymbol{X}}/X_{0p}$$

$$\text{s.t.}\begin{cases}(t_1-t_2)+\dfrac{1}{Q+R}\left(\sum\limits_{q=1}^{Q}S_q^{\boldsymbol{Y}}/Y_{0q}+\sum\limits_{r=1}^{R}S_r^{\boldsymbol{B}}/B_{0r}\right)\geqslant 1\\-(t_1-t_2)-\dfrac{1}{Q+R}\left(\sum\limits_{q=1}^{Q}S_q^{\boldsymbol{Y}}/Y_{0q}+\sum\limits_{r=1}^{R}S_r^{\boldsymbol{B}}/B_{0r}\right)\geqslant -1\\(t_1-t_2)X_{0p}-\sum\limits_{i=1}^{N}\Lambda_iX_{ip}+S_p^{\boldsymbol{X}}\geqslant 0,p=1,2,\cdots,P\\-(t_1-t_2)Y_{0q}+\sum\limits_{i=1}^{N}\Lambda_iY_{iq}-S_q^{\boldsymbol{Y}}\geqslant 0,q=1,2,\cdots,Q\\(t_1-t_2)B_{0r}-\sum\limits_{i=1}^{N}\Lambda_iB_{ir}+S_r^{\boldsymbol{B}}\geqslant 0,r=1,2,\cdots,R\\t_1,t_2,\Lambda_i,S_p^{\boldsymbol{X}},S_q^{\boldsymbol{Y}},S_r^{\boldsymbol{B}}\geqslant 0\end{cases}$$

然后按照线性规划的原问题与对偶问题的关系，我们便可写出对偶问题的具体表达式，即

$$\xi^* = \max \xi$$

$$\text{s.t.}\begin{cases}\xi + \boldsymbol{v}\boldsymbol{x}_o - \boldsymbol{u}^g\boldsymbol{y}_o^g + \boldsymbol{u}^b\boldsymbol{y}_o^b = 1\\ -\boldsymbol{v}\boldsymbol{X} + \boldsymbol{u}^g\boldsymbol{Y}^g - \boldsymbol{u}^b\boldsymbol{Y}^b \leqslant \boldsymbol{0}_{N\times 1}\\ v_p \geqslant \dfrac{1}{P}[1/x_{op}],p=1,2,\cdots,P\\ u_q^g \geqslant \dfrac{\xi}{R+Q}[1/y_{oq}^g],q=1,2,\cdots,Q\\ u_r^b \geqslant \dfrac{\xi}{R+Q}[1/y_{or}^b],r=1,2,\cdots,R\end{cases}$$

其中，$\boldsymbol{v}=(v_1,v_2,\cdots,v_P)$，$\boldsymbol{u}^g=(u_1^g,u_2^g,\cdots,u_Q^g)$，$\boldsymbol{u}^b=(u_1^b,u_2^b,\cdots,u_R^b)$。

利用第一个约束条件中的等式关系，消去 ξ，可得

$$\max\ (\boldsymbol{u}^g\boldsymbol{y}_o^g - \boldsymbol{v}\boldsymbol{x}_o - \boldsymbol{u}^b\boldsymbol{y}_o^b)$$

$$\text{s.t.}\begin{cases}-\boldsymbol{v}\boldsymbol{X} + \boldsymbol{u}^g\boldsymbol{Y}^g - \boldsymbol{u}^b\boldsymbol{Y}^b \leqslant \boldsymbol{0}_{N\times 1}\\ v_p \geqslant \dfrac{1}{P}[1/x_{op}],p=1,2,\cdots,P\\ u_q^g \geqslant \dfrac{1-\boldsymbol{v}\boldsymbol{x}_o+\boldsymbol{u}^g\boldsymbol{y}_o^g-\boldsymbol{u}^b\boldsymbol{y}_o^b}{R+Q}[1/y_{oq}^g],q=1,2,\cdots,Q\\ u_r^b \geqslant \dfrac{1-\boldsymbol{v}\boldsymbol{x}_o+\boldsymbol{u}^g\boldsymbol{y}_o^g-\boldsymbol{u}^b\boldsymbol{y}_o^b}{R+Q}[1/y_{or}^b],r=1,2,\cdots,R\end{cases}$$

14.3 基于 SBM 模型对偶问题的影子价格计算程序

为了利用 Mata 的线性规划类 LinearProgram()进行求解，我们进一步将以上线性规划问题转换为如下标准形式：

$$\max\ (\boldsymbol{u}^g\boldsymbol{y}_o^g - \boldsymbol{v}\boldsymbol{x}_o - \boldsymbol{u}^b\boldsymbol{y}_o^b)$$

$$\text{s.t.}\begin{cases}-\boldsymbol{v}\boldsymbol{X} + \boldsymbol{u}^g\boldsymbol{Y}^g - \boldsymbol{u}^b\boldsymbol{Y}^b \leqslant \boldsymbol{0}_{N\times 1}\\ -v_p \leqslant -\dfrac{1}{P}[1/x_{op}],p=1,2,\cdots,P\\ -s\,y_{oq}^g\,u_q^g + \boldsymbol{u}^g\boldsymbol{y}_o^g - \boldsymbol{v}\boldsymbol{x}_o - \boldsymbol{u}^b\boldsymbol{y}_o^b \leqslant -1,q=1,2,\cdots,Q\\ \boldsymbol{u}^g\boldsymbol{y}_o^g - \boldsymbol{v}\boldsymbol{x}_o - s\,y_{or}^b u_r^b - \boldsymbol{u}^b\boldsymbol{y}_o^b \leqslant -1,r=1,2,\cdots,R\end{cases}$$

其中，$s=Q+R$。

接下来，我们以 Ex4.dta 数据为例，写出求解以上线性规划问题的 Mata 代码。具体代码如下：

```
1.  use Ex4.dta,clear
2.  putmata data = (K L Y CO2)
3.  mata:
4.          data = data'
5.          P=2
6.          Q=1
7.          R=1
8.          s=Q+R
9.          Xref = data[1..P,.]
10.         Yref = data[(P+1)..(P+Q),.]
11.         Bref = data[(P+Q+1)..(P+Q+R),.]
12.         X    = data[1..P,1]
13.         Y    = data[(P+1)..(P+Q),1]
14.         B    = data[(P+Q+1)..(P+Q+R),1]
15.         c=(Y',-X',-B')
16.         lowerbd=J(1,length(c),0)
17.         upperbd=J(1,length(c),.)
18.         lp = LinearProgram()
19.         A1 = (Yref',-Xref',-Bref')
20.         b1 = J(cols(Xref),1,0)
21.         A2 = (J(P,Q,0),-P*I(P),J(P,R,0))
22.         b2 =-1:/X
23.         A3 = (-s*diag(Y)+J(Q,1,Y'),J(Q,1,-X'),J(Q,1,-B'))
24.         b3 =-J(Q,1,1)
25.         A4 = (J(R,1,Y'),J(R,1,-X'),-s*diag(B)+J(R,1,-B'))
26.         b4 =-J(R,1,1)
27.         Aie=A1 \ A2 \ A3 \ A4
28.         bie=b1 \ b2 \ b3 \ b4
29.         lp.setCoefficients(c)
30.         lp.setInequality(Aie, bie)
31.         lp.setBounds(lowerbd, upperbd)
32.         z=lp.optimize()  //求解线性规划问题
33.         lp.parameters()  //显示最优解
34. end
```

需要特别指出的是，在以上代码的第 16 行，我们对决策变量施加了下界为 0 的约束。而在原来的对偶问题中，决策变量是没有上、下界限制的。这主要是因为从经济学角度来讲，影子价格不太可能小于 0。为了计算得到的影子价格具有良好的经济学含义，我们进一步施加了这个约束。以上代码与求解 DEA 模型的代码没有太大的差异，这里就不再进行详细的解释了。运行上述代码，我们便可以得到各个变量对应的影子价格。通过以上代码，Stata 的命令窗口就会显示第 1 个决策单元的投入和产出变量(***Y***、***X***、***B***)对应的影子价格。

接下来,我们对所有的样本数据进行迭代求解,获得所有决策单元生产要素的影子价格。在以下代码中,我们用 for 语句进行循环。第 15～17 行在每次循环中取出一个决策单元的投入、期望产出和非期望产出数据。第 35 行对线性规划的最优解是否存在进行判断,如果存在,则取出最优解的参数值。运行这部分代码,Stata 窗口则会显示 beta 矩阵的内容,即所有决策单元生产要素的影子价格。

```
1.  use Ex4.dta,clear
2.  putmata data = (K L Y CO2)  ,replace
3.  mata:
4.        data = data'
5.        P    = 2
6.        Q    = 1
7.        R    = 1
8.        S    = Q+R
9.        Xref = data[1..P,.]
10.       Yref = data[(P+1)..(P+Q),.]
11.       Bref = data[(P+Q+1)..(P+Q+R),.]
12.       beta = J(cols(data), P+Q+R,.) // 初始化矩阵 beta, 用以储存最优解
13.       lp   = LinearProgram()
14.       for(i=1;i<=cols(data);i++){
15.             X     = data[1..P,i]
16.             Y     = data[(P+1)..(P+Q),i]
17.             B     = data[(P+Q+1)..(P+Q+R),i]
18.             C     = (Y',-X',-B')
19.             lowerbd=J(1,length(c),0)
20.             upperbd=J(1,length(c),.)
21.             A1 = (Yref',-Xref',-Bref')
22.             b1 = J(cols(Xref),1,0)
23.             A2 = (J(P,Q,0),-P*I(P),J(P,R,0))
24.             b2 =-1:/X
25.             A3 = (-s*diag(Y)+J(Q,1,Y'),J(Q,1,-X'),J(Q,1,-B'))
26.             b3 =-J(Q,1,1)
27.             A4 = (J(R,1,Y'),J(R,1,-X'),-s*diag(B)+J(R,1,-B'))
28.             b4 =-J(R,1,1)
29.             Aie=A1 \ A2 \ A3 \ A4
30.             bie=b1 \ b2 \ b3 \ b4
```

```
            lp.setCoefficients(c)
            lp.setInequality(Aie, bie)
            lp.setBounds(lowerbd, upperbd)
            z=lp.optimize()
            if(lp.converged()==1){ //判断线性规划问题是否求得最优解
                beta[i,.]=lp.parameters()
              }
            }
            beta //显示所有求解结果
    end
```

通过以上两个步骤，我们便较为完整地实现了 SBM 模型对偶问题的求解。为了代码使用的方便，我们接着进行 Mata 函数编写。在以上代码的基础上，我们需要进一步考虑 Mata 函数的变量和参数的传递以及结果的返回问题。在变量和参数的传递上，我们需要传递投入和产出数据集（data set）、投入变量的个数（P）和期望产出变量的个数（Q）。在返回值上，我们期望将结果返回到 Stata 中。为此，我们可以通过 st_view() 函数将 Stata 中的变量映射到 Mata 中，用以储存 beta 矩阵。具体代码如下：

```
mata:
void function sbmdual(string scalar vars,
                      real   scalar P,
                      real   scalar Q,
                      string scalar gen)
{
        data= st_data(.,vars)
        data=data'
        dataref= st_data(.,vars)
        dataref=dataref'
        R=rows(data)-P-Q
        s=Q+R
        Xref = dataref[1..P,.]
        Yref = dataref[(P+1)..(P+Q),.]
        Bref = dataref[(P+Q+1)..(P+Q+R),.]
        class LinearProgram scalar lp
        beta = J(cols(data), P+Q+R,.)
```

```
            lp  = LinearProgram()
        for(i=1;i<=cols(data);i++){
            X     = data[1..P,i]
            Y     = data[(P+1)..(P+Q),i]
            B     = data[(P+Q+1)..(P+Q+R),i]
            c=(Y',-X',-B')
            lowerbd=J(1,length(c),0)
            upperbd=J(1,length(c),.)
            A1 = (Yref',-Xref',-Bref')
            b1 = J(cols(Xref),1,0)
            A2 = (J(P,Q,0),-P*I(P),J(P,R,0))
            b2 =-1:/X
            A3 = (-s*diag(Y)+J(Q,1,Y'),J(Q,1,-X'),J(Q,1,-B'))
            b3 =-J(Q,1,1)
            A4 = (J(R,1,Y'),J(R,1,-X'),-s*diag(B)+J(R,1,-B'))
            b4 =-J(R,1,1)
            Aie=A1 \ A2 \ A3 \ A4
            bie=b1 \ b2 \ b3 \ b4
            lp.setCoefficients(c)
            lp.setInequality(Aie, bie)
            lp.setBounds(lowerbd, upperbd)
            theta=lp.optimize()
            if(lp.converged()==1){
                beta[i,.]=lp.parameters()
              }
            }
            st_view(res=.,.,gen)
            res[.,.]=beta
}
end
```

下面我们给出一个应用的例子：

```
gen pk=.
gen pl=.
gen py=.
gen pco2=.
mata: sbmdual("K L Y CO2",2,1,"py pk pl pco2")
br
```

现在我们可以对 sbmdual()函数增加样本和技术参照集的限定选项。为此，我们需要额外增加两个虚拟变量：touse 用来筛选待评价单元，rflag 用来筛选技术参照集。以下是具体的代码：

```
cap mata mata drop sbndual()
mata:
void function sbmdual(string scalar vars,
                      string scalar touse,
                      string scalar rflag,
                      real   scalar P,
                      real   scalar Q,
                      string scalar gen)
{
    data= st_data(.,vars,touse)
    data=data'
    dataref= st_data(.,vars,rflag)
    dataref=dataref'
    R=rows(data)-P-Q
    s=Q+R
    Xref = dataref[1..P,.]
    Yref = dataref[(P+1)..(P+Q),.]
    Bref = dataref[(P+Q+1)..(P+Q+R),.]
    class LinearProgram scalar lp
    beta = J(cols(data), P+Q+R,.)
    lp   = LinearProgram()
        for(i=1;i<=cols(data);i++){
            X    = data[1..P,i]
            Y    = data[(P+1)..(P+Q),i]
            B    = data[(P+Q+1)..(P+Q+R),i]
            c=(Y',-X',-B')
            lowerbd=J(1,length(c),0)
            upperbd=J(1,length(c),.)
            A1 = (Yref',-Xref',-Bref')
            b1 = J(cols(Xref),1,0)
            A2 = (J(P,Q,0),-P*I(P),J(P,R,0))
            b2 =-1:/X
            A3 = (-s*diag(Y)+J(Q,1,Y'),J(Q,1,-X'),J(Q,1,-B'))
            b3 =-J(Q,1,1)
```

```
            A4 = (J(R,1,Y'),J(R,1,-X'),-s*diag(B)+J(R,1,-B'))
            b4 =-J(R,1,1)
            Aie=A1 \ A2 \ A3 \ A4
            bie=b1 \ b2 \ b3 \ b4
            lp.setCoefficients(c)
            lp.setInequality(Aie, bie)
            lp.setBounds(lowerbd, upperbd)
            theta=lp.optimize()
            if(lp.converged()==1){
                beta[i,.]=lp.parameters()
              }
            }
            st_view(res=.,.,gen,touse)
            res[.,.]=beta
}
end
```

最后,我们将 sbmdual()函数封装为一个 Stata 命令。相似的,命令封装需要解决的是变量和参数传递问题。关于这部分,我们可以参考上一章中 sbm 命令的代码。

```
capture program drop sbmdual
program define sbmdual
    version 16
       gettoken invars 0:0, parse("=")
       gettoken var 0:0, parse("=")
       gettoken gopvars 0:0, parse(":")
       gettoken var 0:0, parse(":")
       syntax varlist [if] [in],gen(string) [rflag(varname)]
       local bopvars `varlist'
        marksample touse
        markout `touse' `invars' `gopvars' `bopvars'
        if `"`rflag'"'==""{
            tempvar rflag
            qui gen byte `rflag' = 1
        }
        tempvar touse2
        mark `touse2' if `rflag'
        markout `touse2' `invars' `gopvars' `bopvars'
        local data `invars' `gopvars' `bopvars'
        foreach v in `gopvars' `invars' `bopvars'{
            qui gen double `gen'`v' = .
```

```
            local gens `gens' `gen'`v'
        }
        local nx: word count `invars'
        local ny: word count `gopvars'
        mata: sbmdual("`data'","`touse'", "`touse2'",`nx',`ny',"`gens'")

end

cap mata mata drop sbmdual()
mata:
void function sbmdual(string scalar vars,
                      string scalar touse,
                      string scalar rflag,
                      real   scalar P,
                      real   scalar Q,
                      string scalar gen)
{
    data= st_data(.,vars,touse)
    data=data'
    dataref= st_data(.,vars,rflag)
    dataref=dataref'
    R=rows(data)-P-Q
    s=P+Q
        Xref = dataref[1..P,.]
        Yref = dataref[(P+1)..(P+Q),.]
        Bref = dataref[(P+Q+1)..(P+Q+R),.]
        class LinearProgram scalar lp
        beta = J(cols(data), P+Q+R,.)
        lp   = LinearProgram()
        for(i=1;i<=cols(data);i++){
            X    = data[1..P,i]
            Y    = data[(P+1)..(P+Q),i]
            B    = data[(P+Q+1)..(P+Q+R),i]
            c=(Y',-X',-B')
            lowerbd=J(1,length(c),0)
            upperbd=J(1,length(c),.)
            A1 = (Yref',-Xref',-Bref')
            b1 = J(cols(Xref),1,0)
            A2 = (J(P,Q,0),-P*I(P),J(P,R,0))
            b2 =-1:/X
            A3 = (-s*diag(Y)+J(Q,1,Y'),J(Q,1,-X'),J(Q,1,-B'))
            b3 =-J(Q,1,1)
            A4 = (J(R,1,Y'),J(R,1,-X'),-s*diag(B)+J(R,1,-B'))
            b4 =-J(R,1,1)
            Aie=A1 \ A2 \ A3 \ A4
            bie=b1 \ b2 \ b3 \ b4
```

```
            lp.setCoefficients(c)
            lp.setInequality(Aie, bie)
            lp.setBounds(lowerbd, upperbd)
            theta=lp.optimize()
            if(lp.converged()==1){
                beta[i,.]=lp.parameters()
              }
            }
            st_view(res=.,.,gen,touse)
            res[.,.]=beta
    }

end
```

该命令的使用语法为 sbmdual inputvars = desirable_outputvars: undesirable_outputvar [if][in], gen(prefix)[rflag(varname)]。以下是命令调用的例子：

```
use Ex4.dta,clear
sbmdual K L = Y:CO2, gen(P_)
```

运行以上命令，将在 Stata 数据集中生成 P_K，P_L，P_Y 和 P_CO_2 四个变量，分别是 K、L、Y 和 CO_2 对应的影子价格。

14.4 NDDF 模型的对偶问题

用以估计 NDDF 模型的线性规划问题的标准形式如下：

$$\overrightarrow{D}(\boldsymbol{x},\boldsymbol{y},\boldsymbol{b};\boldsymbol{g}) = \max\ \boldsymbol{w}'\boldsymbol{\beta}$$

$$\text{s.t.}\begin{cases} -diag(\boldsymbol{g_X})\boldsymbol{\beta_X} + \boldsymbol{0}_{P\times Q}\boldsymbol{\beta}_Y + \boldsymbol{0}_{P\times R}\boldsymbol{\beta_B} + \sum\limits_{n=1}^{N}\lambda_n\boldsymbol{X}_n \leqslant \boldsymbol{x} \\ \boldsymbol{0}_{Q\times P}\boldsymbol{\beta_X} + diag(\boldsymbol{g_Y})\boldsymbol{\beta_Y} + \boldsymbol{0}_{Q\times R}\boldsymbol{\beta_B} - \sum\limits_{n=1}^{N}\lambda_n\boldsymbol{Y}_n \leqslant -\boldsymbol{y} \\ \boldsymbol{0}_{R\times P}\boldsymbol{\beta_X} + \boldsymbol{0}_{R\times Q}\boldsymbol{\beta}_Y - diag(\boldsymbol{g_B})\boldsymbol{\beta_B} + \sum\limits_{n=1}^{N}\lambda_n\boldsymbol{B}_n = \boldsymbol{b} \\ \lambda_n \geqslant 0, \boldsymbol{\beta} \geqslant \boldsymbol{0}, n = 1,2,\cdots,N \end{cases}$$

与 SBM 模型类似，我们将非合意产出的约束条件中的“=”修改为“⩽”并不会改变线性规划的解。[1] 因此上述模型可以变换为

[1] 可以将 $\text{diag}(\boldsymbol{g_B})\boldsymbol{\beta_B}$ 看成一个松弛变量。将“=”修改为“⩽”后，求得最优解的 $\boldsymbol{\beta_B}$ 必将使得不等式的约束变成紧条件，即求得最优解时，$-diag(\boldsymbol{g_B}) + \sum\limits_{n=1}^{N}\lambda_n\boldsymbol{B}_n = \boldsymbol{b}$。

$$\vec{D}(\boldsymbol{x},\boldsymbol{y},\boldsymbol{b};\boldsymbol{g})=\max\ \boldsymbol{w}'\boldsymbol{\beta}$$

$$\text{s.t.}\begin{cases}-diag(\boldsymbol{g_X})\boldsymbol{\beta_X}+\boldsymbol{0}_{P\times Q}\boldsymbol{\beta_Y}+\boldsymbol{0}_{P\times R}\boldsymbol{\beta_B}+\sum_{n=1}^{N}\lambda_n\boldsymbol{X}_n\leqslant\boldsymbol{x}\\ \boldsymbol{0}_{Q\times P}\boldsymbol{\beta_X}+diag(\boldsymbol{g_Y})\boldsymbol{\beta_Y}+\boldsymbol{0}_{Q\times R}\boldsymbol{\beta_B}-\sum_{n=1}^{N}\lambda_n\boldsymbol{Y}_n\leqslant-\boldsymbol{y}\\ \boldsymbol{0}_{R\times P}\boldsymbol{\beta_X}+\boldsymbol{0}_{R\times Q}\boldsymbol{\beta_Y}-diag(\boldsymbol{g_B})\beta_{\boldsymbol{B}}+\sum_{n=1}^{N}\lambda_n\boldsymbol{B}_n\leqslant\boldsymbol{b}\\ \lambda_n\geqslant0,\boldsymbol{\beta}\geqslant\boldsymbol{0},n=1,2,\cdots,N\end{cases}$$

按照线性规划的原问题与对偶问题的关系，我们便可写出对偶问题的具体表达式，即

$$\min\ (\boldsymbol{x}'\boldsymbol{v}_x-\boldsymbol{y}'\boldsymbol{u}_y+\boldsymbol{b}'\boldsymbol{u}_b)$$

$$\text{s.t.}\begin{cases}-diag(\boldsymbol{g_X})\boldsymbol{v_X}+\boldsymbol{0}_{P\times Q}\boldsymbol{u_y}+\boldsymbol{0}_{P\times R}\boldsymbol{u_b}\geqslant\boldsymbol{\omega_x}\\ \boldsymbol{0}_{Q\times P}\boldsymbol{v_X}+diag(\boldsymbol{g_Y})\boldsymbol{u}_y+\boldsymbol{0}_{Q\times R}\boldsymbol{u_b}\geqslant\boldsymbol{\omega_y}\\ \boldsymbol{0}_{R\times P}\boldsymbol{v_X}+\boldsymbol{0}_{R\times Q}\boldsymbol{u}_y-diag(\boldsymbol{g_B})\boldsymbol{u_b}\geqslant\boldsymbol{\omega}_b\\ \boldsymbol{X}\boldsymbol{v_X}-\boldsymbol{Y}\boldsymbol{u_Y}+\boldsymbol{B}\boldsymbol{u_b}\geqslant\boldsymbol{0}_{N\times1}\end{cases}$$

更进一步地，我们将不等式约束的两边乘以−1将其转换为"≤"形式，便可以使用 Mata 的线性规划类 LinearProgram()进行求解。

$$\min\ (\boldsymbol{x}'\boldsymbol{v_x}-\boldsymbol{y}'\boldsymbol{u_y}+\boldsymbol{b}'\boldsymbol{u_b})$$

$$\text{s.t.}\begin{cases}diag(\boldsymbol{g_X})\boldsymbol{v_X}+\boldsymbol{0}_{P\times Q}\boldsymbol{u_y}+\boldsymbol{0}_{P\times R}\boldsymbol{u_b}\geqslant-\boldsymbol{\omega_x}\\ \boldsymbol{0}_{Q\times P}\boldsymbol{v_X}-diag(\boldsymbol{g_Y})\boldsymbol{u}_y+\boldsymbol{0}_{Q\times R}\boldsymbol{u_b}\geqslant-\boldsymbol{\omega_y}\\ \boldsymbol{0}_{R\times P}\boldsymbol{v_X}+\boldsymbol{0}_{R\times Q}\boldsymbol{u}_y+diag(\boldsymbol{g_B})\boldsymbol{u_b}\geqslant-\boldsymbol{\omega}_b\\ -\boldsymbol{X}\boldsymbol{v_X}+\boldsymbol{Y}\boldsymbol{u_Y}-\boldsymbol{B}\boldsymbol{u_b}\geqslant\boldsymbol{0}_{N\times1}\end{cases}$$

14.5 基于 NDDF 模型对偶问题的影子价格计算程序

我们以 Ex5.dta 数据为例，编写求解以上线性规划问题的 Mata 代码。具体代码如下：

```
* 对单个决策单元的对偶问题进行求解
use Ex5.dta,clear
putmata data = (labor capital energy gdp co2),replace
mata:
        w=J(cols(data),1,1)  //设定权重都为1
```

```
    P=3
    Q=1
    R=1
    data =data'
    Xref = data[1..P,.]
    Yref = data[(P+1)..(P+Q),.]
    Bref = data[(P+Q+1)..(P+Q+R),.]
    X=data[1..P,1]                    //决策单元 1 的投入数据
    Y=data[(P+1)..(P+Q),1]            //决策单元 1 的合意产出数据
    B=data[(P+Q+1)..(P+Q+R),1]        //决策单元 1 的非合意产出数据
    gx=-X
    gy=Y
    gb=-B
    wx=w[1::P]
    wy=w[(P+1)::(P+Q)]
    wb=w[(P+Q+1)::(P+Q+R)]

    c=(X',-Y',B')
    lowerbd=J(1,length(c),0)
    upperbd=J(1,length(c),.)
    lp = LinearProgram()
    lp.setMaxOrMin("min")

    A1 = (-Xref',Yref',-Bref')
    b1 = J(cols(Xref),1,0)
    A2 = (diag(gx),J(P,Q,0),J(P,R,0))

    b2 =-wx
    A3 = (J(Q,P,0),-diag(gy),J(Q,R,0))
    b3 =-wy

    A4 = (J(R,P,0),J(R,Q,0),diag(gb))
    b4 =-wb
    Aie=A1 \ A2 \A3 \A4
    bie=b1 \ b2 \b3 \ b4
    lp.setCoefficients(c)
    lp.setInequality(Aie, bie)
```

```
43.         lp.setBounds(lowerbd, upperbd)
44.         lp.optimize()
45.         lp.parameters()
46. end
```

在以上代码中，第 23～43 行是按照该线性规划问题的目标函数和不等式约束逐步设定的，这里就不再展开解释了。接下来，我们在上述代码中加上循环，对决策单元的数据进行迭代，用以求解所有决策单元投入和产出变量的影子价格。

```
* 对所有决策单位的对偶问题进行求解
use Ex5.dta,clear
putmata data = (labor capital energy gdp co2),replace
mata:
        w=J(cols(data),1,1)  //设定权重都为 1
        P=3
        Q=1
        R=1
        data =data'
        Xref = data[1..P,.]
        Yref = data[(P+1)..(P+Q),.]
        Bref = data[(P+Q+1)..(P+Q+R),.]
        beta = J(cols(data),rows(data),.)
        lp =  LinearProgram()
        lp.setMaxOrMin("min")
    for(i=1;i<=cols(data);i++){
        X=data[1..P,i]
        Y=data[(P+1)..(P+Q),i]
        B=data[(P+Q+1)..(P+Q+R),i]
        gx=-X
        gy=Y
        gb=-B
        wx=w[1::P]
        wy=w[(P+1)::(P+Q)]
        wb=w[(P+Q+1)::(P+Q+R)]
        c=(X',-Y',B')
        lowerbd=J(1,length(c),0)
        upperbd=J(1,length(c),.)
        A1 = (-Xref',Yref',-Bref')
```

```
29.          b1 = J(cols(Xref),1,0)
30.          A2 = (diag(gx),J(P,Q,0),J(P,R,0))
31.          b2 =-wx
32.          A3 = (J(Q,P,0),-diag(gy),J(Q,R,0))
33.          b3 =-wy
34.          A4 = (J(R,P,0),J(R,Q,0),diag(gb))
35.          b4 =-wb
36.          Aie=A1 \ A2 \A3 \A4
37.          bie=b1 \ b2 \b3 \ b4
38.          lp.setCoefficients(c)
39.          lp.setInequality(Aie, bie)
40.          lp.setBounds(lowerbd, upperbd)
41.          dv=lp.optimize()
42.          if(lp.converged()==1){
43.            beta[i,.]= lp.parameters()
44.          }
45.      }
46. end
```

在以上代码中,第 12 行初始化了一个矩阵 beta,用以存放最后计算得到的各个变量的影子价格。第 42 行对线性规划问题的求解状态是否收敛进行判断,如果收敛,则将求得的影子价格向量放到矩阵的第 i 行。在以上代码的基础上,我们便可封装成 Mata 函数 nddfdual()。

```
cap mata mata drop nddfdual()
  mata:
      void function nddfdual( string scalar varname,
                              string scalar flag,
                              string scalar rflag,
                              real   scalar P,
                              real   scalar Q,
                              real  colvector w,
                              string scalar gname,  //方向向量
                              string scalar strname )
      {
       data=st_data(.,varname,flag)
       data=data'
```

```
        dataref=st_data(.,varname,rflag)
        dataref=dataref'
        M=rows(data)
        R=M-P-Q
        Xref = dataref[1..P,.]
        Yref = dataref[(P+1)..(P+Q),.]
        Bref = dataref[(P+Q+1)..(P+Q+R),.]
        gvec=st_data(.,gname,flag)
        gvec=gvec'
        class LinearProgram scalar lp
        lp = LinearProgram()
        lp.setMaxOrMin("min")
        wx   = w[1..P,1]
        wy   = w[(P+1)..(P+Q),1]
        wb   = w[(P+Q+1)..(P+Q+R),1]
        beta = J(cols(data),P+Q+R,.)
        for(i=1;i<=cols(data);i++){
            X    = data[1..P,i]
            Y    = data[(P+1)..(P+Q),i]
            B    = data[(P+Q+1)..(P+Q+R),i]
            gx   = gvec[1..P,i]
            gy   = gvec[(P+1)..(P+Q),i]
            gb   = gvec[(P+Q+1)..(P+Q+R),i]
            c=(X',-Y',B')
            lowerbd=J(1,length(c),0)
            upperbd=J(1,length(c),.)
            A1 = (-Xref',Yref',-Bref')
            b1 = J(cols(Xref),1,0)
            A2 = (diag(gx),J(P,Q,0),J(P,R,0))
            b2 =-wx
            A3 = (J(Q,P,0),-diag(gy),J(Q,R,0))
            b3 =-wy
            A4 = (J(R,P,0),J(R,Q,0),diag(gb))
            b4 =-wb
            Aie=A1 \ A2 \A3 \A4
            bie=b1 \ b2 \b3 \ b4
            lp.setCoefficients(c)
```

```
51.             lp.setInequality(Aie, bie)
52.             lp.setBounds(lowerbd, upperbd)
53.             theta=lp.optimize()
54.             if(lp.converged()==1){
55.                 beta[i,.]=lp.parameters()
56.             }
57.         }
58.         st_view(te=.,.,strname,flag)
59.         te[.,.]=beta
60.     }
61.     end
```

最后，我们将 nddfdual()函数封装成一个 nddfdual 命令。我们可以看到，以下代码与 nddf 命令基本一致。因为 nddf 命令和 nddfdual 命令需要传递的变量和参数是一样的。不同的地方在于求解的线性规划问题不同，主要体现在第 58 行调用了不同的 Mata 函数。

```
1.  capture program drop nddfdual
2.  program define nddfdual
3.      version 16
4.          gettoken invars 0:0, parse("=")
5.          gettoken var 0:0, parse("=")
6.          gettoken gopvars 0:0, parse(":")
7.          gettoken var 0:0, parse(":")
8.          syntax varlist [if] [in],gen(string) [wmat(name) ///
9.                 gx(varlist) gy(varlist) gb(varlist) rflag(varname)]
10.         local bopvars `varlist'
11.         local gv `gx' `gy' `gb'
12.          marksample touse
13.          markout `touse' `invars' `gopvars' `bopvars'
14.          if `"`rflag'"'==""{
15.              tempvar rflag
16.              qui gen byte `rflag' = 1
17.          }
18.          tempvar touse2
19.          mark `touse2' if `rflag'
20.          markout `touse2' `invars' `gopvars' `bopvars'
```

```
        local data `invars' `gopvars' `bopvars'
        foreach v in  `invars' `gopvars' `bopvars'{ //注意次序
            qui gen double `gen'_`v' = .
            local gens `gens' `gen'_`v'
        }
        local k: word count `invars'
        local l: word count `gopvars'
        local r: word count `bopvars'
        if `"`gx'"'==""{
            foreach v in `invars'{
                tempvar g`v'
                qui gen `g`v''=-`v'
                local gx `gx' `g`v''
            }
        }

        if `"`gy'"'==""{
            foreach v in `gopvars''{
                tempvar g`v'
                qui gen `g`v''=`v'
            local gy `gy' `g`v''
            }
        }
        if `"`gb'"'==""{
            foreach v in `bopvars'{
                tempvar g`v'
                qui gen `g`v''=-`v'
            local gb `gb' `g`v''
        }
        }

        local gv `gx' `gy' `gb'
       if "`wmat'"==""{
           tempname wmat
           matrix `wmat' =J(1,`k'+`l'+`r',1)
       }

```

```
        mata: nddfdual("`data'","`touse'", "`touse2'", ///
                        `k',`l',st_matrix("`wmat'")',"`gv'","`gens'")

end

cap mata mata drop nddfdual()
 mata:
  void function nddfdual( string scalar varname,
                          string scalar flag,
                          string scalar rflag,
                          real   scalar P,
                          real   scalar Q,
                          real  colvector w,    //权重向量
                          string scalar gname,  //方向向量
                          string scalar strname )
        {
         data=st_data(.,varname,flag)
         data=data'
         dataref=st_data(.,varname,rflag)
         dataref=dataref'
         M=rows(data)
         R=M-P-Q
         Xref = dataref[1..P,.]
         Yref = dataref[(P+1)..(P+Q),.]
         Bref = dataref[(P+Q+1)..(P+Q+R),.]
         gvec=st_data(.,gname,flag)
         gvec=gvec'
         class LinearProgram scalar lp
         lp = LinearProgram()
         lp.setMaxOrMin("min")
         wx   = w[1..P,1]
         wy   = w[(P+1)..(P+Q),1]
         wb   = w[(P+Q+1)..(P+Q+R),1]
         beta = J(cols(data),P+Q+R,.)
         for(i=1;i<=cols(data);i++){
             X    = data[1..P,i]
             Y    = data[(P+1)..(P+Q),i]
```

```
            B    = data[(P+Q+1)..(P+Q+R),i]
            gx   = gvec[1..P,i]
            gy   = gvec[(P+1)..(P+Q),i]
            gb   = gvec[(P+Q+1)..(P+Q+R),i]
            c=(X',-Y',B')
              lowerbd=J(1,length(c),0)
              upperbd=J(1,length(c),.)
              A1 = (-Xref',Yref',-Bref')
              b1 = J(cols(Xref),1,0)
              A2 = (diag(gx),J(P,Q,0),J(P,R,0))
              b2 =-wx
              A3 = (J(Q,P,0),-diag(gy),J(Q,R,0))
              b3 =-wy
              A4 = (J(R,P,0),J(R,Q,0),diag(gb))
              b4 =-wb
              Aie=A1 \ A2 \A3 \A4
              bie=b1 \ b2 \b3 \ b4
              lp.setCoefficients(c)
              lp.setInequality(Aie, bie)
              lp.setBounds(lowerbd, upperbd)
              theta=lp.optimize()
              if(lp.converged()==1){
                  beta[i,.]=lp.parameters()
              }
           }
        st_view(te=.,.,strname,flag)
        te[.,.]=beta
    }
    end

```

nddfdual 命令的调用语法为 nddfdual inputvars = desirable_outputvars: undesirable_outputvar [if][in], gen(prefix) [gx(varlist) gy(varlist) gb(varlist) wmat(matname) rflag(varname)]。其中,gx(varlist)、gy(varlist)、gb(varlist)分别是 ***X***、***Y*** 和 ***B*** 对应的方向向量;wmat(matname)是 NDDF 目标函数中的权重向量,可以通过 Stata 的矩阵来设定。以下是命令调用的例子:

```
use Ex5.dta,clear
gen gl=-labor
gen gk=-capital
gen ge=-energy
gen gy=gdp
gen gb=-co2
matrix w=(1,1,1,1,1)  //权重向量
nddfdual labor capital energy = gdp:co2, gx(gl gk ge) ///
                                gy(gy) gb(gb) wmat(w) gen(p_)
```

参考文献

Tone K. 2004. Dealing with undesirable outputs in DEA: A slacks-based Measure (SBM) approach. Toronto: The Operations Research Society of Japan:44-45.

第 15 章　Stata 编程的调试

在使用 Stata 进行 DEA 模型求解的编程过程中，遇到错误（bug）是难以避免的。特别是随着模型复杂程度的增加，出错误的概率和数量也会显著地增加。因此，掌握程序的调试方法和错误排查技巧很重要，可以提高编程工作的效率。

15.1　Mata 编程的错误排查

从以上章节中我们可以看到，DEA 模型的核心计算代码都是通过 Mata 函数实现的。因此，Mata 函数的正确编写非常重要。初学者在使用 Mata 语言编程时可能会遇到各种各样的问题。这里我们主要列举几种简单的错误排查方法。

(1)阅读错误代码和错误信息。当 Mata 代码运行出错时，Stata 会给出错误代码和简要的错误信息，这是我们分析错误非常重要的线索。以下面的代码为例，其运行结果如图 15.1 所示。

```
use Ex4.dta,clear
putmata data = (K L Y CO2),replace
mata:
        data = data'
        nx=3
        ny=1
        nb=1
        s=ny+nb
        Xref = data[1..nx,.]
        Yref = data[(nx+1)..(nx+ny),.]
        Bref = data[(nx+ny+1)..(nx+ny+nb),.]
end
```

```
. putmata data = (K L Y CO2),replace
(1 matrix posted)

. mata:
------------------------------------------------------------------ mata
:           data = data'

:           nx=3

:           ny=1

:           nb=1

:           s=ny+nb

:           Xref = data[1..nx,.]

:           Yref = data[(nx+1)..(nx+ny),.]

:           Bref = data[(nx+ny+1)..(nx+ny+nb),.]
                   <istmt>:  3301  subscript invalid
(0 lines skipped)
------------------------------------------------------------------
r(3301);
```

图 15.1　代码运行的报错信息

界面中的"：3301 subscript invalid"指出了错误代码为3301，错误的类型是下标不合法。我们可以通过 search rc 3301 或者点击图 15.1 最下边的 r(3301)进一步了解错误的信息（见图 15.2）。根据错误信息，我们重点查看矩阵的行指引（nx＋ny＋1）和（nx＋ny＋nb）的值。它们都是 5，超出了 data 的行数，因此，导致了该错误。

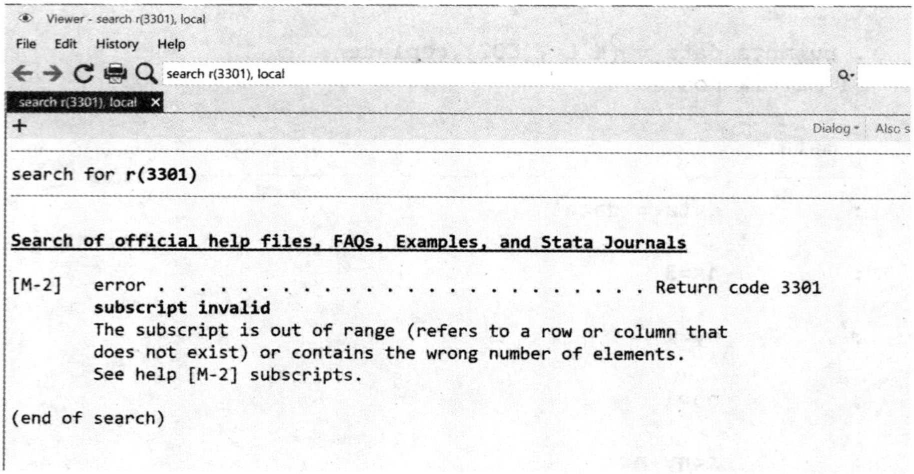

```
Viewer - search r(3301), local
File  Edit  History  Help
search r(3301), local
search r(3301), local ×
+                                                        Dialog ▾  Also s
-----------------------------------------------------------------------
search for r(3301)
-----------------------------------------------------------------------

Search of official help files, FAQs, Examples, and Stata Journals

[M-2]   error . . . . . . . . . . . . . . . . . . . . . . . . Return code 3301
        subscript invalid
        The subscript is out of range (refers to a row or column that
        does not exist) or contains the wrong number of elements.
        See help [M-2] subscripts.

(end of search)
```

图 15.2　查看 Stata 错误代码 3301 的详细信息

(2)使用 mata set matalnum on 来追踪 Mata 代码运行的行号。为了解决 Mata 代码的错误,我们需要找出错误的位置。我们以下面的代码为例。运行这个代码,Stata 窗口会显示":3200 conformability error"。通过 search rc 3200,Stata 给出的错误代码 3200 的解释为"矩阵或向量的行数(列数)与所需的行数(列数)不匹配"。这个错误通常出现在矩阵和向量的构造过程中。但是,Stata 并没有告诉我们具体是哪一行代码出现了这个问题。为了找出错误的行,我们在以上代码的开始增加"mata mata set matalnum on",然后再重新执行,便可看到错误信息":3200 conformability error[5]"(见图 15.3)。最后面的[5]指当前运行 Mata 代码块的第 5 行出现了错误。也就是从最后一个冒号所在的行("for(i=1;i<=cols(data);i++){")开始,往下数 5 行,来到"c=(Y',-X,-B')"所在的行便是错误的地方。仔细观察 Y'、-X 和 -B' 的行数和列数,我们可以发现,Y' 和 -B' 的行数为 1,但 -X 的行数为 2,因此,无法构成向量 c。我们将该行修改为"c=(Y',-X,-B')"便可顺利运行代码。

```
mata mata set matalnum on
use Ex4.dta,clear
putmata data = (K L Y CO2),replace
mata:
        nx=2
        ny=1
        nb=1
        s=ny+nb
        Xref = data[1..nx,.]
        Yref = data[(nx+1)..(nx+ny),.]
        Bref = data[(nx+ny+1)..(nx+ny+nb),.]
        q = LinearProgram()
        beta = J(cols(data),nx+ny+nb,.)
        for(i=1;i<=cols(data);i++){
            X     = data[1..nx,i]
            Y     = data[(nx+1)..(nx+ny),i]
            B     = data[(nx+ny+1)..(nx+ny+nb),i]
            c=(Y',-X,-B')
            lowerbd=J(1,length(c),0)
            upperbd=J(1,length(c),.)
            A1 = (Yref',-Xref',-Bref')
            b1 = J(cols(Xref),1,0)
            A2 = (J(nx,ny,0),-nx*I(nx),J(nx,nb,0))
            b2 =-1:/X
            A3 = (-s*diag(Y)+J(ny,1,Y'),J(ny,1,-X'),J(ny,1,-B'))
            b3 =-J(ny,1,1)
            A4 = (J(nb,1,Y'),J(ny,1,-X'),-s*diag(B)+J(ny,1,-B'))
            b4 =-J(nb,1,1)
            Aie=A1 \ A2 \ A3 \ A4
            bie=b1 \ b2 \ b3 \ b4
            q.setCoefficients(c)
            q.setInequality(Aie, bie)
            q.setBounds(lowerbd, upperbd)
            theta=q.optimize()
            if(q.converged()==1){
                beta[i,.]=q.parameters()
              }
            }
            beta
   end
```

```
:           q = LinearProgram()

:           beta = J(cols(data),nx+ny+nb,.)

:           for(i=1;i<=cols(data);i++){
>               X     = data[1..nx,i]
>               Y     = data[(nx+1)..(nx+ny),i]
>               B     = data[(nx+ny+1)..(nx+ny+nb),i]
>               c=(Y',-X,-B')
>               lowerbd=J(1,length(c),0)
>               upperbd=J(1,length(c),.)
>               A1 = (Yref',-Xref',-Bref')
>               b1 = J(cols(Xref),1,0)
>               A2 = (J(nx,ny,0),-nx*I(nx),J(nx,nb,0))
>               b2 =-1:/X
>               A3 = (-s*diag(Y)+J(ny,1,Y'),J(ny,1,-X'),J(ny,1,-B'))
>               b3 =-J(ny,1,1)
>               A4 = (J(nb,1,Y'),J(ny,1,-X'),-s*diag(B)+J(ny,1,-B'))
>               b4 =-J(nb,1,1)
>               Aie=A1 \ A2 \A3 \A4
>               bie=b1 \ b2 \b3 \ b4
>               q.setCoefficients(c)
>               q.setInequality(Aie, bie)
>               q.setBounds(lowerbd, upperbd)
>               theta=q.optimize()
>               if(q.converged()==1){
>                   beta[i,.]=q.parameters()
>                 }
>               }
                  <istmt>:  3200  conformability error [5]
(2 lines skipped)
```

图 15.3 代码运行的报错信息

(3)打印出变量的一些关键属性值,看是否与预期一致。在 Mata 编程中,有一些错误难以直接通过错误信息判断出来,还有一些错误是逻辑上的,虽然不会影响代码的运行,但会给出错误的计算结果。这些错误往往比较难以查找。在这种情况下,我们一般需要将一些变量的值或其关键属性(如矩阵的行和列)列印出来,判断程序的运行是否与我们的预期相符。在线性规划问题的编程中,约束条件的正确设置至关重要。因此,我们通常需要将约束条件列印出来进行检查。我们以下面的代码(上一章中求解基于 SBM 模型对偶问题的影子价格的代码)为例来说明。

```
use Ex4.dta,clear
putmata data = (K L Y CO2),replace
mata:
        nx=2
        ny=1
        nb=1
        s=ny+nb
        Xref = data[1..nx,.]
        Yref = data[(nx+1)..(nx+ny),.]
        Bref = data[(nx+ny+1)..(nx+ny+nb),.]
        q = LinearProgram()
        beta = J(cols(data),nx+ny+nb,.)
        for(i=1;i<=cols(data);i++){
            X    = data[1..nx,i]
            Y    = data[(nx+1)..(nx+ny),i]
            B    = data[(nx+ny+1)..(nx+ny+nb),i]
            c=(Y',-X,-B')
            lowerbd=J(1,length(c),0)
            upperbd=J(1,length(c),.)
            A1 = (Yref',-Xref',-Bref')
            b1 = J(cols(Xref),1,0)
            A2 = (J(nx,ny,0),-nx*I(nx),J(nx,nb,0))
            b2 =-1:/X
            A3 = (-s*diag(Y)+J(ny,1,Y'),J(ny,1,-X'),J(ny,1,-B'))
            b3 =-J(ny,1,1)
            A4 = (J(nb,1,Y'),J(ny,1,-X'),-s*diag(B)+J(ny,1,-B'))
            b4 =-J(nb,1,1)
            Aie=A1 \ A2 \ A3 \ A4
            bie=b1 \ b2 \ b3 \ b4
            q.setCoefficients(c)
            q.setInequality(Aie, bie)
            q.setBounds(lowerbd, upperbd)
            theta=q.optimize()
            if(q.converged()==1){
                beta[i,.]=q.parameters()
             }
            }
            beta
 end
```

Ex4.dta 数据集中有 90 个观测值，我们预期得到的 beta 矩阵是 90 × 4（决策变量的个数为 4）。运行以上代码，Stata 没有报告错误信息。但 beta 是一个 4 × 4 的矩阵，与我们预期得到的结果不一致。为了找出错误，我们在以上代码中加入可以显示线性规划约束条件的代码。具体代码如下：

```
use Ex4.dta,clear
putmata data = (K L Y CO2),replace
mata:
        nx=2
        ny=1
        nb=1
        s=ny+nb
        Xref = data[1..nx,.]
        Yref = data[(nx+1)..(nx+ny),.]
        Bref = data[(nx+ny+1)..(nx+ny+nb),.]
        q = LinearProgram()
        beta = J(cols(data),nx+ny+nb,.)
        for(i=1;i<=1;i++){ // 修改为i<=1，只看第一个规划问题的约束条件
            X    = data[1..nx,i]
            Y    = data[(nx+1)..(nx+ny),i]
            B    = data[(nx+ny+1)..(nx+ny+nb),i]
            c=(Y',-X',-B')
            lowerbd=J(1,length(c),0)
            upperbd=J(1,length(c),.)
            A1 = (Yref',-Xref',-Bref')
            b1 = J(cols(Xref),1,0)
            A2 = (J(nx,ny,0),-nx*I(nx),J(nx,nb,0))
            b2 =-1:/X
            A3 = (-s*diag(Y)+J(ny,1,Y'),J(ny,1,-X'),J(ny,1,-B'))
            b3 =-J(ny,1,1)
            A4 = (J(nb,1,Y'),J(ny,1,-X'),-s*diag(B)+J(ny,1,-B'))
            b4 =-J(nb,1,1)
            Aie=A1 \ A2 \ A3 \ A4
            bie=b1 \ b2 \ b3 \ b4
            q.setCoefficients(c)
            q.setInequality(Aie, bie)
            q.setBounds(lowerbd, upperbd)
            q.getInequality()   //列印线性规划问题的不等式约束
            theta=q.optimize()
            if(q.converged()==1){
                beta[i,.]=q.parameters()
              }
            }
            beta
    end
```

运行以上代码，我们看到线性规划的不等式约束只有 8 个。在基于 SBM 模型对偶问题的影子价格求解中，线性规划问题的不等式约束为参照单元的个数与投入和产出变量的个数之和。在这个例子中，不等式约束的个数应该为 94。检查 Stata 窗口，给出不等式约束的系数矩阵，我们发现前面 4 个不等式约

束是前 4 个参照单元的投入和产出数据，其他参照单元的投入和产出数据没有出现在约束条件中。回到代码的第 8～10 行(参照单元数据的提取)，可以看到参照单元取的是矩阵 data 的所有列。矩阵 data 是由 K、L、Y 和 CO_2 4 个变量的数据横向连接形成的，故 data 也是 4 列。我们预期的 data 矩阵的每一列代表一个决策单元，因此 data 需要进行转置。以上代码由于缺少这个步骤从而导致错误的出现。

(4)运行 Mata 函数代码，查看 Stata 窗口的提示。当我们完成一个 Mata 函数的编写后，可以将代码运行一下。Stata 将对 Mata 函数里面的变量是否有预先定义以及变量定义是否有使用到进行检查，并给出提示。我们以下面的代码为例进行说明。

```
1.  cap mata mata drop deacrs()
2.  mata:
3.      void function deacrs(string scalar d,
4.                           string scalar touse,
5.                           string scalar rflag,
6.                           real   scalar k,
7.                           string scalar res)
8.      {
9.          data    = st_data(.,d,touse)
10.         dataref = st_data(.,d,rflag)
11.         data    = data'
12.         dataref = dataref'
13.         class LinearProgram scalar lp
14.         lp = LinearProgram()
15.         N1=cols(data)
16.         N2=cols(dataref)
17.         theta=J(N1,1,.)
18.         M=rows(data)
19.     for(i=1;i<=N1;i++){
20.         X=data[1..k,i]
21.         Y=data[(k+1)..MM,i]
22.         Xref=dataref[1..k,.]
23.         Yref=dataref[(k+1)..M,.]
24.         c = (1, J(1,N2,0))
25.         lowerbd =., J(1,N2,0)
26.         upperbd = J(1,N2+1,.)
27.         Aie = (J(k,1,0),Xref \ Y,-Yref)
28.         bie = X \ J(M-k,1,0)
29.         lp.setCoefficients(c)
30.         lp.setInequality(Aie, bie)
31.         lp.setBounds(lowerbd, upperbd)
```

```
32.         theta[i]=lp.optimize()
33.     }
34.     te=1:/theta
35.     st_view(te=.,.,res,touse)
36.     te[.,.]=1:/theta
37. }
38. end
```

我们直接在 do 文档中选中 deacrs()函数的代码运行，Stata 窗口将给出如下提示信息："variable MM may be used before set"和"variable M set but not used"(见图 15.4)。通过这两个提示，我们便可以找到变量名称的书写错误。在第 18 行，我们将 data 的行数赋值给了 M，但在第 21 行我们又误将 M 写成了 MM。

```
>    for(i=1;i<=N1;i++){
>         X=data[1..k,i]
>         Y=data[(k+1)..M,i]
>         Xref=dataref[1..k,.]
>         Yref=dataref[(k+1)..M,.]
>         c = (1, J(1,N2,0))
>         lowerbd =., J(1,N2,0)
>         upperbd = J(1,N2+1,.)
>         Aie = (J(k,1,0),Xref \ Y,-Yref)
>         bie = X \ J(M-k,1,0)
>         lp.setCoefficients(c)
>         lp.setInequality(Aie, bie)
>         lp.setBounds(lowerbd, upperbd)
>         theta[i]=lp.optimize()
>    }
>    te=1:/theta
>    st_view(te=.,.,res,touse)
>    te[.,.]=1:/theta
> }
note: variable M may be used before set
note: variable MM set but not used

: end
```

图 15.4　Stata 窗口的提示信息

(5)使用 mata set matastrict on 来确保 Mata 的每一个变量都是事先声明的。使用 matastrict on 时，所有的变量在使用之前都要声明它们的名称和类型，而不是让程序自动设定。这可以有效地避免编程过程中出现的由一些变量混用导致的错误。在比较复杂并且使用变量比较多的代码中，我们建议读者使用 matastrict 的范式进行编程。读者可以通过 help mata matastrict 查阅相关技术文档。

15.2 Stata ado 命令编程的错误排查

在前面章节介绍的 DEA 程序编写中，核心计算是通过 Mata 函数实现的，Stata ado 命令主要起到传递变量和参数的作用。无论我们事前的思考多么周密，总会存在一些纰漏使得程序运行出错。Shaw（2015）总结了 Stata 命令编写过程中常见的 10 类错误。建议读者阅读一下文章《Top 10 Stata "Gotchas"》。Stata 软件提供了专门的调试工具 set trace。读者可以通过 help set trace 查阅详细的使用说明。

可以使用 set trace on 追踪程序的逐步执行细节。我们以下面的代码为例进行说明。

```
cap program drop dea
program define dea
    version 16
    gettoken var 0:0, p("=")
    local input `var'
    gettoken var 0:0, p("=")
    syntax varlist [if] [in], te(string) [rflag(varname) rts(string)]
    marksample touse
    local output `varlist'
    if "`rflag'"==""{
        tempvar rflag
        qui gen `rflag' =1
    }
    local k: word count `input'
    qui gen double `teeff'=.
    if "`rts'"=="" local rts crs
    mata: dea`rts'("`input' `output'","`touse'","`rflag'",`k',"`te'")
end

cap mata mata drop deacrs()
mata:
    void function deacrs(string scalar d,
                         string scalar touse,
                         string scalar rflag,
                         real   scalar k,
                         string scalar res)
    {
        data    = st_data(.,d,touse)
        dataref = st_data(.,d,rflag)
```

```
        data    = data'
        dataref = dataref'
        class LinearProgram scalar lp
        lp = LinearProgram()
        N1=cols(data)
        N2=cols(dataref)
        theta=J(N1,1,.)
        M=rows(data)
    for(i=1;i<=N1;i++){
        X=data[1..k,i]
        Y=data[(k+1)..MM,i]
        Xref=dataref[1..k,.]
        Yref=dataref[(k+1)..M,.]
        c = (1, J(1,N2,0))
        lowerbd =., J(1,N2,0)
        upperbd = J(1,N2+1,.)
        Aie = (J(k,1,0),Xref \ Y,-Yref)
        bie = X \ J(M-k,1,0)
        lp.setCoefficients(c)
        lp.setInequality(Aie, bie)
        lp.setBounds(lowerbd, upperbd)
        theta[i]=lp.optimize()
     }
     te=1:/theta
     st_view(te=.,.,res,touse)
     te[.,.]=1:/theta
}
end
```

set trace on 的主要功能是帮助我们追踪程序的运行过程，展示详尽的运算结果，进而帮助我们找到程序的纰漏。以调试以上代码为例，我们在 Stata 命令窗口输入以下代码：

```
set trace on
use Ex3,clear
dea K L = Y, te(eff)
```

Stata 窗口会给出错误信息“too few variables specifed”，错误代码为r(102)（见图 15.5）。为了找出这个错误，我们可以在命令窗口输入 set trace on 后，再重新输入以上代码。这时 Stata 窗口将给出如下程序逐行运行的信息。

```
. dea K L=Y, te(eff)
                                                              begin dea
- version 16
- gettoken var 0:0, p("=")
- local input `var'
= local input K L
- gettoken var 0:0, p("=")
- syntax varlist [if] [in], te(string) [rflag(varname) rts(string)]
- marksample touse
- local output `varlist'
= local output Y
- if "`rflag'"==""{
= if ""==""{
- tempvar rflag
- qui gen `rflag' =1
= qui gen __000001 =1
- }
- local k: word count `input'
= local k: word count K L
- qui gen double `teeff'=.
= qui gen double =.
too few variables specified
                                                              end dea
r(102);

.
```

图 15.5 代码运行的详细结果和报错信息

我们可以看到"qui gen double `teeff'=."被解释为"qui gen double =."。这时候错误就很明显了。由于 local teeff 为空，因此 gen double 后面的变量名缺失。检查前面的代码，发现我们设置的选项为 te(string)，所以"qui gen double `teeff'=."应该被修改为"qui gen double `te' =."。

参考文献

Shaw J. 2015. Top 10 Stata "gotchas". Stata Journal, 15(2): 501-511.